国家税务总局税务干部学院重点教材

中国税制

陈玉琢　主编

中国税务出版社

图书在版编目（CIP）数据

中国税制/陈玉琢主编．--北京：中国税务出版社，2022．8（2023.6 重印）
国家税务总局税务干部学院重点教材
ISBN 978 – 7 – 5678 – 1269 – 7

Ⅰ．①中… Ⅱ．①陈… Ⅲ．①税收制度 – 中国 – 教材
Ⅳ．①F812．422

中国版本图书馆 CIP 数据核字（2022）第 145570 号

丛 书 名：国家税务总局税务干部学院重点教材
书　　名：中国税制
作　　者：陈玉琢　主编
责任编辑：孙晓萍
责任校对：姚浩晴
技术设计：林立志
出版发行：中国税务出版社
北京市丰台区广安路 9 号国投财富广场 1 号楼 11 层
邮政编码：100055
网址：https://www.taxation.cn
投稿：https://www.taxation.cn/qt/zztg
发行中心电话：（010）83362083/85/86
传真：（010）83362047/48/49
经　　销：各地新华书店
印　　刷：涿州市星河印刷有限公司
规　　格：787 毫米 × 1092 毫米　1/16
印　　张：31．75
字　　数：534000 字
版　　次：2022 年 8 月第 1 版　2023 年 6 月第 2 次印刷
书　　号：ISBN 978 – 7 – 5678 – 1269 – 7
定　　价：86．00 元

《中国税制》编写组

主　　编：陈玉琢

成　　员：周开君　石　玮　王鲁宁　谢家珍

张久慧　王伟域　范锰杰　宋兴义

陈　柳　杜　浩　于　碘　孙思燕

审　　定：辛连珠　王建华　尹　磊

编写说明

中国共产党领导下的税收事业，始终坚持围绕党和国家工作大局，致力于服务人民，走过了一条不平凡的发展之路。回望历史，税收工作由过去的税务人挨家挨户上门“收税”，到现在纳税人足不出户网上“报税”，再到未来在智慧税务引领下进一步实现自动“算税”，税费服务不断优化，税收征管能力持续提升，税收服务大局的成效不断显现。特别是党的十八大以来，以习近平同志为核心的党中央高度重视税收工作，作出一系列重大部署，指导税收改革发展取得不凡成就。

国家税务总局税务干部学院（中共国家税务总局党校）作为税务系统党的理论教育和党性教育主阵地、税务干部教育培训主渠道、服务国家税收治理重要平台、培养“一带一路”税务官员重要基地、参与国际税收规则研究重要力量，在努力实现“国际一流、国际知名”发展总目标的实践过程中，逐步形成了一批特色课程与优秀教材。这些特色课程与优秀教材，有的聚焦税务系统党的建设，有的聚焦优化税务执法方式，有的聚焦服务国家税收治理，有的聚焦国际税收规则运用，实现了教学相长、教研互促。为贯彻落实中共中央办公厅、国务院办公厅印发的《关于进一步深化税收征管改革的意见》，学院根据国家税务总局党委关于深化学院改革的工作部署，特别是国家税务总局党委书记、局长王军关于加快教材建设的指示批示精神，着力推进学院教学高质量发展，更好助力现阶段税收现代化建设，汇聚扬州、北京、长沙和大连“一院四区”教学科研力量，择优选编系列重点教材，分批出版。

第一批重点教材由《新时代税务系统党的建设》《新时代税收工作中的会计思维》《新时代税收工作中的经济思维》《新时代税收法治思

维》和《中国税制》等5本重点教材组成。教材内容全面、可读性强，条理清晰、逻辑性强，案例丰富、实践性强。

习近平总书记在2021年中央人才工作会议上强调，我国进入了全面建设社会主义现代化国家、向第二个百年奋斗目标进军的新征程，我们比历史上任何时期都更加接近实现中华民族伟大复兴的宏伟目标，也比历史上任何时期都更加渴求人才。人才是衡量一个国家综合国力的重要指标。国家发展靠人才，民族振兴靠人才。我们必须增强忧患意识，更加重视人才自主培养，加快建立人才资源竞争优势。我们编写出版的这套重点教材，既是国家税务总局税务干部学院的基本培训教材，也可作为广大税务干部的案头自学工具书，我们希冀这套教材及后续教材，能为税务系统贯彻实施“学习兴税”战略，打造一支忠诚干净担当的税务铁军，深入推进精确执法、精细服务、精准监管、精诚共治，在更深层次、更宽领域和更高水平上发挥好税收在国家治理中的基础性、支柱性、保障性作用贡献微薄力量。

由于时间仓促、学识有限，书中不足和疏漏之处在所难免，恳请广大读者将意见和建议通过中国税务出版社反馈给我们，以便在后续版本中不断改进和完善。

《国家税务总局税务干部学院重点教材》编委会

2022年6月

前　言

为贯彻落实好中共中央办公厅、国务院办公厅印发的《关于进一步深化税收征管改革的意见》，深入推进精确执法、精细服务、精准监管、精诚共治，着力支持税务部门持续深入“干好税务”、建设高素质税务执法队伍，更好服务市场主体发展，我们组织编写了《中国税制》。

本书共分为五章。第一章中国税制概述，概要阐释税制设计原则，梳理中国税制体系和税种构成要素，简要介绍中国税制历史沿革和新时代税制改革的内容。第二章至第五章根据征税对象，并结合税务机关税种管理实践划分，分别介绍货物和劳务税制度、所得税制度、财产和行为税制度、资源和环境税制度。

本书具有以下特点：一是政策新。本书紧密结合当前我国税制改革的实际，吸收税制改革成果，及时跟进税收政策，是税法学习者与使用者必备的参考书、工具书。二是内容全。本书涵盖了现行由税务机关征收的全部税种，各税种的内容编写一般包括纳税人、征税范围、税率、应纳税额计算、税收优惠、纳税申报和税务管理七个方面。是对中国税制的一次全方位、立体式的诠释，能够使读者全面了解掌握中国现行税制的主要内容。三是剖析深。本书以现行税收政策为主，以税收的基本原理和发展背景为辅，结构合理，使读者对中国税制的历史、现状及发展前景有一个全面且颇具深度的认知。

参加本书编写的人员为国家税务总局税务干部学院部分教师。第一章由周开君编写；第二章第一节由石玮编写，第二节由陈玉琢编写，第三节由王鲁宁、谢家珍编写，第四节由张久慧编写，第五节由王伟域、谢家珍编写；第三章第一节由陈玉琢编写，第二节由范锰杰编写；第四章第一节、第二节由宋兴义编写，第三节由谢家珍编写，第四节由陈柳编写，第五节由杜浩编写；第五章第一节、第四节、第五节由于碘编写，第二节由孙思燕编写，第三节由陈柳编写。陈玉琢负责全书统稿。

由于编者水平有限，加之时间仓促，书中错漏之处在所难免，敬请读者批评指正。

编　者

2022 年 6 月

目　录

第一章　中国税制概述

第一节　税收原则

税收原则是在执行税收职能的过程中，为正确处理政府需要与经济社会发展的关系所必须遵循的原则。税收原则是制定税收制度的指导思想，也是判断税收制度是否科学的标准。在资本主义自由竞争时期，亚当·斯密提出“赋税四原则”①，反映新兴资产阶级在税收方面的历史要求；随后德国财政学者阿道夫·瓦格纳的“赋税四端九项原则”②，则对垄断资本主义时期的税收制度和税收政策产生过重大影响；20 世纪以来，当代西方学者着重研究税收对经济和社会的影响，也提出若干税收的原则，认为税收应坚持效率、公平和稳定原则，税收必须在税务行政、资源利用、经济运转等方面，尽可能讲求效率，促进经济稳定和发展。

经过理论和实践的漫长摸索和演进，现代国家在制定税收制度和进行税制改革的过程中往往遵循一套基本的税收原则，其内容主要包括满足国家基本支出需要的财政原则、确保市场经济公平运行和社会财富公平分配的公平原则、保证经济高效发展和政府征税低耗多收的效率原则，以及实现征税程序和征税内容法定的法治原则。

一、财政原则

税收财政原则的基本含义是指政府征税时应兼顾“需要”与“可能”，做

---

① 亚当·斯密是经济学的主要创立者，1776 年在《国富论》中第一次系统、明确地提出了“平等、确实、便利、最少征收费”的税收四原则。一是平等原则，所有公民都要平等纳税；二是确定原则，公民应缴纳的税收，必须是明确规定的不得随意变更；三是便利原则，税收的申报与缴纳，应最大限度方便纳税；四是最少征收费用原则，征税时要最大限度减少征收部门征税成本，使纳税人付出的金额应该尽可能等于国家公共支出。

② 阿道夫·瓦格纳是近代财政学的创造者，1877—1901 年在《财政学》一书中，将税收原则归纳为“四端九项原则”。一是财政政策原则，包括税收充分原则和税收弹性原则；二是国民经济原则，包括税源选择原则和税种选择原则；三是税收公平原则，包括税收普遍原则和税收平等原则；四是税务行政原则，包括税收确实原则、税收便利原则和最少征收费用原则。

到取之有度。“需要”是指财政需要，“可能”则是指税收负担可能，即经济承受能力。一般而论，其内容大体包括收入充裕、收入弹性、收入适度等三方面。

（一）收入充裕

收入充裕是指税收收入必须基本满足政府的财政需要，政府只有取得充足、稳定、可靠的财政收入，方能履行政府社会管理和公共服务的职能。从财政原则出发，要求税制设计着眼于广开税源，采用复合税，而不宜实行单一税；选择税种应考虑课税对象能否提供丰裕税源；调整税目税率和制定税收减免税政策时，应充分考虑其对财政收入的影响。

（二）收入弹性

收入弹性是指税收收入必须具有随国家财政需要变化而变化的可能性，一般而言，包括经济弹性和法律弹性两个方面。经济弹性又称“自然弹性”，即税收随经济升降和国民收入增减而自然增减；法律弹性又称“政策弹性”，即通过税收政策调整或修改税法，提高或降低税率，使税收有可能增加或减少。税收调节作用往往就是利用这种税收弹性来实现的。一般说来，累进所得税具有经济和法律双重弹性，而消费品税则较少具有法律弹性。因为提高消费品的法定税率，有可能减少消费品的需求，从而造成税收减少。

经济学中的弹性是指一个变量变动的百分比相应于另一变量变动的百分比来反映变量之间变动的敏感程度。弹性大小可用弹性系数来衡量，计算公式为：

$$弹性系数 = y\ 变动的百分比 \div x\ 变动的百分比$$

税收弹性系数被定义为税收对经济增长的反应程度，即税收收入增长率与经济增长率之比，计算公式为：

$$ET = (\Delta T \div T) \div (\Delta Y \div Y)$$

公式中，ET 为税收弹性系数，T 为税收收入总量，ΔT 为税收收入增量，Y 为 GDP，ΔY 为 GDP 增量。

按上式计算，$ET = 1$ 表示税收与经济同步增长；当 $ET > 1$ 时，表明税收增长快于经济增长，并且税收参与新增国民收入分配的比重有上升趋势；当 $ET < 1$ 时，表明尽管税收绝对量可能增大，但税收增长速度慢于经济增长速度，新增国民收入中税收集中度下降。

（三）收入适度

收入适度是指税收收入在满足国家财政需要的同时，应兼顾经济承受能力，做到取之有度。从总量上说，税收占国民收入或国内生产总值的一定比例。由于各国社会制度和发展水平不同，合理限度不同。通常情况下，税收应保持与国内生产总值或国民收入同步增长。如税收总量超过经济承受能力，则会对经济社会发展产生负面影响，进而影响人民生活改善。理论上分析，税收不应突破三个禁区：一是不应妨碍简单再生产，“竭泽而渔”只能使国民经济萎缩；二是不应妨碍民间投资，如因税负苛重而导致民间投资失去积极性，就违背了税收中性原则；三是不应妨碍劳动力再生产，即税收不要影响人民生活水平稳步提升。

中国历代思想家都强调“取民有度”，适度的税收才有助于增加税收收入。《论语》记载了哀公与有若的对话。哀公问有若：“荒年收成不好，国库里钱不够，应该怎么办?”有若回答说：“能不能将老百姓的税从百分之二十减到百分之十呢?”哀公说：“收百分之二十的税，国库里的钱都不够，如果减到百分之十，那不更惨了吗?”有若回答道：“如果百姓手中没有钱，国库里又怎么能有钱呢? 如果老百姓手中有了足够的钱，你又何必为国库里没有钱而发愁呢?”

美国供给学派著名代表拉弗教授长期致力于税收与经济关系的研究。他在对大量材料分析研究的基础上，发现税率与税收收入之间存在一种特殊函数关系，后人称之为拉弗曲线（见图 1－1）。拉弗曲线的基本原理是：税率为 0，政府的税收收入就为 0；如果税率为 100%，人们不愿意工作，社会经济活动就可能停止，政府的税收收入也等于 0。当税率为 0% ~100%，税收总额从 0 回归到 0。理论上，拉弗曲线必然有一个转折点，在此点之下，即在一定税率之下，政府的税收收入随税率升高而增加，一旦税率的增加越过这一转折点，政府的税收收入将随税率进一步提高而减少。因此，税率高并不等于政府的税收收入高。税率太高，政府的税收收入反而下降。只有当税率达到一个最优值时，实际税收才最高。

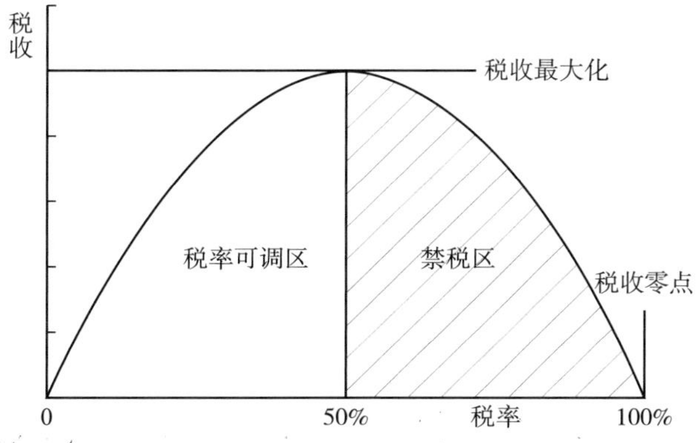

图 1－1　拉弗曲线

二、公平原则

税收公平原则是指国家征税要使每个纳税人的税收负担与其经济状况相适应，并使各纳税人之间的负担水平保持平衡。

法国人科尔伯特曾说："课税的艺术犹如拔鹅毛，既要多拔毛，又要鹅不叫或少叫。"这就要求征税必须公平。在中国古代税收思想中，公平也是税收的基本原则之一。具体而言，一是国家征税要合乎道义。孔子说："义然后取，人不厌取""有君子之道，其使民也义"（《论语》）。"义"就是要行仁政、轻徭薄赋。二是征税应均平合理。《周礼》提出，"以上均之法辩五物九等，制天下之地征"，即土地税要辨别五种地方九等土质上作物的产量不同。海瑞则认为，按负税能力征税，"贫者轻，富者重，田多者重，田少者轻，然后为均平也"。从一般经济学意义上说，税收公平原则的主要内容包括普遍征税、平等课征和量能课税三方面。

（一）普遍征税

普遍征税表现为"税法面前人人平等"，反映税法形式正义。其具体内容在于强调国家征税面要宽、纳税人要普遍。就税收而言，凡符合税法规定纳税条件的纳税人都应依法纳税。

（二）平等课征

平等课征表现为"税收实质正义"，客观上要求国家征税应实现横向公平，使各个纳税人承受负担与其经济状况相适应，经济能力相同的人应缴纳相同税收。

（三）量能课税

量能课税就是要求税收实现纵向公平，经济能力不同的人应缴纳数额不同的税收。各国个人所得税普遍坚持的累进税制度，目的就在于收入多者多纳税，收入少者少纳税，体现税收纵向公平原则。

三、效率原则

税收效率原则就是要求在税收征收和缴纳过程中所耗费的成本最小；征税应利于促进经济效率提高或对经济效率的不利影响最小。具体而言，主要包括：

（一）税收行政效率

税收行政效率原则旨在考察税务行政管理效率，其基本标准在于税收成本占税收收入比重，其中税收成本是指在税收征纳过程中所发生的各类费用支出。只有不断降低税收成本，才能不断提高税收行政效率。具体而言，一是要运用先进科学的方法管理税务，防止税务人员贪污舞弊，节约征收费用；二是要简化税制，使纳税人易于理解掌握，并尽量给纳税人以方便，以降低纳税执行费用；三是尽可能将纳税人所花费的纳税执行费用转化为税务机关所支出的征收费用，以减少纳税人负担，进而压缩税收成本。

（二）税收经济效率

税收经济效率旨在考察税收对社会资源配置和经济机制运行的影响状况。税收经济效率的第一个层次是要求税收的“额外负担”① 最小。“额外负担”最小就是要求避免因为征税引起资源配置效率下降。税收经济效率的第二个层次是要求保护税本，要求政府征税应慎重选择税源，避免伤及税本。征税犹如树上摘果，果是源，树是本，只能摘果，而不能伤树。税收经济效率的第三个层次是要求通过税收分配提高资源配置效率。税收政策运用得当不仅能降低税收的经济成本，而且可以弥补市场缺陷，提高经济运行效率，因此征税能促进经济稳定增长。

从税收经济效率的不同层次可以看出，税收是否有效率必须结合经济运行效率来考察。如经济运行高效，则税收不干扰或少干扰经济运行视为有效率；而当经济运行低效甚至无效，税收效率则反映在对经济运行的有效干预上。

（三）税收生态效率

税收生态效率是21世纪的理论创新，体现了税收以可持续发展为核心的税制，其基本内容是税收政策应有利于保护生态环境，节约资源。

四、法治原则

税收法治原则是指国家须依法征税，公民须依法纳税；或者说，税随法而生，没有相应法律为前提，国家则不能征税，公民也没有义务纳税。这体现了现代国家民主和法治的理念，彰显了国家对纳税人基本权利的尊重和保障。

税收法治原则起源于1215年英国《大宪章》，《大宪章》规定，不经议会决定，不许课税，目的是限制英国国王的恣意征税行为，保护纳税人合法财产

① 税收额外负担是指征税对市场经济运行发生了不良影响，干扰私人消费和生产正常决策，同时相对价格和个人行为方式随之变更，说明经济处于无效率或低效率状态。税收额外负担越大，意味着税收给社会带来的消极影响越大。

权利。几个世纪以来，该原则得到很多国家认同。1787 年，《美国宪法》规定，一切税收议案应首先由众议院提出。《法国宪法》规定，各种税收的基准、税率和征收方式由法律规定。《日本宪法》规定，新课租税或变更现行租税必须有法律或法律规定的条件为依据。

2015 年 3 月 15 日，第十二届全国人民代表大会第三次会议对《中华人民共和国立法法》（以下简称《立法法》）进行修正。《立法法》明确规定“税种的设立、税率的确定和税收征收管理等税收基本制度”应由法律规定，这就从法律层面确定了税收法治原则。

（一）落实税收法定

税收法定原则的基本内涵包括：一是指税收要素法定，税收的基本要素，如纳税人、征税对象、税率、税收优惠、征收程序等应由法律予以规定，不允许授权给行政机关规定。二是税收要素明确，对税收要素的规定应具体、清晰，不允许立法机关原则性立法、空白授权立法或行政机关以解释之名行立法之实。三是税收程序法定，税收法律关系中权利的行使和义务的履行所依照的程序须经法律加以规定，税务机关不得越权或滥用裁量权处理税务事项。

（二）保护纳税人权利

在推进国家治理能力现代化进程中，税收法治化必须协调好国家税收征管权与纳税人权利间的冲突，依法保护纳税人合法权益，激励企业与个人更积极地创造财富，保障经济与税收可持续发展。具体而言，一是提升精细服务水平。增强主动服务和创新服务意识，运用好大数据和人工智能等技术和手段，为纳税人提供精细服务，努力营造优质高效的税收服务环境，做纳税人满意的“服务员”。二是切实规范税务执法行为。全面推行行政执法公示、执法全过程记录、重大执法决定法制审核“三项制度”，加快构建新型税务执法质量控制体系。三是坚决防止和严肃查处违规执法、随意执法等问题。认真贯彻党中央、国务院关于严禁征收“过头税费”、违规揽税收费及以清缴补缴为名增加市场主体不合理负担的要求。

（三）税收司法保障

在税收法治化进程中，无论是税收立法，还是税收执法，都需要强有力的司法监督。通过司法监督，促使税收执法规范化和精准化，依法保护纳税人权利，从而提高税收治理的法治化程度，推进税收法治化进程。当前，要注重健全完善税收法律救济，完善税务行政复议制度，规范税务行政应诉工作，严厉打击涉税违法犯罪行为，规范经济秩序，维护法治环境。

第二节　中国税制体系

一、税制分类

税制分类是按一定标准，将具有相近或相似特点的税种归并成若干类别的一种研究方法。一个国家通常要设置一系列税种，每个税种都具有自身的特点和功能，但用某一个特定的标准去衡量，有些税种具有共同性质、特点和相近功能，从而区别于其他各税种而形成“类”。

由于研究目的不同，对税收分类可采用不同标准，从而形成不同的分类方法。通过分类可以揭示各类税收的性质、特点、功能及其之间的区别与联系，充分发挥各类税收的功能与作用。另外，税制分类也有利于研究税收发展的历史过程、税源分布与税收负担归宿及中央与地方政府税收管理的权限等。世界各国大多实行复合税制，税收模式不同，税种数量很多，可采用不同标准，作出不同的分类。

税制分类可以采用不同的标准，采用何种标准，主要应考虑分类的目的和要说明的问题。一般而言，税制有如下五种分类方法。

（一）按征税对象分类

结合税务机关税种管理实践，按征税对象分类，一般分为货物和劳务税、所得税、财产和行为税、资源和环境税。

货物和劳务税是指以货物或劳务为征税对象的各税种统称。货物和劳务税类税源广泛、计算相对简单，纳税人销售后就要缴纳税款，不受成本费用影响，征收效率相对较高。目前，我国现行税种中的增值税和消费税就属于货物和劳务税。

所得税是指以所得额为征税对象的各税种统称。所得额是总收入扣除为取得这些收入所需各种耗费后的余额。所得多者多征、所得少者少征、无所得者不征，对调节纳税人的收益具有特殊作用。目前，我国现行税种中的企业所得税和个人所得税就属于所得税。

财产和行为税分为财产税和行为税两类。其中，财产税是指以各种财产为征税对象的各税种统称。财产税属于对社会财富存量或转移的课税，例如，我国现行税种中的房产税、契税就属于财产税。行为税是指为达到特定目的，对特定对象和行为发挥调节作用而征收的各税种统称。例如，我国现行税种中的印花税就属于使用凭证行为的行为税。

资源和环境税分为资源税和环境税两类。资源税是指以各种应税自然资源为征税对象或为调节资源级差收入并体现有偿使用资源而征收的各税种统称。资源税政策一般遵循“普遍征收、级差调节”的原则征收，我国现行税种中的资源税、耕地占用税就属于资源税。环境税是指以保护和改善环境、减少污染物排放、推进生态文明建设为目的，以损害生态环境的各种应税行为为征税对象而征收的各税种统称。我国现行税种中的环境保护税、车船税就属于环境税。

（二）按计税依据计量标准分类

按计税依据计量标准分类，可分为从价税和从量税。

从价税是从价计征的税。具体是指以征税对象价格为标准，按一定比例征税。例如，我国现行税种中的增值税和契税就属于从价税。从价税受价格变动影响明显，税负轻重与征税对象价格高低成正比变化，税收负担相对比较合理。

从量税是从量计征的税。具体是指以课税对象重量、数量、容积、面积等为标准，按一定税额征税。例如，我国现行税种中的城镇土地使用税和耕地占用税就属于从量税。从量税不受价格变动影响，可保持税收的稳定性。

（三）按税收和价格的关系分类

按税收和价格的关系分类，可分为价内税和价外税。

凡税款包含在征税对象价格之中的税即为价内税。购买者按约定支付价款时，该价款中已包含需向国家缴纳的税款，价内税计税依据包含税款在内。例如，我国现行税种中的消费税和城市维护建设税就是价内税。

凡税款独立于征税对象价格之外的税即为价外税。购买者除需支付约定价款外，还须额外支付按规定计算的税款。例如，我国现行税种中的增值税和车辆购置税就属于价外税。

（四）按税收负担能否转嫁分类

按税收负担能否转嫁分类，可分为直接税与间接税。直接税是指难以实现税负转嫁的税种。一般而言，与收益密切相关的所得税相对难以转嫁。间接税是指容易发生税负转嫁的税种。一般而言，与价格关系密切的货物和劳务税相对容易转嫁。

（五）按税收的管理和使用权限分类

我国自 1994 年 1 月 1 日起实行分税制财政管理体制，简称分税制，即在合理划分各级政府事权范围的基础上，主要按税收来划分各级政府的预算收入，各级政府预算相对独立，负有明确的平衡责任，各级政府间的财力差别通过中央政府向地方政府或上一级地方政府向下一级地方政府转移支付进行调节。

根据事权与财权相结合原则，将税种划分为中央税、中央与地方共享税和地方税。一般将维护国家权益、实施宏观调控所必需的税种划分为中央税，我国现行税种中的消费税就属于中央税；将同经济发展直接相关的主要税种划分为中央与地方共享税，我国现行税种中的增值税就属于中央与地方共享税；将与地方经济密切相关的税种划分为地方税，我国现行税种中的城镇土地使用税、车船税就属于地方税。

二、税制结构

税制结构是指一国在进行税制设计时，根据本国具体情况将不同功能税种进行组合配置，形成主体税种和辅助税种各具特色和作用功能互补的税制体系。

根据经济合作与发展组织（OECD）对税制结构的分类标准和数据资料①，将货物和劳务税作为间接税，所得税作为直接税，以其各自占国内生产总值（GDP）的比重进行比较（社会保险税费、财产税、工薪税和其他税种忽略不计），将各国税制结构归纳为三种类型：一是货物和劳务税占 GDP 比重高于所得税占 GDP 比重，此类是以间接税为主的国家。在 OECD 数据资料涵盖的 109 个国家中，有 63 个国家以间接税为主，比例为 57.8%。大多数发展中国家，包括中国都属于这一类型。中国税收占 GDP 的比重为 17.0%，其中，货物和劳务税占 GDP 的比重为 9.6%，所得税占 GDP 的比重为 6.0%。二是货物和劳务税占 GDP 的比重小于所得税占 GDP 比重，此类是以直接税为主的国家。在 109 个国家中，29 个国家以直接税为主，比例为 26.6%。经济比较发达的国家，由于人均 GDP 和收入水平比较高，对所得征税成为主要方式，如美国、丹

① OECD. The OECD Tax Database [EB/OL]. (2021 - 04 - 28) [2021 - 07 - 13]. http://www.oecd.org/tax/tax-policy/tax-database/.

麦、韩国、澳大利亚等就属于这一类型。三是两者比重比较接近、相差不大的国家，此类是以直接税和间接税为双主体的国家。在109个国家中，这种类型的国家有17个，比例为15.6%。

一般而言，货物和劳务税比所得税更具有筹集收入的便利性、及时性和相对隐蔽性，原因在于货物和劳务税的税源范围广泛，税源活动实时发生，税款可及时形成政府收入。而所得税的前提条件是企业利润和个人收入的形成，如果企业没有利润，个人没有收入，就不能形成税源。因此，一般而言，货物和劳务税在政府筹集财政收入功能方面优于所得税。当然，由于货物和劳务税与价格关系密切，容易发生税负转嫁，纳税人在一定条件下可通过提高货物和劳务价格将税负转嫁给消费者。

所得税可通过税率等税制要素安排，发挥直接税调节收入差距的功能，特别是通过累进税率对高收入者多征税。而货物和劳务税，可能对收入差距调节起到逆向作用。各种类型的税制结构各有其优劣之处，重要的是，应结合各国特有国情和税制沿革历史及特定阶段经济和社会发展需要来确定适应性强的税制结构。

一般认为，直接税比重提高的基础经济条件是人均GDP和人均收入达到发达国家水平，中等收入群体达到总人口的一半以上。2019年我国人均GDP达到10276美元，2020年达到10580美元①，并未达到世界银行划定的发达经济体水平。根据“十四五”规划和2035年远景目标纲要的相关研究预测，在未来15年经济增长年均达到4.6%的条件下，到2035年中国人均GDP可能会超过20000美元，比2020年翻一番，达到中等发达国家水平。中等收入群体力争比目前的4亿人翻一番达到8亿~9亿人。在这个基础上，对企业和个人征收的所得税经济基础明显扩大，所得税比重会明显提升，税制结构也将逐步由现行以间接税为主逐步过渡到“直接税与间接税双主体”的税制结构。

我国现行税制结构是一个由多种税组成的复合税制体系。结合我国税种管理现状，在现行税收制度体系中，货物和劳务税有五种，分别是增值税、消费税、关税、车辆购置税和城市维护建设税；所得税有两种，分别是企业所得税和个人所得税；财产和行为税有六种，分别是房产税、城镇土地使用税、土地

① 2020世界人均GDP，中国以10580美元位列第64名，上升6个名次[EB/OL].(2021-04-10)[2021-04-28]. https://www.163.com/dy/article/G777Q2JA05373JH6.html.

增值税、契税、印花税和船舶吨税；资源和环境税有五种，分别是资源税、环境保护税、耕地占用税、车船税和烟叶税。上述税种中，关税和船舶吨税由海关征收，其他税种由税务机关征收，进口环节的增值税和消费税由海关代征。

第三节　税制要素

税制要素是指税收制度的基本构成要素。主要包括：纳税人、征税对象、税率、纳税环节、纳税期限、纳税地点、减税免税等，其中，纳税人、征税对象、税率是税收制度最基本的要素。

一、纳税人

纳税人是“纳税义务人”的简称，是按照税收法律法规规定直接负有纳税义务的单位和个人。明确了纳税人，也就明确了“对谁征税”的问题。

纳税人包括自然人和法人两种基本形式：自然人是指负有纳税义务的个人，具体包括本国公民，也包括外国人和无国籍人。法人是基于法律规定享有权利能力和行为能力，具有独立财产和经费，依法独立承担民事责任的社会组织。我国的法人主要有四种：机关法人、事业法人、企业法人和社团法人。

理解纳税人的概念，要注重区分三个相关概念：一是负税人。负税人是指实际负担税款的单位和个人。在税负不发生转嫁时，纳税人与负税人是一致的，税负发生转嫁时，纳税人与负税人不一致。二是扣缴义务人。扣缴义务人是指依照法律法规的规定履行代扣代缴、代收代缴税款义务的单位和个人。三是代征人。代征人是指依照有关规定，受税务机关委托而代征税款的单位和个人。

二、征税对象

征税对象也称课税对象，具体而言就是税法规定征税的目的物。明确了征税对象，也就明确了“对什么征税”的问题。征税对象是一种税区别于另一种税的最主要标志，体现着各种税的征税范围，税制其他要素的内容一般都是以征税对象为基础确定的。与征税对象相关的概念主要是计税依据和税目。

1. 计税依据。

计税依据又称税基，是指税法中规定的据以计算应征税款的依据或标准。

征税对象是从质的方面对征税标的物的规定，而计税依据则是从量的方面对征税标的物的规定。

计税依据在表现形态上一般有两种：一种是征税对象的货币价值；另一种是征税对象的数量、重量、容积、面积等实物量。

2. 税目。

税目是在税法中对征税对象分类规定的具体的征税项目，反映具体的征税范围，代表征税的广度。设置税目就是要明确具体的征税范围，凡列入税目的即为应税项目，未列入税目的则不属于应税项目。税目一般分为列举税目和概括税目两类。列举税目是将每一种商品或经营项目采用一一列举的方法，分别规定税目，必要时还可以在税目之下划分若干细目。制定列举税目的优点是界限明确，便于征纳双方掌握；缺点是税目过多，不便于查找，不利于征管。概括税目是按照商品大类或行业采用概括方法设计税目。制定概括税目的优点是税目较少，查找方便；缺点是税目过粗，不便于贯彻合理负担政策。需要说明的是，有些税种征税对象比较明确，一般不存在理解认识上的差异，因此无须设置税目。

三、税率

税率是应纳税额与征税对象之间的法定比例，也是计算应纳税额的尺度，体现征税的深度。税率是衡量税负轻重的重要标志，是税收制度的基本要素之一。税率一般分为比例税率、定额税率和累进税率三种。

1. 比例税率。

比例税率是指对同一征税对象或税目，不分数额大小，以百分比形式规定相同征税比例。比例税率具有计算简单、税负透明度高、有利于保证财政收入、有利于纳税人公平竞争等优点，符合税收效率原则。但比例税率不能针对不同的收入水平实施不同的税收负担，在调节纳税人的收入水平方面难以体现税收的公平原则。

比例税率在适用中有三种具体形式：一是单一比例税率，又称为统一比例税率，是指一种税只设置一种比例税率，所有纳税人都按同一税率计算纳税。二是差别比例税率，是指一种税设置两种或两种以上的税率，不同纳税人或同一纳税人的不同征税对象或税目按不同税率计算纳税。差别比例税率又分以下三种类型：①产品差别比例税率，即对不同产品分别适用不同的比例税率，同一产品采用同一比例税率；②行业差别比例税率，即对不同行业分别适用不同的比例税率，同一行业采用同一比例税率；③地区差别比例税率，即对不同地区分别适用不同的比例税率，同一地区采用同一比例税率。三是幅度比例税率，是指对同一征税对象或税目，税法只规定最低税率和最高税率，由各地区在该幅度内确定具体的适用税率。

2. 定额税率。

定额税率是指根据征税对象或税目的计量单位直接规定固定征税数额。定额税率是税率的一种特殊形式，不按征税对象或税目规定征收比例，而是按征税对象或税目的计量单位规定固定税额。定额税率的基本特点是：税率与征税对象的价值量脱离了联系，不受征税对象价值量变化的影响，适用于与价格没有太多关联或不宜以征税对象的价值量征税的税种。由于税额的规定同价格的变化情况脱离，在价格提高时，不能使国家财政收入随国民收入的增长而同步增长，在价格下降时，会限制纳税人的生产经营积极性。

3. 累进税率。

累进税率是指随着征税对象数量增大而随之提高的比例税率。即将征税对象按数额的大小划分为若干等级，不同等级的征税对象分别适用不同的税率，征税对象数额越大，适用税率越高。累进税率可以充分体现对纳税人收入多多征、收入少少征、无收入不征的税收原则，从而有效地调节纳税人的收入，正确处理税收负担的纵向公平问题。

常见的累进税率有四种具体形式：一是全额累进税率，将征税对象按数额大小划分为若干等级，对各等级由低到高分别规定相应税率，征税对象全部数额都按相对应级距的税率计算税额；二是超额累进税率，将征税对象按数额大小划分为若干等级，每个等级由低到高规定相应的税率，每个等级分别按该级的税率计税，最后将各级的计算结果相加后得出税额；三是全率累进税率，以征税对象数额的相对率（如销售利润率、资金利润率等）划分若干级距，分别规定由低到高差别税率，征税对象全部数额都按相对应级距的税率计算税额；四是超率累进税率，以征税对象数额的相对率划分若干级距，分别规定相应的差别税率，相对率每超过一个级距的，对超过的部分按高一级的税率计算征税，最后将各级的计算结果相加后得出税额。

四、纳税环节

纳税环节是指税法规定的征税对象从生产到消费的流转过程中应当缴纳税

款的环节。考虑到税收对经济的影响、财政收入的需要及税收征管的能力等因素，国家常常对在商品流转过程中征税的税种规定不同的纳税环节。确定纳税环节，关系到税制结构和税种的布局，关系到税款能否及时足额入库，关系到地区间税收收入的分配，同时关系到企业的经济核算，以及是否便利纳税人缴纳税款等问题。

纳税环节一般有以下两种类型：一是单环节征税，即对征税对象从生产到消费流转过程中的某一特定环节征税；二是多环节征税，即对征税对象从生产到消费的流转过程中，规定两个或两个以上的环节征税。

五、纳税期限

纳税期限是指税法规定的关于计算应纳税款的时间方面的限定。我国现行税制的纳税期限有以下三种形式：一是按期纳税。即根据纳税义务的发生时间，通过确定计算应纳税款的间隔期限，实行按规定期限计算应纳税款。纳税人的具体纳税间隔期限由主管税务机关根据情况分别核定。二是按次纳税。即根据纳税行为的发生次数计算应纳税款。三是按年纳税。即按年度计算应纳税款。按年纳税的，一般实行分期预缴或缴纳，年度结束后汇算清缴，多退少补。

与纳税期限相关的概念是申报缴纳期限。申报缴纳期限是指税法规定的纳税义务发生后，申报缴纳税款的期限。我国税法规定的申报缴纳期限一般为纳税期限届满后的一定期限。

六、纳税地点

纳税地点是指纳税人应当缴纳税款的地点。明确纳税地点是要解决纳税人应当向哪里的征税机关申报纳税及哪里的征税机关有权进行税收管辖的问题。我国税法规定的纳税地点主要有机构所在地、经济业务发生地、核算地、财产所在地、报关地等。

七、减税免税

减税免税是指国家对特定纳税人或征税对象，给予减轻或者免除税收负担的税收优惠措施。减税是减征部分应纳税款，免税是免征全部应纳税款。减税免税规定是为了解决按税制规定的税率征税不能解决具体问题而采取的一种措施，是在一定时期内给予纳税人的一种照顾或鼓励，同时也是税收的统一性和灵活性相结合的具体体现。

减税免税一般有三种具体形式：一是税基式减免。即通过缩小计税依据的方式实现税收减免，具体包括规定起征点、免征额、免税收入、减计收入、加计扣除、加速折旧、特许扣除等。二是税率式减免。即通过降低税率的方式实现税收减免。一般情况下，国家会对需要鼓励或照顾的情况规定低于一般项目税率的税率。三是税额式减免。即通过直接减少应纳税额的方式实现税收减免。具体包括全部免征、减征、税额抵免、即征即退、先征后退（返）等。

税制要素是所有单行税法都共同具备的。特殊情况下，某些税种在立法时会有专门考虑，把征收管理办法和违法处理标准纳入其中。我国现行绝大多数税种在立法时不安排这两部分内容，而是遵循专门的税收征收管理法律。

第四节　中国税制历史沿革

税收随着国家的逐步形成与发展而产生和发展，并作为国家的经济基础而存在。

一、税收的起源与奴隶制社会税收

随着原始人类的智慧在劳动中不断增长，特别是发现矿物并学会冶炼和制造工具后，农业生产率显著提高，尽管战争更加酷烈，但部落不再杀害战俘，而是强迫他们劳动，成为奴隶。这些因素促成了农业和手工业的分工，生活资料开始有了富余，家庭在优胜劣汰中进化，公共事务逐步增多，氏族和部落也逐步产生了权力机构，于是以地域为基础、以权力设立及其行使为标志的国家产生了。“为了维持这种公共权力，就需要公民缴纳费用——捐税。”① 于是税收也就应运而生。

在欧洲，伴随着古希腊和古罗马出现土地和奴隶私有制，形成城邦经济、奴隶主庄园经济、寺院大地产经济及家庭奴隶制等私有经济后，也就出现了对私有土地征收的税收。

在中国，大约公元前 21 世纪，在原始社会后期部落联盟的基础上经演化、

① 马克思恩格斯全集：第 21 卷［M］. 北京：人民出版社，1965：194 - 195.

扩展而形成奴隶制国家，早期税收形态也就随之出现。夏、商、周作为我国三个最早的奴隶制国家，也同时出现税收起源。“夏后氏五十而贡，殷人七十而助，周人百亩而彻，其实皆什一也”[①]。夏“贡”就是王室对其所属部落及用武力征服的部落强制征收土贡，主要是当地土特产品。商“助”是与井田制相联系的一种力役课税制度。“井田制”是指在国家控制土地分配的基础上，将土地划分成公田与私田两部分，“方里而井，井九百亩，其中为公田，八家皆私百亩，同养公田，公事毕，然后敢治私事”[②]，公田的收成就是国家的赋税收入。及至周代，助法进一步演变为彻法。周“彻”有彻取之意，就是每户农奴或平民耕种的土地，在收获之后要将其中一定产量交纳给王室，即“民耕百亩者，彻取十亩以为赋”。总之，夏、商、周时代，税收收入主要来源于集体耕作基础上的力役或地租，“贡”“助”“彻”是中国税收的起源形态。

春秋时期，由于社会生产力极大提高，传统土地分配及赋税制度已无法满足财政需要。西周末年，王权不断衰落与宗法制趋于松散，使政府对土地与人口的控制力下降，人们对宗族的依附性也逐渐减弱，以公田为主要内容的井田制已无法维系。鲁宣公十五年（公元前 594 年），鲁国推行实施“履亩而税”的“初税亩”税收政策。“初税亩”，《谷梁传》解释为：“古者什一，藉而不税。初税亩，非正也。古者三百步为里，名曰井田。井田者，九百亩，公田居一。水田稼不善则非吏；公田稼不善则非民。出税亩者，非公之去公田，而履亩十取一也，以公之与民为已悉矣。”也就是说，“初税亩”打破公田私田界限，突破以往“藉而不税”（只借助民力不收取实物）的传统，一律按实际所占田亩收税，税率为产量的百分之十，以增加政府的财政收入。公元前 548 年，楚国实施“书土田”制度，将耕地分给民众，登记全国山泽草木水土状况，将土地分为九种情况，并根据耕地状况来计量征收赋税的尺度。公元前 538 年，郑国开始在郑国“作丘赋”，作为军费的赋主要根据土地面积计算。

春秋时期土地分配及赋税制度改革彻底扭转了“井田制”遭遇的困境，生产效率显著提高，人们“夜寝早起，父子兄弟不忘其功，为而不倦，民不惮劳苦”[③]，产量也迅速增加。同时承认土地私有制，以实物地租取代劳役地租，使征税对象从人转到田上，一定程度上放松了土地对于人身的束缚，以血缘关系

---

① 《孟子·滕文公上》。
② 《诗·北山》。
③ 《管子·乘马》。

为纽带的宗法关系受到冲击，这就为人口的迁徙流动、商品经济的发展及思想文化的交流传播创造了良好的社会环境。尽管与“桓管改革”中“相地而衰征”有很大相似，但“初税亩”以认可土地私有制为前提，征税不再具有“地租”性质，征税权主要来自“政治权力”而不是“土地所有权”，从这个意义上说，可将鲁国“初税亩”视为我国农业税征收的起点。

二、我国封建社会赋税制度的重要变革

自秦始皇统一六国，开启我国封建社会史以来，在中央集权政治体制的两千多年历史长河中，赋税制度不断发展变化和完善，对整个封建社会发展具有重大意义。继夏、商、周的“贡”“助”“彻”之后，随着土地私有化出现及封建统治制度形成，为进一步加强中央集权，封建统治者开始施行了一系列赋税制度改革。

（一）秦朝“商鞅变法”

随着土地私有制出现，为满足新兴贵族军功地主阶级的政治需求和增强国家实力，赋税制度逐步变革。秦孝公颁布《垦草令》，提出以农为“本”，以商为“末”。公元前356年，商鞅变法规定，生产粮食和布帛多的，可免除劳役和赋税，限制商人经营范围，重征商税。“编订户口，五家为伍，十家为什，按户按人口征收军赋”[①]。商鞅变法使秦国旧制度被彻底废除，封建经济得到发展，实现富国强兵，为秦统一全国奠定了坚实基础。

（二）曹魏“租调制”

“租调制”上接魏晋南北朝户调制，下启唐代租庸调法，是在均田制基础上实行的赋税制度，是在人口流散、货币几近废弃的情况下对汉代赋税制度的改革。具体规定是受田农民承担定额租调，一夫一妇各年纳粟两石、调帛或布一匹。“租调制”延续到唐前期租庸调制，其间各代征调对象和内容虽有变化，但租、调主体基本相同。由于租调制田租租额较低且租额固定，增产不增租，户调以户为单位，增人不增调，许多小农返回故里，积极务农，精耕细作，使中原地区农业生产有所恢复。

（三）唐朝“两税法”

武周过后因均田制受到破坏，唐初期施行的租庸调制已失去生存基础。唐

① 黄朴民. 历史上重大改革回眸［M］. 北京：人民教育出版社，2004.

德宗建中元年（公元780年），宰相杨炎提出分夏秋两季征收户税和地税，即“两税法”。具体为“取消租庸调及各项杂税的征收，保留户税和地税”“量出制入”“按户等高低征收户税”“按田亩征收地税”“对不定居的商贾征税三十分之一，使与定居的人负担均等”①。两税法改变了自战国以来以人丁为主的赋税制度，赋税制度由“舍地税人”到“舍人税地”方向发展，不仅征税广度得到扩宽，且依据纳税人负税能力高低来征税，也极大地调动了劳动者的生产积极性。

（四）宋朝“方田均税法”

“方田均税法”是王安石变法实行的政策之一，主要分为“方田”和“均税”两个部分。其中，“方田”是指每年九月由县长进行土地丈量，并根据土地肥瘠定为五个等次；“均税”则是指以“方田”丈量的结果为根据，制定税额。其有效防止了瞒田逃税，使赋税负担趋于合理。

（五）明朝“一条鞭法”

“一条鞭法”是张居正于万历九年（公元1581年）推广至全国的赋役制度，主要内容为“总括一县之赋役，量地计丁，一概征银，官为分解，雇役应付”②。就是把各州县田赋、徭役及其他杂征汇编为一条，按亩折算成银两合并征缴。“一条鞭法”加强了力役由户丁转向土地的趋势。同时，折银制度也推动了商品经济发展和农民对封建国家人身依附关系的松弛，既简化了税制，又方便征收税款。

（六）清朝“摊丁入亩”

“摊丁入亩”是清朝政府将历代相沿的丁银并入田赋征收的一种赋税制度。康熙年间，废除了以前的“人头税”，将丁银摊入田赋征收，到乾隆时通行全国，摊丁入亩后，地丁合一，丁银和田赋统一以田亩为征税对象，简化了税收稽征手续。同时，政府放松户籍管理，农民和手工业者可以自由迁移，出售劳动力。此法结束了地、户、丁等赋役混乱的现象，完成了人头税并入财产税的过程，催生了资本主义经济的萌芽。

综上所述，从秦朝到清代，我国封建赋税制度在赋税形态上，经历了从赋役并征、分离到逐渐合一的演变过程；在征课对象上，经历了单一向农民征收

---

① 陈明光. 20世纪唐代两税法研究评述［J］. 中国史研究动态，2000（10）.

② 张思. 张居正赋税改革思想及其法律实践［D］. 哈尔滨：黑龙江大学，2011.

到对农民与地主豪强征收，再到对农民、官吏及工商户者均征收的演变；在征课类目上，还经历了征调品种由繁到简，征收标准由以劳动力和实物（按人丁收税）为主向以货币为主（按资产收税）的转化过程。

三、民国时期赋税制度的历史演变

民国时期，随着北洋政府和南京国民政府一系列财政税收制度改革的实施，传统税制逐步向近代税制嬗变，在管理体制、征收制度、税制结构、征纳关系、涉外税制等方面呈现较为复杂的局面。

中国的传统财政体制属于中央集权财政体制，税收被视为国家政治权力的象征并由中央政府掌控。近代以来，特别是在镇压太平天国运动的过程中，清政府不得不放松对地方督抚征税权力限制，出现了财政权力下移态势，中央集权财政体制逐步瓦解。

中华民国建立以后，北洋政府意识到建立国家与地方财政分税制的重要性："非厘定税目，而举应属于国家者作为国家税，由中央自为管理征收；应属于地方者作为地方税，由地方管理征收，则国家与地方之财政永无划清之一日。"[①] 根据1913年拟定的划分方案，田赋、盐税、关税、常关税、统捐、厘金等大宗税种归国家税，田赋附加税、地捐、商税、牲畜税等小税种归地方税。但因中央政治权力虚弱，财政集权未见成效。袁世凯去世后，地方军阀割据混战，各省截留国家税收的现象更加严重。

南京国民政府成立后，重新划分了中央和地方的财政税收。1928年11月颁布"划分国家收入地方收入标准案"，将盐税、海关税及内地税、常关税、烟酒税、厘金等划为中央税，将田赋、契税、牙税、当税、屠宰税等划为地方税。从1933—1936年中央与地方税收预算分布来看，在排名前10位的税收中[②]，中央税在全部税收收入中的比重为78%。

抗日战争全面爆发后，随着东南沿海地区相继沦陷，作为国家税收主要来源的关税、盐税和统税大幅减少。国民政府为集中全国财力进行抗战，于1941年6月召开全国财政会议，决定将全国财政分为国家财政和自治财政两大系

---

① 江苏省中华民国工商税收史编写组，中国第二历史档案馆．中华民国工商税收史料选编第一辑（上册）[M]．南京：南京大学出版社，1996：736.

② 排名前10位的税收中，关税（第1位）、盐税（第2位）、统税（第4位）、烟酒税（第6位）、印花税（第8位）、矿税（第10位）属中央税，田赋（第3位）、营业税（第5位）、契税（第7位）、房捐（第9位）属地方税。

统，原属省（市）级财政收入的田赋、营业税等纳入中央税。如此，中央税与地方税的权重愈加失衡。1942—1946 年度中央税在税收总收入中的比重分别为 92.65%、93.51%、93.47%、94.89%、91.95%。由于中央税高度集中，各省均通过其他途径弥补，从而使地方摊派层出不穷，国家财政税收体系完全崩溃，不仅广大民众税收负担较重，且社会矛盾也非常尖锐。

四、中国共产党领导下的红色税收之路

1921 年中国共产党成立。100 年来，在中国共产党的坚强领导下，中华民族实现了从站起来、富起来到强起来的伟大飞跃。与之相适应，党领导下的税收也在波澜壮阔的历史篇章中演进和发展。

（一）新民主主义革命时期

新民主主义革命时期，中国共产党团结带领中国人民，浴血奋战、百折不挠，经过北伐战争、土地革命战争、抗日战争、解放战争，以武装的革命反对武装的反革命，推翻帝国主义、封建主义、官僚资本主义三座大山，创造了新民主主义革命的伟大成就，为实现中华民族伟大复兴创造了根本社会条件。

土地革命时期，相继废除丁税和漕粮等重税，减除各种苛捐杂税。1922 年 6 月 15 日，中共中央发表《中国共产党对于时局的主张》，第一次公开表明政治态度，提出“定限制租课率的法律”，即税收征收要有限度且要有法律依据。1922 年 7 月党的二大通过的《中国共产党第二次全国代表大会宣言》提出：“废除丁漕等重税，规定全国—城市及乡村—土地税则；废除厘金及一切额外税则，规定累进率所得税。”在《井冈山的斗争》中，毛泽东提出：“用‘打土豪’罚款的方法筹措军费，只能是临时的和部分的。军队大了，地域宽了，就必须而且可能用收税等方法筹措军费。”1931 年中华苏维埃共和国建立后，陆续颁布了包括《中华苏维埃共和国宪法大纲》《中华苏维埃共和国暂行税则》在内的 120 多部法律法令。其中，《中华苏维埃共和国宪法大纲》第七条规定：“取消一切反革命统治时代的苛捐杂税，征收统一的累进所得税。”《中华苏维埃共和国暂行税则》统一了税制，将税的种类分为商业税、农业税、工业税三种；废除国民党军阀的一切田赋丁粮、厘金等苛捐杂税，实行统一的累进税，并对发展商业、农业、工业给予税收减免等优惠。革命根据地时期，我党探索建立新的税收制度和税务机构，税收成为促进革命根据地发展的重要手段和筹集革命战争经费的有力工具。

抗日战争时期，随着抗日民主政权建立，中国共产党领导人民废除了具有剥削性质的旧税制，逐步改变按阶级成分确定税收负担的原则，配合减租减息等政策，逐步建立了符合各个抗日根据地经济实际的税收制度。1941 年 4 月 1 日，陕甘宁边区政府颁发《陕甘宁边区各级税务局所组织规程》，将税务机构分为边区税务总局、边区税务分局、县税务局、税务所四级。1941 年，陕甘宁边区已有税务分局和县税务局 34 个、税务所 102 个，税务人员也增加到 400 余人，边区税务机构框架基本定型，职责、制度、规章、条例也快速完善。

解放战争时期，为保障解放战争胜利，各解放区相继开展卓有成效的税收实践。1947 年 9 月，全国土地会议通过的《中国土地法大纲》明确规定："废除封建性及半封建性剥削的土地制度，实行耕者有其田的土地制度。"大纲公布后，迅速形成土地制度改革热潮。各个解放区也都制定了公粮征收暂行条例或者农业税暂行税则，如《东北区公粮征收暂行条例》《华北地区农业税暂行税则》等。1948 年 9 月 26 日，华北人民政府成立。10 月 10 日，华北人民政府发布财税字第一号通令，成立华北税务总局，负责征收出入口税、盐税、货物税、烟酒税、工商税、交易税、印花税和屠宰税等各种税收。11 月，华北税务总局召开华北首届税务工作会议，确定了各级税务机关的编制、领导关系和干部制度，为新中国税收奠定了组织基础。这一时期的税收建设为恢复战后生产、安定民生、稳定经济提供了财力支撑，实现了从战争财政向经济财政的转折，税收工作重心开始由农村转向城市。

（二）社会主义革命和建设时期

中华人民共和国成立之后，中国共产党团结带领中国人民自力更生、发愤图强，创造了社会主义革命和建设的伟大成就，为实现中华民族伟大复兴奠定了根本政治前提和制度基础。

1949 年 10 月 1 日，中华人民共和国成立，中国历史进入了新纪元。1949 年 9 月 29 日，中国人民政治协商会议第一届全体会议通过了具有临时宪法性质的《中国人民政治协商会议共同纲领》，其中提出："中华人民共和国国民均有保卫祖国、遵守法律、遵守劳动纪律、爱护公共财产、应征公役兵役和缴纳税赋的义务""国家的税收政策，应以保障革命战争的供给、照顾生产的恢复和发展及国家建设的需要为原则，简化税制，实行合理负担"。1949 年 11 月 24 日，首届全国税务会议在北京召开。会议提出"简化税制、增加税收"的方针，拟订了统一税政的《全国税政实施要则》，把税收工作提上议事日程，充分体现出党对税收工作的重视。1950 年 1 月 1 日，财政部税务总局成立。国家统一全国税收，建立从中央到地方的各级税务机关，时任政务院副总理陈云曾要求各地，“宁缺一个县委组织部长，也不能缺一个县税务局长”。一大批经过革命洗礼、富有工作经验的优秀干部被充实到税收工作战线中。1953 年 8 月，党中央召开全国财经工作会议，提出过渡时期国家税收工作的任务。税收工作对农业执行“稳定负担”的政策，对合作经济实行减税优待，对工商业实行“公私区别对待，繁简不同”的方针，这些政策措施推动了新民主主义经济形态加快向社会主义经济形态转变。1954 年 9 月 20 日，第一届全国人民代表大会第一次会议庄严通过《中华人民共和国宪法》，其中第一百零二条规定：“中华人民共和国公民有依照法律纳税的义务。”随着社会主义改造的逐步推进，中国开始酝酿工商税制改革。受当时高度集中计划经济体制影响和“非税论”兴起，税收政策开始强调简化税制，税收在国家政治、经济生活中的地位和作用有所下降，但仍然有力地支持了国家建设。

（三）改革开放和社会主义现代化建设时期

党的十一届三中全会开启了改革开放的伟大征程，中国共产党团结带领中国人民，解放思想、锐意进取，创造了改革开放和社会主义现代化建设的伟大成就，为实现中华民族伟大复兴提供了充满新的活力的体制保证和快速发展的物质条件。

1980 年 9 月，第五届全国人民代表大会第三次会议审议通过了《中华人民共和国中外合资经营企业所得税法》和《中华人民共和国个人所得税法》，对引进国外资金、技术和人才起到了关键性作用。1983 年和 1984 年，分两步实施“利改税”，将实行了 30 多年的国营企业上缴利润改为按产品税、增值税、营业税等 11 个税种分别向国家缴纳税金，实现从“利润上缴”到“以税代利”的重大转变。随后，逐步建立起一套内外有别、城乡不同的复合税制体系。1992 年，党的十四大明确提出建立社会主义市场经济体制的目标。由此，建立与社会主义市场经济发展相适应的税制体系，成为税收发展的必然选择。1993 年 4 月，国务院将国家税务局调整为国务院直属机构，更名为国家税务总局。1994 年 1 月，实施了中华人民共和国成立以来规模最大、范围最广泛、内容最深刻的税制改革：一是把地方财政包干制改为合理划分中央与地方事权的分税制体系；二是建立起以增值税为主体的货物和劳务税体系，统一了内资企业所得税和个人所得税制。世纪之交时，我国税收收入突破万亿元大关，税收调结构、促经济、惠民生、助发展的作用越来越凸显，为改革开放和社会主义现代化建设贡献出磅礴的税务力量。

（四）中国特色社会主义进入新时代

党的十八大以来，中国共产党团结带领中国人民，自信自强、守正创新，统揽伟大斗争、伟大工程、伟大事业、伟大梦想，创造了新时代中国特色社会主义的伟大成就，为实现中华民族伟大复兴提供了更为完善的制度保证、更为坚实的物质基础、更为主动的精神力量。

围绕党和国家改革发展大局，税务部门聚焦以“抓好党务、干好税务、带好队伍”为主要内容的税收现代化建设总目标，走出一条具有中国特色的税务改革创新之路。一是党的领导制度体系建设更加有力。将党的全面领导贯穿税收工作全过程和各方面，推动政治建设各项任务落实落细，确保党中央、国务院决策部署落地生根。二是税收法治体系建设日益完备。加快落实税收法定原则，深化增值税改革，推动绿色税制建设，深化个人所得税改革，实施大规模减税降费政策，税制改革步入新阶段，税收法治建设驶入快车道。三是税费服务体系建设提档升级。牢固树立以人民为中心的发展思想，持续推进办税便利化改革，连续开展“便民办税春风行动”，优化税收营商环境，“放权”更加到位，“监管”更加精准，“执法”更加规范，“服务”更加优化。四是税费征管体系建设不断完善。2021 年 3 月，中共中央办公厅、国务院办公厅印发《关于进一步深化税收征管改革的意见》，拉开新一轮税收征管改革的大幕。从“合作”到“合并”再到“合成”，税收征管先后经历三次大的变革，逐步形成与国家治理现代化相匹配、与财税体制改革相适应的税收征管体制。五是国际税收体系建设快速推进。深入学习贯彻习近平总书记关于加强全球税收合作、打击国际逃避税、帮助发展中国家和低收入国家提高税收征管能力等重要指示精神，深度参与全球税收合作，构建“一带一路”税收征管合作机制，积极参与国际税收规则制定，持续发挥对发展中国家和低收入国家的辐射带动作用，致力于建立公平、可持续和现代化的国际税收体系，在全球税收治理的舞台上提供“中国方案”、贡献“中国智慧”、分享“中国经验”。六是队伍组织体系建设成果丰硕。坚持严管厚爱、倾情带队，形成并不断完善“纵合横通强党建、绩效管理抓班子、数字人事管干部、人才工程育俊杰、严管善待活基层”的“带好队伍”机制制度体系，驰而不息推动税务系统全面从严治党向基层延伸、向纵深发展，锻造一支忠诚担当、崇法守纪、兴税强国的税务铁军。

第五节　中国税制改革的发展趋势

当前，我国站在了新的历史方位，从新常态、新时代进入新的发展阶段。新的发展阶段，社会主要矛盾发生了历史性新的变化，经济增长方式也发生了根本性的变化，因此需要贯彻新的发展理念，构建新的发展格局。与此同时，经过新冠肺炎疫情对世界经济的冲击，国际形势也发生很大变化，一些主要经济体的政治、经济政策随之发生了调整。税收与经济、社会密切相关，在新的发展阶段，税制改革呈现出新的发展趋势。

一、税收收入调节将发挥更重要的作用

从宏观经济调控的角度看，货币政策及财政政策是最为重要的工具，其中，财政政策中主要包含收入政策与支出政策。虽然，支出政策对于实现既定的目标具有积极的作用，也是发达国家普遍采用的工具，但是，近年来随着世界上一些发达经济体增长速度放缓，尤其是受新冠肺炎疫情的影响，经济结构失衡，财政可持续性问题受到较大的挑战，收入工具开始发挥更大的调节作用，国内税收政策及国际税收协调成为世界关注的重点。例如，2021 年 7 月，国际税收体系达成历史性共识，经济合作与发展组织（OECD）和二十国集团（G20）通过《关于应对经济数字化税收挑战双支柱方案的声明》，通过对跨国企业利润再分配和有效全球最低税的双支柱核心要素，解决全球税源的分配问题。筹集税收收入、保护本国税源及合理分配全球收入已成为新的发展时期许多国家关注的重点，税收收入调节工具成为各国宏观调控中更为依赖的工具。

税收是经济的“晴雨表”，只有当经济活跃度提高，企业创造的价值更大的时候才能形成更坚实的税基，筹集到更多的税收。而每个国家经济的韧性具有差异，当面对不确定性及冲击时，各国的抗风险能力也会产生差异。因此，重视收入调节的工具，并保持良性的发展态势及包容性的国际税收规则，才能够解决当前财政收入可持续的问题。

从我国的情况来看，党的十八大以来我国经济高速增长。根据国家统计局发布的国民经济统计公报，2020 年人均 GDP 达到了 10839 美元，税收收入也显著提高，“十三五”时期，全国税收收入完成 65. 7 万亿元，比“十二五”时期

增加 18.5 万亿元，反映出我国所贯彻执行的收入政策发挥了积极作用，既为经济社会发展提供了坚实的财力保障，也有助于储备足够财力应对新一轮世界经济周期变动的不确定性。

“十四五”时期，我国积极财政政策提质增效，一些阶段性税收减免政策将逐渐淡出，而制度性减免政策将发挥持续的税收激励作用，激活市场主体，保障税收收入的可持续性增长。在税收征管领域，我国大力推行“以数治税”的现代变革，在提高纳税人缴费人便利性的同时，税收确定性进一步增强，税收流失度逐步减少，进一步夯实我国收入政策调节宏观经济的基础。

二、税制从效率优先转向公平优先

党的十八大以来，我国经济高速发展的同时也显现出了一些结构性不均衡的问题，例如，从收入分配角度看，国际上通常把 0.4 作为贫富差距的警戒线，我国居民人均可支配收入基尼系数自 2012 年以来虽有下降趋势，但均在 0.4 以上，2019 年达到 0.465。同时，我国还面临着劳动年龄人口减少、城镇常住人口户均超过 1 套房、每千人汽车保有量超过 200 辆、环境污染加剧等重大结构性变化。这些现象都反映出我国已存在深层次结构性失衡问题。

因此，党的十九大报告指出，中国特色社会主义进入了新时代，我国社会主要矛盾已经转化为人民日益增长的美好生活需要和不平衡不充分的发展之间的矛盾。2021 年 8 月 17 日，在中央财经委员会第十次会议上，习近平总书记强调，共同富裕是社会主义的本质要求，是中国式现代化的重要特征，要坚持以人民为中心的发展思想，在高质量发展中促进共同富裕。

税制是调节宏观经济的重要手段，而公平与效率是两个基本的原则。虽然两者兼顾，但在不同历史发展阶段，着重点有所不同。发展是解决我国一切问题的基础和关键，“十四五”时期，我国经济将由高速增长阶段转向高质量发展阶段，因此税制应与“在高质量发展中促进共同富裕”相匹配。共同富裕要建立科学的公共政策体系，形成人人享有的合理分配格局，同时统筹需要和可能，把保障和改善民生建立在经济发展和财力可持续的基础之上，重点加强基础性、普惠性、兜底性民生保障建设。所以，税制应从效率优先转向公平优先。

从调节收入差距角度来看，间接税是一种累退税，在一定程度上起着扩大收入差距的作用，而直接税一般是累进税，可起到缩小收入差距作用。为提高税收对收入分配的调节作用，需要改变税收结构，增加直接税比重，降低间接税比重。

为了实现共同富裕的目标，应适当提高直接税的比重，以进一步发挥直接税在调节公平方面的作用。随着居民人均收入水平提高，更多财富收入将流向个人，因此从企业层面，税收制度的收入调节应适当弱化，以营造更有利于市场主体经营的税收环境，但是从个人层面，税收制度调节可发挥更直接效应。例如，对于一些收入较高的影视明星及资本利得有效征税既可以防范税收流失，又可以调节收入分配的不平等。房产税是所得税的有力补充，共同发挥收入分配调节作用。

三、减税降费从普惠式走向精准式

党的十八大以来我国大规模的减税降费是实行积极财政政策的主要内容，对于激发市场活力、促进经济增长、增加社会公平发挥了重要作用。新发展阶段中高质量发展具有新的内涵，减税降费也应随之调整而更关注于提质增效。具体而言，高质量发展不只是一个经济要求，而是对经济社会发展方方面面的总要求，因此涉及所有行业及部门，包括供给与需求，并贯穿生产、分配、流通及消费各个环节。但是，深化供给侧改革是根本，全面优化升级产业结构，提升创新能力、竞争力和综合实力，增强供给体系的韧性，形成更高效率和更高质量的投入产出关系，实现经济在高水平上的动态平衡是关键。创新及人力资本是高质量发展中重要的核心内容。

“十四五”时期高质量的发展需要实现一些明确的目标，例如，全社会研发经费投入年均增长7%以上，每万人高价值发明专利拥有量12件，数字经济核心产业增加值占GDP的10%，单位GDP能源消耗降低13.5%，单位GDP二氧化碳排放降低18%等。要实现以上目标，实体经济是带动经济增长的根基，同时，科技及人力资本是促进经济转型的关键。

据欧盟发布的《2020年欧盟产业研发记分牌》分析，全球研发投入最大的2500家企业中，2019年的研发投入增加了8.9%，欧洲企业的研发支出增长率为5.6%，美国企业的增长率为10%，而中国企业的增长率为21%。世界各国持续投入研发支出，我国也应该继续发挥税收对科技创新的激励作用，减税降费应该向结构性转变，更精准着力于特定行业及在特定行业中的高端人才，以促进减税降费提质增效，服务于我国“十四五”时期高质量发展的目标。

具体而言，我国目前已经出台了相关研发费用加计扣除政策且允许在预缴环节予以扣除，以助力企业加大研发投入力度。同时，下一步还应研究出台碳税及环境税收政策，逐步增加“碳排放”成本，引导企业积极减排转型，构建有利于减少碳排放、增加碳捕捉相关设备的税收减免，将减税政策精准契合气候变化及经济转型的引导作用。此外，还应不断优化和完善人力资本税收政策，推动人力资本政策与产业政策联动，在实现新发展阶段各项经济社会目标中充分发挥税收的职能作用。

第二章　货物和劳务税制度

第一节　增　值　税

增值税是对在我国境内销售货物、提供加工修理修配劳务、进口货物、销售服务、销售无形资产或者不动产的单位和个人征收的一种货物和劳务税。

一、增值税纳税人和扣缴义务人

（一）增值税纳税人的范围

增值税纳税人是指在中国境内销售货物、提供加工修理修配劳务、进口货物、销售服务、销售无形资产或者不动产的单位和个人。

单位是指企业、行政单位、事业单位、军事单位、社会团体及其他单位。个人是指个体工商户和其他个人。

对报关进口的货物，以进口货物的收货人或办理报关手续的单位和个人为进口货物的纳税人。对代理进口货物，以海关开具的完税凭证上的纳税人为增值税纳税人。

单位租赁或者承包给其他单位或者个人经营的，以承租人或者承包人为纳税人。

单位以承包、承租、挂靠方式经营的，承包人、承租人、挂靠人（以下统称承包人）以发包人、出租人、被挂靠人（以下统称发包人）名义对外经营并由发包人承担相关法律责任的，以该发包人为纳税人。否则，以承包人为纳税人。

（二）增值税纳税人的分类

增值税纳税人分为小规模纳税人和一般纳税人。

1. 小规模纳税人。

（1）一般规定。小规模纳税人是指年应税销售额未超过规定标准的增值税纳税人。现行“规定标准”是年应征增值税销售额500万元。

（2）特殊规定。年应税销售额超过小规模纳税人标准的其他个人按小规模纳税人纳税。

《中华人民共和国增值税暂行条例实施细则》（以下简称《增值税暂行条例实施细则》）规定，年应税销售额超过规定标准的非企业性单位、不经常发生应税行为的企业可选择按小规模纳税人纳税。

对营改增试点纳税人，年应税销售额超过规定标准但不经常发生应税行为的单位和个体工商户可选择按照小规模纳税人纳税。

2. 一般纳税人。

（1）一般规定。一般纳税人是指年应税销售额超过规定标准的增值税纳税人。符合一般纳税人条件的纳税人应当向主管税务机关办理一般纳税人资格登记。

（2）特殊规定。小规模纳税人会计核算健全，能够提供准确税务资料的，可以向主管税务机关办理登记，不作为小规模纳税人。会计核算健全，是指能够按照国家统一的会计制度规定设置账簿，根据合法、有效凭证核算。

【例2－1】 以下单位和个人不能成为一般纳税人的是（　　）。

A. 事业单位　　B. 企业单位

C. 个体工商户　　D. 其他个人

【解析】 其他个人即使年应税销售额超过小规模纳税人标准，也按小规模纳税人纳税。因此，正确答案为D。

（三）一般纳税人资格登记

1. 登记对象。

纳税人年应税销售额超过规定标准的，除其他个人和按照政策规定选择按照小规模纳税人纳税的单位和个体工商户外，应当向主管税务机关办理一般纳税人登记。年应税销售额未超过规定标准的单位和个体工商户，会计核算健全，能够提供准确税务资料的，可以向主管税务机关办理一般纳税人登记。

2. 年应税销售额。

年应税销售额是指纳税人在连续不超过12个月或4个季度的经营期内累计应征增值税销售额，包括纳税申报销售额、稽查查补销售额、纳税评估调整销售额。销售服务、无形资产或者不动产有扣除项目的纳税人，其应税行为年应税销售额按未扣除之前的销售额计算。纳税人偶然发生的销售无形资产、转让不动产的销售额，不计入应税行为年应税销售额。

3. 登记程序。

纳税人办理一般纳税人登记的程序为：第一步，纳税人向主管税务机关填报《增值税一般纳税人登记表》，如实填写固定生产经营场所等信息，并提供税务登记证件；第二步，纳税人填报内容与税务登记信息一致的，主管税务机关当场登记；第三步，纳税人填报内容与税务登记信息不一致，或者不符合填列要求的，税务机关应当场告知纳税人需要补正的内容。

4. 登记地点。

纳税人应当向其机构所在地主管税务机关办理一般纳税人登记手续。

5. 登记时限。

纳税人在年应税销售额超过规定标准的月份（或季度）的所属申报期结束后15日内按照规定办理相关手续；未按规定时限办理的，主管税务机关应当在规定时限结束后5日内制作《税务事项通知书》，告知纳税人应当在5日内向主管税务机关办理相关手续；逾期仍不办理的，次月起按销售额依照增值税税率计算应纳税额，不得抵扣进项税额，直至纳税人办理相关手续为止。

6. 生效日期。

纳税人自一般纳税人生效之日起，按照增值税一般计税方法计算应纳税额，并可以按照规定领用增值税专用发票，财政部、国家税务总局另有规定的除外。一般纳税人生效之日，是指纳税人办理登记的当月1日或者次月1日，由纳税人在办理登记手续时自行选择。

（四）一般纳税人辅导期管理和转登记

1. 一般纳税人辅导期管理。

对税收遵从度低的一般纳税人，主管税务机关可以实行纳税辅导期管理，具体办法由国家税务总局另行制定。

2. 转登记。

纳税人登记为一般纳税人后，不得转为小规模纳税人，国家税务总局另有规定的除外。

（五）增值税扣缴义务人

我国境外的单位或者个人在境内销售劳务，在境内未设有经营机构的，以其境内代理人为扣缴义务人；在境内没有代理人的，以购买方为扣缴义务人。

我国境外单位或者个人在境内发生营改增应税行为，在境内未设有经营机构的，以购买方为增值税扣缴义务人。财政部和国家税务总局另有规定的除外。

【例 2－2】 关于一般纳税人资格登记时销售额的确定，下列说法正确的有（　　）。

A. 销售额是指不含税增值税销售额

B. 销售额中包含纳税评估补税的销售额

C. 销售额中包含稽查查补的销售额

D. 销售额中包含小规模纳税人未开票销售额

E. 销售额中包含小规模纳税人差额征税方式下差额后的销售额

【解析】 纳税人在进行一般纳税人资格登记时，销售服务、无形资产或者不动产有扣除项目的，其应税行为年应税销售额按未扣除之前的销售额计算。因此，选项 E 错误，正确答案为 ABCD。

二、增值税征税范围

增值税的征税范围为在我国境内销售货物或者加工、修理修配劳务，销售服务、无形资产、不动产及进口货物。

确定一项经济行为是否需要缴纳增值税，除另有规定外，一般应同时具备以下四个条件：一是应税行为发生在我国境内；二是应税行为属于增值税征税范围内的业务活动；三是服务或劳务必须是为他人提供的；四是应税行为是有偿的。

（一）境内销售行为

1. 在我国境内销售货物、提供加工修理修配劳务。

在我国境内销售货物、提供加工修理修配劳务是指：

（1）销售货物的起运地或者所在地在境内；

（2）提供的应税劳务发生在境内。

2. 在我国境内销售服务、无形资产或者不动产。

在我国境内销售服务、无形资产或者不动产是指：

（1）服务（租赁不动产除外）或者无形资产（自然资源使用权除外）的销售方或者购买方在境内；

（2）所销售或者租赁的不动产在境内；

（3）所销售自然资源使用权的自然资源在境内；

（4）财政部和国家税务总局规定的其他情形。

3. 不属于在我国境内销售服务或者无形资产的情形。

不属于在我国境内销售服务或者无形资产的情形是指：

（1）境外单位或者个人向境内单位或者个人销售完全在境外发生的服务；

（2）境外单位或者个人向境内单位或者个人销售完全在境外使用的无形资产；

（3）境外单位或者个人向境内单位或者个人出租完全在境外使用的有形动产；

（4）财政部和国家税务总局规定的其他情形。

4. 不属于在我国境内销售服务或者无形资产的行为。

不属于在我国境内销售服务或者无形资产的行为是指：

（1）为出境的函件、包裹在境外提供的邮政服务、收派服务；

（2）向境内单位或者个人提供的工程施工地点在境外的建筑服务、工程监理服务；

（3）向境内单位或者个人提供的工程、矿产资源在境外的工程勘察勘探服务；

（4）向境内单位或者个人提供的会议展览地点在境外的会议展览服务。

【例 2－3】 依据增值税征税范围的规定，下列说法正确的是（　　）。

A. 境外单位向境内单位提供的咨询服务不缴纳增值税

B. 境外单位向境内单位提供的位于境外的不动产租赁应缴纳增值税

C. 境外单位向境内单位提供的位于境内的不动产租赁应缴纳增值税

D. 境外单位向境外单位销售的位于境内的不动产不缴纳增值税

【解析】 对服务和不动产来说，服务（租赁不动产除外）的销售方或者购买方在境内，所销售或者租赁的不动产在境内，才属于征税范围。因此，正确答案为 C。

（二）增值税税目

1. 销售货物。

货物是指有形动产，包括电力、热力、气体在内。

2. 加工和修理修配劳务。

加工是指受托加工货物，即委托方提供原料及主要材料，受托方按照委托方的要求，制造货物并收取加工费的业务。修理修配是指受托对损伤和丧失功能的货物进行修复，使其恢复原状和功能的业务。

3. 销售服务。

销售服务是指提供交通运输服务、邮政服务、电信服务、建筑服务、金融服务、现代服务、生活服务。

（1）交通运输服务。交通运输服务是指利用运输工具将货物或者旅客送达目的地，使其空间位置得到转移的业务活动。包括陆路运输服务、水路运输服务、航空运输服务和管道运输服务。

（2）邮政服务。邮政服务是指中国邮政集团公司及其所属邮政企业提供邮件寄递、邮政汇兑和机要通信等邮政基本服务的业务活动。包括邮政普遍服务、邮政特殊服务和其他邮政服务。

（3）电信服务。电信服务是指利用有线、无线的电磁系统或者光电系统等各种通信网络资源，提供语音通话服务，传送、发射、接收或者应用图像、短信等电子数据和信息的业务活动。包括基础电信服务和增值电信服务。

（4）建筑服务。建筑服务是指各类建筑物、构筑物及其附属设施的建造、修缮、装饰，线路、管道、设备、设施等的安装及其他工程作业的业务活动。包括工程服务、安装服务、修缮服务、装饰服务和其他建筑服务。

（5）金融服务。金融服务是指经营金融保险的业务活动。包括贷款服务、直接收费金融服务、保险服务和金融商品转让。

（6）现代服务。现代服务是指围绕制造业、文化产业、现代物流产业等提供技术性、知识性服务的业务活动。包括研发和技术服务、信息技术服务、文化创意服务、物流辅助服务、租赁服务、鉴证咨询服务、广播影视服务、商务辅助服务和其他现代服务。

（7）生活服务。生活服务是指为满足城乡居民日常生活需求提供的各类服务活动。包括文化体育服务、教育医疗服务、旅游娱乐服务、餐饮住宿服务、居民日常服务和其他生活服务。

4. 销售无形资产。

销售无形资产是指转让无形资产所有权或者使用权的业务活动。无形资产是指不具实物形态，但能带来经济利益的资产，包括技术、商标、著作权、商誉、自然资源使用权和其他权益性无形资产。

5. 销售不动产。

销售不动产是指转让不动产所有权的业务活动。不动产是指不能移动或者移动后会引起性质、形状改变的财产，包括建筑物、构筑物等。建筑物，包括住宅、商业营业用房、办公楼等可供居住、工作或者进行其他活动的建造物。构筑物，包括道路、桥梁、隧道、水坝等建造物。转让建筑物有限产权或者永久使用权的，转让在建的建筑物或者构筑物所有权的，以及在转让建筑物或者构筑物时一并转让其所占土地的使用权的，按照销售不动产缴纳增值税。

【例 2-4】 下列各项属于金融业征税范围的有（　　）。

A. 贷款服务　　B. 直接收费金融服务

C. 有形动产融资租赁　　D. 不动产融资租赁

E. 有形动产售后回租

【解析】 金融服务是指经营金融保险的业务活动。包括贷款服务、直接收费金融服务、保险服务和金融商品转让。因此，正确答案为 ABE。

6. 不征收增值税项目。

（1）根据国家指令无偿提供的铁路运输服务和航空运输服务。

（2）存款利息。

（3）被保险人获得的保险赔付。

（4）房地产主管部门或者其指定机构、公积金管理中心、开发企业及物业管理单位代收的住宅专项维修资金。

（5）在资产重组过程中，通过合并、分立、出售、置换等方式，将全部或者部分实物资产及与其相关联的债权、负债和劳动力一并转让给其他单位和个人，其中涉及的货物、不动产、土地使用权转让行为。

（6）供应或开采未经加工的天然水（如水库供应农业灌溉用水，工厂自采地下水用于生产）。

（7）融资性售后回租业务中承租方出售资产的行为。

（8）国家管理部门行使其管理职能，发放的执照、牌照和有关证书等取得的工本费收入。

（9）纳税人取得的财政补贴收入，与其销售货物、劳务、服务、无形资产和不动产的收入或者数量不直接挂钩的。

（10）各级行政执法机关、政法机关和经济管理部门依照国家有关法律、法规查处各类违法、违章案件的罚没物品变价收入如数上缴财政的。

（11）体育彩票的发行收入。

（12）供电工程贴费。

（13）卫生防疫站调拨或发放的由政府财政负担的免费防疫苗。

（14）会员费收入。

（15）单用途商业预付卡（以下称单用途卡）发卡企业或者售卡企业销售单用途卡，或者接受单用途卡持卡人充值取得的预收资金，支付机构销售支付机构预付卡（以下称多用途卡）取得的等值人民币资金，或者接受多用途卡持卡人充值取得的充值资金。

（16）金融商品持有期间（含到期）取得的非保本收益。

（17）城镇公共供水企业缴纳的水资源税所对应的水费收入。

（三）为他人提供应税服务和劳务

为他人提供应税服务和劳务是指应税服务和劳务的提供对象必须是其他单位或者个人，不是自己，即自我服务和劳务不征税。

自我服务和劳务包括以下三种情形：

1. 单位或者个体工商户聘用的员工为本单位或者雇主提供取得工资的服务。

2. 单位或者个体工商户为聘用的员工提供服务。

3. 单位或者个体工商户聘用的员工为本单位或者雇主提供加工、修理修配劳务。

（四）应税行为的有偿

发生增值税应税行为的一个前提条件是有偿。有偿是指取得货币、货物或者其他经济利益。

非经营活动即使有偿也不属于增值税征税范围，有偿的非经营活动是指行政单位收取的同时满足以下条件的政府性基金或者行政事业性收费：

1. 由国务院或者财政部批准设立的政府性基金，由国务院或者省级人民政府及其财政、价格主管部门批准设立的行政事业性收费。

2. 收取时开具省级以上（含省级）财政部门监（印）制的财政票据。

3. 所收款项全额上缴财政。

各党派、共青团、工会、妇联、中科协、青联、台联、侨联收取党费、团费、会费，以及政府间国际组织收取会费，属于非经营活动。

（五）增值税视同销售

1. 货物的视同销售。

单位或者个体工商户的下列行为，视同销售货物：

（1）将货物交付其他单位或者个人代销；

（2）销售代销货物；

（3）设有两个以上机构并实行统一核算的纳税人，将货物从一个机构移送其他机构用于销售，但相关机构设在同一县（市）的除外；

（4）将自产、委托加工的货物用于集体福利或者个人消费；

（5）将自产、委托加工或者购进的货物作为投资，提供给其他单位或者个体工商户；

（6）将自产、委托加工或者购进的货物分配给股东或者投资者；

（7）将自产、委托加工或者购进的货物无偿赠送其他单位或者个人。

自2015年1月1日起，药品生产企业销售自产创新药的销售额，为向购买方收取的全部价款和价外费用，其提供给患者后续免费使用的相同创新药，不属于增值税视同销售范围。

2. 服务的视同销售。

单位或者个体工商户向其他单位或者个人无偿提供服务，但用于公益事业或者以社会公众为对象的除外。

3. 无形资产和不动产的视同销售。

单位或者个人向其他单位或者个人无偿转让无形资产或者不动产，但用于公益事业或者以社会公众为对象的除外。

（六）兼营与混合销售

纳税人销售货物、加工修理修配劳务、服务、无形资产或者不动产适用不同税率或者征收率的，应当分别核算适用不同税率或者征收率的销售额，未分别核算销售额的，按照以下方法适用税率或者征收率：

1. 兼有不同税率的销售货物、加工修理修配劳务、服务、无形资产或者不动产，从高适用税率。

2. 兼有不同征收率的销售货物、加工修理修配劳务、服务、无形资产或者不动产，从高适用征收率。

3. 兼有不同税率和征收率的销售货物、加工修理修配劳务、服务、无形资产或者不动产，从高适用税率。

一项销售行为如果既涉及服务又涉及货物，为混合销售。从事货物的生产、批发或者零售的单位和个体工商户的混合销售行为，按照销售货物缴纳增值税；其他单位和个体工商户的混合销售行为，按照销售服务缴纳增值税。从事货物的生产、批发或者零售的单位和个体工商户，包括以从事货物的生产、批发或者零售为主，并兼营销售服务的单位和个体工商户在内。

混合销售行为成立的行为标准有两点：一是其销售行为必须是一项；二是该项行为必须既涉及服务又涉及货物。服务是指交通运输服务、建筑服务、金融保险服务、邮政服务、电信服务、现代服务、生活服务等；货物是指《增值税暂行条例实施细则》中规定的有形动产，包括电力、热力和气体。

混合销售与兼营的相同点在于两种行为的经营范围都有销售货物和提供服务这两类经营项目。区别在于：一是兼营的范围更广泛；二是混合销售强调的是在同一项销售行为中存在着两类经营项目的混合，销售货物及服务价款是同时从一个购买方取得，而兼营强调的是在同一纳税人的经营活动中存在着两类或以上经营项目，但这些经营项目不是在同一项销售行为中发生。

三、增值税税率与征收率

从各国增值税的实践看，增值税税率的设计一般都遵循了减少税率档次的原则，这主要是和增值税是一个中性税种、发挥普遍调节作用及实行税款抵扣制度有关。

（一）增值税的税率

1. 13%。

纳税人销售货物，除列举的货物适用9%税率外，其他均为13%；提供加工修理修配劳务和有形动产租赁服务（包括经营性租赁和融资性租赁）税率也为13%。

2. 9%。

纳税人销售农业产品、粮食、食用植物油、食用盐、自来水、暖气、冷水、热水、煤气、石油液化气、天然气、二甲醚、沼气、居民用煤炭制品、图书、报纸、杂志、音像制品、电子出版物，饲料、化肥、农药、农机和农膜，税率为9%。

纳税人销售交通运输、邮政、基础电信、建筑、不动产租赁服务，销售不动产，转让土地使用权，税率为9%。

3. 6%。

纳税人销售增值电信服务、金融服务、现代服务（除不动产租赁和有形动产租赁外）、生活服务、无形资产（除转让土地使用权外），税率为6%。

4. 零税率。

纳税人出口货物、境内单位和个人发生的跨境应税行为，税率为零，国务院另有规定的除外。

【例2-5】下列属于增值税税率的是（　　）。

A. 17%　　B. 13%　　C. 12%　　D. 10%

【解析】目前的增值税税率有13%、9%、6%和零税率。因此，正确答案为B。

（二）增值税的征收率

征收率适用于两种情况：一是小规模纳税人；二是一般纳税人发生特定应税行为按规定适用或可以选择简易计税方法计税的。

1. 5%。

中外合作油（气）田开采的原油、天然气按实物征收增值税的，按照简易计税方法计税的销售不动产、不动产经营租赁服务（除试点前开工的高速公路的车辆通行费）、转让土地使用权、差额征税劳务派遣服务、人力资源外包服务（一般纳税人选择简易计税），征收率为5%。

2. 3%。

其他情况征收率为3%，国务院另有规定的除外。

3. 1%。

自2020年3月1日至2022年3月31日，小规模纳税人适用3%征收率的应税行为，征收率为1%。（自2020年3月1日至2021年3月31日，湖北省小规模纳税人适用3%征收率的应税行为免税）

4. 0.5%。

自2020年5月1日至2023年12月31日，从事二手车经销业务的纳税人销售其收购的二手车，征收率为0.5%。

【例2-6】下列属于小规模纳税人征收率的是（　　）。

A. 2%　　B. 3%　　C. 4%　　D. 6%

【解析】目前征收率有0.5%、1%、3%和5%。因此，正确答案为B。

四、增值税应纳税额计算

（一）销售额的确定

销售额是指纳税人发生应税行为取得的全部价款和价外费用，但是不包括收取的销项税额。确认销售额的前提是发生增值税应税行为，未发生增值税应税行为取得的收入不作为销售额，无须缴纳增值税。

1. 价外费用。

（1）销售货物和加工修理修配服务的价外费用采用正列举、排他性和兜底性条款的定义方式，包括价外向购买方收取的手续费、补贴、基金、集资费、返还利润、奖励费、违约金、滞纳金、延期付款利息、赔偿金、代收款项、代垫款项、包装费、包装物租金、储备费、优质费、运输装卸费及其他各种性质的价外收费。但下列项目不包括在内：

①受托加工应征消费税的消费品所代收代缴的消费税。

②同时符合以下条件的代垫运输费用：承运部门的运输费用发票开具给购买方的；纳税人将该项发票转交给购买方的。

③同时符合以下条件代为收取的政府性基金或者行政事业性收费：由国务院或者财政部批准设立的政府性基金，由国务院或者省级人民政府及其财政、价格主管部门批准设立的行政事业性收费；收取时开具省级以上财政部门印制的财政票据；所收款项全额上缴财政。

④销售货物的同时代办保险等而向购买方收取的保险费，以及向购买方收取的代购买方缴纳的车辆购置税、车辆牌照费。

（2）销售服务、无形资产和不动产的价外费用采用排他性条款方式定义是指价外收取的各种性质的收费，但不包括以下项目：

①代为收取并符合《营业税改征增值税试点实施办法》（财税〔2016〕36号印发）第十条规定的政府性基金或者行政事业性收费。

②以委托方名义开具发票代委托方收取的款项。

【例 2－7】纳税人销售货物（非酒类产品）时，下列各项不属于增值税价外费用的是（　　）。

A. 分期收取价款中包含的利息收入

B. 收取销售款时包含的违约金收入

C. 收取的包装物押金

D. 收取的包装物租金

【解析】包装物押金在到期后需要退还，不属于销售方在收取销售价款时的价外费用。因此，正确答案为 C。

2. 含税销售额的换算。

销售额是指不含税销售额，销售额中不含增值税额本身。含税销售额按照以下公式换算：

销售额 = 含税销售额 ÷ (1 + 税率或者征收率)

3. 销售折扣、折让和退回下的销售额。

折扣销售是指销售方在发生增值税应税行为时，因购买方购买数量较大等原因而给予购买方的价格优惠；销售折让是指购买方在一定期限内累计购买货物达到一定数量，或者由于市场价格下降等原因，销售方给予购买方相应的价格优惠或补偿等折扣、折让行为；销售退回是指销售方因售出商品质量、品种不符合要求等原因而发生的退货。纳税人发生应税行为因销售折扣、折让、中止或者退回的，应扣减当期的销项税额（一般计税方法）或销售额（简易计税方法）。

【例 2－8】 关于各类折扣的增值税处理，下列说法正确的是（　　）。

A. 商业折扣在发票备注栏内标注时可以从销售价款中减除

B. 现金折扣可以冲减当期销售价款

C. 商业折扣在发票金额栏内单独标注的可以从销售价款中减除

D. 现金折扣可以通过开具红字发票的方式冲减当期销售价款

【解析】 商业折扣需在增值税发票中进行单独标注，在单独标注后可按折扣后的金额确认增值税销售额。因此，正确答案为 C。

4. 视同销售行为的销售额。

纳税人发生视同销售行为而无销售额的，主管税务机关有权按照下列顺序确定销售额：

（1）按照纳税人最近时期发生同类应税行为的平均价格确定。

（2）按照其他纳税人最近时期发生同类应税行为的平均价格确定。

（3）按照组成计税价格确定。组成计税价格的公式为：

组成计税价格 = 成本 × (1 + 成本利润率)

成本利润率由国家税务总局确定。目前暂定为 10%，应征收消费税的应税消费品按国家税务总局规定的应税消费品成本利润率确定。

5. 不合理销售额的调整。

纳税人发生应税行为销售价格明显偏低或者偏高且不具有合理商业目的的，主管税务机关有权按照上述顺序和方法确定销售额。

“不具有合理商业目的”借鉴了国际税收管理的通用概念，对可能存在的以获取税收利益而非正常商业目的为唯一或者主要目标的行为进行限制，体现了公平税负的原则。“不具有合理商业目的”的安排是指违背立法意图，且主要目的在于获得包括减少、免除、推迟缴纳税款或者税法规定的其他支付款项，增加返还、退税收入或者税法规定的其他收入款项等税收利益的人为规划的一个或者一系列行动或者交易，包括任何明确或者隐含的、实际执行或者意图执行的合同、协议、计划、谅解、承诺或者保证等，以及根据它们而付诸实施的所有行动和交易。

6. 差额确定销售额。

目前仍然有无法通过抵扣机制避免重复征税的情况存在，因此引入了原营业税的差额征税办法，解决纳税人税收负担增加问题。增值税中采用正列举方式确定可差额确定销售额的情形，在正列举的差额确定销售额的情形中可分为三类：第一类是简易计税方法专用的差额确定销售额；第二类是一般计税方法专用的差额确定销售额；第三类是简易计税方法和一般计税方法均可使用的差额确定销售额。

（1）简易计税方法专用的差额确定销售额。

①纳税人提供建筑服务适用简易计税方法的，以取得的全部价款和价外费用扣除支付的分包款后的余额为销售额。

②纳税人提供劳务派遣，可以选择差额纳税，以取得的全部价款和价外费用，扣除代用工单位支付给劳务派遣员工的工资、福利和为其办理社会保险及住房公积金后的余额为销售额，按照简易计税方法 5% 的征收率计算缴纳增值税。

纳税人提供安全保护服务，比照劳务派遣服务政策执行。

③提供物业管理服务的纳税人，向服务接受方收取的自来水水费，以扣除其对外支付的自来水水费后的余额为销售额，按照简易计税方法依 3% 的征收率计算缴纳增值税。

④纳税人转让 2016 年 4 月 30 日前取得的土地使用权，可以选择适用简易计税方法，以取得的全部价款和价外费用减去取得该土地使用权的原价后的余额为销售额，按照 5% 的征收率计算缴纳增值税。

⑤一般纳税人销售其 2016 年 4 月 30 日前取得（不含自建）的不动产选择适用简易计税方法的，小规模纳税人销售其取得（不含自建）的不动产（不含个体工商户销售购买的住房和其他个人销售不动产），其他个人销售其取得（不含自建）的不动产（不含其购买的住房），以取得的全部价款和价外费用减

去该项不动产购置原价或者取得不动产时的作价后的余额为销售额，按照 5% 的征收率计算应纳税额。

⑥在北京市、上海市、广州市和深圳市，个人将购买 2 年以上（含 2 年）的非普通住房对外销售的，以销售收入减去购买住房价款后的差额按照 5% 的征收率缴纳增值税。

（2）一般计税方法专用的差额确定销售额。

①纳税人中的一般纳税人提供客运场站服务，以其取得的全部价款和价外费用，扣除支付给承运方运费后的余额为销售额。

②房地产开发企业中的一般纳税人销售其开发的房地产项目（选择简易计税方法的房地产老项目除外），以取得的全部价款和价外费用，扣除受让土地时向政府部门支付的土地价款后的余额为销售额。

（3）简易计税方法和一般计税方法均可使用的差额确定销售额。

①金融商品转让，以卖出价扣除买入价后的余额为销售额。

②经纪代理服务，以取得的全部价款和价外费用，扣除向委托方收取并代为支付的政府性基金或者行政事业性收费后的余额为销售额。

a. 自 2016 年 11 月 4 日起，纳税人提供签证代理服务，以取得的全部价款和价外费用，扣除向服务接受方收取并代为支付给外交部和外国驻华使（领）馆的签证费、认证费后的余额为销售额。

b. 自 2016 年 11 月 4 日起，纳税人代理进口按规定免征进口增值税的货物，其销售额不包括向委托方收取并代为支付的货款。

c. 自 2018 年 1 月 1 日起，航空运输销售代理企业提供境外航段机票代理服务，以取得的全部价款和价外费用，扣除向客户收取并支付给其他单位或者个人的境外航段机票结算款和相关费用后的余额为销售额。航空运输销售代理企业是指根据《航空运输销售代理资质认可办法》取得中国航空运输协会颁发的“航空运输销售代理业务资质认可证书”，接受中国航空运输企业或通航中国的外国航空运输企业委托，依照双方签订的委托销售代理合同提供代理服务的企业。

d. 自 2018 年 7 月 25 日起，航空运输销售代理企业提供境内机票代理服务，以取得的全部价款和价外费用，扣除向客户收取并支付给航空运输企业或其他航空运输销售代理企业的境内机票净结算款和相关费用后的余额为销售额。

③融资租赁和融资性售后回租业务需根据签订合同的不同时点确定差额确定销售额。

一是经人民银行、银监会或者商务部批准从事融资租赁业务的试点纳税人，提供融资租赁服务，以取得的全部价款和价外费用，扣除支付的借款利息（包括外汇借款和人民币借款利息）、发行债券利息和车辆购置税后的余额为销售额。

二是经人民银行、银监会或者商务部批准从事融资租赁业务的试点纳税人，提供融资性售后回租服务，以取得的全部价款和价外费用（不含本金），扣除对外支付的借款利息（包括外汇借款和人民币借款利息）、发行债券利息后的余额作为销售额。

三是纳税人根据2016年4月30日前签订的有形动产融资性售后回租合同，在合同到期前提供的有形动产融资性售后回租服务，可继续按照有形动产融资租赁服务缴纳增值税。继续按照有形动产融资租赁服务缴纳增值税的试点纳税人，经人民银行、银监会或者商务部批准从事融资租赁业务的，根据2016年4月30日前签订的有形动产融资性售后回租合同，在合同到期前提供的有形动产融资性售后回租服务，可以选择以下方法之一计算销售额：a. 以向承租方收取的全部价款和价外费用，扣除向承租方收取的价款本金，以及对外支付的借款利息（包括外汇借款和人民币借款利息）、发行债券利息后的余额为销售额。纳税人提供有形动产融资性售后回租服务，计算当期销售额时可以扣除的价款本金，为书面合同约定的当期应当收取的本金。无书面合同或者书面合同没有约定的，为当期实际收取的本金。试点纳税人提供有形动产融资性售后回租服务，向承租方收取的有形动产价款本金，不得开具增值税专用发票，可以开具普通发票。b. 以向承租方收取的全部价款和价外费用，扣除支付的借款利息（包括外汇借款和人民币借款利息）、发行债券利息后的余额为销售额。

四是经商务部授权的省级商务主管部门和国家经济技术开发区批准的从事融资租赁业务的试点纳税人，2016年5月1日后实收资本达到1.7亿元的，从达到标准的当月起按照上述规定执行；2016年5月1日后实收资本未达到1.7亿元但注册资本达到1.7亿元的，在2016年7月31日前仍可按照上述规定执行，2016年8月1日后开展的融资租赁业务和融资性售后回租业务不得按照上述规定执行。

④航空运输企业的销售额，不包括代收的机场建设费和代售其他航空运输

企业客票而代收转付的价款。

⑤纳税人提供旅游服务，可以选择以取得的全部价款和价外费用，扣除向旅游服务购买方收取并支付给其他单位或者个人的住宿费、餐饮费、交通费、签证费、门票费和支付给其他接团旅游企业的旅游费用后的余额为销售额。

⑥中国移动通信集团公司、中国联合网络通信集团有限公司、中国电信集团公司及其成员单位通过手机短信公益特服号为公益性机构接受捐款，以其取得的全部价款和价外费用，扣除支付给公益性机构捐款后的余额为销售额。

⑦纳税人提供人力资源外包服务，按照经纪代理服务缴纳增值税，其销售额不包括受客户单位委托代为向客户单位员工发放的工资和代理缴纳的社会保险、住房公积金。一般纳税人提供人力资源外包服务，可以选择适用简易计税方法，按照5%的征收率计算缴纳增值税。

⑧自2016年11月4日起，境外单位通过教育部考试中心及其直属单位在境内开展考试，教育部考试中心及其直属单位应以取得的考试费收入扣除支付给境外单位考试费后的余额为销售额，按提供“教育辅助服务”缴纳增值税，就代为收取并支付给境外单位的考试费统一扣缴增值税。

⑨自2020年5月1日起，拍卖行受托拍卖文物艺术品，委托方按规定享受免征增值税政策的，拍卖行可以自己名义就代为收取的货物价款向购买方开具增值税普通发票，对应的货物价款不计入拍卖行的增值税应税收入。

（4）差额扣除凭证。

纳税人符合以上条件选择差额确定销售额时，从全部价款和价外费用中扣除的价款，应当取得符合法律、行政法规和国家税务总局规定的有效凭证，否则不得扣除。上述凭证是指：

①支付给境内单位或者个人的款项，以发票为合法有效凭证。

②支付给境外单位或者个人的款项，以该单位或者个人的签收单据为合法有效凭证，税务机关对签收单据有疑议的，可以要求其提供境外公证机构的确认证明。

③缴纳的税款，以完税凭证为合法有效凭证。

④扣除的政府性基金、行政事业性收费或者向政府支付的土地价款，以省级以上（含省级）财政部门监（印）制的财政票据为合法有效凭证。

⑤国家税务总局规定的其他凭证。如：纳税人转让不动产，按照有关规定差额缴纳增值税的，如因丢失等原因无法提供取得不动产时的发票，可向税务

机关提供其他能证明契税计税金额的完税凭证等资料，进行差额扣除。纳税人提供旅游服务，将火车票、飞机票等交通费发票原件交付给旅游服务购买方而无法收回的，以交通费发票复印件作为差额扣除凭证。

纳税人取得的上述凭证属于增值税扣税凭证的，其进项税额不得从销项税额中抵扣。

【例2－9】关于差额征税销售额的确定，下列说法正确的有（　　）。

A. 只有简易计税方法下才能使用差额确定销售额

B. 只有一般计税方法下才能使用差额确定销售额

C. 差额确定销售额时扣除项目必须取得合法有效扣除凭据

D. 差额确定销售额后计税时需要对含税价款进行价税分离

E. 差额确定销售额后计税时按销售价款适用税率或征税率进行价税分离

【解析】一般计税方法下和简易计税法方法下均有差额确认销售额的情形。因此，正确答案为CDE。

（二）一般计税方法

1. 一般计税方法的基本规定。

目前我国增值税一般实行购进扣税法，也就是纳税人发生应税行为时按照销售额计算销项税额，购进货物、劳务、服务、无形资产或不动产时，以支付或负担的税款为进项税额，同时允许从销项税额中抵扣进项税额。这样，就相当于仅对发生应税行为的增值部分征税。当销项税额小于进项税额时，不足抵扣的部分可以结转下期继续抵扣。

一般计税方法的应纳税额是指当期销项税额抵扣当期进项税额后的余额。应纳税额的计算公式为：

$$应纳税额 = 当期销项税额 - 当期进项税额$$

当期销项税额小于当期进项税额不足抵扣时，其不足部分可以结转下期继续抵扣。

（1）销项税额。

销项税额是指纳税人发生应税行为按照销售额和增值税税率计算并收取的增值税额。销项税额的计算公式为：

$$销项税额 = 销售额 \times 税率$$

一般计税方法的销售额不包括销项税额。

一般计税方法下纳税人符合条件选择差额确定销售额时：

销售额 =（全部价款和价外费用 – 扣除项目金额）÷（1 + 税率）

其中全部价款和价外费用及扣除项目金额均为含税金额，税率为销售额的适用税率。

（2）进项税额。

进项税额是指纳税人购进货物、加工修理修配劳务、服务、无形资产或者不动产，支付或者负担的增值税额。

2. 进项税额抵扣和转出。

只有增值税一般纳税人才涉及进项税额抵扣和转出问题。

（1）增值税扣税凭证。

目前，增值税中采用凭票扣税的管理方式，纳税人取得合法有效的增值税扣税凭证才可抵扣进项税额，现行政策中规定了七类合法有效的增值税扣税凭证：

①增值税专用发票，包含增值税专用发票和机动车销售统一发票；

②海关进口增值税专用缴款书；

③农产品收购发票和普通发票；

④代扣代缴税款的完税凭证；

⑤注明税额的收费公路通行费电子普通发票；

⑥桥、闸通行费的普通发票；

⑦注明旅客身份信息的国内旅客运输服务纸质普通发票或客票。

【例 2 – 10】 下列属于合法有效的增值税进项税额抵扣凭据的有（　　）。

A. 增值税专用发票

B. 购进自产农产品的增值税普通发票

C. 增值税海关进口增值税专用缴款书

D. 代扣代缴税款的完税凭证

E. 财政性票据

【解析】 财政性票据不属于增值税进项税额抵扣凭据。因此，正确答案为 ABCD。

（2）进项税额抵扣方式。

进项税额的抵扣方式分为凭票抵扣、计算抵扣和核定扣除三种方式。凭票抵扣方式下，由于取得的增值税扣税凭证中单独标明可抵扣的税额，在本省（自治区、直辖市和计划单列市）增值税发票综合服务平台对相应扣税凭证信息进行用途确认即可抵扣进项税额；计算抵扣方式下，由于取得增值税扣除凭证中金额为含税价款或者不含税额的免税金额，需要按照适用税率或征收率计算可抵扣进项税额；核定扣除方式适用于试行农产品增值税进项税额核定扣除的特定行业，自2012年7月1日起，以购进农产品为原料生产销售液体乳及乳制品、酒及酒精、植物油的增值税一般纳税人，纳入农产品增值税进项税额核定扣除试点范围，自2013年9月1日起，各省、自治区、直辖市、计划单列市税务部门可商同级财政部门，选择部分行业开展核定扣除试点工作。

①进项税额凭票抵扣包含以下情形。一是从销售方取得的增值税专用发票（含税控机动车销售统一发票，下同）上注明的增值税额。二是从海关取得的海关进口增值税专用缴款书上注明的增值税额。三是从境外单位或者个人购进服务、无形资产或者不动产，自税务机关或者扣缴义务人取得的解缴税款的完税凭证上注明的增值税额。四是取得的高速公路和一级、二级公路通行费电子普通发票，按照收费公路通行费增值税电子普通发票上注明的增值税额抵扣进项税额。五是购进国内旅客运输服务取得的增值税电子普通发票上注明的税额。

②进项税额计算抵扣包含以下情形。一是向农业生产者购进其自产农产品可计算抵扣进项税额。计算抵扣的金额按照农产品收购发票或者销售发票上注明的农产品买价和适用的扣除率计算，其中农产品买价包括纳税人购进农产品在农产品收购发票或者销售发票上注明的价款和按规定缴纳的烟叶税。二是向小规模纳税人购进农产品取得增值税专用发票的，计算抵扣的金额按照增值税专用发票注明的金额和适用的扣除率计算。三是纳税人支付的桥、闸通行费，暂凭取得的通行费发票上注明的收费金额按照下列公式计算可抵扣的进项税额：桥、闸通行费可抵扣进项税额＝桥、闸通行费发票上注明的金额÷(1＋5%)×5%。四是纳税人购进国内旅客运输服务取得实名认证的增值税普通发票的，暂按照以下规定确定进项税额：取得注明旅客身份信息的航空运输电子客票行程单的，航空旅客运输进项税额＝(票价＋燃油附加费)÷(1＋9%)×9%；取得注明旅客身份信息的铁路车票的，铁路旅客运输进项税额＝票面金额÷(1＋9%)×9%；取得注明旅客身份信息的公路、水路等其他客票的，公路、水路等其他旅客运输进项税额＝票面金额÷(1＋3%)×3%。

③进项税额核定扣除包含以下情形。一是试点纳税人以购进农产品为原料生产货物的，农产品增值税进项税额可按照投入产出法、成本法或参照法核定扣除。采用投入产出法核定扣除的，当期允许抵扣农产品增值税进项税额＝当

期农产品耗用数量×农产品平均购买单价×扣除率÷(1＋扣除率)，其中，当期农产品耗用数量＝当期销售货物数量（不含采购除农产品以外的半成品生产的货物数量）×农产品单耗数量，农产品平均购买单价即期末平均买价＝(期初库存农产品数量×期初平均买价＋当期购进农产品数量×当期买价)÷(期初库存农产品数量＋当期购进农产品数量)。采用成本法核定扣除的，当期允许抵扣农产品增值税进项税额＝当期主营业务成本×农产品耗用率×扣除率÷(1＋扣除率)，其中，农产品耗用率＝上年投入生产的农产品外购金额÷上年生产成本。上述公式中的扣除率为销售货物的适用税率。二是试点纳税人购进农产品直接销售的，农产品增值税进项税额按照以下方法核定扣除：当期允许抵扣农产品增值税进项税额＝当期销售农产品数量÷(1－损耗率)×农产品平均购买单价×扣除率÷(1＋扣除率)，其中，损耗率＝损耗数量÷购进数量。上述公式中的扣除率为农产品的扣除率，现为9%。三是试点纳税人购进农产品用于生产经营且不构成货物实体的（包括包装物、辅助材料、燃料、低值易耗品等），增值税进项税额按照以下方法核定扣除：当期允许抵扣农产品增值税进项税额＝当期耗用农产品数量×农产品平均购买单价×扣除率÷(1＋扣除率)。上述公式中的扣除率为农产品的扣除率，现为9%。如果试点纳税人购进农产品用于生产经营且不构成货物实体，且该货物适用较高税率（现为13%），该农产品的进项税额还可以适用加计扣除政策。

（3）农产品进项税额的加计扣除。

自2017年7月1日起，对纳税人购进用于生产或委托加工较高税率（现为13%）货物的农产品，维持原扣除力度不变，即实行农产品进项税额加计扣除（加计扣除率现为1%）。

（4）不得抵扣的进项税额范围。

纳税人取得的增值税扣税凭证不符合法律、行政法规或者国家税务总局有关规定的，其进项税额不得从销项税额中抵扣。纳税人凭代扣代缴税款完税凭证抵扣进项税额的，应当具备书面合同、付款证明和境外单位的对账单或者发票。资料不全的，其进项税额不得从销项税额中抵扣。

增值税“链条税”的特征要求进项税额的抵扣必须和销项税额相匹配，当购进项目发生用途改变而未产生销项税额时，会导致已抵扣的进项税额不符合抵扣条件而需要转出进项税额。目前增值税中采用正列举的方式确定不得抵扣进项税额的范围，具体包括：

①用于简易计税方法计税项目、免征增值税项目、集体福利或者个人消费的购进货物、加工修理修配劳务、服务、无形资产和不动产。其中涉及的固定资产、无形资产、不动产，仅指专用于上述项目的固定资产、无形资产（不包括其他权益性无形资产）、不动产。纳税人的交际应酬消费属于个人消费。其中，固定资产是指使用期限超过12个月的机器、机械、运输工具及其他与生产经营有关的设备、工具、器具等有形动产。自2018年1月1日起，纳税人租入固定资产、不动产，既用于一般计税方法计税项目，又用于简易计税方法计税项目、免征增值税项目、集体福利或者个人消费的，其进项税额准予从销项税额中全额抵扣。

②非正常损失的购进货物，以及相关的加工修理修配劳务和交通运输服务。

③非正常损失的在产品、产成品所耗用的购进货物（不包括固定资产）、加工修理修配劳务和交通运输服务。

④非正常损失的不动产，以及该不动产所耗用的购进货物、设计服务和建筑服务。货物是指构成不动产实体的材料和设备，包括建筑装饰材料和给排水、采暖、卫生、通风、照明、通讯、煤气、消防、中央空调、电梯、电气、智能化楼宇设备及配套设施。

⑤非正常损失的不动产在建工程所耗用的购进货物、设计服务和建筑服务。纳税人新建、改建、扩建、修缮、装饰不动产，均属于不动产在建工程。货物的范围同前一项规定。

非正常损失是指因管理不善造成货物被盗、丢失、霉烂变质，以及因违反法律法规造成货物或者不动产被依法没收、销毁、拆除的情形。

⑥购进的贷款服务、餐饮服务、居民日常服务和娱乐服务。

（5）不得抵扣进项税额的计算。

①适用一般计税方法的纳税人，兼营简易计税方法计税项目、免征增值税项目而无法划分不得抵扣的进项税额，按照下列公式计算不得抵扣的进项税额：

不得抵扣的进项税额＝当期无法划分的全部进项税额×（当期简易计税方法计税项目销售额＋免征增值税项目销售额）÷当期全部销售额

主管税务机关可以按照上述公式依据年度数据对不得抵扣的进项税额进行清算。

②已抵扣进项税额的购进货物（不含固定资产）、劳务、服务，发生不得

抵扣进项税额情形的（简易计税方法计税项目、免征增值税项目除外），应当将该进项税额从当期进项税额中扣减；无法确定该进项税额的，按照当期实际成本计算应扣减的进项税额。

③已抵扣进项税额的固定资产、无形资产发生不得抵扣进项税额情形的，按照下列公式计算不得抵扣的进项税额：

不得抵扣的进项税额 = 固定资产和无形资产净值 × 适用税率

固定资产和无形资产净值是指纳税人根据财务会计制度计提折旧或摊销后的余额。

④已抵扣进项税额的不动产发生不得抵扣进项税额情形的，按照下列公式计算不得抵扣的进项税额：

不得抵扣的进项税额 = 已抵扣进项税额 × 不动产净值率

不动产净值率 =（不动产净值 ÷ 不动产原值）× 100%

3. 进项税额留抵退税。

我国增值税留抵退税制度从无到有、从有到优，可以概括为“六步走、四提力”。所谓“六步走”，即 2018 年在装备制造等先进制造业、研发等现代服务业和电网企业试行一次性留抵退税；自 2019 年 4 月 1 日起建立常态化增量留抵退税制度，同年 6 月 1 日起加大生产并销售非金属矿物制品、通用设备、专用设备及计算机、通信和其他电子设备等部分先进制造业纳税人的退税力度；2020 年推出阶段性抗疫退税政策，对疫情防控重点保障物资生产企业按月全额退还增值税增量留抵税额；自 2021 年 4 月 1 日起将部分先进制造业退税范围进一步扩大至生产并销售医药、化学纤维、铁路、船舶、航空航天和其他运输设备、电气机械和器材、仪器仪表的纳税人；自 2022 年 4 月 1 日起，对全行业小微企业和制造业等 6 个行业大中型企业全额退还增值税留抵税额，自 2022 年 7 月 1 日起扩大至批发零售业等 7 个行业大中型企业。五年六步形成“以普遍性退税为基础，向重点领域适当倾斜”的制度安排；“四提力”，即从个别行业试行一次性留抵退税，到全行业按比例退还增量留抵，再到先进制造业等行业按月全额退还增量留抵，再到全行业小微企业和部分行业大中型企业按月全额退还增量留抵、一次性退还存量留抵，退税制度持续改进。

现行增值税留抵退税政策有以下两个方面：

（1）只退增量留抵不退存量留抵。自 2019 年 4 月 1 日起，符合规定条件的纳税人，普遍适用期末增量留抵税额退税制度，至少 6 个月才能退一次税。

（2）既退增量留抵又退存量留抵。自 2022 年 4 月 1 日起，对符合条件的全行业小微企业和制造业等 6 个行业大中型企业全额退还增值税留抵税额，包括按月全额退还增量留抵和一次性退还存量留抵，其中，一次性退还存量留抵的开始时间有先后。自 2022 年 7 月 1 日起，将全额退还增值税留抵税额政策扩大至符合条件的批发零售业等 7 个行业大中型企业。

纳税人退还的增值税期末留抵税额，应在收到退税款项的当月，将退税额从增值税进项税额中转出。

4. 加计抵减。

加计抵减政策，是允许特定一般纳税人按照当期可抵扣进项税额的一定比例计算出一个抵减额，专用于抵减一般纳税人一般计税方法计算的应纳税额。

（1）关于加计抵减政策的适用主体。

判断适用加计抵减政策的具体标准是，以邮政服务、电信服务、现代服务和生活服务销售额占纳税人全部销售额的比重是否超过 50% 来确定，如果四项服务销售额占比超过 50%，则可以适用加计抵减政策。四项服务销售额是指四项服务销售额的合计数，虽然加计抵减政策只适用于一般纳税人，但在确定主营业务时参与计算的销售额，不仅指纳税人在登记为一般纳税人以后的销售额，其在小规模纳税人期间的销售额也是可以参与计算的。

加计抵减政策按年适用、按年动态调整。一旦确定适用与否，当年不再调整。到了下一年度，纳税人需要以上年度四项服务销售额占比来重新确定该年度能否适用。这里的年度是指会计年度，而不是连续 12 个月的概念。

如果纳税人满足加计抵减条件，但因各种原因并未及时计提加计抵减额，允许纳税人在此后补充计提，补充计提的加计抵减额不再追溯抵减和调整前期的应纳税额，但可抵减以后期间的应纳税额。

对于申请享受加计抵减政策的纳税人，需要就适用政策做出声明，并在年度首次确认适用时，提交《适用加计抵减政策的声明》（以下称《声明》），完成《声明》后，即可自主申报适用加计抵减政策。

（2）加计抵减金额的计算。

加计抵减额必须与进项税额分开核算，这样处理的目的是维持进项税额的正常核算，进而实现留抵税额真实准确，以免造成多退出口退税和留抵退税。

加计抵减政策仅适用于国内环节。因此，关于计提加计抵减额的基础，即“当期可抵扣进项税额”中不包括出口业务对应的进项税额；同时，如果已抵扣进项税额发生进项税额转出，那么，在进项税额转出的同时，此前相应计提的加计抵减额也要同步调减。

加计抵减额独立于进项税额和留抵税额，且随着纳税人逐期计提、调减、抵减、结转等相应发生变动，因此，享受加计抵减政策的纳税人需要准确核算加计抵减额的变动情况。

（3）加计抵减额的抵减方法。

加计抵减额只能用于抵减一般计税方法计算的应纳税额。加计抵减额抵减应纳税额需要分两步：

第一步，纳税人先按照一般规定，以销项税额减去进项税额的余额算出一般计税方法下的应纳税额。

第二步，区分不同情形分别处理：第一种情形，如果第一步计算出的应纳税额为0，则当期无须再抵减，所有的加计抵减额可以直接结转到下期抵减。第二种情形，如果第一步计算出的应纳税额大于0，则当期可以进行抵减。在抵减时，需要将应纳税额和可抵减加计抵减额比较。如果应纳税额比当期可抵减加计抵减额大，所有的当期可抵减加计抵减额在当期全部抵减，纳税人以抵减后的余额计算缴纳增值税；如果应纳税额比当期可抵减加计抵减额小，当期应纳税额被抵减至0，未抵减完的加计抵减额余额可以结转下期继续抵减。

（三）简易计税方法

小规模纳税人、一般纳税人的特定应税行为适用简易计税方法。

1. 简易计税方法的计算公式。

简易计税方法的应纳税额是指按照销售额和增值税征收率计算的增值税额，不得抵扣进项税额。应纳税额的计算公式为：

$$应纳税额 = 销售额 \times 征收率$$

简易计税方法的销售额不包括应纳税额。

简易计税方法下，若纳税人符合条件选择差额确定销售额时，应纳税额 =（全部价款和价外费用 − 扣除项目金额）×（1 + 征税率）× 征收率。公式中，全部价款和价外费用及扣除项目金额均为含税价款，征收率为销售额的适用征收率。

2. 一般纳税人的简易计税。

一般纳税人发生财政部和国家税务总局规定的特定应税行为，适用或选择简易计税方法计税，但一经选择，36个月内不得变更。

（1）一般纳税人按3%征收率计税情形。

①依照3%征收率计税的项目：销售旧货，而旧货是指进入二次流通的具有部分使用价值的货物（含旧汽车、旧摩托车和旧游艇），但不包括自己使用过的物品；销售自己使用过的按照规定不得抵扣且未抵扣进项税额的固定资产；寄售商店代销物品（包括居民个人寄售的物品在内）；典当业销售死当物品；资管产品管理人运营资管产品过程中发生的增值税应税行为；建筑工程总承包单位为房屋建筑的地基与基础、主体结构提供工程服务，建设单位自行采购全部或部分钢材、混凝土、砌体材料、预制构件的。

②选择3%征收率计税的项目：单采血浆站销售非临床用人体血液；县级及县级以下小型水力发电单位销售自产的电力；销售自产的建筑用和生产建筑材料所用的砂、土、石料；销售以自己采掘的砂、土、石料或其他矿物连续生产的砖、瓦、石灰（不含粘土实心砖、瓦）；销售自产的用微生物、微生物代谢产物、动物毒素、人或动物的血液或组织制成的生物制品；销售自产的自来水；销售自产的商品混凝土（仅限于以水泥为原料生产的水泥混凝土）；提供物业管理服务的纳税人转售自来水；光伏发电项目发电户销售电力产品；药品经营企业销售生物制品；兽用药品经营企业销售兽用生物制品；生产销售和批发、零售抗癌药品和罕见病药品；提供公共交通运输服务（包括公交客运、长途客运、城市轻轨、轮客渡、出租车、班车、地铁）；以清包工方式提供建筑服务；为甲供工程提供建筑服务；为建筑工程老项目提供建筑服务；农村信用社、村镇银行、农村资金互助社、由银行业机构全资发起设立的贷款公司、法人机构在县（县级市、区、旗）及县以下地区的农村合作银行和农村商业银行提供金融服务；对中国农业银行纳入“三农金融事业部”改革试点的各省、自治区、直辖市、计划单列市分行下辖的县域支行和新疆生产建设兵团分行下辖的县域支行提供农户贷款、农村企业和农村各类组织贷款服务；中国农业发展银行总行及其各分支机构提供涉农贷款服务；经认定的动漫企业为开发动漫产品提供动漫脚本编撰、形象设计、背景设计、动画设计、分镜、动画制作、摄制、描线、上色、画面合成、配音、配乐、音效合成、剪辑、字幕制作、压缩转码（面向网络动漫、手机动漫格式适配）服务，以及在境内转让动漫版权（包括动漫品牌、形象或者内容的授权及再授权）；非企业性单位提供研发和技术、信息技术、鉴证咨询，技术转让、技术开发服务和与之相关的技术咨询、技术服务，销售技术、著作权等无形资产；提供城市电影放映服务、装卸搬运

服务、仓储服务、收派服务和文化体育服务；以纳入营改增试点之日前取得的有形动产为标的物提供经营租赁服务；在纳入营改增试点之日前签订的尚未执行完毕的有形动产租赁合同；提供电影播映服务；提供文化体育服务；提供非学历教育服务、教育辅助服务；生产销售和批发、零售抗癌药品；2016 年 4 月 30 日前开工的高速公路的车辆通行费；提供非学历教育服务；教育辅助服务；销售自产机器设备同时提供安装服务；销售外购机器设备的同时提供安装服务按照兼营分别核算的；从事再生资源回收的一般纳税人销售其收购的再生资源。（自 2022 年 3 月 1 日起执行）

【例 2－11】 A 公司为增值税一般纳税人，从事商品混凝土生产和销售，成立于 2019 年 1 月 1 日，2019 年 3 月被认定为增值税一般纳税人，其销售商品混凝土业务选择按照简易计税办法计税。2021 年 3 月 A 公司发生以下经济业务；销售商品混凝土取得价款 103 万元；购入运输商品混凝土搅拌车支付价款 58.5 万元，取得增值税专用发票；销售 2019 年 4 月 1 日购进的混凝土搅拌车，收取价款 20 万元。请回答以下问题：

（1）销售商品混凝土收取的价款如何计算缴纳增值税？

（2）购进的混凝土搅拌车能否抵扣进项税额？

（3）销售 2019 年 4 月 1 日购进的搅拌车如何缴纳增值税？

【解析】

（1）企业选择按照简易计税办法计税，因此，销售商品混凝土应纳税额 $=103\div1.03\times3\%=3$（万元）。

（2）用于简易计税办法项目的进项税额不得抵扣。

（3）用于简易计税办法项目的搅拌车进项税额不得抵扣，再销售时按照简易办法计税，应纳税额 $=20\div1.03\times2\%\approx0.39$（万元）。

（2）一般纳税人按 5% 征收率计税情形。

一般纳税人发生以下情形时可选择按照 5% 征收率计算缴纳增值税：中外合作油（气）田生产企业销售按合同开采的原油、天然气；提供劳务派遣服务、安全保护服务选择差额征税的；提供人力资源外包服务；以 2016 年 4 月 30 日前取得或自建的不动产提供租赁服务；房地产开发企业以自行开发的房地产老项目提供租赁服务；以 2016 年 4 月 30 日前开工的一级公路、二级公路、桥、闸提供道路通行服务；2016 年 4 月 30 日前签订的不动产融资租赁合同，或以 2016 年 4 月 30 日前取得的不动产提供融资租赁服务；销售 2016 年 4 月 30

日前取得或自建的不动产；房地产开发企业销售自行开发的房地产老项目；销售 2016 年 4 月 30 日前取得的土地使用权选择差额征税的。

（3）一般纳税人按 0.5% 征收率计税情形。

自 2020 年 5 月 1 日至 2023 年 12 月 31 日，从事二手车经销的纳税人销售其收购的二手车，减按 0.5% 的征收率征收增值税。

（四）按适用税率计税且不抵扣进项税额

1. 增值税代扣代缴。

境外单位或者个人在境内发生应税行为，在境内未设有经营机构的，扣缴义务人按照下列公式计算应扣缴税额：

应扣缴税额 = 购买方支付的价款 ÷（1 + 税率）× 税率

上述公式适用于境外单位或者个人在境内销售服务、无形资产或者不动产，且没有在境内设立经营机构的情况。

在计算应扣缴税额时，应将应税行为购买方支付的含税价款，换算为不含税价款，再乘以应税行为的增值税适用税率，计算出应扣缴的增值税税额。

按照上述公式计算应扣缴税额时，无论购买方支付的价款是否超过小规模纳税人标准，无论扣缴义务人是一般纳税人或者小规模纳税人，一律按照境外单位或者个人发生应税行为的适用税率予以计算。

2. 一般纳税人特殊情形。

为了加强对符合一般纳税人条件的纳税人的管理，防止利用一般纳税人和小规模纳税人两种不同的征税办法少缴税款，对一般纳税人会计核算不健全，或者不能够提供准确税务资料的，以及应当登记一般纳税人资格而未登记的，要按销售额依照增值税税率计算应纳税额，不得抵扣进项税额，也不得使用增值税专用发票。

【例 2-12】 A 物业公司提供物业管理服务，为增值税一般纳税人，2021 年 7 月发生以下经济业务：

（1）收取 2021 年上半年的物业管理服务费为 106 万元。物业管理服务约定为：上半年的物业管理服务费 7 月收取，下半年的物业管理服务费次年 1 月收取。

（2）取得自来水公司开具的增值税专用发票进项税额为 10 万元，取得供电公司开具的增值税专用发票进项税额为 20 万元，购进电脑取得的增值税专用发票进项税额为 40 万元（作为固定资产管理），购进办公用品取得的增值税专用发票进项税额为 30 万元（计入管理费用）。

（3）代收电费为11.3万元，向用户开具增值税发票。

（4）代收水费为51.5万元，向用户开具增值税发票，实际支付的水费为41.2万元，代收的自来水水费选择简易计税办法计税。

（5）与业主签订装修合同，预收装修价款327万元，均为全包合同。

请回答以下问题：

（1）A物业公司2021年7月物业管理服务费应确认的销项税额是多少？

（2）A物业公司2021年7月代收电费应确认的销项税额是多少？

（3）A物业公司2021年7月代收水费应纳税额是多少？

（4）A物业公司2021年7月可抵扣进项税额是多少？

（5）2021年7月预收装修价款应预缴的增值税是多少？

【解析】

（1）A物业公司2021年7月物业管理服务费应确认的销项税额 $=106\div1.06\times6\%=6$（万元）

（2）A物业公司代收电费以自己名义开具发票应确认的销项税额 $=11.3\div1.13\times13\%=1.3$（万元）

（3）A物业公司2021年7月代收水费应纳税额 $=(51.5-41.2)\div1.03\times3\%=0.3$（万元）

（4）电费进项20万元、电脑进项40万元可全额抵扣。

自来水进项税额需划分不得抵扣进项税额 $=10\times50\div(100+10+50)=3.125$（万元）

办公用品进项税额需划分不得抵扣进项税额 $=30\times50\div(100+10+50)=9.375$（万元）

A物业公司2021年7月可抵扣进项税额 $=10+20+40+30-3.125-9.375=87.5$（万元）

（5）预收装修价款属于取得建筑服务预收账款，应预缴增值税 $=327\div1.09\times2\%=6$（万元）。

五、增值税主要优惠

（一）增值税免税优惠

1. 法定免税优惠。

农业生产者销售自产农产品；避孕药品和用具；古旧图书；直接用于科学

研究、科学试验和教学的进口仪器、设备；外国政府、国际组织无偿援助的进口物资和设备；由残疾人组织直接进口供残疾人专用的物品；销售自己使用过的物品。

2. 小规模纳税人免税优惠。

（1）起征点。

纳税人销售额未达到国务院财政、税务主管部门规定的增值税起征点的，免征增值税；达到起征点的，全额计算缴纳增值税。

个人可享受增值税起征点优惠，个人包括个体工商户和其他个人。增值税起征点的幅度按以下情形分别确定：按月纳税的，为月销售额5000～20000元（目前暂调整为15万元，含本数）；按次纳税的，为每次（日）销售额300～500元。

（2）免税销售额。

自2021年4月1日至2022年12月31日，对月销售额15万元以下（含本数）的增值税小规模纳税人，免征增值税。适用增值税差额征税政策的小规模纳税人，以差额后的销售额确定是否可以享受免征增值税政策。免税销售额中不包含小规模纳税人销售不动产取得的销售额，个体工商户和其他个人取得销售不动产的销售额符合条件时可享受免税优惠。

按固定期限纳税的小规模纳税人可以选择以1个月或1个季度为纳税期限，一经选择，一个会计年度内不得变更。选择按月纳税时，增值税免税销售额为15万元以下，选择按季度纳税时，增值税免税销售额为45万元以下。

其他个人进行临时税务登记后，属于按期纳税，可享受免税销售额优惠。

其他个人采取一次性收取租金形式出租不动产取得的租金收入，可在对应的租赁期内平均分摊，分摊后的月（季）租金收入未超过免税销售额的，免征增值税。

按照现行规定应当预缴增值税税款的小规模纳税人，凡在预缴地实现的月（季）销售额未超过免税销售额的，当期无需预缴税款。

【例2-13】关于建筑业增值税小规模纳税人享受的免税优惠，下列说法正确的有（　　）。

A. 销售不动产销售额无法享受免税优惠

B. 纳税人可以选择按月或者按季度缴纳增值税

C. 纳税人应当开具免税字样的增值税发票

D. 申请自开票后可以开具销售不动产增值税专用发票

E. 开具增值税专用发票的建筑服务收入无法享受免税优惠

【解析】小规模纳税人包含不动产销售额在内的月（季）销售额未超过免税销售额的，可以全部免征增值税。小规模纳税人开具带税额的增值税普通发票，在月度末或者季度末销售额未超过免税优惠标准时可享受免税优惠。因此，正确答案为BDE。

【例2－14】A公司为建筑企业小规模纳税人，2021年4—6月以项目部名义在B市异地提供建筑服务，甲项目取得销售价款48.2万元，乙项目取得销售价款23.9万元，其中甲项目支付分包款46.35万元。假设上述款项均含税，A公司选择按照3%征收率开票，则A公司第一季度异地施工需要预缴的增值税是多少？

【解析】建筑企业小规模纳税人异地预缴增值税时，以差额征税以后的销售额判断能否享受免税优惠，A公司异地预缴销售额＝(48.2－46.35＋23.9)÷1.03＝25（万元），未超过45万元，可以免予预缴增值税。

3. 其他免税优惠。

下列各项优惠政策有执行期限的，按相关规定执行。

（1）改善民生。

批发、零售蔬菜和部分鲜活肉蛋产品；承担粮食收储任务的国有粮食购销企业销售的粮食和储备大豆，其他粮食企业经营救灾救济粮、水库移民口粮；政府储备食用植物油的销售；湖北省适用3%征收率的增值税小规模纳税人；个人销售自建自用住房；企业、行政事业单位按房改成本价、标准价出售住房；在北京市、上海市、广州市和深圳市，个人将购买2年以上（含2年）的普通住房对外销售，在其他地区，个人将购买2年以上（含2年）的住房对外销售；公共租赁住房经营管理单位出租公共租赁住房；从事个体经营的随军家属、军队转业干部自领取税务登记证之日起3年内免征增值税；安置随军家属、自主择业的军队转业干部就业而新开办的企业符合条件的，自领取税务登记证之日起3年内免征增值税；供残疾人专用的假肢、轮椅、矫型器（包括上肢矫型器、下肢矫型器、脊椎侧弯矫型器）；托儿所、幼儿园提供的保育和教育服务；养老机构提供的养老服务；残疾人福利机构提供的育养服务；婚姻介绍服务；殡葬服务；住房公积金管理中心用住房公积金在指定的委托银行发放的个人住房贷款；家政服务企业由员工制家政服务员提供的家政服务；符合条件的家政服务企业由非员工制家政服务员提供的家政服务；残疾人个人提供的加工、修理修配劳务，残疾人员本人为社会提供的服务；社保基金会、社保基金投资管理人在运用社保基金投资过程中，提供贷款服务取得的利息收入和金融商品转让收入；社保基金会及养老基金投资管理机构运用养老基金投资过程中，提供贷款服务取得的利息收入和金融商品转让收入；提供社区养老、托育、家政服务；福利彩票、体育彩票的发行收入；涉及家庭财产分割的个人无偿转让不动产、土地使用权；边销茶；纳税人为居民提供必需生活物资快递收派服务取得的收入。

（2）鼓励高新技术。

技术转让、技术开发和与之相关的技术咨询、技术服务；国家级、省级科技企业孵化器、大学科技园和国家备案众创空间向在孵对象提供孵化服务。

（3）促进区域发展。

注册在洋山特殊综合保税区内的企业，并在区内提供交通运输服务、装卸搬运服务和仓储服务；台湾航运公司、航空公司从事海峡两岸海上直航、空中直航业务在大陆取得的运输收入；横琴、平潭各自的区内企业之间销售其在本区内的货物。

（4）促进小微企业发展。

符合条件的担保机构从事中小企业信用担保或者再担保业务取得的收入3年内免征增值税；符合条件的担保机构为农户、小型企业、微型企业及个体工商户提供融资担保或者再担保业务取得的收入；金融机构向小型企业、微型企业和个体工商户发放小额贷款取得的利息收入；农户小额贷款利息收入；增值税小规模纳税人适用3%征收率的应税销售收入。

（5）转制升级。

因重组改制，中国邮政集团公司向中国邮政速递物流股份有限公司、各省（自治区、直辖市）邮政公司向各省（自治区、直辖市）邮政速递物流有限公司转移资产；对中国邮政集团公司向原中国邮政储蓄银行有限责任公司转移出资资产、中国邮政集团公司以实物资产抵偿原中国邮政储蓄银行有限责任公司的储蓄和汇总利息损失挂账，以及中国邮政集团与原中国邮政储蓄银行有限责任公司之间进行资产置换过程中涉及的土地、房屋、机器设备、软件和应用系统的权属转移；因电信重组改革，中国联合网络通信集团有限公司（原中国联合通信有限公司）、联通新时空通信有限公司（原联通新时空移动通信有限公司）、中国联合网络通信有限公司（原中国联通有限公司）在转让CDMA资产和业务过程中应缴纳的增值税免征，中国联合网络通信集团有限公司向中国联合网络通信有限公司转让原网通南方21省固网业务、北方一级干线资产，原联通天津、四川、重庆三地固网业务及天津固网资产，向联通新时空通信有限公司（原联通新时空移动通信有限公司）注入原网通南方21省固网资产及原联通四川、重庆固网资产过程中应缴纳的增值税免征。

（6）节能环保。

节能服务公司实施符合条件的合同能源管理项目，将项目中的增值税应税货物转让给用能企业，暂免征收增值税；符合条件的合同能源管理服务；自来水厂（公司）随水费收取的污水处理费；“三北”地区供热企业向居民个人供热取得的采暖费收入；污水处理厂出水、工业排水（矿井水）、生活污水、垃圾处理厂渗透（滤）液等生产的再生水；垃圾处理、污泥处理处置劳务；污水处理劳务。

（7）支持金融资本市场。

被撤销金融机构以货物、不动产、无形资产、有价证券、票据等财产清偿债务；上海期货交易所会员和客户通过上海期货交易所销售标准黄金，发生实物交割但未出库的；上海期货交易所的会员和客户通过上海期货交易所交易的期货保税交割标的物；纳税人自上海钻石交易所销往国内市场的毛坯钻石；国内钻石开采企业通过上海钻石交易所销售的自产毛坯钻石；国内加工的成品钻石通过上海钻石交易所在国内销售的；上海国际能源交易中心股份有限公司的会员和客户通过上海国际能源交易中心股份有限公司交易的原油期货保税交割业务；大连商品交易所的会员和客户通过大连商品交易所交易的铁矿石期货保税交割业务；国债、地方政府债；外汇管理部门在从事国家外汇储备经营过程中，委托金融机构发放的外汇贷款；统借统还业务中，企业集团或企业集团中的核心企业以及集团所属财务公司按不高于支付给金融机构的借款利率水平或者支付的债券票面利率水平向企业集团或者集团内下属单位收取的利息；香港市场投资者（包括单位和个人）通过沪港通买卖上海证券交易所上市A股；香港市场投资者（包括单位和个人）通过基金互认买卖内地基金份额；证券投资基金（封闭式证券投资基金，开放式证券投资基金）管理人运用基金买卖股票、债券；金融同业往来利息收入；合格境外投资者（QFII）委托境内公司在我国从事证券买卖业务；个人从事金融商品转让业务；人民银行对金融机构的贷款；中国邮政集团公司及其所属邮政企业为金融机构代办金融保险业务取得的代理收入；境外机构投资境内债券市场取得的债券利息收入；经国务院批准对外开放的货物期货品种保税交割业务；注册在广州市的保险企业向注册在南沙自贸片区的企业提供国际航运保险业务；国有商业银行按财政部核定的数额，划转给中国信达等 4 家金融资产管理公司的资产；中国信达等 4 家资产公司在收购、承接和处置（剩余）政策性剥离不良资产和改制银行剥离不良资产过程中开展的规定业务；东方资产管理公司销售转让接收的港澳国际（集团）有限公司的资产包括货物、不动产、有价证券等，以及利用该货物、不动产从事融资租赁业务；港澳国际（集团）内地公司的资产以及港澳国际（集团）香港公司在中国境内的资产，在清理和被处置时，销售转让的该货物、不动产、有价证券、股权、债权等资产；符合条件的纳税人销售的熊猫普制金币；保险公司开办的一年期以上人身保险产品取得的保费收入；企业集团内单位之间的资金无偿借贷；公募证券投资基金管理人运营基金过程中转让创新企业 CDR 取得的差价收入，3 年内暂免征收增值税；个人投资者转让创新企业 CDR 取得的差价收入；人民币合格境外机构投资者（RQFII）委托境内公司转让创新企业 CDR 取得的差价收入；人民币合格境外投资者（RQFII）委托境内公司在我国从事证券买卖业务，以及经人民银行认可的境外机构投资银行间本币市场取得的收入。

（8）支持“三农”。

小额贷款公司取得的农户小额贷款利息收入；生产销售饲料产品（不包括宠物饲料）；生产销售和批发、零售有机肥；农村电网维护费；农民专业合作社销售本社成员生产的农业产品；农膜；生产销售部分列名农药；批发和零售种子、种苗、农药、农机；农业机耕、排灌、病虫害防治、植物保护、农牧保险以及相关技术培训业务，家禽、牲畜、水生动物的配种和疾病防治；承包地流转给农业生产者用于农业生产；农村饮水安全工程运营管理单位向农村居民提供生活用水取得的自来水销售收入；生产销售和批发、零售滴灌带和滴灌管产品；将土地使用权转让给农业生产者用于农业生产；将国有农用地出租给农业生产者用于农业生产。

（9）支持文化教育体育。

从事学历教育的学校提供的教育服务；学生勤工俭学提供的服务；国家助学贷款取得的利息收入；政府举办的从事学历教育的高等、中等和初等学校

（不含下属单位），举办进修班、培训班取得的全部归该学校所有的收入；政府举办的职业学校设立的主要为在校学生提供实习场所、并由学校出资自办、由学校负责经营管理、经营收入归学校所有的企业，从事现代服务（不含融资租赁服务、广告服务和其他现代服务）、生活服务（不含文化体育服务、其他生活服务和桑拿、氧吧）业务活动取得的收入；高校学生食堂为高校师生提供餐饮服务取得的收入，高校学生公寓住宿费收入；北京冬奥组委、北京冬奥会测试赛赛事组委会取得的电视转播权销售分成收入、国际奥委会全球合作伙伴计划分成收入（实物和资金），国内外赞助收入、转让无形资产（如标志）特许权收入和销售门票收入，发行纪念邮票、纪念币收入，来源于广播、互联网、电视等媒体收入，向分支机构划拨所获赞助物资，再销售所获捐赠物品和赛后出让资产取得收入，餐饮服务、住宿、租赁、介绍服务和收费卡收入；国际奥委会取得的与北京2022年冬奥会有关的收入；中国奥委会取得的由北京冬奥组委分期支付的收入、按比例支付的盈余分成收入；国际残奥委会取得的与北京2022年冬残奥会有关的收入；中国残奥委会取得的由北京冬奥组委分期支付的收入；企业根据赞助协议向北京冬奥组委免费提供的与北京2022年冬奥会、冬残奥会、测试赛有关的服务；北京2022年冬奥会、冬残奥会、测试赛参与者向北京冬奥组委无偿提供服务和无偿转让无形资产；外籍技术官员、中方技术官员取得的由北京冬奥组委、测试赛赛事组委会支付的劳务报酬；奥林匹克转播服务公司、奥林匹克频道服务公司、国际奥委会电视与市场开发服务公司、奥林匹克文化与遗产基金、官方计时公司取得的与北京冬奥会有关的收入；赞助商、供应商、特许商及其分包商根据协议向北京冬奥组委提供指定货物或服务；杭州2022年亚运会和亚残运会及其测试赛组委会取得的电视转播权销售分成收入、赞助计划分成收入（货物和资金），国内外赞助收入、转让无形资产（如标志）特许权收入、宣传推广费收入、销售门票收入及所发收费卡收入，发行纪念邮票、纪念币收入，来源于广播、因特网、电视等媒体收入，按亚洲奥林匹克理事会、亚洲残疾人奥林匹克委员会核定价格收取的运动员食宿费及提供有关服务取得的收入，赛后出让资产取得的收入；企业根据赞助协议向组委会免费提供的与杭州亚运会有关的服务；中国图书进出口总公司销售给国务院各部委、各直属机构及各省、自治区、直辖市所属科研机构和大专院校的进口科研、教学书刊；中国教育图书进出口公司、中国国际图书贸易总公司和北京中科进出口公司销售给高等学校、教育科研单位和北京图书馆的进口图书、报刊资料；中国经济图书进出口公司、中国出版对外贸易总公司为大专院校和科研单位免税进口的图书、报刊等资料，在其销售给上述院校和单位时，免征国内销售环节的增值税；中国科技资料进出口总公司为科研单位、大专院校进口的用于科研、教学的图书、文献、报刊及其他资料（包括只读光盘、缩微平片、胶卷、地球资源卫星照片、科技和教学声像制品）免征国内销售环节增值税；党报、党刊将其发行、印刷业务及相应的经营性资产剥离组建的文化企业，自注册之日起所取得的党报、党刊发行收入和印刷收入；纪念馆、博物馆、文化馆、文物保护单位管理机构、美术馆、展览馆、书画院、图书馆在自己的场所提供文化体育服务取得的第一道门票收入；寺院、宫观、清真寺和教堂举办文化、宗教活动的门票收入；个人转让著作权；图书批发、零售；科普单位的门票收入，以及县级及以上党政部门和科协开展科普活动的门票收入；电影企业取得的销售电影拷贝（含数字拷贝）收入、转让电影版权（包括转让和许可使用）收入、电影发行收入以及在农村取得的电影放映收入；广播电视运营服务企业收取的有线数字电视基本收视维护费和农村有线电视基本收视费；提供电影放映服务取得的收入。

（10）支持其他各项事业。

扶贫货物捐赠；运输疫情防控重点保障物资取得的收入，提供公共交通运输服务、生活服务，为居民提供必需生活物资快递收派服务取得的收入，单位和个体工商户将自产、委托加工或购买的货物无偿捐赠用于应对新型冠状病毒感染的肺炎疫情的；军队空余房产租赁收入；铁路系统内部单位为本系统修理货车；国际货物运输代理服务；国家商品储备管理单位及其直属企业承担商品储备任务，从中央或者地方财政取得的利息补贴收入和价差补贴收入；医疗机构自产自用的制剂；医疗机构提供的医疗服务；国产抗艾滋病病毒药品；外国政府和国际组织无偿援助项目在国内采购货物的供货方；黄金生产和经营单位销售黄金（不包括标准黄金）和黄金矿砂（含伴生金），进口黄金（含标准黄金）和黄金矿砂；黄金交易所会员单位通过黄金交易所销售标准黄金，未发生实物交割的；土地所有者出让土地使用权和土地使用者将土地使用权归还给土地所有者；县级以上地方人民政府或自然资源行政主管部门出让、转让或收回自然资源使用权（不含土地使用权）；行政单位之外的其他单位收取的符合规定条件的政府性基金和行政事业性收费；社会团体收取的会费；血站供应给医疗机构的临床用血。

【例 2 - 15】 下列超市销售的货物应免征增值税的是（　　）。

A. 水果　　B. 鸡蛋

C. 熟食　　D. 面包

【解析】 批发零售免征增值税的鲜活蛋产品，是指鸡蛋、鸭蛋、鹅蛋，包括鲜蛋、冷藏蛋及对其进行破壳分离的蛋液、蛋黄和蛋壳。因此，正确答案为 B。

（二）增值税即征即退优惠

1. 软件产品。

增值税一般纳税人销售其自行开发生产的软件产品，将进口软件产品进行本地化改造后对外销售的软件产品，对其增值税实际税负超过 3% 的部分即征即退。

软件产品是指信息处理程序及相关文档和数据。软件产品包括计算机软件产品、信息系统和嵌入式软件产品。

即征即退税额 = 当期软件产品增值税应纳税额 - 当期软件产品销售额 × 3%

嵌入式软件产品增值税即征即退税额 = 当期嵌入式软件产品增值税应纳税额 - 当期嵌入式软件产品销售额 × 3%

当期嵌入式软件产品增值税应纳税额 = 当期嵌入式软件产品销项税额 - 当期嵌入式软件产品可抵扣进项税额

当期嵌入式软件产品销售额 = 当期嵌入式软件产品与计算机硬件、机器设备销售额合计 - 当期计算机硬件、机器设备销售额

计算机硬件、机器设备销售额按照下列顺序确定：①按纳税人最近同期同类货物的平均销售价格计算确定；②按其他纳税人最近同期同类货物的平均销售价格计算确定；③按计算机硬件、机器设备组成计税价格计算确定。计算机硬件、机器设备组成计税价格 = 计算机硬件、机器设备成本 ×（1 + 10%）。

2. 动漫软件。

对动漫企业增值税一般纳税人销售其自主开发生产的动漫软件，按照适用税率征收增值税后，对其增值税实际税负超过 3% 的部分即征即退。

3. 安置残疾人。

安置残疾人的单位和个体工商户符合条件的，实行由税务机关按纳税人安置残疾人的人数，限额即征即退增值税的办法。安置的每位残疾人每月可退还的增值税具体限额，由县级以上税务机关根据纳税人所在区县（含县级市、

旗）适用的经省（含自治区、直辖市、计划单列市）人民政府批准的月最低工资标准的4倍确定。

此项增值税即征即退优惠政策适用于生产销售货物，提供加工、修理修配劳务，以及提供营改增现代服务和生活服务税目（不含文化体育服务和娱乐服务）范围的服务取得的收入之和，占其增值税收入的比例达到50%的纳税人，不适用于上述纳税人直接销售外购货物（包括商品批发和零售）以及销售委托加工的货物取得的收入。

本纳税期已交增值税额不足退还的，可在本纳税年度内以前纳税期已交增值税扣除已退增值税的余额中退还，仍不足退还的可结转本纳税年度内以后纳税期退还，但不得结转以后年度退还。纳税期限不为按月的，只能对其符合条件的月份退还增值税。

特殊教育学校举办的企业符合条件的，也可以享受安置残疾人的增值税即征即退优惠政策。

4. 资源综合利用。

符合条件的增值税一般纳税人销售自产的资源综合利用产品和提供资源综合利用劳务，可享受规定的增值税即征即退政策。自2022年3月1日起，纳税人从事《资源综合利用产品和劳务增值税优惠目录（2022年版）》中的“污水处理厂出水、工业排水（矿井水）、生活污水、垃圾处理厂渗透（滤）液等”“垃圾处理、污泥处理处置劳务”“污水处理劳务”项目，可适用规定的增值税即征即退政策，也可选择适用免征增值税政策。

5. 新型墙体材料。

对纳税人销售自产的列入《享受增值税即征即退政策的新型墙体材料目录》的新型墙体材料，增值税即征即退50%。

6. 风电产品。

对纳税人销售自产的利用风力生产的电力产品，增值税即征即退50%。

7. 黄金期货。

上海期货交易所会员和客户通过上海期货交易所销售标准黄金，发生实物交割并已出库的，由税务机关按照实际交割价格代开增值税专用发票，并实行增值税即征即退。

8. 铂金。

中博世金科贸有限责任公司通过上海黄金交易所销售的进口铂金、国内铂金生产企业自产自销的铂金，增值税即征即退。

9. 飞机维修。

对飞机维修劳务增值税实际税负超过6%的部分即征即退。

10. 管道运输。

一般纳税人提供管道运输服务，对其增值税实际税负超过3%的部分实行增值税即征即退政策。

11. 融资租赁。

经人民银行、银监会或者商务部批准从事融资租赁业务的试点纳税人中的一般纳税人，提供有形动产融资租赁服务和有形动产融资性售后回租服务，对其增值税实际税负超过3%的部分实行增值税即征即退政策。

商务部授权的省级商务主管部门和国家经济技术开发区批准的从事融资租赁业务和融资性售后回租业务的试点纳税人中的一般纳税人，2016年5月1日后实收资本达到1.7亿元的，从达到标准的当月起按照上述规定执行；2016年5月1日后实收资本未达到1.7亿元但注册资本达到1.7亿元的，在2016年7月31日前仍可按照上述规定执行，2016年8月1日后开展的有形动产融资租赁业务和有形动产融资性售后回租业务不得按照上述规定执行。

增值税实际税负是指纳税人当期提供应税服务实际缴纳的增值税额占纳税人当期提供应税服务取得的全部价款和价外费用的比例。

（三）增值税减征优惠

1. 一般纳税人销售使用过的固定资产。

一般纳税人销售自己使用过的固定资产符合简易征税条件时，按简易办法依3%征收率减按2%征收增值税。在享受征收率减征优惠时，一般纳税人应开具普通发票，不得开具增值税专用发票。计算公式为：

$$应纳税额=含税销售额\div(1+3\%)\times2\%$$

2. 小规模纳税人销售使用过的固定资产。

小规模纳税人（除其他个人外，下同）销售自己使用过的固定资产，减按2%征收率征收增值税。在享受征收率减征优惠时，小规模纳税人应开具普通发票，不得开具增值税专用发票。计算公式为：

$$应纳税额=含税销售额\div(1+3\%)\times2\%$$

3. 销售旧货。

纳税人销售旧货，按照简易办法依照3%征收率减按2%征收增值税。旧货是指进入二次流通的具有部分使用价值的货物，但不包括自己使用过的物品。纳税人销售旧货，应开具普通发票，不得自行开具或者由税务机关代开增值税专用发票。计算公式为：

$$应纳税额=含税销售额\div(1+3\%)\times 2\%$$

4. 小规模纳税人复工复产。

自2020年3月1日至2022年3月31日对湖北省外增值税小规模纳税人，自2021年4月1日至2022年3月31日对湖北省外增值税小规模纳税人，适用3%征收率的应税销售收入，减按1%征收率征收增值税。

增值税小规模纳税人减按1%征收率征收增值税的，按下列公式计算销售额：

$$销售额=含税销售额\div(1+1\%)$$

5. 出租住房。

个人出租住房，按照5%的征收率减按1.5%计算应纳税额。住房租赁企业中的增值税一般纳税人向个人出租住房取得的全部出租收入，可以选择适用简易计税方法，按照5%的征收率减按1.5%计算缴纳增值税。

6. 扣减增值税。

（1）自主就业退役士兵从事个体经营的，自办理个体工商户登记当月起，在3年（36个月，下同）内按每户每年12000元为限额依次扣减其当年实际应缴纳的增值税、城市维护建设税、教育费附加、地方教育附加和个人所得税。限额标准最高可上浮20%，各省、自治区、直辖市人民政府可根据本地区实际情况在此幅度内确定具体限额标准。

（2）企业招用自主就业退役士兵，与其签订1年以上期限劳动合同并依法缴纳社会保险费的，自签订劳动合同并缴纳社会保险当月起，在3年内按实际招用人数予以定额依次扣减增值税、城市维护建设税、教育费附加、地方教育附加和企业所得税优惠。定额标准为每人每年6000元，最高可上浮50%，各省、自治区、直辖市人民政府可根据本地区实际情况在此幅度内确定具体定额标准。

（3）建档立卡贫困人口、登记失业半年以上人员，零就业家庭、享受城市低保登记失业人员，毕业年度内高校毕业生，从事个体经营的，自办理个体工商户登记当月起，在3年（36个月，下同）内按每户每年12000元为限额依次扣减其当年实际应缴纳的增值税、城市维护建设税、教育费附加、地方教育附加和个人所得税。限额标准最高可上浮20%，各省、自治区、直辖市人民政府可根据本地区实际情况在此幅度内确定具体限额标准。

（4）企业招用建档立卡贫困人口，登记失业半年以上人员，与其签订1年以上期限劳动合同并依法缴纳社会保险费的，自签订劳动合同并缴纳社会保险当月起，在3年内按实际招用人数予以定额依次扣减增值税、城市维护建设税、教育费附加、地方教育附加和企业所得税优惠。定额标准为每人每年6000元，最高可上浮30%，各省、自治区、直辖市人民政府可根据本地区实际情况在此幅度内确定具体定额标准。

7. 生产销售新支线飞机。

对纳税人生产销售新支线飞机暂减按5%征收增值税。

8. 税控设备和维护费用抵减税额。

（1）增值税纳税人初次购买增值税税控系统专用设备支付的费用及缴纳的技术维护费可在增值税应纳税额中全额抵减，不足抵减的可结转下期继续抵减。

增值税纳税人非初次购买增值税税控系统专用设备支付的费用，由其自行负担，不得在增值税应纳税额中抵减。

增值税一般纳税人支付的上述两项费用在增值税应纳税额中全额抵减的，其增值税专用发票不作为增值税抵扣凭证，其进项税额不得从销项税额中抵扣。

（2）增值税小规模纳税人购置税控收款机，可凭购进税控收款机取得的增值税发票上注明的增值税税额，抵免当期应纳增值税税额。当期应纳税额不足抵免的，未抵免部分可在下期继续抵免。

9. 高速公路通行费。

公路经营企业中的一般纳税人收取试点前开工的高速公路的车辆通行费，可以选择适用简易计税方法，减按3%的征收率计算应纳税额。

10. 二手车经销。

自2020年5月1日至2023年12月31日，从事二手车经销的纳税人销售其收购的二手车，由原按照简易办法依3%征收率减按2%征收增值税，改为减按0.5%征收增值税。

六、增值税发票

（一）增值税发票的使用范围

增值税一般纳税人销售货物，提供加工修理修配劳务，销售服务、无形资产和不动产的应税行为，按规定开具增值税专用发票、增值税普通发票、机动车销售统一发票、增值税电子发票。

增值税小规模纳税人（其他个人除外）发生增值税应税行为，需要开具增值税专用发票的，可以自愿使用增值税发票管理系统自行开具。选择自行开具增值税专用发票的小规模纳税人，税务机关不再为其代开增值税专用发票。

销售商品、提供服务及从事其他经营活动的单位和个人，对外发生经营业务收取款项，收款方应当向付款方开具发票；特殊情况下，由付款方向收款方开具发票。所有单位和从事生产、经营活动的个人在购买商品、接受服务及从事其他经营活动支付款项，应当向收款方取得发票。取得发票时，不得要求变更品名和金额。

（二）不得开具增值税专用发票的情形

1. 一般纳税人不得使用增值税专用发票的情形。

（1）会计核算不健全，不能向税务机关准确提供增值税销项税额、进项税额、应纳税额数据及其他有关增值税税务资料的。上列其他有关增值税税务资料的内容，由省、自治区、直辖市和计划单列市税务局确定。

（2）应当办理一般纳税人资格登记而未办理的。

（3）有《中华人民共和国税收征收管理法》（以下简称《税收征管法》）规定的税收违法行为，拒不接受税务机关处理的。

（4）有下列行为之一，经税务机关责令限期改正而仍未改正的：虚开增值税专用发票；私自印制增值税专用发票；向税务机关以外的单位和个人买取增值税专用发票；借用他人增值税专用发票；未按规定开具增值税专用发票；未按规定保管增值税专用发票和专用设备；未按规定申请办理防伪税控系统变更发行；未按规定接受税务机关检查。有上列情形的，如已领取增值税专用发票，主管税务机关应暂扣其结存的增值税专用发票和税控专用设备。

2. 不得开具增值税专用发票的特定业务。

（1）向消费者个人销售货物、提供应税劳务或者发生应税行为的。

（2）商业企业一般纳税人零售的烟、酒、食品、服装、鞋帽（不包括劳保专用部分)、化妆品等消费品不得开具专用发票。

(3) 销售货物、提供应税劳务或者发生营改增应税行为适用增值税免税规定的，法律、法规及国家税务总局另有规定的除外。

(4) 部分适用增值税简易征收政策规定的业务。如增值税一般纳税人的单采血浆站销售非临床用人体血液；纳税人销售旧货，按简易办法依3%征收率减按2%征收增值税的；纳税人销售自己使用过的固定资产，适用按简易办法依3%征收率减按2%征收增值税政策的。纳税人销售自己使用过的固定资产，适用简易办法依照3%征收率减按2%征收增值税政策的，可以放弃减税，按照简易办法依照3%征收率缴纳增值税，并可以开具增值税专用发票。

(5) 部分适用差额征税政策的项目或其扣除项目。如金融商品转让不得开具增值税专用发票；经纪代理服务从取得的全部价款和价外费用中扣除的向委托方收取并代为支付的政府性基金或者行政事业性收费，不得开具增值税专用发票。

【例 2-16】 判断：增值税纳税人享受免税优惠时不得开具增值税发票。

【解析】 免税优惠属于增值税征税范围，可以开具免税字样增值税普通发票。因此，该项说法错误。

(三) 红字增值税发票开具

1. 红字增值税专用发票的开具。

纳税人开具增值税专用发票后，发生销货退回、开票有误、应税服务中止等情形但不符合发票作废条件，或者因销货部分退回及发生销售折让，需要开具红字增值税专用发票的，按以下方法处理：

(1) 购买方取得增值税专用发票已用于申报抵扣的，购买方可在发票管理系统中填开并上传《开具红字增值税专用发票信息表》(以下简称《信息表》)，在填开《信息表》时不填写相对应的蓝字增值税专用发票信息，应暂依《信息表》所列增值税税额从当期进项税额中转出，待取得销售方开具的红字增值税专用发票后，与《信息表》一并作为记账凭证。购买方取得增值税专用发票未用于申报抵扣、但发票联或抵扣联无法退回的，购买方填开《信息表》时应填写相对应的蓝字增值税专用发票信息。销售方开具增值税专用发票尚未交付购买方，以及购买方未用于申报抵扣并将发票联及抵扣联退回的，销售方可在发票管理系统中填开并上传《信息表》。销售方填开《信息表》时应填写相对应的蓝字增值税专用发票信息。

（2）主管税务机关通过网络接收纳税人上传的《信息表》，系统自动校验通过后，生成带有“红字发票信息表编号”的《信息表》，并将信息同步至纳税人端系统中。

（3）销售方凭税务机关系统校验通过的《信息表》开具红字增值税专用发票，在发票管理系统中以销项负数开具。红字增值税专用发票应与《信息表》一一对应。

（4）纳税人也可凭《信息表》电子信息或纸质资料到税务机关对《信息表》内容进行系统校验。

2. 红字增值税普通发票的开具。

纳税人开具增值税普通发票后，如发生销货退回、开票有误、应税服务中止等情形但不符合发票作废条件，或者因销货部分退回及发生销售折让，需要开具红字发票的，应收回原发票并注明“作废”字样或取得对方有效证明。

纳税人需要开具红字增值税普通发票的，可以在所对应的蓝字发票金额范围内开具多份红字发票。红字机动车销售统一发票需与原蓝字机动车销售统一发票一一对应。

（四）增值税电子专用发票试点

1. 专票电子化试点。

自 2020 年 12 月 21 日起，在天津、河北、上海、江苏、浙江、安徽、广东、重庆、四川、宁波和深圳等 11 个地区的新办纳税人中实行专票电子化，受票方范围为全国。其中，宁波、石家庄和杭州等 3 个地区已试点纳税人开具增值税电子专用发票（以下简称电子专票）的受票方范围扩至全国。

自 2021 年 1 月 21 日起，在北京、山西、内蒙古、辽宁、吉林、黑龙江、福建、江西、山东、河南、湖北、湖南、广西、海南、贵州、云南、西藏、陕西、甘肃、青海、宁夏、新疆、大连、厦门和青岛等 25 个地区的新办纳税人中实行专票电子化，受票方范围为全国。

电子专票由各省税务局监制，采用电子签名代替发票专用章，属于增值税专用发票，其法律效力、基本用途、基本使用规定等与增值税纸质专用发票（以下简称纸质专票）相同。

自各地专票电子化实行之日起，本地区需要开具增值税纸质普通发票、增值税电子普通发票（以下简称电子普票）、纸质专票、电子专票、纸质机动车销售统一发票和纸质二手车销售统一发票的新办纳税人，统一领取税务 UKey

开具发票。税务机关向新办纳税人免费发放税务 UKey，并依托增值税电子发票公共服务平台，为纳税人提供免费的电子专票开具服务。

税务机关按照电子专票和纸质专票的合计数，为纳税人核定增值税专用发票领用数量。电子专票和纸质专票的增值税专用发票（增值税税控系统）最高开票限额应当相同。

纳税人开具增值税专用发票时，既可以开具电子专票，也可以开具纸质专票。受票方索取纸质专票的，开票方应当开具纸质专票。

2. 全面数字化的电子发票试点。

自 2021 年 12 月 1 日起，在广东、上海、内蒙古选定的地区开展全面数字化的电子发票（以下简称全电发票）试点。全电发票的法律效力、基本用途与现有纸质发票相同。其中，带有“增值税专用发票”字样的全电发票，其法律效力、基本用途与现有增值税专用发票相同；带有“普通发票”字样的全电发票，其法律效力、基本用途与现有普通发票相同。试点纳税人通过实名验证后，无需使用税控专用设备，无需办理发票票种核定，无需领用全电发票，使用电子发票服务平台即可开票。

（五）一般纳税人进项税额抵扣的发票用途确认

增值税一般纳税人取得 2017 年 1 月 1 日及以后开具的增值税专用发票、海关进口增值税专用缴款书、机动车销售统一发票、收费公路通行费增值税电子普通发票，取消认证确认、稽核比对、申报抵扣的期限。纳税人在进行增值税纳税申报时，应当通过本省（自治区、直辖市和计划单列市）增值税发票综合服务平台对上述扣税凭证信息进行用途确认。纳税人应当按照发票用途确认结果申报抵扣增值税进项税额或申请出口退税、代办退税。纳税人已经申报抵扣的发票，如改用于出口退税或代办退税，应当向主管税务机关提出申请，由主管税务机关核实情况并调整用途。纳税人已经确认用途为申请出口退税或代办退税的发票，如改用于申报抵扣，应当向主管税务机关提出申请，经主管税务机关核实该发票尚未申报出口退税，并将发票电子信息回退后，由纳税人调整用途。

增值税一般纳税人取得 2016 年 12 月 31 日及以前开具的增值税专用发票、海关进口增值税专用缴款书、机动车销售统一发票，超过认证确认、稽核比对、申报抵扣期限，但符合规定条件的，仍可按照相关规定继续抵扣进项税额。

受票方取得电子专票用于申报抵扣增值税进项税额或申请出口退税、代办退税的，应当登录增值税发票综合服务平台确认发票用途。全电发票试点纳税人取得增值税扣税凭证用于申报抵扣增值税进项税额或申请出口退税、代办退税的，应通过电子发票服务平台确认用途。非全电发票试点纳税人取得全电发票用于申报抵扣增值税进项税额或申请出口退税、代办退税的，应通过增值税发票综合服务平台确认用途。

增值税一般纳税人取得仅注明一个缴款单位信息的海关缴款书，应当登录本省（区、市）增值税发票选择确认平台（以下简称选择确认平台）查询、选择用于申报抵扣或出口退税的海关缴款书信息。通过选择确认平台查询到的海关缴款书信息与实际情况不一致或未查询到对应信息的，应当上传海关缴款书信息，经系统稽核比对相符后，纳税人登录选择确认平台查询、选择用于申报抵扣或出口退税的海关缴款书信息。

增值税一般纳税人取得注明两个缴款单位信息的海关缴款书，应当上传海关缴款书信息，经系统稽核比对相符后，纳税人登录选择确认平台查询、选择用于申报抵扣或出口退税的海关缴款书信息。

稽核比对结果为不符、缺联、重号、滞留的异常海关缴款书按以下方式处理：

一是对于稽核比对结果为不符、缺联的海关缴款书，纳税人应当持海关缴款书原件向主管税务机关申请数据修改或核对。属于纳税人数据采集错误的，数据修改后再次进行稽核比对；不属于数据采集错误的，纳税人可向主管税务机关申请数据核对，主管税务机关会同海关进行核查。经核查，海关缴款书票面信息与纳税人实际进口货物业务一致的，纳税人登录选择确认平台查询、选择用于申报抵扣或出口退税的海关缴款书信息。

二是对于稽核比对结果为重号的海关缴款书，纳税人可向主管税务机关申请核查。经核查，海关缴款书票面信息与纳税人实际进口货物业务一致的，纳税人登录选择确认平台查询、选择用于申报抵扣或出口退税的海关缴款书信息。

三是对于稽核比对结果为滞留的海关缴款书，可继续参与稽核比对，纳税人不需申请数据核对。

【例 2－17】 判断：一般纳税人取得增值税专用发票需在发票用途确认的当期抵扣进项税额。

【解析】 增值税发票用途确认后没有抵扣期限限制。因此，该项说法错误。

（六）丢失增值税专用发票的管理

纳税人同时丢失已开具增值税专用发票或机动车销售统一发票的发票联和抵扣联，可凭加盖销售方发票专用章的相应发票记账联复印件，作为增值税进项税额的抵扣凭证、退税凭证或记账凭证。

纳税人丢失已开具增值税专用发票或机动车销售统一发票的抵扣联，可凭相应发票的发票联复印件，作为增值税进项税额的抵扣凭证或退税凭证；纳税人丢失已开具增值税专用发票或机动车销售统一发票的发票联，可凭相应发票的抵扣联复印件，作为记账凭证。

七、增值税申报

纳税人应按规定办理增值税纳税申报，填报相关的纳税申报表。

（一）增值税申报期限

增值税按期纳税的，申报期限为期满之日起 15 日内。

（二）一般纳税人增值税申报表

1. 一般纳税人增值税纳税申报表的组成。

现行一般纳税人增值税纳税申报表由 1 张主表和 6 张附表组成。纳税人申报增值税时，应一并申报附征的城市维护建设税、教育费附加和地方教育附加等附加税费。现行一般纳税人增值税纳税申报表的主表是《增值税及附加税费申报表（一般纳税人适用）》，附表分别是：

（1）《增值税及附加税费申报表附列资料（一）》（本期销售情况明细）。

（2）《增值税及附加税费申报表附列资料（二）》（本期进项税额明细）。

（3）《增值税及附加税费申报表附列资料（三）》（服务、不动产和无形资产扣除项目明细）。

（4）《增值税及附加税费申报表附列资料（四）》（税额抵减情况表）。

（5）《增值税及附加税费申报表附列资料（五）》（附加税费情况表）。

（6）《增值税减免税申报明细表》。

2. 一般纳税人增值税纳税申报表主表样式。

一般纳税人增值税纳税申报表主表样式见表 2－1，其中省略了表头、声明、表尾的相关内容。

表 2-1 增值税及附加税费申报表

（一般纳税人适用）

项目		栏次	一般项目		即征即退项目	
			本月数	本年累计	本月数	本年累计
销售额	（一）按适用税率计税销售额	1				
	其中：应税货物销售额	2				
	应税劳务销售额	3				
	纳税检查调整的销售额	4				
	（二）按简易办法计税销售额	5				
	其中：纳税检查调整的销售额	6				
	（三）免、抵、退办法出口销售额	7			—	—
	（四）免税销售额	8			—	—
	其中：免税货物销售额	9			—	—
	免税劳务销售额	10			—	—
税款计算	销项税额	11				
	进项税额	12				
	上期留抵税额	13				—
	进项税额转出	14				
	免、抵、退应退税额	15			—	—
	按适用税率计算的纳税检查应补缴税额	16			—	—
	应抵扣税额合计	17 = 12 + 13 - 14 - 15 + 16		—		—
	实际抵扣税额	18（如 17 < 11，则为 17，否则为 11）				
	应纳税额	19 = 11 - 18				
	期末留抵税额	20 = 17 - 18				—
	简易计税办法计算的应纳税额	21				
	按简易计税办法计算的纳税检查应补缴税额	22			—	—
	应纳税额减征额	23				
	应纳税额合计	24 = 19 + 21 - 23				
税款缴纳	期初未缴税额（多缴为负数）	25				
	实收出口开具专用缴款书退税额	26			—	—
	本期已缴税额	27 = 28 + 29 + 30 + 31				
	①分次预缴税额	28		—		—
	②出口开具专用缴款书预缴税额	29		—	—	—
	③本期缴纳上期应纳税额	30				

续表

项目		栏次	一般项目		即征即退项目	
			本月数	本年累计	本月数	本年累计
税款缴纳	④本期缴纳欠缴税额	31				
	期末未缴税额（多缴为负数）	32 = 24 + 25 + 26 - 27				
	其中：欠缴税额（≥0）	33 = 25 + 26 - 27		—		—
	本期应补（退）税额	34 = 24 - 28 - 29		—		—
	即征即退实际退税额	35	—	—		
	期初未缴查补税额	36			—	—
	本期入库查补税额	37			—	—
	期末未缴查补税额	38 = 16 + 22 + 36 - 37			—	—
附加税费	城市维护建设税本期应补（退）税额	39			—	—
	教育费附加本期应补（退）费额	40			—	—
	地方教育附加本期应补（退）费额	41			—	—

（三）小规模纳税人增值税申报表

1. 小规模纳税人增值税纳税申报表的组成。

现行小规模纳税人增值税纳税申报表由 1 张主表和 3 张附表组成。纳税人申报增值税时，应一并申报附征的城市维护建设税、教育费附加和地方教育附加等附加税费。现行小规模增值税纳税申报表的主表是《增值税及附加税费申报表（小规模纳税人适用）》，附表分别是：

（1）《增值税及附加税费申报表（小规模纳税人适用）附列资料（一）》（服务、不动产和无形资产扣除项目明细）。

（2）《增值税及附加税费申报表（小规模纳税人适用）附列资料（二）》（附加税费情况表）。

（3）《增值税减免税申报明细表》。

2. 小规模纳税人增值税纳税申报表主表样式。

小规模纳税人增值税纳税申报表主表样式见表 2 - 2，其中省略了表头、声明、表尾的相关内容。

表 2－2　**增值税及附加税费申报表**

（小规模纳税人适用）

项目		栏次	本期数		本年累计	
			货物及劳务	服务、不动产和无形资产	货物及劳务	服务、不动产和无形资产
一、计税依据	（一）应征增值税不含税销售额（3%征收率）	1				
	增值税专用发票不含税销售额	2				
	其他增值税发票不含税销售额	3				
	（二）应征增值税不含税销售额（5%征收率）	4	—		—	
	增值税专用发票不含税销售额	5	—		—	
	其他增值税发票不含税销售额	6	—		—	
	（三）销售使用过的固定资产不含税销售额	7（7≥8）		—		—
	其中：其他增值税发票不含税销售额	8		—		—
	（四）免税销售额	9＝10＋11＋12				
	其中：小微企业免税销售额	10				
	未达起征点销售额	11				
	其他免税销售额	12				
	（五）出口免税销售额	13（13≥14）				
	其中：其他增值税发票不含税销售额	14				
二、税款计算	本期应纳税额	15				
	本期应纳税额减征额	16				
	本期免税额	17				
	其中：小微企业免税额	18				
	未达起征点免税额	19				
	应纳税额合计	20＝15－16				
	本期预缴税额	21			—	—
	本期应补（退）税额	22＝20－21			—	—
三、附加税费	城市维护建设税本期应补（退）税额	23				
	教育费附加本期应补（退）费额	24				
	地方教育附加本期应补（退）费额	25				

（四）纳税人预缴增值税申报表

1. 预缴增值税的情形。

（1）提供建筑服务取得预收款预缴增值税。

纳税人提供建筑服务取得预收款，应在收到预收款时，以取得的预收款扣除支付的分包款后的余额，按照规定的预征率预缴增值税。适用一般计税方法计税的项目预征率为2%，适用简易计税方法计税的项目预征率为3%。

按照现行规定应在建筑服务发生地预缴增值税的项目，纳税人收到预收款时在建筑服务发生地预缴增值税。按照现行规定无需在建筑服务发生地预缴增值税的项目，纳税人收到预收款时在机构所在地预缴增值税。

（2）异地提供建筑服务预缴增值税。

单位和个体工商户（以下简称纳税人）在其机构所在地以外的县（市、区）提供建筑服务向建筑服务发生地主管税务机关预缴税款，向机构所在地主管税务机关申报纳税。

一般纳税人跨县（市、区）提供建筑服务，适用一般计税方法计税的，以取得的全部价款和价外费用扣除支付的分包款后的余额，按照2%的预征率计算应预缴税款。一般纳税人跨县（市、区）提供建筑服务，选择适用简易计税方法计税的，以取得的全部价款和价外费用扣除支付的分包款后的余额，按照3%的征收率计算应预缴税款。

小规模纳税人跨县（市、区）提供建筑服务，以取得的全部价款和价外费用扣除支付的分包款后的余额，按照3%的征收率计算应预缴税款。

（3）房地产开发企业预缴增值税。

房地产开发企业销售自行开发的房地产项目采用预收款方式销售开发产品时，需按规定预缴增值税。

应预缴税款 = 预收款 ÷（1 + 适用税率或征收率）× 3%；适用一般计税方法计税的，按照9%的适用税率计算；适用简易计税方法计税的，按照5%的征收率计算。

（4）异地销售不动产预缴增值税。

单位和个体工商户销售不动产，机构所在地与不动产所在地不一致时，需要按规定在不动产所在地预缴增值税。

小规模纳税人转让其自建的不动产，一般纳税人转让其2016年4月30日前自建的不动产，无论选择适用一般计税方法计税还是选择适用简易计税方法计税，以及转让其2016年5月1日后自建的不动产适用一般计税方法的，均以取得的全部价款和价外费用为销售额，按照5%的征收率计算预缴税款。

小规模纳税人转让其取得（不含自建）的不动产，一般纳税人转让其2016年4月30日前取得（不含自建）的不动产，无论选择适用一般计税方法计税还是选择适用简易计税方法计税，以及转让其2016年5月1日后取得（不含自建）的不动产适用一般计税方法的，均以取得的全部价款和价外费用扣除不动产购置原价或者取得不动产时的作价后的余额为销售额，按照5%的征收率计算预缴税款。

（5）异地出租不动产预缴增值税。

单位和个体工商户出租不动产，机构所在地与出租不动产所在地不一致时，需要按规定在不动产所在地预缴增值税。

一般纳税人出租其2016年4月30日前取得的不动产，选择适用简易计税方法的，按照5%的征收率计算预缴税款；选择适用一般计税方法的，按照3%的征收率计算预缴税款。

一般纳税人出租其2016年5月1日后取得的不动产，适用一般计税方法计税时按照3%的预征率计算预缴税款。

单位和个体工商户出租不动产（不含个体工商户出租住房），按照5%的征收率计算预缴税款；个体工商户出租住房，按照5%的征收率减按1.5%计算预缴税款。

2. 预缴增值税的期限。

增值税纳税人发生预缴增值税情形的，应在预缴增值税义务发生的次月纳税申报期或税款预缴地主管税务机关核定的纳税期限预缴税款。

3. 增值税预缴表的样式。

现行增值税预缴表由1张主表和1张附表组成，一般纳税人和小规模纳税人通用。纳税人预缴增值税时，应一并预缴附征的城市维护建设税、教育费附加和地方教育附加等附加税费。现行增值税预缴表——《增值税及附加税费预缴表》见表2-3，其中省略了表头、声明、表尾的相关内容，附表是《增值税及附加税费预缴表附列资料（附加税费情况表）》。

表 2－3　　　　　　　　　　**增值税及附加税费预缴表**

<table>
<tr><td colspan="2" rowspan="2">预征项目和栏次</td><td>销售额</td><td>扣除金额</td><td>预征率</td><td colspan="2">预征税额</td></tr>
<tr><td>1</td><td>2</td><td>3</td><td colspan="2">4</td></tr>
<tr><td>建筑服务</td><td>1</td><td></td><td></td><td></td><td colspan="2"></td></tr>
<tr><td>销售不动产</td><td>2</td><td></td><td></td><td></td><td colspan="2"></td></tr>
<tr><td>出租不动产</td><td>3</td><td></td><td></td><td></td><td colspan="2"></td></tr>
<tr><td></td><td>4</td><td></td><td></td><td></td><td colspan="2"></td></tr>
<tr><td></td><td>5</td><td></td><td></td><td></td><td colspan="2"></td></tr>
<tr><td>合计</td><td>6</td><td></td><td></td><td></td><td colspan="2"></td></tr>
<tr><td colspan="7">附加税费</td></tr>
<tr><td colspan="2">城市维护建设税
实际预缴税额</td><td></td><td>教育费附加实际
预缴费额</td><td></td><td>地方教育附加
实际预缴费额</td><td></td></tr>
</table>

【例 2－18】 关于增值税小规模纳税人申报表的填报，下列说法错误的是（　　）。

A. 小规模纳税人未开票收入需填报申报表

B. 小规模纳税人自行开具的增值税专用发票需填报申报表

C. 小规模纳税人享受增值税免税优惠时需填报“免税销售额”栏次

D. 小规模纳税人享受减征优惠时按减征后的税额直接填报“本期应纳税额”栏次

【解析】 小规模纳税人享受减征优惠时，先按正常征收率填报销售额和“本期应纳税额”，再将计算出的减征税额填报“本期应纳税额减征额”。因此，正确答案为 D。

八、增值税管理

增值税的征收管理，依照《税收征管法》及《中华人民共和国增值税暂行条例》（以下简称《增值税暂行条例》）、《营业税改征增值税试点实施办法》（财税〔2016〕36 号印发）和现行增值税征收管理的有关规定执行。

（一）增值税的征收机关

增值税由税务机关征收，进口货物的增值税由海关代征。

个人携带或者邮寄进境自用物品的增值税，连同关税一并计征。具体办法由国务院关税税则委员会会同有关部门制定。

（二）增值税纳税义务发生时间

1. 纳税义务发生时间的基本规定。

发生应税销售行为，为收讫销售款项或者取得索取销售款项凭据的当天；先开具发票的，为开具发票的当天。

进口货物，为报关进口的当天。

增值税扣缴义务发生时间为纳税人增值税纳税义务发生的当天。

2. 纳税义务发生时间的具体规定。

（1）销售货物和劳务。

收讫销售款项或者取得索取销售款项凭据的当天，按销售结算方式的不同，具体为。

①采取直接收款方式销售货物，不论货物是否发出，均为收到销售款或者取得索取销售款凭据的当天。

②采取托收承付和委托银行收款方式销售货物，为发出货物并办妥托收手续的当天。

③采取赊销和分期收款方式销售货物，为书面合同约定的收款日期的当天，无书面合同的或者书面合同没有约定收款日期的，为货物发出的当天。

④采取预收货款方式销售货物，为货物发出的当天，但生产销售生产工期超过12个月的大型机械设备、船舶、飞机等货物，为收到预收款或者书面合同约定的收款日期的当天。

⑤委托其他纳税人代销货物，为收到代销单位的代销清单或者收到全部或者部分货款的当天。未收到代销清单及货款的，为发出代销货物满180天的当天。

⑥销售应税劳务，为提供劳务同时收讫销售款或者取得索取销售款的凭据的当天。

⑦纳税人发生将货物交付他人代销和销售代销货物以外的视同销售货物行为，为货物移送的当天。

（2）销售服务、无形资产和不动产。

收讫销售款项是指纳税人销售服务、无形资产、不动产过程中或者完成后收到款项。取得索取销售款项凭据的当天是指书面合同确定的付款日期；未签订书面合同或者书面合同未确定付款日期的，为服务、无形资产转让完成的当天或者不动产权属变更的当天。

纳税人提供租赁服务采取预收款方式的，其纳税义务发生时间为收到预收款的当天；纳税人从事金融商品转让的，为金融商品所有权转移的当天；纳税人发生服务、无形资产和不动产视同销售的，其纳税义务发生时间为服务、无形资产转让完成的当天或者不动产权属变更的当天。

【例 2－19】 关于增值税纳税义务发生时间，下列说法正确的是（　　）。

A. 销售商品收取预收款时形成增值税纳税义务

B. 赊销商品发出商品时形成增值税纳税义务

C. 分期收款销售商品按合同约定的收款时间确定增值税纳税义务

D. 直接收款方式销售商品发出商品时形成增值税纳税义务

【解析】 采取预收款方式销售商品时，增值税纳税义务发生时间为商品发出当期；采取赊销和分期收款方式销售货物，增值税纳税义务发生时间为书面合同约定的收款日期的当天，无书面合同的或者书面合同没有约定收款日期的，为货物发出的当天；采取直接收款方式销售货物，不论货物是否发出，均为收到销售款或者取得索取销售款凭据的当天。因此，正确答案为C。

（三）增值税纳税地点

1.《增值税暂行条例》的规定。

（1）固定业户应当向其机构所在地的主管税务机关申报纳税。总机构和分支机构不在同一县（市）的，应当分别向各自所在地的主管税务机关申报纳税；经国务院财政、税务主管部门或者其授权的财政、税务机关批准，可以由总机构汇总向总机构所在地的主管税务机关申报纳税。

（2）固定业户到外县（市）销售货物或者劳务，应当向其机构所在地的主管税务机关报告外出经营事项，并向其机构所在地的主管税务机关申报纳税；未报告的，应当向销售地或者劳务发生地的主管税务机关申报纳税；未向销售地或者劳务发生地的主管税务机关申报纳税的，由其机构所在地的主管税务机关补征税款。

（3）非固定业户销售货物或者劳务，应当向销售地或者劳务发生地的主管税务机关申报纳税；未向销售地或者劳务发生地的主管税务机关申报纳税的，由其机构所在地或者居住地的主管税务机关补征税款。

（4）进口货物，应当向报关地海关申报纳税。

2.《营业税改征增值税试点实施办法》（财税〔2016〕36号印发）的规定。

（1）固定业户应当向其机构所在地或者居住地主管税务机关申报纳税。总机构和分支机构不在同一县（市）的，应当分别向各自所在地的主管税务机关申报纳税；经财政部和国家税务总局或者其授权的财政和税务机关批准，可以由总机构汇总向总机构所在地的主管税务机关申报纳税。

（2）非固定业户应当向应税行为发生地主管税务机关申报纳税；未申报纳税的，由其机构所在地或者居住地主管税务机关补征税款。

（3）其他个人提供建筑服务，销售或者租赁不动产，转让自然资源使用权，应向建筑服务发生地、不动产所在地、自然资源所在地主管税务机关申报纳税。

3. 共同规定。

扣缴义务人应当向其机构所在地或者居住地主管税务机关申报缴纳扣缴的税款。

（四）增值税的纳税期限

增值税的纳税期限分别为 1 日、3 日、5 日、10 日、15 日、1 个月或者 1 个季度。纳税人的具体纳税期限，由主管税务机关根据纳税人应纳税额的大小分别核定。以 1 个季度为纳税期限的规定适用于小规模纳税人、银行、财务公司、信托投资公司、信用社，以及财政部和国家税务总局规定的其他纳税人。不能按照固定期限纳税的，可以按次纳税。

（五）增值税的申报纳税期限

纳税人以 1 个月或者 1 个季度为 1 个纳税期的，自期满之日起 15 日内申报纳税；以 1 日、3 日、5 日、10 日或者 15 日为 1 个纳税期的，自期满之日起 5 日内预缴税款，于次月 1 日起 15 日内申报纳税并结清上月应纳税款。

扣缴义务人解缴税款的期限，依照前述规定执行。

（六）增值税优惠管理

单位和个体工商户（以下统称纳税人）适用增值税减征、免征政策的，在增值税纳税申报时按规定填写申报表相应减免税栏次即可享受，相关政策规定的证明材料留存备查。

纳税人适用增值税即征即退政策的，应当在首次申请增值税退税时，按规定向主管税务机关提供退税申请材料和相关政策规定的证明材料。纳税人后续申请增值税退税时，相关证明材料未发生变化的，无需重复提供，仅需提供退税申请材料并在退税申请中说明有关情况。纳税人享受增值税即征即退条件发生变化的，应当在发生变化后首次纳税申报时向主管税务机关书面报告。

除另有规定外，纳税人不再符合增值税优惠条件的，应当自不符合增值税优惠条件的当月起，停止享受增值税优惠。

【例 2-20】 判断：小规模纳税人享受免税优惠时，按规定填写申报表相应减免税栏次即可享受，相关政策规定的证明材料留存备查。

【解析】 小规模纳税人通过直接填报小规模纳税人申报表的方式享受增值税免税优惠，相关资料留存备查。因此，该项说法正确。

（七）一般纳税人异常增值税扣税凭证管理

1. 异常增值税扣税凭证的范围。

符合下列情形之一的增值税专用发票，列入异常凭证范围：

（1）纳税人丢失、被盗税控专用设备中未开具或已开具未上传的增值税专用发票。

（2）非正常户纳税人未向税务机关申报或未按规定缴纳税款的增值税专用发票。

（3）增值税发票管理系统稽核比对发现“比对不符”“缺联”“作废”的增值税专用发票。

（4）经国家税务总局、省税务局大数据分析发现，纳税人开具的增值税专用发票存在涉嫌虚开、未按规定缴纳消费税等情形的。

（5）走逃（失联）企业存续经营期间发生下列情形之一的，所对应属期开具的增值税专用发票：

①商贸企业购进、销售货物名称严重背离的；生产企业无实际生产加工能力且无委托加工，或生产能耗与销售情况严重不符，或购进货物并不能直接生产其销售的货物且无委托加工的；

②直接走逃失踪不纳税申报，或虽然申报但通过填列增值税纳税申报表相关栏次，规避税务机关审核比对，进行虚假申报的。

（6）增值税一般纳税人申报抵扣异常凭证，同时符合下列情形的，其对应开具的增值税专用发票：

①异常凭证进项税额累计占同期全部增值税专用发票进项税额 70%（含）以上的；

②异常凭证进项税额累计超过 5 万元的。

纳税人尚未申报抵扣、尚未申报出口退税或已作进项税额转出的异常凭证，其涉及的进项税额不计入异常凭证进项税额的计算。

2. 取得异常增值税扣税凭证的处理。

增值税一般纳税人取得的增值税专用发票列入异常凭证范围的，应按照以下规定处理：

（1）尚未申报抵扣增值税进项税额的，暂不允许抵扣。已经申报抵扣增值税进项税额的，除另有规定外，一律作进项税额转出处理。纳税人因骗取出口退税停止出口退（免）税期间取得的增值税专用发票列入异常凭证范围的，按照此规定执行。

（2）尚未申报出口退税或者已申报但尚未办理出口退税的，除另有规定外，暂不允许办理出口退税。适用增值税免抵退税办法的纳税人已经办理出口退税的，应根据列入异常凭证范围的增值税专用发票上注明的增值税额作进项税额转出处理；适用增值税免退税办法的纳税人已经办理出口退税的，税务机关应按照现行规定对列入异常凭证范围的增值税专用发票对应的已退税款追回。

（3）纳税信用A级纳税人取得异常凭证且已经申报抵扣增值税、办理出口退税的，可以自接到税务机关通知之日起10个工作日内，向主管税务机关提出核实申请。经税务机关核实，符合现行增值税进项税额抵扣、出口退税相关规定的，可不作进项税额转出、追回已退税款等处理。纳税人逾期未提出核实申请的，应于期满后按照（1）（2）项规定作相关处理。

（4）纳税人对税务机关认定的异常凭证存有异议，可以向主管税务机关提出核实申请。经税务机关核实，符合现行增值税进项税额抵扣或出口退税相关规定的，纳税人可继续申报抵扣或者重新申报出口退税。

（八）增值税虚开发票的管理

任何单位和个人不得有下列虚开发票行为：一是为他人、为自己开具与实际经营业务情况不符的发票；二是让他人为自己开具与实际经营业务情况不符的发票；三是介绍他人开具与实际经营业务情况不符的发票。

受票方利用他人虚开的专用发票，向税务机关申报抵扣税款进行偷税的，应当依照《税收征管法》及有关规定追缴税款，处以偷税数额5倍以下的罚款；进项税金大于销项税金的，还应当调减其留抵的进项税额。利用虚开的专用发票进行骗取出口退税的，应当依法追缴税款，处以骗税数额5倍以下的罚款。

纳税人善意取得虚开的增值税专用发票指购货方与销售方存在真实交易，且购货方不知取得的增值税专用发票是以非法手段获得的。纳税人善意取得虚开的增值税专用发票，如能重新取得合法、有效的专用发票，准许其抵扣进项税款；如不能重新取得合法、有效的专用发票，不准其抵扣进项税款或追缴其已抵扣的进项税款。纳税人善意取得虚开的增值税专用发票被依法追缴已抵扣税款的，不属于《税收征管法》第三十二条“纳税人未按照规定期限缴纳税款”的情形，不适用该条“税务机关除责令限期缴纳外，从滞纳税款之日起，按日加收滞纳税款万分之五的滞纳金”的规定。

纳税人虚开增值税专用发票，未就其虚开金额申报并缴纳增值税的，应按照其虚开金额补缴增值税；已就其虚开金额申报并缴纳增值税的，不再按照其虚开金额补缴增值税。税务机关对纳税人虚开增值税专用发票的行为，应按《税收征管法》及《中华人民共和国发票管理办法》（以下简称《发票管理办法》）的有关规定给予处罚。纳税人取得虚开的增值税专用发票，不得作为增值税合法有效的扣税凭证抵扣其进项税额。

纳税人取得虚开专用发票未申报抵扣税款，或者未申请出口退税的，应当依照《发票管理办法》及有关规定，按所取得专用发票的份数，分别处以 1 万元以下的罚款；但知道或者应当知道取得的是虚开的专用发票，或者让他人为自己提供虚开的专用发票的，应当从重处罚。利用虚开的专用发票进行偷税、骗税，构成犯罪的，税务机关依法进行追缴税款等行政处理，并移送司法机关追究刑事责任。

纳税人通过虚增增值税进项税额偷逃税款，但对外开具增值税专用发票同时符合以下情形的，不属于对外虚开增值税专用发票：一是纳税人向受票方纳税人销售了货物，或者提供了增值税应税劳务、应税服务；二是纳税人向受票方纳税人收取了所销售货物、所提供应税劳务或者应税服务的款项，或者取得了索取销售款项的凭据；三是纳税人按规定向受票方纳税人开具的增值税专用发票相关内容，与所销售货物、所提供应税劳务或者应税服务相符，且该增值税专用发票是纳税人合法取得、并以自己名义开具的。受票方纳税人取得的符合上述情形的增值税专用发票，可以作为增值税扣税凭证抵扣进项税额。

第二节 消 费 税

消费税是对在我国境内生产、委托加工和进口《中华人民共和国消费税暂行条例》（以下简称《消费税暂行条例》）规定的消费品（以下简称应税消费品）的单位和个人，以及国务院确定的销售应税消费品的其他单位和个人征收的一种货物和劳务税。

一、消费税纳税人和扣缴义务人

（一）消费税纳税人

在中华人民共和国境内生产、委托加工和进口应税消费品的单位和个人，以及国务院确定的销售应税消费品的其他单位和个人为消费税的纳税人。

在中华人民共和国境内是指生产、委托加工和进口及销售应税消费品的起运地或所在地在境内。

单位是指企业、行政单位、事业单位、军事单位、社会团体及其他单位。

个人是指个体工商户及其他个人。

具体来说，消费税的纳税人包括：

（1）生产销售应税消费品（金银首饰、铂金首饰、钻石及钻石饰品除外）的单位和个人；

（2）自产自用应税消费品的单位和个人；

（3）进口应税消费品的单位和个人；

（4）委托加工应税消费品的单位和个人；

（5）国务院确定的销售应税消费品的单位和个人。具体指：批发卷烟的单位和个人，零售金银首饰、铂金首饰、钻石及钻石饰品、超豪华小汽车的单位和个人。

（二）消费税扣缴义务人

委托加工应税消费品的，除受托方为个人外，由受托方在向委托方交货时代收代缴消费税税款；受托方为个人的，受托方不需要代收代缴消费税税款，由委托方向其机构所在地或者居住地主管税务机关自行申报纳税。

代收代缴不同于代扣代缴。代收代缴的税款是由扣缴义务人向纳税人收取的，而代扣代缴的税款是由扣缴义务人从向纳税人支付的款项中扣留的。

二、消费税征税范围

消费税的征税范围统称应税消费品。在境内生产、委托加工和进口的应税消费品有：烟，酒，高档化妆品，贵重首饰及珠宝玉石，鞭炮、焰火，成品油，摩托车，小汽车，高尔夫球及球具，高档手表，游艇，木制一次性筷子，实木地板，电池和涂料。

（一）烟

凡是以烟叶为原料加工生产的产品，不论使用何种辅料，均属于本税目的征收范围。本税目下设子目有：卷烟（甲类卷烟、乙类卷烟）、雪茄烟和烟丝。

1. 卷烟。

卷烟是指将各种烟叶切成烟丝，按照配方要求均匀混合，加入糖、酒、香料等辅料，用白色盘纸、棕色盘纸、涂布纸或烟草薄片经机器或手工卷制的普通卷烟和雪茄型卷烟。甲类卷烟，即每标准条（200支，下同）调拨价格在70元（含70元，不含增值税）以上的卷烟。乙类卷烟，即每标准条调拨价格在70元（不含70元，不含增值税）以下的卷烟。

2. 雪茄烟。

雪茄烟是指以晾晒烟为原料或者以晾晒烟和烤烟为原料，用烟叶或卷烟纸、烟草薄片作为烟支内包皮，再用烟叶作为烟支外包皮，经机器或手工卷制而成的烟草制品。按内包皮所用材料的不同可分为全叶卷雪茄烟和半叶卷雪茄烟。雪茄烟的征收范围包括各种规格、型号的雪茄烟。

3. 烟丝。

烟丝是指将烟叶切成丝状、粒状、片状、末状或其他形状，再加入辅料，经过发酵、储存，不经卷制即可供销售吸用的烟草制品。烟丝的征收范围包括以烟叶为原料加工生产的不经卷制的散装烟，如斗烟、莫合烟、烟末、水烟、黄红烟丝等。

（二）酒

本税目下设子目有：白酒、黄酒、啤酒（甲类啤酒、乙类啤酒）和其他酒。

1. 白酒。

粮食白酒是指以高粱、玉米、大米、糯米、大麦、小麦、小米、青稞等各种粮食为原料，经过糖化、发酵后，采用蒸馏方法酿制的白酒。薯类白酒是指以白薯（红薯、地瓜）、木薯、马铃薯（土豆）、芋头、山药等各种干鲜薯类为原料，经过糖化、发酵后，采用蒸馏方法酿制的白酒。用甜菜酿制的白酒，比照薯类白酒征税。用薯类和粮食以外的其他原料混合生产的白酒，按照薯类白酒征税。

2. 黄酒。

黄酒是指以糯米、粳米、糯米、大米、黄米、玉米、小麦、薯类等为原料，经加温、糖化、发酵、压榨酿制的酒。由于工艺、配料和含糖量的不同，黄酒分为干黄酒、半干黄酒、半甜黄酒、甜黄酒四类。黄酒的征收范围包括各种原料酿制的黄酒和酒度超过 12 度（含 12 度）的土甜酒。

3. 啤酒。

啤酒是指以大麦或其他粮食为原料，加入啤酒花，经糖化、发酵、过滤酿制的含有二氧化碳的酒。啤酒按照杀菌方法的不同，可分为熟啤酒和生啤酒或鲜啤酒。啤酒的征收范围包括各种包装和散装的啤酒。果啤属于啤酒，无醇啤酒比照啤酒征税，啤酒源、菠萝啤酒按啤酒征收消费税。对饮食业、商业、娱乐业举办的啤酒屋（啤酒坊）利用啤酒生产设备生产的啤酒，应当征收消费税。

甲类啤酒是指每吨出厂价格（含包装物及包装物押金，不包括重复使用的塑料周转箱的押金，下同）在 3000 元（含 3000 元，不含增值税）以上的啤酒。乙类啤酒是指每吨出厂价格在 3000 元（不含 3000 元，不含增值税）以下的啤酒。

4. 其他酒。

其他酒是指除粮食白酒、薯类白酒、黄酒、啤酒以外，酒度在 1 度以上的各种酒。其征收范围包括：糠麸白酒、其他原料白酒、土甜酒、复制酒、果木酒、汽酒、药酒等。

（1）糠麸白酒是指用各种粮食的糠麸酿制的白酒。用稗子酿制的白酒，比照糠麸酒征税。

（2）其他原料白酒是指用醋糟、糖渣、糖漏水、甜菜渣、粉渣、薯皮等各种下脚料，葡萄、桑椹、橡子仁等各种果实、野生植物等代用品，以及甘蔗、糖等酿制的白酒。

（3）土甜酒是指用糯米、大米、黄米等为原料，经加温、糖化、发酵（通过酒曲发酵），采用压榨酿制的酒度不超过 12 度的酒。酒度超过 12 度的应按黄酒征税。

（4）复制酒是指以白酒、黄酒、酒精为酒基，加入果汁、香料、色素、药材、补品、糖、调料等配制或泡制的酒，如各种配制酒、泡制酒、滋补酒等。

配制酒又称露酒，是指以发酵酒、蒸馏酒或食用酒精为酒基，加入可食用或药食两用的辅料或食品添加剂，进行调配、混合或再加工制成的、并改变了其原酒基风格的饮料酒。

以蒸馏酒或食用酒精为酒基，同时符合以下条件的配制酒，按其他酒征收消费税：具有国家相关部门批准的国食健字或卫食健字文号；酒精度低于 38

度（含）。以蒸馏酒或食用酒精为酒基，是指酒基中蒸馏酒或食用酒精的比重超过80%（含）。

以发酵酒为酒基，酒精度低于20度（含）的配制酒，按其他酒征收消费税。以发酵酒为酒基是指酒基中发酵酒的比重超过80%（含）。

其他配制酒，按白酒征收消费税。

调味料酒属于调味品，不属于配置酒和泡制酒，对调味料酒不征收消费税。调味料酒是指以白酒、黄酒或食用酒精为主要原料，添加食盐、植物香辛料等配制加工而成的产品名称标注（在食品标签上标注）为调味料酒的液体调味品。

（5）果木酒是指以各种果品为主要原料，经发酵过滤酿制的酒。

（6）汽酒是指以果汁、香精、色素、酸料、酒（或酒精）、糖（或糖精）等调配，冲加二氧化碳制成的酒度在1度以上的酒。

（7）药酒是指按照医药卫生部门的标准，以白酒、黄酒为酒基，加入各种药材泡制或配制的酒。

（三）高档化妆品

本税目征收范围包括高档美容、修饰类化妆品、高档护肤类化妆品和成套化妆品。高档美容、修饰类化妆品和高档护肤类化妆品是指生产（进口）环节销售（完税）价格（不含增值税）在10元/毫升（克）或15元/片（张）及以上的美容、修饰类化妆品和护肤类化妆品。美容、修饰类化妆品是指香水、香水精、香粉、口红、指甲油、胭脂、眉笔、唇笔、蓝眼油、眼睫毛以及成套化妆品。舞台、戏剧、影视演员化妆用的上妆油、卸妆油、油彩、不属于本税目的征收范围。

（四）贵重首饰及珠宝玉石

本税目征收范围包括：各种金银珠宝首饰和经采掘、打磨、加工的各种珠宝玉石。本税目下设子目有：金银首饰、铂金首饰和钻石及钻石饰品，其他贵重首饰和珠宝玉石。

1. 金银珠宝首饰。

金银珠宝首饰包括：凡以金、银、白金、宝石、珍珠、钻石、翡翠、珊瑚、玛瑙等高贵稀有物质以及其他金属、人造宝石等制作的各种纯金银首饰及镶嵌首饰（含人造金银、合成金银首饰等）。

2. 珠宝玉石。

珠宝玉石包括：钻石，珍珠，松石，青金石，欧泊石，橄榄石，长石，玉，石英，玉髓，石榴石，锆石，尖晶石，黄玉，碧玺，金绿玉，绿柱石，刚玉，琥珀，珊瑚，煤玉，龟甲，合成刚玉，合成宝石，双合石，玻璃仿制品。宝石坯是经采掘、打磨、初级加工的珠宝玉石半成品，因此，对宝石坯应按规定征收消费税。

（五）鞭炮、焰火

本税目征收范围包括：各种鞭炮、焰火。体育上用的发令纸，鞭炮药引线，不按本税目征收。

鞭炮，又称爆竹，是用多层纸密裹火药，接以药引线，制成的一种爆炸品。

焰火，指烟火剂，一般系包扎品，内装药剂，点燃后烟火喷射，呈各种颜色，有的还变幻成各种景象，分平地小焰火和空中大焰火两类。

（六）成品油

本税目下设子目有：汽油，柴油，石脑油，溶剂油，润滑油，燃料油，航空煤油。其中，航空煤油暂缓征收消费税。油气田企业在生产石油、天然气过程中，通过加热、增压、冷却、制冷等方法回收、以戊烷和以上重烃组分组成的稳定轻烃属于原油范畴，不属于成品油消费税征税范围。

1. 汽油。

汽油是指用原油或其他原料加工生产的辛烷值不小于66的可用作汽油发动机燃料的各种轻质油。汽油分为车用汽油和航空汽油。以汽油、汽油组分调和生产的甲醇汽油、乙醇汽油也属于本税目征收范围。

2. 柴油。

柴油是指用原油或其他原料加工生产的倾点或凝点在－50～30的可用作柴油发动机燃料的各种轻质油和以柴油组分为主、经调和精制可用作柴油发动机燃料的非标油。以柴油、柴油组分调和生产的生物柴油也属于本税目征收范围。

3. 航空煤油。

航空煤油也叫喷气燃料，是用原油或其他原料加工生产的用作喷气发动机和喷气推进系统燃料的各种轻质油。

4. 石脑油。

石脑油又叫化工轻油，是以原油或其他原料加工生产的用于化工原料的轻质油。石脑油的征收范围包括除汽油、柴油、航空煤油、溶剂油以外的各种轻质油。非标汽油、重整生成油、拔头油、戊烷原料油、轻裂解料（减压柴油VGO和常压柴油AGO）、重裂解料、加氢裂化尾油、芳烃抽余油均属轻质油，属于石脑油征收范围。

5. 溶剂油。

溶剂油是用原油或其他原料加工生产的用于涂料、油漆、食用油、印刷油墨、皮革、农药、橡胶、化妆品生产和机械清洗、胶粘行业的轻质油。橡胶填充油、溶剂油原料，属于溶剂油征收范围。

6. 润滑油。

润滑油是用原油或其他原料加工生产的用于内燃机、机械加工过程的润滑产品。润滑油分为矿物性润滑油、植物性润滑油、动物性润滑油和化工原料合成润滑油。润滑油的征收范围包括：矿物性润滑油、矿物性润滑油基础油、植物性润滑油、动物性润滑油和化工原料合成润滑油。以植物性、动物性和矿物性基础油（或矿物性润滑油）混合掺配而成的“混合性”润滑油，不论矿物性基础油（或矿物性润滑油）所占比例高低，均属润滑油的征收范围。润滑脂属于润滑油消费税征收范围。变压器油、导热类油等绝缘油类产品不属于润滑油消费税征收范围。

7. 燃料油。

燃料油也称重油、渣油，是用原油或其他原料加工生产，主要用作电厂发电、锅炉用燃料、加热炉燃料、冶金和其他工业炉燃料。腊油、船用重油、常压重油、减压重油、180CTS燃料油、7号燃料油、糠醛油、工业燃料、4－6号燃料油等油品的主要用途是作为燃料燃烧，属于燃料油征收范围。催化料、焦化料属于燃料油的征收范围。

以原油或其他原料（指除原油以外可用于生产加工成品油的各种原料）生产加工的在常温常压条件下（25℃/一个标准大气压）呈液态状（沥青除外）的产品，按以下原则划分是否征收消费税：

（1）产品符合汽油、柴油、石脑油、溶剂油、航空煤油、润滑油和燃料油征收规定的，无论以何种名称对外销售或用于非连续生产应征消费税产品，均应按相应的汽油、柴油、石脑油、溶剂油、航空煤油、润滑油和燃料油的规定征收消费税；

（2）前项规定以外的产品，符合该产品的国家标准或石油化工行业标准的相应规定（包括产品的名称、质量标准与相应的标准一致），在取得省级以上

（含）质量技术监督部门出具的相关产品质量检验证明的当月起，不征收消费税；否则，视同石脑油征收消费税。前项规定以外的产品是指产品名称虽不属于成品油消费税税目列举的范围，但外观形态与应税成品油相同或相近，且主要原料可用于生产加工应税成品油的产品。这些产品如根据国家标准、行业标准或其他方法可以确认属于应征消费税的产品，均应按规定缴纳消费税。但这些产品不包括：环境保护部（现生态环境部）发布《中国现有化学物质名录》中列明分子式的产品和纳税人取得环境保护部（现生态环境部）颁发的《新化学物质环境管理登记证》中列名的产品；取得省级（含）以上质量技术监督部门颁发的《全国工业产品生产许可证》中除产品名称注明为“石油产品”外的各明细产品。

以原油或可用于生产加工成品油的各种原料生产加工的产品（指常温常压状态下呈暗褐色或黑色的液态或半固态产品），如以沥青产品对外销售时，该产品符合沥青产品的国家标准或石油化工行业标准的相应规定（包括名称、型号和质量标准等与相应标准一致），在取得省级以上（含）质量技术监督部门出具的相关产品质量检验证明的当月起，不征收消费税；否则，视同燃料油征收消费税。沥青产品的行业标准，包括石油化工以及交通、建筑、电力等行业适用的行业性标准。

其他呈液态状产品以沥青名称对外销售或用于非连续生产应征消费税产品，适用以原油或可用于生产加工成品油的各种原料生产加工的液态状产品的消费税规定。

（七）摩托车

摩托车是指最大设计车速超过50公里/小时、发动机气缸总工作容积超过50毫升、空车质量不超过400公斤（带驾驶室的正三轮车及特种车的空车质量不受此限）的两轮和三轮机动车。

两轮车是指装有一个驱动轮与一个从动轮的摩托车。

边三轮车是指在两轮车的一侧装有边车的三轮摩托车。

正三轮车是指装有与前轮对称分布的两个后轮和固定车厢的三轮摩托车。

（八）小汽车

小汽车是指由动力驱动，具有四个或四个以上车轮的非轨道承载的车辆。电动汽车、沙滩车、雪地车、卡丁车、高尔夫车不属于本税目征收范围。本税目下设子目有：乘用车，中轻型商用客车，超豪华小汽车。购进乘用车和中轻型商用客车整车改装生产的汽车，应按规定征收消费税。购进货车或厢式货车改装生产的商务车、卫星通讯车等专用汽车不属于消费税征税范围。

1. 乘用车。

征收范围包括含驾驶员座位在内最多不超过9个座位（含）的，在设计和技术特性上用于载运乘客和货物的各类乘用车。用排气量小于1.5升（含）的乘用车底盘（车架）改装、改制的车辆属于乘用车征收范围。

2. 中轻型商用客车。

征收范围包括含驾驶员座位在内的座位数在10~23座（含23座）的在设计和技术特性上用于载运乘客和货物的各类中轻型商用客车。含驾驶员人数（额定载客）为区间值的（如8~10人；17~26人）小汽车，按其区间值下限人数确定征收范围。电动汽车不属于本税目征收范围。车身长度大于7米（含），并且座位在10~23座（含）以下的商用客车，不属于中轻型商用客车征税范围。用排气量大于1.5升的乘用车底盘（车架）或用中轻型商用客车底盘（车架）改装、改制的车辆属于中轻型商用客车征收范围。在中轻型商用客车基本车型产品基础上，不改变车身及动力总成等系统，仅对车内座椅进行调整生产的客车，属于中轻型商用客车征收范围。

3. 超豪华小汽车。

征收范围为每辆零售价格130万元（不含增值税）及以上的乘用车和中轻型商用客车，即乘用车和中轻型商用客车子税目中的超豪华小汽车。

（九）高尔夫球及球具

高尔夫球及球具是指从事高尔夫球运动所需的各种专用装备，包括高尔夫球、高尔夫球杆及高尔夫球包（袋）等。高尔夫球是指重量不超过45.93克、直径不超过42.67毫米的高尔夫球运动比赛、练习用球；高尔夫球杆是指被设计用来打高尔夫球的工具，由杆头、杆身和握把三部分组成；高尔夫球包（袋）是指专用于盛装高尔夫球及球杆的包（袋）。本税目征收范围包括：高尔夫球、高尔夫球杆、高尔夫球包（袋）。高尔夫球杆的杆头、杆身和握把属于本税目的征收范围。

（十）高档手表

高档手表是指销售价格（不含增值税）每只在10000元（含）以上的各类手表。本税目征收范围包括符合以上标准的各类手表。

（十一）游艇

游艇是指长度大于8米小于90米，船体由玻璃钢、钢、铝合金、塑料等多种材料制作，可以在水上移动的水上浮载体。按照动力划分，游艇分为无动力艇、帆艇和机动艇。本税目征收范围包括艇身长度大于8米（含）小于90米（含），内置发动机，可以在水上移动，一般为私人或团体购置，主要用于水上运动和休闲娱乐等非牟利活动的各类机动艇。

（十二）木制一次性筷子

木制一次性筷子，又称卫生筷子，是指以木材为原料经过锯段、浸泡、旋切、刨切、烘干、筛选、打磨、倒角、包装等环节加工而成的各类一次性使用的筷子。本税目征收范围包括各种规格的木制一次性筷子。未经打磨、倒角的木制一次性筷子属于本税目征税范围。

（十三）实木地板

实木地板是指以木材为原料，经锯割、干燥、刨光、截断、开榫、涂漆等工序加工而成的块状或条状的地面装饰材料。实木地板按生产工艺不同，可分为独板（块）实木地板、实木指接地板、实木复合地板三类；按表面处理状态不同，可分为未涂饰地板（白坯板、素板）和漆饰地板两类。本税目征收范围包括各类规格的实木地板、实木指接地板、实木复合地板及用于装饰墙壁、天棚的侧端面为榫、槽的实木装饰板。未经涂饰的素板属于本税目征税范围。

（十四）电池

电池是一种将化学能、光能等直接转换为电能的装置，一般由电极、电解质、容器、极端，通常还有隔离层组成的基本功能单元，以及用一个或多个基本功能单元装配成的电池组。范围包括：原电池、蓄电池、燃料电池、太阳能电池和其他电池。

1. 原电池。

原电池又称一次电池，是按不可以充电设计的电池。按照电极所含的活性物质分类，原电池包括锌原电池、锂原电池和其他原电池。原电池又可分为无汞原电池和含汞原电池。汞含量低于电池重量的0.0001%（扣式电池按0.0005%）的原电池为无汞原电池，其他原电池为含汞原电池。

2. 蓄电池。

蓄电池又称二次电池，是按可充电、重复使用设计的电池，包括酸性蓄电池、碱性或其他非酸性蓄电池、氧化还原液流蓄电池和其他蓄电池。

3. 燃料电池。

燃料电池，是通过一个电化学过程，将连续供应的反应物和氧化剂的化学能直接转换为电能的电化学发电装置。

4. 太阳能电池。

太阳能电池，是将太阳光能转换成电能的装置，包括晶体硅太阳能电池、薄膜太阳能电池、化合物半导体太阳能电池等，但不包括用于太阳能发电储能用的蓄电池。

5. 其他电池。

其他电池是指除原电池、蓄电池、燃料电池、太阳能电池以外的电池。

（十五）涂料

涂料是指涂于物体表面能形成具有保护、装饰或特殊性能的固态涂膜的一类液体或固体材料之总称。涂料由主要成膜物质、次要成膜物质等构成。按主要成膜物质涂料可分为油脂类、天然树脂类、酚醛树脂类、沥青类、醇酸树脂类、氨基树脂类、硝基类、过滤乙烯树脂类、烯类树脂类、丙烯酸酯类树脂类、聚酯树脂类、环氧树脂类、聚氨酯树脂类、元素有机类、橡胶类、纤维素类、其他成膜物类等。

【例 2－21】 下列单位和个人属于消费税纳税人的有（　　）。

A. 生产销售涂料的企业　　B. 进口金银首饰的企业

C. 批发销售卷烟的企业　　D. 零售金银首饰的个体工商户

E. 零售电池的个体工商户

【解析】 金银首饰消费税在零售环节纳税，生产销售和进口金银首饰不缴纳消费税，电池消费税在生产销售环节纳税。因此，正确答案为 ACD。

三、消费税税率

（一）消费税税率的基本规定

消费税税率有两种形式：比例税率和定额税率。消费税现行适用税率见表 2－4。

表 2－4　　应税消费品名称、税率和计量单位对照

税目	比例税率	定额税率	计量单位
一、烟			
1. 卷烟			
（1）工业			

续表

税目	比例税率	定额税率	计量单位
①甲类卷烟［调拨价70元（不含增值税）/条以上（含70元）］	56%	30元/万支	万支
②乙类卷烟［调拨价70元（不含增值税）/条以下］	36%	30元/万支	
(2) 商业批发	11%	50元/万支	
2. 雪茄烟	36%	—	支
3. 烟丝	30%	—	千克
二、酒			
1. 白酒	20%	0.50元/500克（毫升）	500克（毫升）
2. 黄酒	—	240元/吨	吨
3. 啤酒			
(1) 甲类啤酒［出厂价格3000元（含3000元，不含增值税）/吨以上］	—	250元/吨	吨
(2) 乙类啤酒［出厂价格3000元（不含增值税）/吨以下］	—	220元/吨	
4. 其他酒	10%	—	吨
三、高档化妆品	15%	—	实际使用计量单位
四、贵重首饰及珠宝玉石			
1. 金银首饰、铂金首饰和钻石及钻石饰品	5%	—	实际使用计量单位
2. 其他贵重首饰和珠宝玉石	10%	—	
五、鞭炮、焰火	15%	—	实际使用计量单位
六、成品油			
1. 汽油	—	1.52元/升	升
2. 柴油	—	1.20元/升	
3. 航空煤油	—	1.20元/升	
4. 石脑油	—	1.52元/升	
5. 溶剂油	—	1.52元/升	
6. 润滑油	—	1.52元/升	
7. 燃料油	—	1.20元/升	
七、摩托车			
1. 气缸容量（排气量，下同）=250毫升	3%	—	辆
2. 气缸容量>250毫升	10%	—	
八、小汽车			
1. 乘用车			

续表

税目	比例税率	定额税率	计量单位
（1）气缸容量≤1.0升	1%	—	辆
（2）1.0升<气缸容量≤1.5升	3%	—	
（3）1.5升<气缸容量≤2.0升	5%	—	
（4）2.0升<气缸容量≤2.5升	9%	—	
（5）2.5升<气缸容量≤3.0升	12%	—	
（6）3.0升<气缸容量≤4.0升	25%	—	
（7）气缸容量>4.0升	40%	—	
2. 中轻型商用客车	5%	—	
3. 超豪华小汽车	10%	—	
九、高尔夫球及球具	10%	—	实际使用计量单位
十、高档手表	20%	—	只
十一、游艇	10%	—	艘
十二、木制一次性筷子	5%	—	万双
十三、实木地板	5%	—	平方米
十四、电池	4%	—	只
十五、涂料	4%	—	吨

（二）消费税税率的具体规定

纳税人兼营不同税率的应税消费品，应当分别核算不同税率应税消费品的销售额、销售数量；未分别核算销售额、销售数量，或者将不同税率的应税消费品组成成套消费品销售的，从高适用税率。纳税人兼营不同税率的应税消费品是指纳税人生产销售两种税率以上的应税消费品。

对既销售金银首饰，又销售非金银首饰的生产、经营单位，应将两类商品划分清楚，分别核算销售额。凡划分不清楚或不能分别核算的，在生产环节销售的，一律从高适用税率征收消费税；在零售环节销售的，一律按金银首饰征收消费税。

每标准条进口卷烟确定消费税适用比例税率的价格 =（关税完税价格 + 关税 + 消费税定额税率）÷（1 – 消费税税率）。其中，关税完税价格和关税为每标准条的关税完税价格及关税税额；消费税定额税率为每标准条0.6元（依据现行消费税定额税率折算而成）；消费税税率固定为36%。

非标准条包装卷烟应当折算成标准条包装卷烟的数量，依其实际销售收入计算确定其折算成标准条包装后的实际销售价格，并确定适用的比例税率。折算的实际销售价格高于计税价格的，应按照折算的实际销售价格确定适用比例税率；折算的实际销售价格低于计税价格的，应按照同牌号规格标准条包装卷烟的计税价格和适用税率征税。非标准条包装卷烟是指每条包装多于或者少于200 支的条包装卷烟。

白包卷烟，手工卷烟，自产自用没有同牌号、规格调拨价格的卷烟，委托加工没有同牌号、规格调拨价格的卷烟，未经国务院批准纳入计划的企业和个人生产的卷烟，一律按照甲类卷烟适用税率征税。

啤酒消费税单位税额按照含包装物及包装物押金的出厂价格划分档次，上述包装物押金不包括供重复使用的塑料周转箱的押金。对啤酒生产企业销售的啤酒，不得以向其关联企业的啤酒销售公司销售的价格作为确定消费税税额的标准，而应当以其关联企业的啤酒销售公司对外的销售价格（含包装物及包装物押金）作为确定消费税税额的标准，并依此确定该啤酒消费税单位税额。啤酒生产集团内部企业间调拨销售的啤酒液，应由啤酒液生产企业按现行规定申报缴纳消费税。购入方使用啤酒液连续灌装生产并对外销售的啤酒，应依据其销售价格确定适用单位税额计算缴纳消费税。

国内汽车生产企业直接销售给消费者的超豪华小汽车，消费税税率按照生产环节税率和零售环节税率加总计算。

四、消费税应纳税额计算

应税消费品消费税的纳税环节不同，其计税方法亦不完全相同。

（一）消费税的纳税环节

1. 生产销售环节。

除贵重首饰及珠宝玉石中的金银首饰、铂金首饰和钻石及钻石饰品外，纳税人生产的应税消费品，于纳税人销售时纳税。

销售是指有偿转让应税消费品的所有权，有偿是指从购买方取得货币、货物或者其他经济利益。

对既有自产应税消费品，同时又购进与自产应税消费品同样的应税消费品进行销售的工业企业，对其销售的外购应税消费品应当征收消费税。对自己不生产应税消费品，而只是购进后再销售应税消费品的工业企业，其销售的高档化妆品、鞭炮焰火和珠宝玉石，凡不能构成最终消费品直接进入消费品市场，而需进一步生产加工的（如需进行深加工、包装、贴标、组合的高档化妆品、鞭炮焰火、珠宝玉石等)，应当征收消费税。

工业企业以外的单位和个人将外购的消费税非应税产品以消费税应税产品对外销售的，将外购的消费税低税率应税产品以高税率应税产品对外销售的，视为应税消费品的生产行为。

单位和个人外购润滑油、电池、涂料大包装经简单加工改成小包装或者外购润滑油不经加工只贴商标的行为，视同应税消费品的生产行为。

2. 自产自用环节。

除贵重首饰及珠宝玉石中的金银首饰、铂金首饰和钻石及钻石饰品外，纳税人自产自用的应税消费品，用于连续生产应税消费品的，不缴纳消费税；用于其他方面的，于移送使用时计算缴纳消费税。

用于连续生产应税消费品是指纳税人将自产自用应税消费品作为直接材料生产最终应税消费品，自产自用应税消费品构成最终应税消费品的实体。用于其他方面是指纳税人将自产自用应税消费品用于生产非应税消费品、在建工程、管理部门、非生产机构、提供劳务、馈赠、赞助、集资、广告、样品、职工福利、奖励，以及用于换取生产资料和消费资料、投资入股和抵偿债务等方面。

3. 委托加工环节。

除贵重首饰及珠宝玉石中的金银首饰、铂金首饰和钻石及钻石饰品外，委托加工的应税消费品，除受托方为个人外，由受托方在向委托方交货时代收代缴税款。委托个人加工的应税消费品，由委托方收回后缴纳消费税。

委托加工的应税消费品是指由委托方提供原料和主要材料，受托方只收取加工费和代垫部分辅助材料加工的应税消费品。对于由受托方提供原材料生产的应税消费品，或者受托方先将原材料卖给委托方，然后再接受加工的应税消费品，以及由受托方以委托方名义购进原材料生产的应税消费品，不论在财务上是否作销售处理，都不得作为委托加工应税消费品，而应当按照销售自制应税消费品缴纳消费税。

委托方将收回的应税消费品，以不高于受托方的计税价格出售的，为直接出售，不再缴纳消费税；委托方以高于受托方的计税价格出售的，不属于直接出售，需按照规定计算缴纳消费税。

4. 进口环节。

除贵重首饰及珠宝玉石中的金银首饰、铂金首饰和钻石及钻石饰品外，进口的应税消费品，于报关进口时纳税。

5. 批发环节。

对卷烟在批发环节加征一道消费税。纳税人销售给纳税人以外的单位和个人的卷烟于销售时纳税，纳税人之间销售的卷烟不缴纳消费税。这里的纳税人是指在境内从事卷烟批发业务的单位和个人。

6. 零售环节。

（1）由生产销售环节和进口环节改为零售环节征收消费税的应税消费品有：贵重首饰及珠宝玉石中的金银首饰、铂金首饰和钻石及钻石饰品。

纳税人零售的金银首饰（含以旧换新），于零售时纳税；用于馈赠、赞助、集资、广告、样品、职工福利、奖励等方面的金银首饰，于移送时纳税；带料加工、翻新改制的金银首饰，于受托方交货时纳税。铂金首饰比照执行，钻石及钻石饰品未见政策明确。

改为零售环节征收消费税的金银首饰范围为：金、银和金基、银基合金首饰，以及金、银和金基、银基合金的镶嵌首饰，不包括镀金（银）、包金（银）首饰，以及镀金（银）、包金（银）的镶嵌首饰。凡采用包金、镀金工艺以外的其他工艺制成的含金、银首饰及镶嵌首饰，如锻压金、铸金、复合金首饰等，都应在零售环节征收消费税。经营单位兼营生产、加工、批发、零售业务的，应分别核算销售额，未分别核算销售额或者划分不清的，一律视同零售征收消费税。

（2）在零售环节加征一道消费税的应税消费品是小汽车中的超豪华小汽车。

（二）生产销售环节消费税应纳税额的计算

1. 纳税义务发生时间。

纳税人销售应税消费品的纳税义务发生时间，按不同的销售结算方式分别为：

（1）采取赊销和分期收款结算方式的，为书面合同约定的收款日期的当天，书面合同没有约定收款日期或者无书面合同的，为发出应税消费品的当天；

（2）采取预收货款结算方式的，为发出应税消费品的当天；

（3）采取托收承付和委托银行收款方式的，为发出应税消费品并办妥托收手续的当天；

（4）采取其他结算方式的，为收讫销售款或者取得索取销售款凭据的当天。

2. 计税方法。

生产销售应税消费品消费税应纳税额的计算方法有从价定率计税方法、从量定额计税方法和复合计税方法三种。

（1）从价定率计税方法。适用的应税消费品有：烟中的雪茄烟、烟丝，酒中的其他酒，高档化妆品，贵重首饰及珠宝玉石中的其他贵重首饰及珠宝玉石，鞭炮、焰火，摩托车，小汽车，高尔夫球及球具，高档手表，游艇，木制一次性筷子，实木地板，电池，涂料。

生产销售环节实行从价定率计税方法计算的消费税应纳税额的计算公式为：

生产销售环节实行从价定率计税方法计算的消费税应纳税额 = 销售额 × 比例税率

（2）从量定额计税方法。适用的应税消费品有酒中的黄酒、啤酒，成品油。

生产销售环节实行从量定额计税方法计算的消费税应纳税额的计算公式为：

生产销售环节实行从量定额计税方法计算的消费税应纳税额 = 销售数量 × 定额税率

（3）复合计税方法。适用的应税消费品有：烟中的卷烟，酒中的白酒。

生产销售环节实行复合计税方法计算的消费税应纳税额的计算公式为：

生产销售环节实行复合计税方法计算的消费税应纳税额 = 销售额 × 比例税率 + 销售数量 × 定额税率

对纳税人出口应税消费品，免征消费税；国务院另有规定的除外。纳税人直接出口的应税消费品办理免税后，发生退关或者国外退货，进口时已予以免税的，经机构所在地或者居住地主管税务机关批准，可暂不办理补税，待其转为国内销售时，再申报补缴消费税。

3. 销售额。

销售额是指纳税人销售应税消费品向购买方收取的全部价款和价外费用，不包括应向购货方收取的增值税税款。

（1）如果纳税人应税消费品的销售额中未扣除增值税税款或者发生价款和增值税税款合并收取的，在计算消费税时，应当换算为不含增值税税款的销售额。其换算公式为：

应税消费品的销售额 = 含增值税的销售额 ÷（1 + 增值税税率或者征收率）

（2）价外费用是指价外向购买方收取的手续费、补贴、基金、集资费、返还利润、奖励费、违约金、滞纳金、延期付款利息、赔偿金、代收款项、代垫款项、包装费、包装物租金、储备费、优质费、运输装卸费以及其他各种性质的价外收费。但下列项目不包括在内：

①同时符合以下条件的代垫运输费用：承运部门的运输费用发票开具给购买方的；纳税人将该项发票转交给购买方的。

②同时符合以下条件代为收取的政府性基金或者行政事业性收费：由国务院或者财政部批准设立的政府性基金，由国务院或者省级人民政府及其财政、价格主管部门批准设立的行政事业性收费；收取时开具省级以上财政部门印制的财政票据；所收款项全额上缴财政。

（3）应税消费品连同包装物销售的，无论包装物是否单独计价以及在会计上如何核算，均应并入应税消费品的销售额中缴纳消费税。如果包装物不作价随同产品销售，而是收取押金，此项押金则不应并入应税消费品的销售额中征税。但对因逾期未收回的包装物不再退还的或者已收取的时间超过 12 个月的押金，应并入应税消费品的销售额，按照应税消费品的适用税率缴纳消费税。对既作价随同应税消费品销售，又另外收取押金的包装物的押金，凡纳税人在规定的期限内没有退还的，均应并入应税消费品的销售额，按照应税消费品的适用税率缴纳消费税。

对酒类产品（指实行从价定率计税办法征收消费税的粮食白酒、薯类白酒和其他酒）生产企业销售酒类产品而收取的包装物押金，无论押金是否返还与会计上如何核算，均需并入酒类产品销售额中，依酒类产品的适用税率征收消费税。

（4）纳税人销售的应税消费品，以人民币以外的货币结算销售额的，其销售额的人民币折合率可以选择销售额发生的当天或者当月 1 日的人民币汇率中间价。纳税人应在事先确定采用何种折合率，确定后 1 年内不得变更。

（5）纳税人应税消费品的计税价格明显偏低并无正当理由的，由主管税务机关核定其计税价格。核定应税消费品的计税价格要符合规定的权限和程序。

（6）纳税人通过自设非独立核算门市部销售的自产应税消费品，应当按照门市部对外销售额或者销售数量征收消费税。

（7）纳税人将自产的应税消费品与外购或自产的非应税消费品组成套装销售的，以套装产品的销售额（不含增值税）为计税依据。

（8）卷烟工业环节纳税人销售的卷烟，应按实际销售价格申报纳税，实际销售价格低于最低计税价格的，按照最低计税价格申报纳税。已核定最低计税价格的白酒，生产企业实际销售价格高于消费税最低计税价格的，按实际销售价格申报纳税；实际销售价格低于消费税最低计税价格的，按最低计税价格申报纳税。

（9）白酒生产企业向商业销售单位收取的品牌使用费是随着应税白酒的销售而向购货方收取的，属于应税白酒销售价款的组成部分，不论企业采取何种方式或以何种名义收取价款，均应并入白酒的销售额中缴纳消费税。

【例 2－22】 A 白酒厂 2021 年 8 月销售自产粮食白酒 10000 箱（每箱 6 瓶，每瓶 500 毫升），每箱单价 300 元（不含增值税）。当月收取白酒包装物押金 30000 元。请计算 A 白酒厂当月应缴纳的消费税。

【解析】 白酒实行复合计税，白酒包装物押金收取时应计征消费税。因此，A 白酒厂当月应缴纳的消费税 $=10000\times300\times20\%+30000\div(1+13\%)\times20\%+10000\times6\times0.5\approx635309.73$（元）。

4. 销售数量。

销售应税消费品的，销售数量为应税消费品的实际销售数量。

（1）应税消费品计量单位的换算标准为：黄酒，1 吨 =962 升；啤酒，1 吨 =988 升；汽油，1 吨 =1388 升；柴油，1 吨 =1176 升；石脑油，1 吨 =1385 升；溶剂油，1 吨 =1282 升；润滑油，1 吨 =1126 升；燃料油，1 吨 =1015 升；航空煤油，1 吨 =1246 升。

（2）白酒从量定额税的计量单位按实际销售商品重量确定，如果实际销售商品是按体积标注计量单位的，应按 500 毫升为 1 斤换算，不得按酒度折算。

（3）用自产汽油生产的乙醇汽油，按照生产乙醇汽油所耗用的汽油数量申报纳税。纳税人既生产销售汽油又生产销售乙醇汽油的，应分别核算，未分别核算的，生产销售的乙醇汽油不得按照生产乙醇汽油所耗用的汽油数量申报纳税，一律按照乙醇汽油的销售数量征收消费税。

5. 销货退回的处理。

纳税人销售的应税消费品，因质量等原因发生退货的，其已缴纳的消费税税款可予以退还。纳税人办理退税手续时，应将开具的红字增值税发票、退税证明等资料报主管税务机关备案。主管税务机关核对无误后办理退税。

如应税消费品税率发生变动，属税率变动前发票开具错误重新开具专用发票情形的，不按销货退回处理。纳税人开具红字发票时，按照红字发票注明的销售额冲减当期销售收入，按照该货物原适用税率计提消费税冲减当期“应交税费——应交消费税”；纳税人重新开具正确的蓝字发票时，按蓝字发票注明的销售额计算当期销售收入，按照该货物原适用税率计提消费税记入当期“应交税费——应交消费税”。

（三）自产自用环节消费税应纳税额的计算

1. 纳税义务发生时间。

纳税人自产自用应税消费品的纳税义务发生时间为移送使用的当天。

2. 计税方法。

自产自用应税消费品消费税应纳税额的计算方法也有从价定率计税方法、从量定额计税方法和复合计税方法三种。

（1）从价定率计税方法。适用的应税消费品与生产销售环节适用从价定率计税方法的应税消费品相同。纳税人自产自用的应税消费品，按照纳税人生产的同类消费品的销售价格计算纳税；没有同类消费品销售价格的，按照组成计税价格计算纳税。

自产自用环节实行从价定率计税方法计算的消费税应纳税额的计算公式为：

自产自用环节实行从价定率计税方法计算的消费税应纳税额＝同类消费品销售价格或组成计税价格×比例税率

上列公式中，组成计税价格＝（成本＋利润）÷（1－比例税率）。

（2）从量定额计税方法。适用的应税消费品与生产销售环节适用从量定额计税方法的应税消费品相同。纳税人自产自用应税消费品的，按照应税消费品的移送使用数量计算纳税。

自产自用环节实行从量定额计税方法计算的消费税应纳税额的计算公式为：

自产自用环节实行从量定额计税方法计算的消费税应纳税额＝自产自用数量×定额税率

（3）复合计税方法。适用的应税消费品与生产销售环节适用复合计税方法的应税消费品相同。

自产自用环节实行复合计税方法计算的消费税应纳税额的计算公式为：

自产自用环节实行复合计税方法计算的消费税应纳税额＝同类消费品销售价格或组成计税价格×比例税率＋自产自用数量×定额税率

上列公式中，组成计税价格 =（成本 + 利润 + 自产自用数量 × 定额税率）÷（1 – 比例税率）。

3. 同类消费品销售价格。

同类消费品销售价格是指纳税人当月销售的同类消费品的销售价格。如果当月同类消费品各期销售价格高低不同，应按销售数量加权平均计算。但销售的应税消费品有下列情况之一的，不得列入加权平均计算：销售价格明显偏低并无正当理由的；无销售价格的。如果当月无销售或者当月未完结，应按照同类消费品上月或者最近月份的销售价格计算纳税。

需要注意的是，纳税人用于换取生产资料和消费资料、投资入股和抵偿债务等方面的应税消费品，应当以纳税人同类应税消费品的最高销售价格计算纳税。

4. 组成计税价格中的成本。

组成计税价格中的成本是指应税消费品的产品生产成本。

5. 组成计税价格中的利润。

组成计税价格中的利润是指根据应税消费品的全国平均成本利润率计算的利润。应税消费品全国平均成本利润率见表 2 – 5。

表 2 – 5　　全国平均成本利润率

应税消费品	成本利润率
电池	4%
乙类卷烟、雪茄烟、烟丝，薯类白酒，其他酒，高档化妆品，鞭炮、焰火，木制一次性筷子，实木地板，中轻型商用客车	5%
其他贵重首饰及珠宝玉石，摩托车	6%
涂料	7%
乘用车	8%
甲类卷烟，粮食白酒，高尔夫球及球具，游艇	10%
高档手表	20%

【例 2 – 23】 A 企业 2021 年 6 月将一艘自制游艇移送本企业游艇俱乐部对外经营使用，该企业无同类游艇销售价格，该游艇生产成本为 2000 万元。请计算 A 企业当月应缴纳的消费税。

【解析】 游艇适用从价定率计税方法。纳税人自产自用应税消费品，没有同类消费品销售价格的，按照组成计税价格计算纳税。

组成计税价格 =2000×(1+10%)÷(1-10%)≈2444.44（万元）

A 企业当月应缴纳的消费税 =2444.44×10% =244.44（万元）

（四）委托加工环节消费税应纳税额的计算

1. 纳税义务发生时间。

纳税人委托加工应税消费品的纳税义务发生时间为纳税人提货的当天。

2. 计税方法。

委托加工应税消费品消费税应纳税额的计算方法也有从价定率计税方法、从量定额计税方法和复合计税方法三种。

(1) 从价定率计税方法。适用的应税消费品与生产销售环节适用从价定率计税方法的应税消费品相同。委托加工的应税消费品，按照受托方的同类消费品的销售价格计算纳税；没有同类消费品销售价格的，按照组成计税价格计算纳税。

委托加工环节实行从价定率计税方法计算的消费税应纳税额的计算公式为：

委托加工环节实行从价定率计税方法计算的消费税应纳税额 = 受托方同类消费品销售价格或组成计税价格 × 比例税率

上列公式中，组成计税价格 =（材料成本 + 加工费）÷（1 - 比例税率）。

(2) 从量定额计税方法。适用的应税消费品与生产销售环节适用从量定额计税方法的应税消费品相同。委托加工应税消费品的，按照纳税人收回的应税消费品数量计算纳税。

委托加工环节实行从量定额计税方法计算的消费税应纳税额的计算公式为：

委托加工环节实行从量定额计税方法计算的消费税应纳税额 = 委托加工收回数量 × 定额税率

(3) 复合计税方法。适用的应税消费品与生产销售环节适用复合计税方法的应税消费品相同。

委托加工环节实行复合计税方法计算的消费税应纳税额的计算公式为：

实行复合计税方法计算的消费税应纳税额 = 受托方同类消费品销售价格或组成计税价格 × 比例税率 + 委托加工收回数量 × 定额税率

上列公式中，组成计税价格 =（材料成本 + 加工费 + 委托加工收回数量 × 定额税率）÷（1 - 比例税率）。

3. 受托方同类消费品销售价格。

受托方同类消费品销售价格是指代收代缴义务人当月销售的同类消费品的销售价格，如果当月同类消费品各期销售价格高低不同，应按销售数量加权平均计算。但销售的应税消费品有下列情况之一的，不得列入加权平均计算：销售价格明显偏低并无正当理由的；无销售价格的。如果当月无销售或者当月未完结，应按照同类消费品上月或者最近月份的销售价格计算纳税。

4. 组成计税价格中的材料成本。

组成计税价格中的材料成本是指委托方所提供加工材料的实际成本。委托加工应税消费品的纳税人，必须在委托加工合同上如实注明（或者以其他方式提供）材料成本，凡未提供材料成本的，受托方主管税务机关有权核定其材料成本。

5. 组成计税价格中的加工费。

组成计税价格中的加工费是指受托方加工应税消费品向委托方所收取的全部费用（包括代垫辅助材料的实际成本）。

（五）进口环节消费税应纳税额的计算

1. 纳税义务发生时间。

纳税人进口应税消费品的纳税义务发生时间为报关进口的当天。

2. 计税方法。

进口应税消费品消费税应纳税额的计算方法也有从价定率计税方法、从量定额计税方法和复合计税方法三种。

（1）从价定率计税方法。适用的应税消费品与生产销售环节适用从价定率计税方法的应税消费品相同。进口的应税消费品，按照组成计税价格计算纳税。

进口环节实行从价定率计税方法计算的消费税应纳税额的计算公式为：

实行从价定率计税方法计算的消费税应纳税额＝组成计税价格×比例税率

上列公式中，组成计税价格＝(关税完税价格＋关税)÷(1－消费税比例税率)。

（2）从量定额计税方法。适用的应税消费品与生产销售环节适用从量定额计税方法的应税消费品相同。进口应税消费品的，按照海关核定的应税消费品进口征税数量计算纳税。

进口环节实行从量定额计税方法计算的消费税应纳税额的计算公式为：

进口环节实行从量定额计税方法计算的消费税应纳税额＝进口数量×定额税率

（3）复合计税方法。适用的应税消费品与生产销售环节适用复合计税方法的应税消费品相同。

进口环节实行复合计税方法计算的消费税应纳税额的计算公式为：

进口环节实行复合计税方法计算的消费税应纳税额 = 组成计税价格 × 比例税率 + 进口数量 × 定额税率

上列公式中，组成计税价格 =（关税完税价格 + 关税 + 进口数量 × 定额税率）÷（1 – 比例税率）。

3. 组成计税价格中的关税完税价格。

组成计税价格中的关税完税价格是指海关核定的关税计税价格。

（六）批发环节消费税应纳税额的计算

1. 纳税义务发生时间。

卷烟批发的纳税义务发生时间为纳税人收讫销售款或者取得索取销售款凭据的当天。

2. 计税方法。

卷烟批发消费税应纳税额的计算只适用复合计税方法。

卷烟批发消费税应纳税额的计算公式为：

卷烟批发消费税应纳税额 = 卷烟批发销售额 × 比例税率 + 卷烟批发销售数量 × 定额税率

纳税人批发卷烟的销售额不含增值税。纳税人兼营卷烟批发和零售业务的，应当分别核算批发和零售环节的销售额、销售数量；未分别核算批发和零售环节销售额、销售数量的，按照全部销售额、销售数量计征批发环节消费税。

【例 2 – 24】 某省 A 烟草公司 2021 年 6 月进口卷烟 1000 大箱（每大箱 250 条，下同），关税完税价格为 1500 万元，适用关税税率 25%。当月向省内各市烟草公司批发销售卷烟 2000 大箱，销售额 16000 万元。请计算 A 烟草公司当月应缴纳的消费税。

【解析】 每标准条进口卷烟确定消费税适用比例税率的价格 =（关税完税价格 + 关税 + 消费税定额税率）÷（1 – 消费税税率）。其中，关税完税价格和关税为每标准条的关税完税价格及关税税额；消费税定额税率为每标准条 0.6 元（依据现行消费税定额税率折算而成）；消费税税率固定为 36%。向省内各市烟草公司批发销售卷烟应征收卷烟批发环节消费税。

进口卷烟确定消费税适用比例税率的价格 = 15000000 ÷ 1000 ÷ 250 ×（1 + 25% + 0.6）÷（1 − 36%）≈173.44（元）

由于173.44元 > 70元，因此，适用比例税率应为56%。

进口卷烟应缴纳的消费税 = [15000000 ×（1 + 25%）+ 0.6 × 1000 × 250] ÷（1 − 56%）× 56% ÷ 10000 ≈2405.45（万元）

批发卷烟应缴纳的消费税 = 8000 × 11% + 1 × 2000 × 250 ÷ 10000 = 930（万元）

（七）零售环节消费税应纳税额的计算

1. 纳税义务发生时间。

纳税人零售金银首饰，其纳税义务发生时间为收讫销货款或取得索取销货凭据的当天；用于馈赠、赞助、集资、广告、样品、职工福利、奖励等方面的金银首饰，其纳税义务发生时间为移送的当天；带料加工、翻新改制的金银首饰，其纳税义务发生时间为受托方交货的当天。铂金首饰比照执行，钻石及钻石饰品未见政策明确。

2. 计税方法。

对在零售环节计税的应税消费品，消费税应纳税额的计算只适用从价定率计税方法。

零售环节计税的应税消费品消费税应纳税额的计算公式为：

零售环节计税的应税消费品消费税应纳税额 = 销售额 × 比例税率

3. 金银首饰的销售额。

（1）纳税人销售金银首饰，其计税依据为不含增值税的销售额。如果纳税人销售金银首饰的销售额中未扣除增值税税款，在计算消费税时，应按以下公式换算为不含增值税税款的销售额。

金银首饰的销售额 = 含增值税的销售额 ÷（1 + 增值税税率或者征收率）

（2）金银首饰连同包装物销售的，无论包装是否单独计价，也无论会计上如何核算，均应并入金银首饰的销售额，计征消费税。

（3）带料加工的金银首饰，应按受托方销售同类金银首饰的销售价格确定计税依据征收消费税。没有同类金银首饰销售价格的，按照组成计税价格计算纳税。组成计税价格的计算公式为：

组成计税价格 =（材料成本 + 加工费）÷（1 − 金银首饰消费税税率）

对消费者个人委托加工的金银首饰及珠宝玉石，可暂按加工费征收消费税。

（4）纳税人采用以旧换新（含翻新改制）方式销售的金银首饰，应按实际收取的不含增值税的全部价款确定计税依据征收消费税。

（5）生产、批发、零售单位用于馈赠、赞助、集资、广告、样品、职工福利、奖励等方面的金银首饰，应按纳税人销售同类金银首饰的销售价格确定计税依据征收消费税；没有同类金银首饰销售价格的，按照组成计税价格计算纳税。组成计税价格的计算公式为：

组成计税价格 = 购进原价 ×（1 + 利润率）÷（1 − 金银首饰消费税税率）

纳税人为生产企业时，公式中的购进原价为生产成本；公式中的利润率为6%。

（6）金银首饰与其他产品组成成套消费品销售的，应按销售额全额征收消费税。

4. 超豪华小汽车零售环节消费税应纳税额。

超豪华小汽车零售环节消费税应纳税额的计算公式为：

应纳税额 = 零售环节销售额（不含增值税，下同）× 零售环节税率

国内汽车生产企业直接销售给消费者的超豪华小汽车，消费税税率按照生产环节税率和零售环节税率加总计算。消费税应纳税额计算公式为：

应纳税额 = 销售额 ×（生产环节税率 + 零售环节税率）

【例2－25】 A个体金店为小规模纳税人。2021年9月销售黄金首饰取得销售收入30万元；以旧换新销售黄金首饰取得销售收入2万元，收到的旧首饰抵价5万元；接受消费者个人带料委托加工金银首饰，同类黄金首饰销售价格为3万元，收取加工费0.4万元。上述金额均含增值税，请计算A个体金店当月应缴纳的消费税。

【解析】 纳税人采用以旧换新方式销售的金银首饰，应按实际收取的不含增值税的全部价款确定计税依据征收消费税。对消费者个人委托加工的金银首饰，可暂按加工费征收消费税。

A个体金店当月应缴纳的消费税 =（30 + 2 + 0.4）÷（1 + 1%）× 5% ≈ 1.60（万元）

（八）消费税税款的抵扣

在有些政策的规定中，消费税税款的抵扣亦称消费税税款的扣除。

1. 消费税的抵扣范围。

纳税人用外购或委托加工收回的已税应税消费品连续生产应税消费品，在

计税时准予抵扣外购或委托加工收回的应税消费品已纳的消费税税款。在批发和零售环节征收消费税的应税消费品，不得抵扣消费税税款。准予抵扣消费税税款的应税消费品有：

（1）外购或委托加工收回的已税烟丝连续生产的卷烟。生产出口卷烟除外。

（2）啤酒生产集团内部企业间调拨销售啤酒液，购入方使用啤酒液连续灌装生产并对外销售啤酒。

（3）外购（指从葡萄酒生产企业购进）、进口的已税葡萄酒连续生产的葡萄酒。

（4）外购或委托加工收回的已税高档化妆品连续生产的高档化妆品。

（5）外购或委托加工收回的已税珠宝玉石连续生产的贵重首饰及珠宝玉石。改在零售环节征收消费税的金银首饰（铂金首饰比照执行，钻石及钻石饰品未见政策明确）除外。

（6）外购或委托加工收回的已税鞭炮、焰火连续生产的鞭炮、焰火。

（7）外购、进口和委托加工收回的汽油、柴油、石脑油、燃料油、润滑油连续生产的应税成品油。

（8）外购或委托加工收回的已税摩托车连续生产的摩托车。

（9）外购或委托加工收回的已税杆头、杆身和握把连续生产的高尔夫球杆。

（10）外购或委托加工收回的已税木制一次性筷子连续生产的木制一次性筷子。

（11）外购或委托加工收回的已税实木地板连续生产的实木地板。

（12）委托加工收回应税消费品并以高于受托方的计税价格出售。

综上，除委托加工收回应税消费品以高于受托方的计税价格出售外，外购、进口或委托加工收回的已税应税消费品与连续生产的应税消费品往往属于同一个税目大类，甚至同一个税目小类。

外购已税应税消费品主要限于从工业企业购进的应税消费品，但从商业企业购进应税消费品连续生产应税消费品，符合抵扣条件的，准予扣除外购应税消费品已纳消费税税款。

2. 消费税抵扣的特别规定。

（1）对既有自产应税消费品，同时又购进与自产应税消费品同样的应税消费品进行销售的工业企业，对其销售的外购应税消费品应当征收消费税，同时可以扣除外购应税消费品的已纳税款。上述允许扣除已纳税款的外购应税消费品仅限于烟丝、高档化妆品、珠宝玉石、鞭炮焰火和摩托车。

（2）对自己不生产应税消费品，而只是购进后再销售应税消费品的工业企业，其销售的高档化妆品、鞭炮焰火和珠宝玉石，凡不能构成最终消费品直接进入消费品市场，而需进一步生产加工的（如需进行深加工、包装、贴标、组合的珠宝玉石、高档化妆品、鞭炮焰火等），应当征收消费税，同时允许扣除上述外购应税消费品的已纳税款。

（3）单位和个人外购润滑油大包装经简单加工改成小包装或者外购润滑油不经加工只贴商标的行为，视同应税消费品的生产行为，应当申报缴纳消费税，准予扣除外购润滑油已纳的消费税税款。

（4）下列产品准予按规定从消费税应纳税额中扣除其原料已纳的消费税税款，但可享受原料所含消费税退税政策的产品除外：视同石脑油、燃料油缴纳消费税的产品；以外购或委托加工收回视同石脑油、燃料油缴纳消费税的产品为原料生产的应税消费品；工业企业以外的单位和个人将外购的消费税低税率应税产品以高税率应税产品对外销售的。

3. 消费税的抵扣凭证。

（1）纳税人从增值税一般纳税人购进应税消费品，外购应税消费品的抵扣凭证为外购应税消费品增值税专用发票（抵扣联）（含销货清单）。葡萄酒生产企业之间销售葡萄酒，开具增值税专用发票时，须将应税葡萄酒销售行为单独开具增值税专用发票。外购汽油、柴油、石脑油、燃料油、润滑油用于连续生产应税成品油的抵扣凭证为成品油专用发票。纳税人未提供规定的专用发票和销货清单的，不予扣除外购应税消费品已纳消费税。

（2）纳税人从增值税小规模纳税人购进应税消费品，外购应税消费品的抵扣凭证为其自行开具或主管税务机关代开的增值税专用发票。主管税务机关在为纳税人代开增值税专用发票时，应同时征收消费税。

（3）委托加工收回应税消费品的抵扣凭证为税收缴款书（代扣代收专用）。纳税人未提供税收缴款书（代扣代收专用）的，不予扣除受托方代收代缴的消费税。

（4）进口应税消费品的抵扣凭证为海关进口消费税专用缴款书，纳税人不提供海关进口消费税专用缴款书的，不予抵扣进口应税消费品已缴纳的消费税。

4. 准予抵扣消费税额的计算。

外购、委托加工收回和进口应税消费品连续生产应税消费品，当期准予扣除的外购、委托加工收回和进口应税消费品的已纳消费税税款，应按当期生产领用数量计算。

（1）外购应税消费品连续生产应税消费品，实行从价定率计税办法的计算公式为：

当期准予扣除外购应税消费品已纳税款 = 当期准予扣除外购应税消费品买价 × 外购应税消费品适用税率

当期准予扣除外购应税消费品买价 = 期初库存外购应税消费品买价 + 当期购进的外购应税消费品买价 − 期末库存的外购应税消费品买价

公式中的外购应税消费品买价为纳税人取得规定的增值税专用发票（含销货清单）注明的应税消费品的销售额。

（2）外购应税消费品连续生产应税消费品，实行从量定额计税办法的计算公式为：

当期准予扣除的外购应税消费品已纳税款 = 当期准予扣除外购应税消费品数量 × 外购应税消费品单位税额

当期准予扣除外购应税消费品数量 = 期初库存外购应税消费品数量 + 当期购进外购应税消费品数量 − 期末库存外购应税消费品数量

公式中的外购应税消费品数量为规定的增值税专用发票（含销货清单）注明的应税消费品的销售数量。

纳税人取得的增值税专用发票列入异常凭证范围的，尚未申报扣除原料已纳消费税税款的，暂不允许抵扣；已经申报抵扣的，冲减当期允许抵扣的消费税税款，当期不足冲减的应当补缴税款。纳税人对税务机关认定的异常凭证存有异议，可以向主管税务机关提出核实申请。经税务机关核实，符合消费税抵扣规定且已缴纳消费税税款的，纳税人可继续申报抵扣消费税税款。

（3）委托加工收回应税消费品连续生产应税消费品的，计算公式为：

当期准予扣除的委托加工收回应税消费品已纳税款 = 期初库存的委托加工应税消费品已纳税款 + 当期收回的委托加工应税消费品已纳税款 − 期末库存的委托加工应税消费品已纳税款

公式中的委托加工应税消费品已纳税款为税收缴款书（代扣代收专用）注

明的受托方代收代缴的消费税。

（4）进口应税消费品连续生产应税消费品的，计算公式为：

当期准予扣除的进口应税消费品已纳税款＝期初库存的进口应税消费品已纳税款＋当期进口应税消费品已纳税款－期末库存的进口应税消费品已纳税款

公式中的进口应税消费品已纳税款为《海关进口消费税专用缴款书》注明的进口环节消费税。

5. 税款台账。

纳税人应建立抵扣税款台账，作为申报扣除委托加工收回应税消费品已纳消费税税款的备查资料。主管税务机关应加强对税款抵扣台账核算的管理。

【例2－26】 A地板品牌商为增值税一般纳税人，2021年5月委托B地板厂加工一批实木地板，月初发出实木的实际成本为800万元，月中收回加工成板，支付加工费150万元（不含增值税）。B地板厂无同类实木地板销售价格。当月A地板品牌商将该批实木地板全部销售，销售收入2260万元（含增值税）。请计算B地板厂当月应代收代缴的消费税和A地板品牌商当月应缴纳的消费税。

【解析】 实木地板适用从价定率计税方法。委托加工的应税消费品，没有同类消费品销售价格的，按照组成计税价格计算纳税。

组成计税价格＝(800＋150)÷(1－5%)＝1000（万元）

B地板厂当月应代收代缴消费税＝1000×5%＝50（万元）

委托方将收回的应税消费品以高于受托方的计税价格出售的，不属于直接出售，需按照规定计算缴纳消费税。若委托方取得受托方代收代缴消费税的税收缴款书（代扣代收专用），则在计算缴纳消费税时，允许扣除受托方代收代缴的消费税。

A地板品牌商当月应缴纳的消费税＝2260÷(1＋13%)×5%－50＝50（万元）

五、消费税主要优惠

（一）支持节能环保优惠

（1）对同时符合下列条件的纯生物柴油免征消费税：生产原料中废弃的动物油和植物油用量所占比重不低于70%；生产的纯生物柴油符合国家《柴油机燃料调合用生物柴油（BD100）》标准。

废弃的动物油和植物油包括：餐饮、食品加工单位及家庭产生的不允许食用的动植物油脂，主要包括泔水油、煎炸废弃油、地沟油和抽油烟机凝析油等；利用动物屠宰分割和皮革加工修削的废弃物处理提炼的油脂，以及肉类加工过程中产生的非食用油脂；食用油脂精炼加工过程中产生的脂肪酸、甘油脂及含少量杂质的混合物，主要包括酸化油、脂肪酸、棕榈酸化油、棕榈油脂肪酸、白土油及脱臭馏出物等；油料加工或油脂储存过程中产生的不符合食用标准的油脂。

（2）对以回收的废矿物油为原料生产的润滑油基础油、汽油、柴油等工业油料，符合规定条件的，免征消费税。废矿物油是指工业生产领域机械设备及汽车、船舶等交通运输设备使用后失去或降低功效更换下来的废润滑油。

规定条件包括：纳税人必须取得省级以上（含省级）环境保护部门（现生态环境部门）颁发的《危险废物（综合）经营许可证》，且该证件上核准生产经营范围应包括“利用”或“综合经营”字样，生产经营范围为“综合经营”的纳税人，还应同时提供颁发《危险废物（综合）经营许可证》的环境保护部门（现生态环境部门）出具的能证明其生产经营范围包括“利用”的材料；生产原料中废矿物油重量必须占到90%以上，产成品中必须包括润滑油基础油，且每吨废矿物油生产的润滑油基础油应不少于0.65吨；利用废矿物油生产的产品与利用其他原料生产的产品应分别核算。

（3）对无汞原电池、金属氢化物镍蓄电池（又称“氢镍蓄电池”或“镍氢蓄电池”）、锂原电池、锂离子蓄电池、太阳能电池、燃料电池和全钒液流电池，对施工状态下挥发性有机物（Volatile Organic Compounds，VOC）含量低于420克/升（含）的涂料，免征消费税。纳税人生产、委托加工符合免税规定的电池、涂料，应当持有省级以上质量技术监督部门认定的检测机构出具的产品检测报告（以下简称检测报告），并按主管税务机关的要求报送相关产品的检测报告。

（二）支持公益事业优惠

自2020年1月1日至2021年3月31日，单位和个体工商户将自产、委托加工或购买的货物，通过公益性社会组织和县级以上人民政府及其部门等国家机关，或者直接向承担疫情防治任务的医院，无偿捐赠用于应对新型冠状病毒感染的肺炎疫情的，免征消费税。

（三）支持体育事业优惠

（1）对北京冬奥组委再销售所获捐赠物品和赛后出让资产取得收入，免征应缴纳的消费税。

（2）对北京冬奥组委委托加工生产的高档化妆品免征应缴纳的消费税。

（3）对国际奥委会取得的与北京 2022 年冬奥会有关的收入免征消费税。

（4）对按中国奥委会、主办城市签订的《联合市场开发计划协议》和中国奥委会、主办城市、国际奥委会签订的《主办城市合同》规定，中国奥委会取得的由北京冬奥组委分期支付的收入、按比例支付的盈余分成收入免征消费税。

（5）对国际残奥委会取得的与北京 2022 年冬残奥会有关的收入免征消费税。

（6）对中国残奥委会根据《联合市场开发计划协议》取得的由北京冬奥组委分期支付的收入免征消费税。

上述（1）至（6）项优惠政策自 2017 年 7 月 12 日起执行。北京冬奥会测试赛赛事组委会取得的收入比照执行北京冬奥组委的税收政策。

（7）自 2019 年 11 月 11 日起，对国际赞助计划、全球供应计划、全球特许计划的赞助商、供应商、特许商及其分包商根据协议向北京冬奥组委提供指定货物或服务，免征消费税。

（四）促进区域发展优惠

横琴、平潭各自的区内企业之间销售其在本区内的货物，免征消费税。但上述企业之间销售的用于其本区内商业性房地产开发项目的货物，以及按规定被取消免税资格的企业销售的货物，应按规定征收消费税。

（五）支持其他事业优惠

（1）对用外购或委托加工收回的已税汽油生产的乙醇汽油免征消费税。用自产汽油生产的乙醇汽油，不免征消费税，而是按照生产乙醇汽油所耗用的汽油数量申报纳税。

（2）对成品油生产企业在生产成品油过程中，作为燃料、动力及原料消耗掉的自产成品油，免征消费税。

（3）对油（气）田企业在开采原油过程中耗用的内购成品油，同时符合以下条件的，暂按实际缴纳成品油消费税的税额，全额返还所含消费税：由油（气）田企业所隶属的集团公司（总厂）内部的成品油生产企业生产；从集团公司（总厂）内部购买；油（气）田企业在地质勘探、钻井作业和开采作业过程中，作为燃料、动力（不含运输）耗用。

（4）对生产石脑油、燃料油的企业将自产石脑油、燃料油用于生产乙烯、芳烃类化工产品，按实际耗用数量暂免征消费税。

六、消费税申报

纳税人应按规定办理消费税纳税申报，填报消费税纳税申报表。

（一）消费税纳税申报表的组成

现行消费税纳税申报表由1张主表和6张附表组成。纳税人申报消费税时，应一并申报附征的城市维护建设税、教育费附加和地方教育附加等附加税费。现行消费税纳税申报表的主表是《消费税及附加税费申报表》，附表分别是：

（1）《本期准予扣除税额计算表》。其中，成品油消费税纳税人与其他消费税纳税人此表的样式不同。

（2）《本期减（免）税额明细表》。

（3）《本期委托加工收回情况报告表》。

（4）《卷烟批发企业月份销售明细清单》。只适用于卷烟批发环节消费税纳税人。

（5）《卷烟生产企业合作生产卷烟消费税情况报告表》。只适用于卷烟生产环节消费税纳税人。

（6）《消费税附加税费计算表》。

（二）消费税纳税申报表主表样式

消费税纳税申报表主表样式见表2－6，其中省略了表头、声明、表尾的相关内容。

表2－6　消费税及附加税费申报表

项目 / 应税消费品名称	适用税率		计量单位	本期销售数量	本期销售额	本期应纳税额
	定额税率	比例税率				
	1	2	3	4	5	6＝1×4＋2×5
合计	—	—	—	—	—	

续表

	栏次	本期税费额
本期减（免）税额	7	
期初留抵税额	8	
本期准予扣除税额	9	
本期应扣除税额	10 = 8 + 9	
本期实际扣除税额	11［10 < (6 − 7)，则为10，否则为6 − 7］	
期末留抵税额	12 = 10 − 11	
本期预缴税额	13	
本期应补（退）税额	14 = 6 − 7 − 11 − 13	
城市维护建设税本期应补（退）税额	15	
教育费附加本期应补（退）费额	16	
地方教育附加本期应补（退）费额	17	

七、消费税管理

消费税的征收管理，依照《税收征管法》及《中华人民共和国消费税暂行条例》的有关规定执行。

（一）消费税的征收机关

消费税由税务机关征收，进口应税消费品的消费税由海关代征。

个人携带或者邮寄进境的应税消费品的消费税，连同关税一并计征。具体办法由国务院关税税则委员会会同有关部门制定。

（二）消费税的纳税地点

纳税人生产销售的应税消费品，以及自产自用的应税消费品，除国务院财政、税务主管部门另有规定外，应当向纳税人机构所在地或者居住地的主管税务机关申报纳税。纳税人到外县（市）销售或者委托外县（市）代销自产应税消费品的，于应税消费品销售后，向机构所在地或者居住地主管税务机关申报纳税。

纳税人的总机构与分支机构不在同一县（市）的，应当分别向各自机构所在地的主管税务机关申报纳税；经财政部、国家税务总局或者其授权的财政、税务机关批准，可以由总机构汇总向总机构所在地的主管税务机关申报纳税。

卷烟批发企业消费税的纳税地点是其机构所在地，总机构与分支机构不在同一地区的，由总机构申报纳税。

委托加工的应税消费品，除受托方为个人外，由受托方向机构所在地或者居住地的主管税务机关解缴消费税税款。委托个人加工的应税消费品，由委托方向其机构所在地或者居住地主管税务机关申报纳税。

进口的应税消费品，由进口人或者其代理人向报关地海关申报纳税。

出口的应税消费品办理退税后，发生退关，或者国外退货进口时予以免税的，报关出口者必须及时向其机构所在地或者居住地主管税务机关申报补缴已退的消费税税款。

（三）消费税的纳税期限

消费税的纳税期限分别为 1 日、3 日、5 日、10 日、15 日、1 个月或者 1 个季度。纳税人的具体纳税期限，由主管税务机关根据纳税人应纳税额的大小分别核定；不能按照固定期限纳税的，可以按次纳税。

（四）消费税的申报纳税期限

纳税人以 1 个月或者 1 个季度为 1 个纳税期的，自期满之日起 15 日内申报纳税；以 1 日、3 日、5 日、10 日或者 15 日为 1 个纳税期的，自期满之日起 5 日内预缴税款，于次月 1 日起 15 日内申报纳税并结清上月应纳税款。

纳税人进口应税消费品，应当自海关填发海关进口消费税专用缴款书之日起 15 日内缴纳税款。

第三节 车辆购置税

车辆购置税是对在我国境内购置规定车辆的单位和个人征收的一种税。

一、车辆购置税纳税人

在中华人民共和国境内购置汽车、有轨电车、汽车挂车、排气量超过 150 毫升的摩托车（以下统称应税车辆）的单位和个人，为车辆购置税的纳税人。

二、车辆购置税征税范围

购置是指以购买、进口、自产、受赠、获奖或者其他方式取得并自用应税车辆的行为。其中，进口自用应税车辆是指纳税人直接从境外进口或者委托代理进口自用的应税车辆，不包括在境内购买的进口车辆。

应税车辆包括汽车、有轨电车、汽车挂车、排气量超过150毫升的摩托车，不包括地铁、轻轨等城市轨道交通车辆，装载机、平地机、挖掘机、推土机等轮式专用机械车，以及起重机（吊车）、叉车、电动摩托车。

车辆购置税实行一次性征收，购置已征车辆购置税的车辆，不再征收车辆购置税。

三、车辆购置税税率

车辆购置税的税率为10%。

四、车辆购置税应纳税额计算

车辆购置税实行从价定率的方法计算应纳税额，计算公式为：

应纳税额 = 计税依据 × 税率

（一）计税依据

计税依据为应税车辆的计税价格，按照下列规定确定：

（1）纳税人购买自用应税车辆实际支付给销售者的全部价款，依据纳税人购买应税车辆时相关凭证载明的价格确定，不包括增值税税款。

自2020年6月1日起，纳税人购置应税车辆办理车辆购置税纳税申报时，以发票电子信息中的不含税价作为申报计税价格。纳税人依据相关规定提供其他有效价格凭证的情形除外。

应税车辆存在多条发票电子信息或者没有发票电子信息的，纳税人应当持机动车销售统一发票、购车合同及其他能够反映真实交易的材料到税务机关办理车辆购置税纳税申报，按照购置应税车辆实际支付给销售方的全部价款（不包括增值税税款）申报纳税。

（2）纳税人进口自用应税车辆的计税价格，为关税完税价格加上关税和消费税；纳税人进口自用应税车辆是指纳税人直接从境外进口或者委托代理进口自用的应税车辆，不包括在境内购买的进口车辆。

（3）纳税人自产自用应税车辆的计税价格，按照纳税人生产的同类应税车辆（即车辆配置序列号相同的车辆）的销售价格确定，不包括增值税税款；没有同类应税车辆销售价格的，按照组成计税价格确定。组成计税价格计算公式为：

组成计税价格 = 成本 ×（1 + 成本利润率）

属于应征消费税的应税车辆，其组成计税价格中应加计消费税税额。

上述公式中的成本利润率，由国家税务总局各省、自治区、直辖市和计划单列市税务局确定。

（4）纳税人以受赠、获奖或者其他方式取得自用应税车辆的计税价格，按照购置应税车辆时相关凭证载明的价格确定，不包括增值税税款。

购置应税车辆时相关凭证是指原车辆所有人购置或者以其他方式取得应税车辆时载明价格的凭证。无法提供相关凭证的，参照同类应税车辆市场平均交易价格确定其计税价格。

原车辆所有人为车辆生产或者销售企业，未开具机动车销售统一发票的，按照车辆生产或者销售同类应税车辆的销售价格确定应税车辆的计税价格。无同类应税车辆销售价格的，按照组成计税价格确定应税车辆的计税价格。

（二）购买自用应税车辆应纳税额的计算

纳税人购买自用应税车辆的计税价格，为纳税人实际支付给销售者的全部价款，不包括增值税税款。

【例 2－27】 王某于 2021 年 8 月 5 日从 4S 店（增值税一般纳税人）购买一辆 1.8 升的乘用车，取得《机动车销售统一发票》，注明含增值税车价款 113000 元。另支付车辆装饰费 2825 元并取得 4S 店开具的票据。王某应缴纳车辆购置税（　　）元。

A. 10000　　B. 10250　　C. 11300　　D. 11582.5

【解析】 车辆购置税的计税依据为支付给销售者的全部价款（不含增值税），车辆装饰费不是购车价款的组成部分。王某应缴纳的车辆购置税 = 113000 ÷（1 + 13%）× 10% = 10000（元），因此，正确答案为 A。

（三）进口自用应税车辆应纳税额的计算

纳税人进口自用应税车辆应纳税额的计算公式为：

应纳税额 =（关税完税价格 + 关税 + 消费税）× 税率

【例 2－28】 某 4S 店 2021 年 8 月进口 9 辆商务车，海关核定的关税完税价格为 40 万元/辆，当月销售 4 辆，2 辆作为样车放置在展厅销售，1 辆公司自用，该 4S 店应缴纳车辆购置税（　　）万元。（商务车适用的关税税率为 25%，消费税税率为 12%）

A. 11.36　　B. 5.68　　C. 17.04　　D. 5.48

【解析】该4S店进口商务车9辆，销售的4辆由购买使用者缴纳车辆购置税；剩余待售车辆及展厅样车不需要缴纳车辆购置税，该4S店仅对其自用车辆缴纳车辆购置税。该4S店应缴纳的车辆购置税 $=40\times(1+25\%)\div(1-12\%)\times10\%=5.68$（万元），因此，正确答案为B。

（四）自产自用应税车辆应纳税额的计算

纳税人自产自用应税车辆的计税价格，按照同类应税车辆（即车辆配置序列号相同的车辆）的销售价格确定，不包括增值税税款；没有同类应税车辆销售价格的，按照组成计税价格确定。

【例2－29】某汽车制造厂将排量为2.0升的自产A型汽车4辆转作本厂固定资产，3辆对外抵偿债务，3辆奖励给本厂优秀员工。本厂同类A型汽车对外不含增值税销售价格为190000元/辆。该汽车制造厂应缴纳车辆购置税（　　）元。

A. 57000　　B. 76000　　C. 133000　　D. 190000

【解析】自产自用的汽车需要缴纳车辆购置税；对外抵债的汽车由接受并自用的一方缴纳车辆购置税；奖励员工的汽车由取得并自用的员工缴纳车辆购置税。该汽车制造厂应缴纳的车辆购置税 $=190000\times4\times10\%=76000$（元），因此，正确答案为B。

（五）其他自用应税车辆应纳税额的计算

纳税人以受赠、获奖或者其他方式取得自用应税车辆的计税价格，按照购置应税车辆时相关凭证载明的价格确定，不包括增值税税款。

纳税人申报的应税车辆计税价格明显偏低，又无正当理由的，由税务机关依照《税收征管法》的规定核定其应纳税额。

【例2－30】某高校校友会接受汽车生产企业捐赠的客货两用车1辆，该车是未使用过的新车，在市场上非常畅销，捐赠者未开具机动车销售统一发票，则以下表述正确的是（　　）。

A. 该车享受法定免税政策

B. 该车减半征收车辆购置税

C. 按照车辆生产企业销售同类应税车辆的销售价格确定计税价格

D. 直接按组成计税价格确定计税价格

【解析】纳税人受赠使用应税车辆的，原车辆所有人为车辆生产或者销售企业，未开具机动车销售统一发票的，按照车辆生产或者销售同类应税车辆的销售价格确定应税车辆的计税价格。无同类应税车辆销售价格的，按照组成计税价格确定应税车辆的计税价格。因此，正确答案为C。

五、车辆购置税主要优惠

（一）法定优惠

（1）依照法律规定应当予以免税的外国驻华使馆、领事馆和国际组织驻华机构及其有关人员自用的车辆。

（2）中国人民解放军和中国人民武装警察部队列入装备订货计划的车辆。

（3）悬挂应急救援专用号牌的国家综合性消防救援车辆。

（4）设有固定装置的非运输专用作业车辆。设有固定装置的非运输专用作业车辆是指采用焊接、铆接或者螺栓连接等方式固定安装专用设备或者器具，不以载运人员或者货物为主要目的，在设计和制造上用于专项作业的车辆。

（5）城市公交企业购置的公共汽电车辆。这里的城市公交企业是指由县级以上（含县级）人民政府交通运输主管部门认定的，依法取得城市公交经营资格，为公众提供公交出行服务，并纳入《城市公共交通管理部门与城市公交企业名录》的企业；公共汽电车辆是指按规定的线路、站点票价营运，用于公共交通服务，为运输乘客设计和制造的车辆，包括公共汽车、无轨电车和有轨电车。

《中华人民共和国车辆购置税法》规定，根据国民经济和社会发展的需要，国务院可以规定减征或者其他免征车辆购置税的情形，报全国人民代表大会常务委员会备案。

（二）其他优惠

（1）回国服务的在外留学人员用现汇购买1辆个人自用国产小汽车免征车辆购置税。

（2）长期来华定居专家进口1辆自用小汽车免征车辆购置税。

（3）防汛部门和森林消防部门用于指挥、检查、调度、报汛（警）、联络的由指定厂家生产的设有固定装置的指定型号的车辆免征车辆购置税。

（4）自2021年1月1日至2022年12月31日，对购置的新能源汽车免征车辆购置税。免征车辆购置税的新能源汽车是指纯电动汽车、插电式混合动力（含增程式）汽车、燃料电池汽车。

（5）自2018年7月1日至2023年12月31日，对购置挂车减半征收车辆购置税。购置日期按照《机动车销售统一发票》《海关关税专用缴款书》或者其他有效凭证的开具日期确定。挂车是指由汽车牵引才能正常使用且用于载运货物的无动力车辆。

（6）中国妇女发展基金会“母亲健康快车”项目的流动医疗车免征车辆购置税。

（7）北京2022年冬奥会和冬残奥会组织委员会新购置车辆免征车辆购置税。

（8）原公安现役部队和原武警黄金、森林、水电部队改制后换发地方机动车牌证的车辆（公安消防、武警森林部队执行灭火救援任务的车辆除外），一次性免征车辆购置税。

【例2－31】 下列车辆不属于车辆购置税免税范围的是（　　）。

A. 外国驻华使馆、领事馆和国际组织驻华机构及其外交人员自用车辆

B. 回国服务的留学人员用人民币现金购买1辆个人自用的国产小汽车

C. 城市公交企业购置的公共汽电车辆

D. 长期来华定居专家进口的1辆自用小汽车

【解析】 依照法律规定应当予以免税的外国驻华使馆、领事馆和国际组织驻华机构及其有关人员自用的车辆免征车辆购置税；回国服务的在外留学人员用现汇购买1辆个人自用国产小汽车免征车辆购置税；城市公交企业购置的公共汽电车辆免征车辆购置税；长期来华定居专家进口1辆自用小汽车免征车辆购置税。因此，正确答案为B。

（三）优惠管理

（1）纳税人在办理车辆购置税免税、减税时，除按规定如实填报《车辆购置税纳税申报表》、提供车辆合格证明和车辆相关价格凭证资料外，还应当根据不同的免税、减税情形，分别提供相关资料的原件、复印件。

①外国驻华使馆、领事馆和国际组织驻华机构及其有关人员自用车辆，提供机构证明和外交部门出具的身份证明。

②城市公交企业购置的公共汽电车辆，提供所在地县级以上（含县级）交通运输主管部门出具的公共汽电车辆认定表。

③悬挂应急救援专用号牌的国家综合性消防救援车辆，提供中华人民共和国应急管理部批准的相关文件。

④回国服务的在外留学人员购买的自用国产小汽车，提供海关核发的《中华人民共和国海关回国人员购买国产汽车准购单》。

⑤长期来华定居专家进口自用小汽车，提供国家外国专家局或者其授权单位核发的专家证或者 A 类和 B 类《外国人工作许可证》。

（2）免税、减税车辆因转让、改变用途等原因不再属于免税、减税范围的，纳税人应当如实填报《车辆购置税纳税申报表》。发生二手车交易行为的，提供二手车销售统一发票；属于其他情形的，按照相关规定提供申报材料。

（3）免税、减税车辆因转让、改变用途等原因不再属于免税、减税范围的，纳税人应当在办理车辆转移登记或者变更登记前缴纳车辆购置税。计税价格以免税、减税车辆初次办理纳税申报时确定的计税价格为基准，每满一年扣减 10%。具体来说，已经办理免税、减税手续的车辆因转让、改变用途等原因不再属于免税、减税范围的，纳税人、纳税义务发生时间、应纳税额按以下规定执行：

①发生转让行为的，受让人为车辆购置税纳税人；未发生转让行为的，车辆所有人为车辆购置税纳税人。

②纳税义务发生时间为车辆转让或者用途改变等情形发生之日。

③应纳税额计算公式为：

应纳税额 = 初次办理纳税申报时确定的计税价格 ×（1 − 使用年限 × 10%）× 10% − 已纳税额

应纳税额不得为负数。

使用年限的计算方法是，自纳税人初次办理纳税申报之日起，至不再属于免税、减税范围的情形发生之日止。使用年限取整计算，不满一年的不计算在内。

六、车辆购置税申报

车辆购置税的纳税义务发生时间为纳税人购置应税车辆的当日。纳税人应当自纳税义务发生之日起 60 日内申报缴纳车辆购置税。纳税人应当在向公安机关交通管理部门办理车辆注册登记前，缴纳车辆购置税。

车辆购置税实行一车一申报制度。纳税人办理纳税申报时应当如实填报《车辆购置税纳税申报表》，同时提供车辆合格证明和车辆相关价格凭证。车辆购置税纳税申报表样式见表 2－7，其中省略了表头、声明、表尾的相关内容。车辆合格证明是指整车出厂合格证或者《车辆电子信息单》。车辆相关价格凭证是指：境内购置车辆为机动车销售统一发票或者其他有效凭证；进口自用车辆为《海关进口关税专用缴款书》或者海关进出口货物征免税证明，属于应征消费税车辆的还包括《海关进口消费税专用缴款书》。

表 2－7　车辆购置税纳税申报表

<table>
<tr><td>纳税人名称</td><td colspan="2"></td><td>申报类型</td><td colspan="2">□征税□免税□减税</td></tr>
<tr><td>证件名称</td><td colspan="2"></td><td>证件号码</td><td colspan="2"></td></tr>
<tr><td>联系电话</td><td colspan="2"></td><td>地址</td><td colspan="2"></td></tr>
<tr><td>合格证编号（货物进口证明书号）</td><td colspan="2"></td><td>车辆识别代号/车架号</td><td colspan="2"></td></tr>
<tr><td>厂牌型号</td><td colspan="5"></td></tr>
<tr><td>排量（cc）</td><td colspan="2"></td><td>机动车销售统一发票代码</td><td colspan="2"></td></tr>
<tr><td>机动车销售统一发票号码</td><td colspan="2"></td><td>不含税价</td><td colspan="2"></td></tr>
<tr><td colspan="4">海关进口关税专用缴款书（进出口货物征免税证明）号码</td><td colspan="2"></td></tr>
<tr><td>关税完税价格</td><td></td><td>关税</td><td></td><td>消费税</td><td></td></tr>
<tr><td>其他有效凭证名称</td><td></td><td>其他有效凭证号码</td><td></td><td>其他有效凭证价格</td><td></td></tr>
<tr><td>购置日期</td><td></td><td>申报计税价格</td><td></td><td>申报免（减）税条件或者代码</td><td></td></tr>
<tr><td>是否办理车辆登记</td><td></td><td>车辆拟登记地点</td><td colspan="3"></td></tr>
<tr><td colspan="6">以下由税务机关填写</td></tr>
<tr><td colspan="2">免（减）税条件代码</td><td colspan="4"></td></tr>
<tr><td>计税价格</td><td>税率</td><td>应纳税额</td><td>免（减）税额</td><td>实纳税额</td><td>滞纳金金额</td></tr>
<tr><td></td><td></td><td></td><td></td><td></td><td></td></tr>
</table>

自 2020 年 6 月 1 日起，纳税人购置应税车辆办理车辆购置税纳税申报时，以发票电子信息中的不含税价作为申报计税价格。纳税人依据相关规定提供其

他有效价格凭证的情形除外。发票电子信息与纳税人提供的机动车销售统一发票的内容不一致、纳税人提供的机动车销售统一发票已经作废或者开具了红字发票的，纳税人应换取合规的发票后申报纳税。

纳税人应当如实申报应税车辆的计税价格，税务机关应当按照纳税人申报的计税价格征收税款。纳税人编造虚假计税依据的，税务机关应当依照《税收征管法》及其实施细则的相关规定处理。

七、车辆购置税管理

（一）征收机关

车辆购置税由税务机关负责征收。

（二）纳税地点

购置应税车辆的纳税人，应当到下列地点申报纳税：

（1）需要办理车辆登记的，向车辆登记地的主管税务机关申报纳税。

（2）不需要办理车辆登记的，单位纳税人向其机构所在地的主管税务机关申报纳税，个人纳税人向其户籍所在地或者经常居住地的主管税务机关申报纳税。

（三）纳税义务发生时间

车辆购置税的纳税义务发生时间为纳税人购置应税车辆的当日，以纳税人购置应税车辆所取得的车辆相关凭证上注明的时间为准。具体按照下列情形确定：

（1）购买自用应税车辆的为购买之日，即车辆相关价格凭证的开具日期。

（2）进口自用应税车辆的为进口之日，即《海关进口增值税专用缴款书》或者其他有效凭证的开具日期。

（3）自产、受赠、获奖或者以其他方式取得并自用应税车辆的为取得之日，即合同、法律文书或者其他有效凭证的生效或者开具日期。

（四）申报缴纳期限

纳税人应当自纳税义务发生之日起60日内申报缴纳车辆购置税。

纳税人应当在向公安机关交通管理部门办理车辆注册登记前，缴纳车辆购置税。

（五）协同管理

税务机关应当在税款足额入库或者办理免税手续后，将应税车辆完税或者免税电子信息，及时传送给公安机关交通管理部门。公安机关交通管理部门办理车辆注册登记，应当根据税务机关提供的应税车辆完税或者免税电子信息对纳税人申请登记的车辆信息进行核对，核对无误后依法办理车辆注册登记。

税务机关和公安、商务、海关、工业和信息化等部门应当建立应税车辆信息共享和工作配合机制，及时交换应税车辆和纳税信息资料。要求纳税人提供的资料，税务机关能够通过政府信息共享等手段获取相关资料信息的，纳税人不再提交。

税款足额入库包括以下情形：纳税人到银行缴纳车辆购置税税款（转账或者现金），由银行将税款缴入国库的，国库已传回《税收缴款书（银行经收专用）》联次；纳税人通过横向联网电子缴税系统等电子方式缴纳税款的，税款划缴已成功；纳税人在办税服务厅以现金方式缴纳税款的，主管税务机关已收取税款。

（六）退税管理

纳税人将已征车辆购置税的车辆退回车辆生产企业或者销售企业的，可以向主管税务机关申请退还车辆购置税。退税额以已缴税款为基准，自缴纳税款之日至申请退税之日，每满一年扣减10%。应退税额计算公式为：

$$应退税额 = 已纳税额 \times (1 - 使用年限 \times 10\%)$$

应退税额不得为负数。

使用年限的计算方法是，自纳税人缴纳税款之日起，至申请退税之日止。

已经缴纳车辆购置税的，纳税人向原征收机关申请退税时，应当如实填报《车辆购置税退税申请表》，样式见表2－8，其中省略了表头、声明、表尾的相关内容，提供纳税人身份证明，并区别不同情形提供相关资料：

（1）车辆退回生产企业或者销售企业的，提供生产企业或者销售企业开具的退车证明和退车发票。

（2）其他依据法律法规规定应当退税的，根据具体情形提供相关资料。

纳税人身份证明是指：单位纳税人为《统一社会信用代码证书》，或者营业执照或者其他有效机构证明；个人纳税人为居民身份证，或者居民户口簿或者入境的身份证件。

表 2－8　　车辆购置税退税申请表

<table>
<tr><td colspan="4">纳税人名称</td><td colspan="2"></td><td>证件名称</td><td colspan="3"></td></tr>
<tr><td colspan="4">联系电话</td><td colspan="2"></td><td>证件号码</td><td colspan="3"></td></tr>
<tr><td colspan="4">开户银行</td><td></td><td>开户账号</td><td></td><td>户名</td><td colspan="2"></td></tr>
<tr><td colspan="4">车辆识别代号/车架号</td><td colspan="2"></td><td>已缴纳车辆购置税税款</td><td colspan="3"></td></tr>
<tr><td colspan="4">购置日期</td><td colspan="2"></td><td>申请退税额</td><td colspan="3"></td></tr>
<tr><td rowspan="12">退税原因代码</td><td rowspan="12"></td><td colspan="4" rowspan="2">A. 车辆退回生产企业或者销售企业：按照已缴纳税款每满 1 年扣减 10% 计算退税额；未满 1 年的，按已缴纳税款全额退税。</td><td>购车已满年限</td><td>扣减比例</td><td>退车发票代码</td><td>退车发票号码</td></tr>
<tr><td></td><td></td><td></td><td></td></tr>
<tr><td rowspan="10">B. 其他原因退税</td><td colspan="3" rowspan="2">B1. 计税价格错误：按照新申报的计税价格重新计算应退税额。</td><td>原申报计税价格</td><td colspan="3">现申报计税价格</td></tr>
<tr><td></td><td colspan="3"></td></tr>
<tr><td colspan="3" rowspan="2">B2. 厂牌型号或配置选择错误：按照新的车辆型号或配置重新计算应退税额。</td><td>原选型号或配置</td><td colspan="3">现选型号或配置</td></tr>
<tr><td></td><td colspan="3"></td></tr>
<tr><td colspan="3">B3. 重复缴税退税：按已缴纳税款全额退税。</td><td colspan="4">——————</td></tr>
<tr><td colspan="3" rowspan="2">B4. 税率选择错误：重新按照正确税率计算应退税额。</td><td>原申报适用税率</td><td colspan="3">现申报适用税率</td></tr>
<tr><td></td><td colspan="3"></td></tr>
<tr><td colspan="3">B5. 误收退税：按照误收税额申请退税。</td><td colspan="4">——————</td></tr>
<tr><td colspan="3">B6. 符合免、减税条件但已征税，按照应免、减税额申请退税。</td><td colspan="4">免、减税条件或者字母代码：</td></tr>
<tr><td colspan="3">B7. 其他。</td><td colspan="4">——————</td></tr>
<tr><td colspan="10">以下由税务机关填写</td></tr>
<tr><td colspan="3">实际退税额</td><td colspan="3"></td><td>核定退税原因代码</td><td colspan="3"></td></tr>
</table>

第四节　出口退（免）税

出口退（免）税一般是指各国政府对本国出口到国外的货物、劳务和服务退还在国内各生产环节和流转环节按税法规定已缴纳的增值税和消费税，或免征应缴纳的增值税和消费税。它是一种税收国际惯例，而不是一种税收优惠政策。

在我国税收制度中，出口退（免）税主要是指对报关离境的货物、劳务及跨境提供的应税行为，退还或免征在国内各生产环节和流转环节按税法规定已缴纳的增值税、消费税。

一、出口退（免）税基本要素

（一）出口退（免）税企业范围

1. 出口货物的企业。

出口货物的企业主要是指依法办理工商登记、税务登记、对外贸易经营者备案登记，自营或委托出口货物的单位或个体工商户，以及依法办理工商登记、税务登记但未办理对外贸易经营者备案登记，委托出口货物的生产企业。生产企业是指具有生产能力（包括加工修理修配能力）的单位或个体工商户。

2. 出口劳务的企业。

出口劳务的企业是指对外提供加工修理修配劳务的一般纳税人企业。

3. 提供跨境应税行为的企业。

我国境内的增值税一般纳税人提供适用增值税零税率的应税服务，实行增值税退（免）税办法。增值税零税率应税服务提供者是指提供适用增值税零税率应税服务，且认定为增值税一般纳税人，实行增值税一般计税方法的境内单位和个人。属于汇总缴纳增值税的，为经财政部和国家税务总局批准的汇总缴纳增值税的总机构。

（二）出口退（免）税业务范围

1. 退（免）税货物的范围。

（1）出口企业出口货物。

出口货物是指向海关报关后实际离境并销售给境外单位或个人的货物，分为自营出口货物和委托出口货物两类。出口货物需满足下列条件：

①报关离境。“境”是指关境，如货物销售到港澳台、特殊区域均属于离境。

②财务上必须做销售处理。

③已经缴纳增值税、消费税。

④必须收汇。

（2）出口企业或其他单位视同出口货物。

视同出口货物是不完全符合一般情况下的出口货物条件，但仍然可以适用出口退（免）税政策的出口货物，主要包括以下 7 项：

①出口企业对外援助、对外承包、境外投资的出口货物。

②出口企业经海关报关进入国家批准的出口加工区、保税物流园区、保税港区、综合保税区、珠澳跨境工业区（珠海园区）、中哈霍尔果斯国际边境合作中心（中方配套区域）、保税物流中心（B 型）（以下统称特殊区域）并销售给特殊区域内单位或境外单位、个人的货物（海关特殊监管区域一般纳税人试点企业及平潭等自贸区企业除外）。

③免税品经营企业销售的货物。国家规定不允许经营和限制出口的货物、卷烟和超出免税品经营企业《企业法人营业执照》规定经营范围的货物除外。具体是指：中国免税品（集团）有限责任公司向海关报关运入海关监管仓库，专供其经国家批准设立的统一经营、统一组织进货、统一制定零售价格、统一管理的免税店销售的货物；国家批准的除中国免税品（集团）有限责任公司外的免税品经营企业，向海关报关运入海关监管仓库，专供其所属的首都机场口岸海关隔离区内的免税店销售的货物；国家批准的除中国免税品（集团）有限责任公司外的免税品经营企业所属的上海虹桥、浦东机场海关隔离区内的免税店销售的货物。

免税品经营企业销售的货物增值税退（免）税的计税依据，为购进货物的增值税专用发票注明的金额或海关进口增值税专用缴款书注明的完税价格。

④出口企业或其他单位销售给用于国际金融组织或外国政府贷款国际招标建设项目的中标机电产品，包括外国企业中标再分包给出口企业或其他单位的机电产品，贷款机构和中标机电产品有规定的具体范围。

中标机电产品增值税退（免）税的计税依据，生产企业为销售机电产品的普通发票注明的金额，外贸企业为购进货物的增值税专用发票注明的金额或海关进口增值税专用缴款书注明的完税价格。

⑤生产企业向按实物征收增值税的中外合作油气田开采企业销售自产的海洋工程结构物。其他情形一律按规定缴纳增值税。

符合退税条件的海洋工程结构物增值税退（免）税的计税依据，为销售海洋工程结构物的普通发票注明的金额。

⑥出口企业或其他单位销售给国际运输企业用于国际运输工具上的货物。具体包括：外轮供应公司、远洋运输供应公司销售给外轮、远洋国轮的货物；国内航空供应公司生产销售给国内和国外航空公司国际航班的航空食品；自 2020 年 2 月 1 日起，进入出口监管仓为国际航行船舶在我国沿海港口加注的燃料油。

⑦出口企业或其他单位销售给特殊区域内生产企业生产耗用且不向海关报

关而输入特殊区域的水（包括蒸汽）、电力、燃气。

输入特殊区域的水电气增值税退（免）税的计税依据，为作为购买方的特殊区域内生产企业购进水（包括蒸汽）、电力、燃气的增值税专用发票注明的金额。

（3）代办退税出口货物。

外贸综合服务企业可以为同时符合以下5个条件的生产企业出口的货物代办退税：

①出口货物为生产企业的自产货物或视同自产货物。

②生产企业为增值税一般纳税人并已按规定办理出口退（免）税备案。

③生产企业已与境外单位或个人签订出口合同。

④生产企业已与综服企业签订外贸综合服务合同（协议），约定由综服企业提供包括报关报检、物流、代办退税、结算等在内的综合服务，并明确相关法律责任。

⑤生产企业向主管税务机关提供代办退税的开户银行和账号。

（4）融资租赁出口货物。

对融资租赁企业、金融租赁公司及其设立的项目子公司（即融资租赁出租方），以融资租赁方式租赁给境外承租人且租赁期限在5年（含）以上，并向海关报关后实际离境的货物，试行增值税出口退税政策。

融资租赁出口货物的范围，包括飞机、飞机发动机、铁道机车、铁道客车车厢、船舶及其他货物，具体应符合增值税中“固定资产”的相关规定，即使用期限超过12个月的机器、机械、运输工具及其他与生产经营有关的设备、工具、器具等。还包括融资租赁企业、金融租赁公司及其设立的项目子公司购买并以融资租赁方式出租给按实物征收增值税的中外合作油（气）田开采企业的国内生产企业生产的海洋工程结构物。

2. 退（免）税劳务的范围。

出口企业对外提供加工修理修配劳务，适用增值税退（免）税政策。对外提供加工修理修配劳务，具体是指对进境复出口货物或从事国际运输的运输工具进行的加工修理修配。

3. 增值税零税率应税服务的范围。

我国境内的增值税一般纳税人提供适用增值税零税率的应税服务，实行增值税退（免）税办法。具体包括：

（1）国际运输服务。包括在境内载运旅客或者货物出境、在境外载运旅客或者货物入境、在境外载运旅客或者货物。

（2）航天运输服务。

（3）向境外单位提供的完全在境外消费的下列服务：研发服务、合同能源管理服务、设计服务、广播影视节目（作品）的制作和发行服务、软件服务、电路设计及测试服务、信息系统服务、业务流程管理服务、离岸服务外包业务、转让技术。

其中离岸服务外包业务包括信息技术外包服务、技术性业务流程外包服务、技术性知识流程外包服务，其所涉及的具体业务活动，按照《销售服务、无形资产、不动产注释》（财税〔2016〕36 号印发）相对应的业务活动执行。

“完全在境外消费”主要是指三种情形，一是服务的实际接受方在境外，且与境内的货物和不动产无关；二是无形资产完全在境外使用，且与境内的货物和不动产无关；三是财政部和国家税务总局规定的其他情形。

（4）财政部和国家税务总局规定的其他服务。

（三）出口退（免）税办法

1. 增值税退（免）税的办法。

（1）免抵退税办法适用范围。

①生产企业（一般纳税人）出口自产货物和视同自产货物及对外提供加工修理修配劳务，以及列名生产企业出口非自产货物，实行免抵退税办法。

②增值税一般纳税人的集成电路设计、软件设计、动漫设计企业及其他高新技术企业出口适用增值税退（免）税政策的货物，实行免抵退税办法。

③生产企业属于适用增值税一般计税方法的，提供适用增值税零税率的服务或者无形资产实行免抵退税办法。

④外贸企业属于适用增值税一般计税方法的，直接将服务或自行研发的无形资产出口，视同生产企业连同其出口货物统一实行免抵退税办法。

（2）免退税办法适用范围。

①外贸企业（一般纳税人）或其他单位出口货物劳务，免征增值税，相应的进项税额予以退还。

②外贸企业属于适用增值税一般计税方法的，外购服务或者无形资产出口实行免退税办法。

③境内单位提供航天运输服务适用增值税零税率政策，实行免退税办法。

④境内单位在轨交付的空间飞行器及相关货物视同出口货物，适用增值税出口退税政策，实行免退税办法。

2. 消费税退（免）税办法适用范围。

出口企业出口或视同出口适用增值税退（免）税的货物，免征消费税，如果属于购进出口的货物，退还前一环节对其已征的消费税。列明生产企业出口的外购产品如属应税消费品，可比照外贸企业退还消费税的办法退还消费税。

（四）出口退（免）税的税种和税率

我国出口货物退（免）税的税种仅限于增值税和消费税。

1. 增值税的退税率。

国家税务总局将增值税退税率通过出口货物劳务退税率文库予以发布，供征纳双方执行。退税率文库以海关商品代码为索引，部分商品结合税务机关扩展码，确定对应退税率。

（1）退税率的一般规定。

除财政部和国家税务总局根据国务院决定而明确的增值税出口退税率外，出口货物、提供跨境应税行为的退税率为其适用税率。

自2020年3月20日起，我国出口业务增值税退税率包括13%、9%、6%、0%四档，除高耗能、高污染和资源性产品外，所有出口产品的退税率均与征税率一致，实现了出口产品零税率。

（2）退税率的特殊规定。

①外贸企业购进按简易办法征税的出口货物、从小规模纳税人购进的出口货物，其退税率分别为简易办法实际执行的征收率、小规模纳税人征收率。如果上述出口货物取得增值税专用发票的，退税率按照增值税专用发票上的税率和出口货物退税率孰低的原则确定。

②出口企业委托加工修理修配货物，其加工修理修配费用的退税率，为出口货物的退税率。

③退税率为适用税率。中标机电产品、出口企业向海关报关进入特殊区域销售给特殊区域内生产企业生产耗用的列名原材料、输入特殊区域的水电气。

2. 消费税的退税率。

消费税的退税率为其适用税率。

3. 退税率的适用原则。

（1）退税率有调整时执行时间的确定。退税率有调整的，出口退税率的执行时间及出口货物劳务、发生跨境应税行为的时间，按照以下规定执行：对于报关出口的货物劳务（保税区及经保税区出口除外），以海关出口报关单上注明的出口日期为准；对于非报关出口的货物劳务、跨境应税行为，以出口发票或普通发票的开具时间为准；对于保税区及经保税区出口的货物，以货物离境时海关出具的出境货物备案清单上注明的出口日期为准。

（2）对于适用不同退税率的出口货物劳务，应分开报关、核算并申报退（免）税，未分开报关、核算或划分不清的，从低适用退税率。

（五）出口退（免）税申报期限和地点

1. 出口业务增值税申报期限和地点。

（1）生产企业和外贸企业出口并按会计规定做销售的货物，须在做销售的次月进行增值税纳税申报。

（2）增值税零税率应税服务提供者提供增值税零税率应税服务，应在财务作销售收入次月（按季度进行增值税纳税申报的为次季度首月）的增值税纳税申报期内，向主管税务机关办理增值税纳税申报。

2. 出口业务退（免）税申报期限和地点。

（1）生产企业退（免）税申报期限和地点。生产企业应在货物报关出口之日（以出口货物报关单电子信息注明的出口日期为准，下同）次月起至次年4月30日前的各增值税纳税申报期内收齐有关凭证，向主管税务机关申报办理出口货物增值税免抵退税。

（2）外贸企业退（免）税申报期限和地点。外贸企业应在货物报关出口之日次月起至次年4月30日前的各增值税纳税申报期内，收齐有关凭证，向主管税务机关办理出口货物增值税免退税申报。经主管税务机关批准的，企业在增值税纳税申报期以外的其他时间也可办理免退税申报。

（3）对外提供加工修理修配劳务退（免）税申报期限。对外提供加工修理修配劳务，属于报关出口的，为报关出口之日起，属于非报关出口销售的，为出口发票或普通发票开具之日起，出口企业或其他单位应在次月至次年4月30日前的各增值税纳税申报期内申报退（免）税。

（4）提供跨境应税行为退（免）税申报期限和地点。增值税零税率应税服务提供者收齐有关凭证后，可在财务作销售收入次月起至次年4月30日前的各增值税纳税申报期内向主管税务机关申报退（免）税。

3. 2020年1月20日以后的退（免）税申报期限。

出口企业未在规定期限内申报出口退（免）税或者开具《代理出口货物证明》的，在收齐退（免）税凭证及相关电子信息后，即可申报办理出口退（免）税；未在规定期限内收汇或者办理不能收汇手续的，在收汇或者办理不能收汇手续后，即可申报办理退（免）税。2020年1月20日前已发生未处理的事项，可以按这一规定执行。

二、出口退（免）税资格备案

（一）备案办理

1. 出口货物企业备案。

出口企业或其他单位应于首次申报出口退（免）税时，向主管税务机关提供以下资料，办理出口退（免）税备案手续，申报退（免）税：

（1）内容填写真实、完整的《出口退（免）税备案表》，其中“退税开户银行账号”须从税务登记的银行账号中选择一个填报。

（2）加盖备案登记专用章的《对外贸易经营者备案登记表》或《中华人民共和国外商投资企业批准证书》。

（3）《中华人民共和国海关报关单位注册登记证书》。

（4）未办理备案登记发生委托出口业务的生产企业提供委托代理出口协议，不需提供第（2）项、第（3）项资料。

（5）主管税务机关要求提供的其他资料。

2. 按收购视同自产货物申报免抵退税的集团公司总部备案。

（1）集团公司需要按收购视同自产货物申报免抵退税的，集团公司总部需提供以下资料，向主管税务机关备案：

①《集团公司成员企业备案表》及电子申报数据；

②集团公司总部及其控股的生产企业的营业执照副本复印件；

③集团公司总部及其控股生产企业的章程复印件；

④主管税务机关要求报送的其他资料。

（2）按收购视同自产货物申报免抵退税的集团公司备案后，主管税务机关按照集团公司总部和成员企业所在地情况，传递《集团公司成员企业备案表》。

①在同一地市的，集团公司总部所在地主管税务机关应将《集团公司成员企业备案表》传递至地市税务局报备，并同时抄送集团公司总部、成员企业所

在地税务局；

②在同一省（自治区、直辖市、计划单列市，下同）但不在同一地市的，集团公司总部所在地主管税务机关，应将《集团公司成员企业备案表》逐级传递至省税务局报备，省税务局应清分至集团公司总部、成员企业所在地税务局；

③不在同一省的，集团公司总部所在地主管税务机关，应将《集团公司成员企业备案表》逐级传递至国家税务总局，由国家税务总局逐级清分至集团公司总部、成员企业所在地税务局。

3. 跨境应税服务企业备案。

（1）填报《出口退（免）税资格认定申请表》及电子数据。

《出口退（免）税资格认定申请表》中的“退税开户银行账号”，必须填写办理税务登记时向主管税务机关报备的银行账号之一。

（2）根据所提供的适用增值税零税率应税服务，提供以下对应资料的原件及复印件。

①提供国际运输服务。以水路运输方式的，应提供《国际船舶运输经营许可证》；以航空运输方式的，应提供经营范围包括“国际航空客货邮运输业务”的《公共航空运输企业经营许可证》或经营范围包括“公务飞行”的《通用航空经营许可证》；以公路运输方式的，应提供经营范围包括“国际运输”的《道路运输经营许可证》和《国际汽车运输行车许可证》；以铁路运输方式的，应提供经营范围包括“许可经营项目：铁路客货运输”的《企业法人营业执照》或其他具有提供铁路客货运输服务资质的证明材料；提供航天运输服务的，应提供经营范围包括“商业卫星发射服务”的《企业法人营业执照》或其他具有提供商业卫星发射服务资质的证明材料。

②提供港澳台运输服务。以公路运输方式提供内地往返香港、澳门的交通运输服务的，应提供《道路运输经营许可证》及持《道路运输证》的直通港澳运输车辆的物权证明；以水路运输方式提供内地往返香港、澳门交通运输服务的，应提供获得港澳线路运营许可船舶的物权证明；以水路运输方式提供大陆往返台湾交通运输服务的，应提供《台湾海峡两岸间水路运输许可证》及持《台湾海峡两岸间船舶营运证》船舶的物权证明；以航空运输方式提供港澳台运输服务的，应提供经营范围包括“国际、国内（含港澳）航空客货邮运输业务”的《公共航空运输企业经营许可证》或者经营范围包括“公务飞行”的

《通用航空经营许可证》；以铁路运输方式提供内地往返香港的交通运输服务的，应提供经营范围包括“许可经营项目：铁路客货运输”的《企业法人营业执照》或其他具有提供铁路客货运输服务资质的证明材料。

③采用程租、期租和湿租方式租赁交通运输工具用于国际运输服务和港澳台运输服务的，应提供程租、期租和湿租合同或协议。

④对外提供研发服务或设计服务的，应提供《技术出口合同登记证》。

（3）增值税零税率应税服务提供者出口货物劳务，且未办理过出口退（免）税资格认定的，除提供上述资料外，还应提供加盖备案登记专用章的《对外贸易经营者备案登记表》和《中华人民共和国海关进出口货物收发货人报关注册登记证书》的原件及复印件。

（二）备案变更

《出口退（免）税备案表》中的内容发生变更的，出口企业或其他单位须自变更之日起30日内，向主管税务机关提供相关资料，办理备案内容的变更。出口企业或其他单位需要变更“退（免）税方法”的，主管税务机关应按规定结清退（免）税款后办理变更。

1. “免抵退税”变更为“免退税”。

出口企业退（免）税办法由“免抵退税”变更为“免退税”的，批准变更前已通过认证的增值税专用发票或取得的海关进口增值税专用缴款书，出口企业或其他单位不得作为申报“免退税”的原始凭证。

2. “免退税”变更为“免抵退税”。

外贸企业退（免）税办法由“免退税”变更为“免抵退税”的，在批准变更次月的增值税纳税申报期内可将原计入出口库存账且未申报“免退税”的出口货物向主管税务机关申请开具《出口转内销证明》。

（三）备案撤回

1. 出口企业或其他单位撤回出口退（免）税备案的，主管税务机关应按规定结清退（免）税款后办理。

（1）出口企业或其他单位办理撤回出口退（免）税备案事项时，如果向主管税务机关声明放弃未申报或已申报但尚未办理的退（免）税并按规定申报免税的，视同已结清出口退税款。

（2）因合并、分立、改制重组等原因撤回出口退（免）税备案的出口企业或其他单位，可按规定向主管税务机关提供以下资料，经主管税务机关核对无误后，视同已结清出口退税款。

①企业撤回出口退（免）税备案未结清退（免）税确认书；

②合并、分立、改制重组企业决议、章程及相关部门批件；

③承继撤回备案企业权利和义务的企业（以下简称承继企业）在撤回备案企业所在地的开户银行名称及账号。

撤回备案事项办结后，主管税务机关将撤回备案企业的应退税款退还至承继企业账户，如发生需要追缴多退税款的，向承继企业追缴。

2. 出口企业或其他单位申请注销税务登记的，应先向主管税务机关申请撤回出口退（免）税备案。

三、出口业务增值税免抵退税政策

“免抵退”税管理方式是指对出口企业出口业务在出口环节免征增值税，相应的进项税额抵减应纳增值税额（不包括适用增值税即征即退、先征后退政策的应纳增值税额），未抵减完的部分予以退还。外贸企业直接将服务、自行研发的无形资产出口也实行“免抵退”税办法。

（一）生产企业出口货物劳务免抵退税的范围

生产企业出口货物劳务的具体范围包括以下三方面：

1. 生产企业出口自产货物。

2. 对外提供加工修理修配劳务。

3. 视同自产货物。

（1）持续经营以来从未发生骗取出口退税、虚开增值税专用发票或农产品收购发票、接受虚开增值税专用发票（善意取得虚开增值税专用发票除外）行为且同时符合下列条件的生产企业出口的外购货物，可视同自产货物适用增值税退（免）税政策：

①已取得增值税一般纳税人资格。

②已持续经营2年及2年以上。

③纳税信用等级A级。

④上一年度销售额5亿元以上。

⑤外购出口的货物与本企业自产货物同类型或具有相关性。

（2）同时符合下列条件的外购货物：

①与本企业生产的货物名称、性能相同。

②使用本企业注册商标或境外单位或个人提供给本企业使用的商标。

③出口给进口本企业自产货物的境外单位或个人。

（3）与本企业所生产的货物属于配套出口，且出口给进口本企业自产货物的境外单位或个人的外购货物，符合下列条件之一的：

①用于维修本企业出口的自产货物的工具、零部件、配件。

②不经过本企业加工或组装，出口后能直接与本企业自产货物组合成成套产品的货物。

（4）经集团公司总部所在地的地级以上税务局认定的集团公司，其控股的生产企业之间收购的自产货物以及集团公司与其控股的生产企业之间收购的自产货物。

（5）同时符合下列条件的委托加工货物：

①与本企业生产的货物名称、性能相同，或者是用本企业生产的货物再委托深加工的货物。

②出口给进口本企业自产货物的境外单位或个人。

③委托方与受托方必须签订委托加工协议，且主要原材料必须由委托方提供，受托方不垫付资金，只收取加工费，开具加工费（含代垫的辅助材料）的增值税专用发票。

（6）用于本企业中标项目下的机电产品。

（7）用于对外承包工程项目下的货物。

（8）用于境外投资的货物。

（9）用于对外援助的货物。

（10）生产自产货物的外购设备和原材料（农产品除外）。

4. 列名生产企业（具体范围 74 家）出口非自产货物。列名生产企业从流通企业购进并直接出口的货物，可按出口自产货物的规定实行“免抵退”税办法。

（二）增值税免抵退税计税依据

1. 生产企业增值税免抵退税计税依据。

（1）生产企业出口货物劳务（进料加工复出口货物除外）增值税退（免）税的计税依据，为出口货物劳务的实际离岸价。实际离岸价应以出口发票上的离岸价为准，但如果出口发票不能反映实际离岸价，主管税务机关有权予以核定。

（2）生产企业进料加工复出口货物增值税退（免）税的计税依据，按出口货物的离岸价扣除出口货物所含的海关保税进口料件的金额后确定。

（3）生产企业国内购进无进项税额且不计提进项税额的免税原材料加工后出口的货物的计税依据，按出口货物的离岸价扣除出口货物所含的国内购进免税原材料的金额后确定。

2. 跨境应税行为增值税免抵退税计税依据。

（1）以铁路运输方式载运旅客的，为按照铁路合作组织清算规则清算后的实际运输收入。

（2）以铁路运输方式载运货物的，为按照铁路运输进款清算办法，对“发站”或“到站（局）”名称包含“境”字的货票上注明的运输费用及直接相关的国际联运杂费清算后的实际运输收入。

（3）以航空运输方式载运货物或旅客的，如果国际运输或港澳台运输各航段由多个承运人承运的，为中国航空结算有限责任公司清算后的实际收入；如果国际运输或港澳台运输各航段由一个承运人承运的，为提供航空运输服务取得的收入。

（4）其他实行免抵退税办法的增值税零税率应税服务，为提供增值税零税率应税服务取得的收入。

（三）免抵退税计算

1. 生产企业一般贸易方式“免抵退”税的计算。

（1）当期应纳税额的计算。

当期应纳税额的计算公式为：

当期应纳税额 = 当期销项税额 −（当期进项税额 − 当期不得免征和抵扣税额）

当期不得免征和抵扣税额 = 当期出口货物离岸价 × 外汇人民币折合率 ×（出口货物适用税率 − 出口货物退税率）

（2）当期免抵退税额的计算。

当期免抵退税额的计算公式为：

当期免抵退税额 = 当期出口货物离岸价 × 外汇人民币折合率 × 出口货物退税率

（3）当期应退税额和免抵税额的计算。

①当期期末留抵税额≤当期免抵退税额时：

当期应退税额 = 当期期末留抵税额

当期免抵税额 = 当期免抵退税额 − 当期应退税额

②当期期末留抵税额＞当期免抵退税额时：

当期应退税额＝当期免抵退税额

当期免抵税额＝0

增值税零税率应税服务免抵退税办法计算公式按上述有关出口货物劳务退（免）税的计算公式计算。

【例2－32】 A生产企业为增值税一般纳税人（非出口收汇重点监管企业），2021年10月发生进项税额16万元，销项税额13万元，上月结转留抵税额8万元。当月报关出口两笔货物，一笔折合人民币离岸价100万元（单证信息齐全），另一笔为200万元（单证齐全信息不齐），两笔业务会计均已做销售收入，4月进行增值税和免抵退税申报。出口货物征税率13%，假设退税率9%，请计算当期应退税额及当期免抵税额。

【解析】

不得免征和抵扣税额＝100×（13%－9%）＝4（万元）

当期应纳税额＝13－（16－4）－8＝－7（万元）

免抵退税额＝100×9%＝9（万元）

应退税额＝7（万元）

免抵税额＝9－7＝2（万元）

2. 进料加工“免抵退”税的计算。

（1）当期应纳税额的计算。

当期应纳税额的计算公式为：

当期应纳税额＝当期销项税额－（当期进项税额－当期不得免征和抵扣税额）

当期不得免征和抵扣税额＝（当期出口货物离岸价×外汇人民币折合率－出口货物耗用的保税进口料件金额）×（出口货物适用税率－出口货物退税率）

（2）当期免抵退税额的计算。

当期免抵退税额的计算公式为：

当期免抵退税额＝（当期出口货物离岸价×外汇人民币折合率－出口货物耗用的保税进口料件金额）×出口货物退税率

（3）当期应退税额和免抵税额的计算。

①当期期末留抵税额≤当期免抵退税额时：

当期应退税额＝当期期末留抵税额

当期免抵税额＝当期免抵退税额－当期应退税额

②当期期末留抵税额＞当期免抵退税额时：

当期应退税额＝当期免抵退税额

当期免抵税额＝0

【例2－33】 A生产企业为增值税一般纳税人，2021年9月发生如下业务：

（1）进口一批料件组成计税价格为2000万元。

（2）进料加工出口货物销售额（FOB）1500万元，其中单证齐全、信息齐全销售额为1100万元。

（3）从国内购入原材料取得增值税专用发票注明的税额为58万元。

（4）内销不含税销售收入为300万元。

（5）企业上期留抵税额为35万元。

（6）税务机关审核确认的上期应退税额为8万元。

该批货物征税率13%，假设退税率9%，计划分配率70%，增值税专用发票均已认证，请计算A生产企业当期应纳税额、应退税额和免抵税额。

【解析】

不得免征抵扣税额＝(1100－1100×70%)×(13%－9%)＝13.2（万元）

当期应纳税额＝300×13%－(58＋35－8－13.2)＝－32.8（万元）

当期免抵退税额＝(1100－770)×9%＝29.7（万元）

应退税额＝29.7（万元）

免抵税额＝0（万元）

3. 免抵税额计算的城市维护建设税、教育费附加。

经税务局正式审核批准的当期免抵的增值税税额应纳入城市维护建设税和教育费附加的计征范围，分别按规定的税（费）率征收城市维护建设税和教育费附加。

【例2－34】 某市一家具有进出口经营资格的生产企业为增值税一般纳税人，目前出口货物的征税税率和退税税率均为13%。2021年10月的有关经营业务为：从国内购进原材料一批，取得的增值税专用发票注明价款200万元，税额26万元（已认证当期抵扣）；上月末留抵税款3万元；本月内销货物不含税销售额100万元；本月出口货物的销售额FOB价折合人民币200万元（单证齐全信息齐全）。请计算该企业当期应退税额、免抵税额及应缴纳的城市维护建设税、教育费附加、地方教育附加。（城市维护建设税税率7%，教育费附加计征比率3%，地方教育附加计征比率2%）

【解析】

10月份期末留抵税额 = 100 × 13% - (26 + 3) = -16（万元）

10月份免抵退税额 = 200 × 13% = 26（万元）

当期应退税额 = 16（万元）

当期免抵税额 = 26 - 16 = 10（万元）

应缴纳的城市维护税 = 10 × 7% = 0.7（万元）

应缴纳的教育费附加 = 10 × 3% = 0.3（万元）

应缴纳的地方教育附加 = 10 × 2% = 0.2（万元）

4. 生产企业有增值税即征即退、先征后退项目的处理。

出口企业既有适用增值税免抵退项目，也有增值税即征即退、先征后退项目的，增值税即征即退和先征后退项目不参与出口项目免抵退税计算。出口企业应分别核算增值税免抵退项目和增值税即征即退、先征后退项目，并分别申请享受增值税即征即退、先征后退和免抵退税政策。

用于增值税即征即退或者先征后退项目的进项税额无法划分的，按照下列公式计算：

无法划分进项税额中用于增值税即征即退或者先征后退项目的部分 = 当月无法划分的全部进项税额 × 当月增值税即征即退或者先征后退项目销售额 ÷ 当月全部销售额合计

（四）出口货物发生退运的政策规定

实行“免抵退”税管理办法的生产型出口企业在货物报关出口后，发生退运的，生产企业出口货物报关离境后因故发生退运、且海关已签发出口货物报关单的，企业要凭税务部门出具的《出口货物退运已补税（未退税）证明》向海关申请办理退运手续。已申报免抵退税的出口货物发生退运及需改为免税或征税的，应在上述情形发生的次月增值税纳税申报期内用负数申报冲减原免抵退税申报数据，并按现行会计制度的有关规定进行相应调整。

四、出口业务增值税免退税政策

（一）外贸企业出口货物增值税免退税的计算

1. 外贸企业出口委托加工修理修配货物以外的货物。

出口委托加工修理修配货物以外的货物增值税应退税额计算公式为：

出口委托加工修理修配货物以外的货物增值税应退税额 = 增值税退（免）

税计税依据×出口货物退税率

增值税退（免）税的计税依据是指购进出口货物的增值税专用发票注明的金额或海关进口增值税专用缴款书注明的完税价格。

【例2－35】 A外贸企业（增值税一般纳税人）2021年9月经营情况如下：

（1）9月10日出口一批货物离岸价折合人民币200万元，购进该批货物取得增值税专用发票注明的金额为100万元，税额13万元，该批货物征税率13%，假设退税率9%（当期单证信息齐全）。

（2）9月20日购进一批服装取得增值税专用发票注明的金额为200万元，税额26万元，9月30日全部内销取得销售收入不含税价300万元。

请计算A外贸企业当期应纳税额及应退税额。

【解析】

应纳税额＝300×13%－26＝13（万元）

应退税额＝100×9%＝9（万元）

2. 外贸企业出口委托加工修理修配货物。

出口委托加工修理修配货物的增值税应退税额计算公式为：

出口委托加工修理修配货物的增值税应退税额＝委托加工修理修配的增值税退（免）税计税依据×出口货物退税率

委托加工修理修配的增值税退（免）税计税依据是指加工修理修配费用增值税专用发票注明的金额。外贸企业应将加工修理修配使用的原材料（进料加工海关保税进口料件除外）作价销售给受托加工修理修配的生产企业，受托加工修理修配的生产企业应将原材料成本并入加工修理修配费用开具发票。

【例2－36】 A外贸企业（增值税一般纳税人）2021年10月出口经营情况如下：

（1）10月3日从国内购入原材料取得增值税专用发票注明的金额为120万元，税额15.6万元，将该批原材料销售给甲企业进行委托加工，甲企业加工成服装后将成品卖给外贸公司开具增值税专用发票注明的金额为200万元，税额26万元。

（2）10月8日采用进料加工方式从国外购进原材料完税价240万元，进口环节办理了进料加工手册（手册上注明加工单位为乙企业）。将该批原材料委托乙企业加工，乙企业收取加工费113万元，开具的增值税专用发票上注明的金额为100万元，税额13万元。

（3）10月28日委托加工收回的货物出口，出口离岸价格为90万美元。

请计算该企业应退税额（货物适用的退税税率为13%）。

【解析】

A外贸企业凭甲企业和乙企业开具的两张增值税专用发票及其他相关单证申请退税。

应退税额 = 200 × 13% + 100 × 13% = 39（万元）

（二）出口进项税额未计算抵扣的已使用过的设备增值税退（免）税的计算

出口进项税额未计算抵扣的已使用过的设备增值税退（免）税计算公式为：

退（免）税计税依据 = 增值税专用发票上的金额或海关进口增值税专用缴款书注明的完税价格 × 已使用过的设备固定资产净值 ÷ 已使用过的设备原值

已使用过的设备固定资产净值 = 已使用过的设备原值 − 已使用过的设备已提累计折旧

已使用过的设备是指出口企业根据财务会计制度已经计提折旧的固定资产。

（三）跨境应税行为增值税免退税的计算

1. 增值税免退税计税依据。

实行免退税办法的退（免）税计税依据为购进应税服务的增值税专用发票或解缴税款的中华人民共和国税收缴款凭证上注明的金额。

【例2－37】 A设计公司（增值税一般纳税人）2021年10月经营业务如下：

（1）从日本购入设计服务合同金额为人民币1060万元，此项设计服务提供给美国一家房地产企业，合同金额折合人民币2000万元，A设计公司取得代扣代缴税款的中华人民共和国税收缴款凭证；

（2）购进设计用材料取得增值税专用发票注明的金额为100万元，税额13万元，为某企业提供广告设计服务取得的全部收入为212万元。

请计算A设计公司应纳或留抵税额及应退税额。

【解析】

应纳税额 = 212 ÷ (1 + 6%) × 6% − 13 = −1（万元）（留抵税额1万元）

应退税额 = 代扣代缴税额 = 1060 ÷ (1 + 6%) × 6% = 60（万元）

2. 增值税免退税计算方法。

增值税零税率应税服务免退税办法计算公式按上述外贸企业有关出口货物劳务退（免）税的计算公式计算。

（1）境内单位提供航天运输服务。

境内单位提供航天运输服务增值税应退税额公式为：

增值税应退税额＝购进航天运输器及相关货物的增值税专用发票注明的金额或海关（进口增值税）专用缴款书注明的完税价格×适用的增值税税率或征收率＋接受发射运行保障服务的增值税专用发票注明的金额×适用的增值税税率或征收率

（2）境内单位在轨交付的空间飞行器及相关货物。

境内单位在轨交付的空间飞行器及相关货物增值税应退税额公式为：

增值税应退税额＝购进空间飞行器及相关货物的增值税专用发票注明的金额或海关（进口增值税）专用缴款书注明的完税价格×适用的增值税税率或征收率

五、出口业务增值税免税政策

出口业务增值税免税政策是指对出口商品在出口环节免征增值税，但不退还增值税。

（一）适用范围

符合下列条件的，除适用“征税政策”外，适用增值税免税政策：

1. 出口企业或其他单位出口规定的货物劳务。

（1）增值税小规模纳税人出口的货物。

（2）避孕药品和用具，古旧图书。

（3）软件产品（具体范围：海关税则号前四位为“9803”的货物）。

（4）含黄金、铂金成分的货物，钻石及其饰品（限于列举货物）。

（5）国家计划内出口的卷烟。

（6）已使用过的设备（具体范围：购进时未取得增值税专用发票、海关进口增值税专用缴款书但其他相关单证齐全的已使用过的设备）。

（7）非出口企业委托出口的货物。

（8）非列名生产企业出口的非视同自产货物。

（9）农业生产者自产农产品（具体范围按照《农业产品征税范围注释》

执行）。

（10）油画、花生果仁、黑大豆等财政部和国家税务总局规定的出口免税的货物。

（11）外贸企业取得普通发票、农产品收购发票、政府非税收入票据的货物。

（12）来料加工复出口的货物。

（13）特殊区域内的企业出口的特殊区域内的货物。

（14）以人民币现金作为结算方式的边境地区出口企业，从所在省（自治区）的边境口岸出口到接壤国家的一般贸易和边境小额贸易出口货物。

（15）以旅游购物贸易方式报关出口的货物。

2. 出口企业或其他单位视同出口的货物劳务。

（1）国家批准设立的免税店销售的免税货物（包括进口免税货物和已实现退免税的货物）。

（2）特殊区域内的企业为境外的单位或个人提供加工修理修配劳务。但是，纳入“海关特殊监管区域增值税一般纳税人资格试点”的企业除外。

（3）同一特殊区域、不同特殊区域内的企业之间销售特殊区域内的货物。但是，纳入“海关特殊监管区域增值税一般纳税人资格试点”的企业销售的经加工的保税货物除外。

3. 适用简易计税方法或放弃退免税而选择免税。

生产企业适用简易计税方法，或出口货物劳务符合退（免）税条件，但声明放弃退（免）税而选择免税的，适用出口免税政策。

4. 境内单位和个人发生的某些跨境应税行为。

境内单位和个人销售的下列服务和无形资产免征增值税，但财政部和国家税务总局规定适用增值税零税率的除外：

（1）工程项目在境外的建筑服务。工程总承包方和工程分包方为施工地点在境外的工程项目提供的建筑服务，均属于工程项目在境外的建筑服务。

（2）工程项目在境外的工程监理服务。

（3）工程、矿产资源在境外的工程勘察勘探服务。

（4）会议展览地点在境外的会议展览服务。为客户参加在境外举办的会议、展览而提供的组织安排服务，属于会议展览地点在境外的会议展览服务。

（5）存储地点在境外的仓储服务。

（6）标的物在境外使用的有形动产租赁服务。

（7）在境外提供的广播影视节目（作品）的播映服务。在境外提供的广播影视节目（作品）播映服务是指在境外的影院、剧院、录像厅及其他场所播映广播影视节目（作品）。通过境内的电台、电视台、卫星通信、互联网、有线电视等无线或者有线装置向境外播映广播影视节目（作品），不属于在境外提供的广播影视节目（作品）播映服务。

（8）在境外提供的文化体育服务、教育医疗服务、旅游服务。在境外提供的文化体育服务和教育医疗服务是指纳税人在境外现场提供的文化体育服务和教育医疗服务。为参加在境外举办的科技活动、文化活动、文化演出、文化比赛、体育比赛、体育表演、体育活动而提供的组织安排服务，属于在境外提供的文化体育服务。通过境内的电台、电视台、卫星通信、互联网、有线电视等媒体向境外单位或个人提供的文化体育服务或教育医疗服务，不属于在境外提供的文化体育服务、教育医疗服务。

（9）为出口货物提供的邮政服务、收派服务、保险服务。为出口货物提供的邮政服务是指寄递函件、包裹等邮件出境，向境外发行邮票，出口邮册等邮品。为出口货物提供的收派服务是指为出境的函件、包裹提供的收件、分拣、派送服务。纳税人为出口货物提供收派服务，免税销售额为其向寄件人收取的全部价款和价外费用。为出口货物提供的保险服务，包括出口货物保险和出口信用保险。

（10）向境外单位销售的完全在境外消费的电信服务。纳税人向境外单位或者个人提供的电信服务，通过境外电信单位结算费用的，服务接受方为境外电信单位，属于完全在境外消费的电信服务。

（11）向境外单位销售的完全在境外消费的知识产权服务。值得注意的是，服务实际接受方为境内单位或者个人的知识产权服务，不属于完全在境外消费的知识产权服务。

（12）向境外单位销售的完全在境外消费的物流辅助服务（仓储服务、收派服务除外）。境外单位从事国际运输和港澳台运输业务经停我国机场、码头、车站、领空、内河、海域时，纳税人向其提供的航空地面服务、港口码头服务、货运客运站场服务、打捞救助服务、装卸搬运服务，属于完全在境外消费的物流辅助服务。

（13）向境外单位销售的完全在境外消费的鉴证咨询服务。需要注意的是，下列情形，不属于完全在境外消费的鉴证咨询服务：

①服务的实际接受方为境内单位或者个人。

②对境内的货物或不动产进行的认证服务、鉴证服务和咨询服务。

（14）向境外单位销售的完全在境外消费的专业技术服务。需要注意的是，下列情形，不属于完全在境外消费的专业技术服务。

①服务的实际接受方为境内单位或者个人。

②对境内的天气情况、地震情况、海洋情况、环境和生态情况进行的气象服务、地震服务、海洋服务、环境和生态监测服务。

③为境内的地形地貌、地质构造、水文、矿藏等进行的测绘服务。

④为境内的城、乡、镇提供的城市规划服务。

（15）向境外单位销售的完全在境外消费的商务辅助服务。纳税人向境外单位提供的代理报关服务和货物运输代理服务，属于完全在境外消费的代理报关服务和货物运输代理服务。纳税人向境外单位提供的外派海员服务，属于完全在境外消费的人力资源服务。外派海员服务是指境内单位派出属于本单位员工的海员，为境外单位在境外提供的船舶驾驶和船舶管理等服务。纳税人以对外劳务合作方式，向境外单位提供的完全在境外发生的人力资源服务，属于完全在境外消费的人力资源服务。对外劳务合作是指境内单位与境外单位签订劳务合作合同，按照合同约定组织和协助中国公民赴境外工作的活动。需要注意的是，下列情形，不属于完全在境外消费的商务辅助服务：

①服务的实际接受方为境内单位或者个人。

②对境内不动产的投资与资产管理服务、物业管理服务、房地产中介服务。

③拍卖境内货物或不动产过程中提供的经纪代理服务。

④为境内货物或不动产的物权纠纷提供的法律代理服务。

⑤为境内货物或不动产提供的安全保护服务。

（16）向境外单位销售的广告投放地在境外的广告服务。广告投放地在境外的广告服务是指为在境外发布的广告提供的广告服务。

（17）向境外单位销售的完全在境外消费的无形资产（技术除外）。需要注意的是，下列情形，不属于向境外单位销售的完全在境外消费的无形资产。

①无形资产未完全在境外使用。

②所转让的自然资源使用权与境内自然资源相关。

③所转让的基础设施资产经营权、公共事业特许权与境内货物或不动产相关。

④向境外单位转让在境内销售货物、应税劳务、服务、无形资产或不动产的配额、经营权、经销权、分销权、代理权。

（18）为境外单位之间的货币资金融通及其他金融业务提供的直接收费金融服务，且该服务与境内的货物、无形资产和不动产无关。为境外单位之间、境外单位和个人之间的外币、人民币资金往来提供的资金清算、资金结算、金融支付、账户管理服务，属于为境外单位之间的货币资金融通及其他金融业务提供的直接收费金融服务。

（19）属于以下情形的国际运输服务：

①以无运输工具承运方式提供的国际运输服务。

②以水路运输方式提供国际运输服务但未取得《国际船舶运输经营许可证》的。

③以公路运输方式提供国际运输服务但未取得《道路运输经营许可证》或者《国际汽车运输行车许可证》，或者《道路运输经营许可证》的经营范围未包括"国际运输"的。

④以航空运输方式提供国际运输服务但未取得《公共航空运输企业经营许可证》，或者其经营范围未包括"国际航空客货邮运输业务"的。

⑤以航空运输方式提供国际运输服务但未持有《通用航空经营许可证》，或者其经营范围未包括"公务飞行"的。

（20）符合零税率政策但适用简易计税方法，或者声明放弃适用零税率而选择免税的应税行为。

（21）自2022年1月1日至2025年12月31日，对以出口货物为保险标的的产品责任保险和产品质量保证保险。

需要注意的是，纳税人发生上述跨境应税行为，除第（9）项和第（20）项外，必须签订跨境销售服务或无形资产书面合同。否则，不予免征增值税。

纳税人向境外单位销售服务或者无形资产，按照规定免征增值税的，该项销售服务或者无形资产的全部收入应从境外取得，否则，不予免征增值税。

下列情形视同从境外取得收入：

（1）纳税人向外国航空运输企业提供物流辅助服务，从中国民用航空局清算中心、中国航空结算有限责任公司或者经中国民用航空局批准设立的外国航空运输企业常驻代表机构取得的收入。

（2）纳税人与境外关联单位发生跨境应税行为，从境内第三方结算公司取得的收入（第三方结算公司是指承担跨国企业集团内部成员单位资金集中运营管理职能的资金结算公司，包括财务公司、资金池、资金结算中心等）。

（3）纳税人向外国船舶运输企业提供物流辅助服务，通过外国船舶运输企业指定的境内代理公司结算取得的收入。

（4）国家税务总局规定的其他情形。如，境内单位和个人作为工程分包方，为施工地点在境外的工程项目提供建筑服务，从境内工程总承包方取得的分包款收入，属于"视同从境外取得收入"。

（二）相关进项税额的处理

出口货物、劳务、服务或者无形资产适用"免税政策"的，其进项税额不得退税，也不得抵扣，应当转入成本。

1. 出口卷烟。

出口卷烟不得抵扣的进项税额计算公式为：

不得抵扣的进项税额 = 出口卷烟含消费税金额 ÷（出口卷烟含消费税金额 + 内销卷烟销售额）× 当期全部进项税额

（1）当生产企业销售的出口卷烟在国内有同类产品销售价格时。

出口卷烟含消费税金额计算公式为：

出口卷烟含消费税金额 = 出口销售数量 × 销售价格

销售价格为同类产品生产企业国内实际调拨价格。实际调拨价格低于税务机关公示的计税价格的，销售价格为税务机关公示的计税价格；高于公示计税价格的，销售价格为实际调拨价格。

（2）当生产企业销售的出口卷烟在国内没有同类产品销售价格时。

出口卷烟含税金额计算公式为：

出口卷烟含税金额 =（出口销售额 + 出口销售数量 × 消费税定额税率）÷（1 − 消费税比例税率）

出口销售额以出口发票上的离岸价为准。出口发票不能如实反映离岸价的，生产企业应按实际离岸价计算，否则，税务机关有权按照有关规定予以核定调整。

需要注意的是，除出口卷烟外，适用增值税免税政策的其他出口货物劳务的计算，按照增值税免税政策的统一规定执行。其中，如果涉及销售额，除来料加工复出口货物为其加工费收入外，其他均为出口离岸价或销售额。

2. 发生跨境应税行为。

纳税人发生跨境应税行为免征增值税的，应单独核算跨境应税行为的销售额，准确计算不得抵扣的进项税额，其免税收入不得开具增值税专用发票。纳税人为出口货物提供收派服务，按照下列公式计算不得抵扣的进项税额：

不得抵扣的进项税额 = 当期无法划分的全部进项税额 ×（当期简易计税方法计税项目销售额 + 免征增值税项目销售额 − 为出口货物提供收派服务支付给境外合作方的费用）÷ 当期全部销售额

六、出口业务增值税征税政策

出口业务增值税征税政策是指对出口商品与内销商品一样征收增值税，不免税也不退税。

（一）适用范围

1. 适用出口征税政策的货物劳务。

（1）出口企业出口或视同出口财政部和国家税务总局根据国务院决定明确的取消出口退（免）税的货物（不包括来料加工复出口货物、中标机电产品、列名原材料、输入特殊区域的水电气、海洋工程结构物）。

（2）出口企业或其他单位销售给特殊区域内的生活消费用品和交通运输工具。

（3）出口企业或其他单位因骗取出口退税被税务机关停止办理退（免）税期间出口的货物。

（4）出口企业或其他单位提供虚假备案单证的货物。

（5）出口企业或其他单位增值税退（免）税凭证有伪造或内容不实的货物。

2. 某些特定情形的出口货物劳务。

出口企业或其他单位具有以下情形之一的出口货物劳务，实行征税政策：

（1）将空白的出口货物报关单、出口收汇核销单等退（免）税凭证交由除签有委托合同的货代公司、报关行，或由境外进口方指定的货代公司（提供合同约定或者其他相关证明）以外的其他单位或个人使用的。

（2）以自营名义出口，其出口业务实质上是由本企业及其投资的企业以外的单位或个人借该出口企业名义操作完成的。

(3) 以自营名义出口，其出口的同一批货物既签订购货合同又签订代理出口合同（或协议）的。

(4) 出口货物在海关验放后，自己或委托货代承运人对该笔货物的海运提单或其他运输单据等上的品名、规格等进行修改，造成出口货物报关单与海运提单或其他运输单据有关内容不符的。

(5) 以自营名义出口，但不承担出口货物的质量、收款或退税风险之一的，即出口货物发生质量问题不承担购买方的索赔责任（合同中有约定质量责任承担者除外）；不承担未按期收款导致不能核销的责任（合同中有约定收款责任承担者除外）；不承担因申报出口退（免）税的资料、单证等出现问题造成不退税责任的。

(6) 未实质参与出口经营活动、接受并从事由中间人介绍的其他出口业务，但仍以自营名义出口的。

3. 适用出口征税政策的服务或无形资产。

(1) 纳税人向国内海关特殊监管区域内的单位或者个人销售服务、无形资产，不属于跨境应税行为，照章征收增值税。

(2) 未签订书面合同的跨境销售服务或无形资产，除另有规定外，照章征收增值税。

纳税人发生跨境应税行为，除为出口货物提供的邮政服务、收派服务、保险服务，以及符合零税率政策但适用简易计税方法，或者声明放弃适用零税率而选择免税的应税行为外，必须签订跨境销售服务或无形资产书面合同。否则，不予免征增值税。

纳税人向外国航空运输企业提供空中飞行管理服务，以中国民用航空局下发的航班计划或者中国民用航空局清算中心临时来华飞行记录，为跨境销售服务书面合同。

纳税人向外国航空运输企业提供物流辅助服务（除空中飞行管理服务外），与经中国民用航空局批准设立的外国航空运输企业常驻代表机构签订的书面合同，属于与服务接受方签订跨境销售服务书面合同。外国航空运输企业临时来华飞行，未签订跨境服务书面合同的，以中国民用航空局清算中心临时来华飞行记录为跨境销售服务书面合同。

施工地点在境外的工程项目，工程分包方应提供工程项目在境外的证明、与发包方签订的建筑合同原件及复印件等资料，作为跨境销售服务书面合同。

（3）未完整保存备案资料，不能提供相关免税证明材料的，照章征收增值税。

纳税人发生跨境应税行为适用免税政策的，应按规定办理备案手续；以后发生相同跨境应税行为的，不再办理备案手续。纳税人应完整保存相关免税证明材料备查。纳税人在税务机关后续管理中不能提供上述材料的，不得享受相关免税政策，对已享受的减免税款应予补缴，并依照《税收征管法》的有关规定处理。

（4）停止办理退（免）税期间发生的跨境应税行为，照章征收增值税。

（二）应纳增值税的计算

1. 一般纳税人出口货物应纳增值税的计算。

一般纳税人出口货物劳务，适用征税政策的，按照以下公式计算增值税：

销项税额 =（出口货物离岸价 − 出口货物耗用的进料加工保税进口料件金额）÷（1 + 适用税率）× 适用税率

出口货物若已按征退税率之差计算不得免征和抵扣税额并已经转入成本的，相应的税额应转回进项税额。

（1）出口货物耗用的进料加工保税进口料件金额的计算。

出口货物耗用的进料加工保税进口料件金额计算公式为：

出口货物耗用的进料加工保税进口料件金额 = 主营业务成本 ×（投入的保税进口料件金额 ÷ 生产成本）

主营业务成本、生产成本均为不予退（免）税的进料加工出口货物的主营业务成本、生产成本。当耗用的保税进口料件金额大于不予退（免）税的进料加工出口货物金额时，耗用的保税进口料件金额为不予退（免）税的进料加工出口货物金额。

（2）出口企业应分别核算内销货物和增值税征税的出口货物的生产成本、主营业务成本。未分别核算的，其相应的生产成本、主营业务成本由主管税务机关核定。

进料加工手册海关核销后，出口企业应对出口货物耗用的保税进口料件金额进行清算。计算公式为：

清算耗用的保税进口料件总额 = 实际保税进口料件总额 − 退（免）税出口货物耗用的保税进口料件总额 − 进料加工副产品耗用的保税进口料件总额

若耗用的保税进口料件总额与各纳税期扣减的保税进口料件金额之和存在

差额时，应在清算的当期相应调整销项税额。当耗用的保税进口料件总额大于出口货物离岸金额时，其差额部分不得扣减其他出口货物金额。

2. 小规模纳税人出口货物应纳增值税的计算。

小规模纳税人出口货物劳务，适用征税政策的，按下列公式计算增值税：

应纳税额 = 出口货物离岸价 ÷ (1 + 征收率) × 征收率

七、出口业务与其他增值税政策的协调

（一）出口业务与加计抵减政策的协调

纳税人出口货物劳务、发生跨境应税行为不适用加计抵减政策，其对应的进项税额不得计提加计抵减额。纳税人兼营出口货物劳务、发生跨境应税行为且无法划分不得计提加计抵减额的进项税额，按照以下公式计算：

不得计提加计抵减额的进项税额 = 当期无法划分的全部进项税额 × 当期出口货物劳务和发生跨境应税行为的销售额 ÷ 当期全部销售额

（二）出口业务与留抵税额政策的协调

（1）免抵退税办法的出口企业。纳税人出口货物劳务、发生跨境应税行为，适用免抵退税办法的，办理免抵退税后，仍符合规定条件的，可以申请退还留抵税额。

（2）免退税办法的出口企业。适用免退税办法的，相关进项税额不得用于退还留抵税额。

八、出口应税消费品消费税政策

（一）基本规定

（1）出口企业出口或视同出口适用增值税退（免）税的货物，免征消费税，如果属于购进出口的货物，退还前一环节对其已征的消费税。

（2）出口企业出口或视同出口适用增值税免税政策的货物，免征消费税，但不退还其以前环节已征的消费税，且不允许在内销应税消费品应纳消费税款中抵扣。

（3）出口企业出口或视同出口适用增值税征税政策的货物，应按规定缴纳消费税，不退还其以前环节已征的消费税，且不允许在内销应税消费品应纳消费税款中抵扣。

（二）消费税应退税额的计税依据

出口货物的消费税应退税额的计税依据，按购进出口货物的消费税专用缴款书和海关进口消费税专用缴款书确定。

（1）属于从价定率计征消费税的，为已征且未在内销应税消费品应纳税额中抵扣的购进出口货物金额。

（2）属于从量定额计征消费税的，为已征且未在内销应税消费品应纳税额中抵扣的购进出口货物数量。

（3）属于从价定率和从量定额复合计征消费税的，按从价定率和从量定额的计税依据分别确定。

（三）消费税应退税额的计算

消费税应退税额计算公式为：

消费税应退税额＝从价定率计征消费税的退税计税依据×比例税率＋从量定额计征消费税的退税计税依据×定额税率

【例2－38】A外贸公司（具有进出口经营权）2021年2月从某日用化妆品公司购进出口用彩妆品2000箱（取得消费税专用缴款书），取得的增值税专用发票注明的价款为200万元，进项税额为26万元，货款已用银行存款支付。当月该批商品已全部出口，售价为每箱200美元（当月1日汇率中间价为1美元＝6.5元人民币），申请退税的单证信息齐全。该彩妆品的消费税税率为15%，增值税退税率为13%。

请计算A外贸公司应退增值税和消费税。

【解析】

应退增值税＝200×13%＝26（万元）

应退消费税＝200×15%＝30（万元）

第五节　城市维护建设税

城市维护建设税是对在我国境内缴纳增值税、消费税的单位和个人征收的一种附加税。

一、城市维护建设税纳税人和扣缴义务人

城市维护建设税的纳税人为缴纳增值税、消费税的单位和个人。

城市维护建设税的扣缴义务人为负有增值税、消费税扣缴义务的单位和个人，在扣缴增值税、消费税的同时扣缴城市维护建设税。

二、城市维护建设税征税范围

从征税地域范围上看，城市维护建设税在城乡普遍征收，其征税范围不仅包括城市和县城、建制镇，还包括农村，即只要是缴纳增值税、消费税的单位和个人，不论其所在地是城镇还是农村都要缴纳城市维护建设税。

从征税对象范围上看，城市维护建设税没有自己的征税对象。由于城市维护建设税是增值税和消费税的附加税，因此，增值税和消费税的征税对象也就是城市维护建设税的征税对象。但对进口货物或者境外单位和个人向境内销售劳务、服务、无形资产缴纳的增值税、消费税税额，不征收城市维护建设税。

【例 2－39】 下列不属于城市维护建设税纳税人的是（　　）。

A. 仅缴纳进口环节增值税的甲公司

B. 在中国境内缴纳增值税的个人

C. 在中国境内缴纳消费税的股份制企业

D. 在中国境内缴纳增值税的私营企业

【解析】 对进口货物或者境外单位和个人向境内销售劳务、服务、无形资产缴纳的增值税、消费税税额，不征收城市维护建设税。选项 BCD 均属于城市维护建设税的纳税人。因此，正确答案为 A。

三、城市维护建设税税率

城市维护建设税按纳税人所在地的不同，设置了三档地区差别比例税率，除特殊规定外，即：

纳税人所在地在市区的，税率为 7%；

纳税人所在地在县城、镇的，税率为 5%；

纳税人所在地不在市区、县城或镇的，税率为 1%。

纳税人所在地是指纳税人住所地或者与纳税人生产经营活动相关的其他地点，具体地点由省、自治区、直辖市确定。

四、城市维护建设税应纳税额计算

城市维护建设税以纳税人依法实际缴纳的增值税、消费税税额为计税依据。

纳税人出口业务适用免抵退办法的，经税务机关正式审核批准的当期免抵的增值税税额应纳入城市维护建设税的计税依据。

城市维护建设税的计税依据应当按照规定扣除期末留抵退税退还的增值税税额。

城市维护建设税计税依据的具体确定办法，由国务院依据《城市维护建设税法》和有关税收法律、行政法规规定，报全国人民代表大会常务委员会备案。

城市维护建设税的应纳税额按照计税依据乘以具体适用税率计算。

【例2-40】 某市A企业2021年3月缴纳增值税50万元，其中含进口环节增值税10万元；缴纳消费税30万元，其中含进口环节消费税10万元。请计算A企业当月应缴纳的城市维护建设税。

【解析】 进口货物和应税消费品不缴纳城市维护建设税，A企业当月应缴纳的城市维护建设税 $=(50-10+30-10)\times7\%=4.2$（万元）。

五、城市维护建设税主要优惠

（一）一般优惠

城市维护建设税随增值税、消费税的减免而减免。

因纳税人多缴发生的两税退税，同时退还已缴纳城市维护建设税。

两税实行先征后返、先征后退、即征即退的，除另有规定外，不予退还随两税附征的城市维护建设税。

根据国民经济和社会发展的需要，国务院对重大公共基础设施建设、特殊产业和群体以及重大突发事件应对等情形可以规定减征或者免征城市维护建设税，报全国人民代表大会常务委员会备案。

【例2-41】 根据国民经济和社会发展的需要，国务院对特定情形可以规定减征或者免征城市维护建设税，报全国人民代表大会常务委员会备案。特定情形包括（　　）。

A. 重大突发事件应对　　B. 特殊群体

C. 特殊产业　　D. 重大公共基础设施建设

E. 免征消费税的事项

【解析】 根据国民经济和社会发展的需要，国务院对重大公共基础设施建设、特殊产业和群体以及重大突发事件应对等情形可以规定减征或者免征城市维护建设税，报全国人民代表大会常务委员会备案。免征消费税，随之免征城市维护建设税，这不属于免征城市维护建设税的特定情形。因此，正确答案为ABCD。

（1）对黄金交易所会员单位通过黄金交易所销售且发生实物交割的标准黄金，免征城市维护建设税。

（2）对上海期货交易所会员和客户通过上海期货交易所销售且发生实物交割并已出库的标准黄金，免征城市维护建设税。

（3）对国家重大水利工程建设基金免征城市维护建设税。

（4）自2022年1月1日至2024年12月31日，对增值税小规模纳税人、小型微利企业和个体工商户，可以在50%的税额幅度内减征城市维护建设税。增值税小规模纳税人、小型微利企业和个体工商户已依法享受城市维护建设税其他优惠政策的，可叠加享受该项优惠政策。

（5）退役士兵从事个体经营扣减城市维护建设税优惠。自2019年1月1日至2023年12月31日，自主就业退役士兵从事个体经营的，自办理个体工商户登记当月起，在3年（36个月，下同）内按每户每年12000元为限额依次扣减其当年实际应缴纳的增值税、城市维护建设税、教育费附加、地方教育附加和个人所得税。限额标准最高可上浮20%，各省、自治区、直辖市人民政府可根据本地区实际情况在此幅度内确定具体限额标准。

（6）企业招用退役士兵扣减城市维护建设税优惠。自2019年1月1日至2023年12月31日，企业招用自主就业退役士兵，与其签订1年以上期限劳动合同并依法缴纳社会保险费的，自签订劳动合同并缴纳社会保险当月起，在3年内按实际招用人数予以定额依次扣减增值税、城市维护建设税、教育费附加、地方教育附加和企业所得税优惠。定额标准为每人每年6000元，最高可上浮50%，各省、自治区、直辖市人民政府可根据本地区实际情况在此幅度内确定具体定额标准。纳税人在优惠期限届满时享受该项税收优惠政策未满3年的，可继续享受至3年期满为止。

（7）建档立卡贫困人口，登记失业半年以上人员，零就业家庭、享受城市低保登记失业人员，毕业年度内高校毕业生从事个体经营扣减城市维护建设税。自2019年1月1日至2025年12月31日，建档立卡贫困人口、持《就业创业证》（注明“自主创业税收政策”或“毕业年度内自主创业税收政策”）或《就业失业登记证》（注明“自主创业税收政策”）的人员，从事个体经营的，自办理个体工商户登记当月起，在3年内按每户每年12000元为限额依次扣减其当年实际应缴纳的增值税、城市维护建设税、教育费附加、地方教育附加和个人所得税。限额标准最高可上浮 20%，各省、自治区、直辖市人民政府可根据本地区实际情况在此幅度内确定具体限额标准。纳税人在优惠期限届满时享受该项税收优惠政策未满 3 年的，可继续享受至 3 年期满为止。

（8）企业招用档立卡贫困人口，登记失业半年以上人员就业扣减城市维护建设税。自 2019 年 1 月 1 日至 2025 年 12 月 31 日，企业招用建档立卡贫困人口，以及在人力资源社会保障部门公共就业服务机构登记失业半年以上且持《就业创业证》或《就业失业登记证》（注明“企业吸纳税收政策”）的人员，与其签订 1 年以上期限劳动合同并依法缴纳社会保险费的，自签订劳动合同并缴纳社会保险当月起，在 3 年内按实际招用人数予以定额依次扣减增值税、城市维护建设税、教育费附加、地方教育附加和企业所得税优惠。定额标准为每人每年 6000 元，最高可上浮 30%，各省、自治区、直辖市人民政府可根据本地区实际情况在此幅度内确定具体定额标准。纳税人在优惠期限届满时享受该项税收优惠政策未满 3 年的，可继续享受至 3 年期满为止。

纳税人享受上述第（5）至第（8）项专项优惠需要注意：

①按政策规定的次序依次扣减，城市维护建设税为第二次序。

②纳税人在优惠期限届满时享受该项税收优惠政策未满 3 年的，可继续享受至 3 年期满为止。

③城市维护建设税的计税依据是享受该项税收优惠政策前的增值税应纳税额。

六、城市维护建设税申报

现行城市维护建设税是作为增值税和消费税的附加税费进行申报的。纳税人申报缴纳增值税和城市维护建设税的，一般纳税人填报《增值税及附加税费申报表（一般纳税人适用）》（样式见本章第一节）及其附列资料（五）《附加税费情况表》（见表 2－9），小规模纳税人填报《增值税及附加税费申报表（小规模纳税人适用）》（见本章第一节）及其附列资料（二）《附加税费情况表》（见表 2－10），需要预缴增值税和城市维护建设税的，填报《增值税及附加税费预缴表》及其附列资料《附加税费情况表》；申报缴纳消费税和城市维护建设税的，则填报《消费税及附加税费申报表》（样式见本章第二节）及其附表《消费税附加税费计算表》（与表 2－10 基本相同）。

表 2－9

增值税及附加税费申报表附列资料（五）

（附加税费情况表）

<table>
<tr><td colspan="5" rowspan="2">本期是否适用小微企业“六税两费”减免政策</td><td colspan="2" rowspan="2">□是 □否</td><td colspan="4">减免政策适用主体</td><td colspan="4">□个体工商户 □小型微利企业</td></tr>
<tr><td colspan="4">适用减免政策起止时间</td><td colspan="4">年 月 至 年 月</td></tr>
<tr><td colspan="2" rowspan="3">税（费）种</td><td colspan="3">计税（费）依据</td><td rowspan="2">税（费）率（%）</td><td rowspan="2">本期应纳税（费）额</td><td colspan="2">本期减免税（费）额</td><td colspan="2">小微企业“六税两费”减免政策</td><td colspan="2">试点建设培育产教融合型企业</td><td rowspan="2">本期已缴税（费）额</td><td rowspan="2">本期应补（退）税（费）额</td></tr>
<tr><td>增值税税额</td><td>增值税免抵税额</td><td>留抵退税本期扣除额</td><td>减免性质代码</td><td>减免税（费）额</td><td>减征比例（%）</td><td>减征额</td><td>减免性质代码</td><td>本期抵免金额</td></tr>
<tr><td>1</td><td>2</td><td>3</td><td>4</td><td>5＝(1＋2－3)×4</td><td>6</td><td>7</td><td>8</td><td>9＝(5－7)×8</td><td>10</td><td>11</td><td>12</td><td>13＝5－7－9－11－12</td></tr>
<tr><td>城市维护建设税</td><td>1</td><td></td><td></td><td></td><td></td><td></td><td></td><td></td><td></td><td></td><td>—</td><td>—</td><td></td><td></td></tr>
<tr><td>教育费附加</td><td>2</td><td></td><td></td><td></td><td></td><td></td><td></td><td></td><td></td><td></td><td></td><td></td><td></td><td></td></tr>
<tr><td>地方教育附加</td><td>3</td><td></td><td></td><td></td><td></td><td></td><td></td><td></td><td></td><td></td><td></td><td></td><td></td><td></td></tr>
<tr><td>合计</td><td>4</td><td>—</td><td>—</td><td>—</td><td>—</td><td></td><td>—</td><td></td><td>—</td><td></td><td>—</td><td></td><td></td><td></td></tr>
<tr><td colspan="5" rowspan="3">本期是否适用试点建设培育产教融合型企业抵免政策</td><td rowspan="3">□是
□否</td><td colspan="6">当期新增投资额</td><td>5</td><td colspan="2"></td></tr>
<tr><td colspan="6">上期留抵可抵免金额</td><td>6</td><td colspan="2"></td></tr>
<tr><td colspan="6">结转下期可抵免金额</td><td>7</td><td colspan="2"></td></tr>
<tr><td colspan="6" rowspan="3">可用于扣除的增值税留抵退税额使用情况</td><td colspan="6">当期新增可用于扣除的留抵退税额</td><td>8</td><td colspan="2"></td></tr>
<tr><td colspan="6">上期结存可用于扣除的留抵退税额</td><td>9</td><td colspan="2"></td></tr>
<tr><td colspan="6">结转下期可用于扣除的留抵退税额</td><td>10</td><td colspan="2"></td></tr>
</table>

表 2－10　　**增值税及附加税费申报表（小规模纳税人适用）附列资料（二）**

（附加税费情况表）

税（费）种	计税（费）依据	税（费）率（%）	本期应纳税（费）额	本期减免税（费）额		增值税小规模纳税人“六税两费”减征政策		本期已缴税（费）额	本期应补（退）税（费）额
	增值税税额			减免性质代码	减免税（费）额	减征比例（%）	减征额		
	1	2	3＝1×2	4	5	6	7＝(3－5)×6	8	9＝3－5－7－8
城市维护建设税									
教育费附加									
地方教育附加									
合计	—	—		—		—			

七、城市维护建设税管理

城市维护建设税的纳税义务发生时间与增值税、消费税的纳税义务发生时间一致，分别与增值税、消费税同时缴纳。所以，一般而言，纳税人缴纳增值税、消费税的地点，就是该纳税人缴纳城市维护建设税的地点。

（1）代扣代缴、代收代缴增值税、消费税的单位和个人，同时也是城市维护建设税的代扣代缴、代收代缴义务人，其城市维护建设税的纳税地点和适用税率按代扣代缴地适用。

（2）对于流动经营等无固定纳税地点的，在经营地按适用税率缴纳。

（3）纳税人跨地区提供建筑服务、销售和出租不动产。

①在建筑服务发生地、不动产所在地预缴增值税时，计算公式为：

预缴城市维护建设税 = 预缴增值税 × 预缴地城市维护建设税税率

②增值税的纳税人在机构所在地申报缴纳增值税时，计算公式为：

实缴城市维护建设税 = 实缴增值税 × 机构所在地城市维护建设税税率

第三章　所得税制度

第一节　企业所得税

企业所得税是对在我国境内，企业和取得收入的组织就其所得为征税对象征收的一种所得税。

一、企业所得税纳税人和扣缴义务人

在我国境内，企业和其他取得收入的组织（以下统称企业）为企业所得税的纳税人。依照中国法律、行政法规规定成立的个人独资企业、合伙企业不是企业所得税的纳税人。

企业所得税的纳税人分为居民企业和非居民企业。

（一）居民企业

1. 居民企业的范围。

居民企业是指依法在中国境内成立，或者依照外国（地区）法律成立但实际管理机构在中国境内的企业。

依法在中国境内成立的企业，包括依照中国法律、行政法规在中国境内成立的企业、事业单位、社会团体以及其他取得收入的组织。依照外国（地区）法律成立的企业，包括依照外国（地区）法律成立的企业和其他取得收入的组织。

依照外国（地区）法律成立的企业，应包括依照外国（地区）法律法规在境外成立的各种性质或类型的企业，包括依照外国（地区）法律法规在境外成立的合伙企业。

实际管理机构是指对企业的生产经营、人员、账务、财产等实施实质性全面管理和控制的机构。对于实际管理机构的判断，应当遵循实质重于形式的原则。对境外注册的中资控股企业应当依据实际管理机构判定是否为中国居民企业。

2. 居民企业的纳税义务。

居民企业应当就其来源于中国境内、境外的所得缴纳企业所得税。

（二）非居民企业

1. 非居民企业的范围。

非居民企业是指依照外国（地区）法律成立且实际管理机构不在中国境内，但在中国境内设立机构、场所的，或者在中国境内未设立机构、场所，但有来源于中国境内所得的企业。机构、场所是指在中国境内从事生产经营活动的机构、场所，包括：

（1）管理机构、营业机构、办事机构。

（2）工厂、农场、开采自然资源的场所。

（3）提供劳务的场所。

（4）从事建筑、安装、装配、修理、勘探等工程作业的场所。

（5）其他从事生产经营活动的机构、场所。

非居民企业委托营业代理人在中国境内从事生产经营活动的，包括委托单位或者个人经常代其签订合同，或者储存、交付货物等，该营业代理人视为非居民企业在中国境内设立的机构、场所。

2. 非居民企业的纳税义务。

非居民企业在中国境内设立机构、场所的，应当就其所设机构、场所取得的来源于中国境内的所得，以及发生在中国境外但与其所设机构、场所有实际联系的所得，缴纳企业所得税。

非居民企业在中国境内未设立机构、场所的，或者虽设立机构、场所但取得的所得与其所设机构、场所没有实际联系的，应当就其来源于中国境内的所得缴纳企业所得税。

实际联系是指非居民企业在中国境内设立的机构、场所拥有据以取得所得的股权、债权，以及拥有、管理、控制据以取得所得的财产等。

二、企业所得税征税对象

企业所得税的征税对象是企业的所得。

（一）所得的范围

企业的所得包括：销售货物所得、提供劳务所得、转让财产所得、股息红利等权益性投资所得、利息所得、租金所得、特许权使用费所得、接受捐赠所得和其他所得。

（二）来源于中国境内、境外所得的确定原则

（1）销售货物所得，按照交易活动发生地确定。

（2）提供劳务所得，按照劳务发生地确定。

（3）转让财产所得，不动产转让所得按照不动产所在地确定，动产转让所得按照转让动产的企业或者机构、场所所在地确定，权益性投资资产转让所得按照被投资企业所在地确定。

（4）股息、红利等权益性投资所得，按照分配所得的企业所在地确定。

（5）利息所得、租金所得、特许权使用费所得，按照负担、支付所得的企业或者机构、场所所在地确定，或者按照负担、支付所得的个人的住所地确定。

（6）其他所得，由国务院财政、税务主管部门确定。

三、企业所得税税率

企业所得税的税率形式是比例税率。

（一）居民企业的适用税率

居民企业适用的企业所得税税率为25%。

（二）非居民企业的适用税率

非居民企业在中国境内设立的机构、场所取得的来源于中国境内的所得，以及发生在中国境外但与其所设机构、场所有实际联系的所得，适用的企业所得税税率为25%。非居民企业在中国境内未设立机构、场所，或者虽设立机构、场所但取得的所得与其所设机构、场所没有实际联系的，其取得的来源于中国境内的所得，适用的企业所得税税率为20%。

【例3－1】某非居民企业在中国境内设立机构、场所，对该机构、场所将自有资金借给境外企业使用取得的利息所得，下列企业所得税处理正确的是（　　）。

A. 不缴纳企业所得税

B. 应适用25%的税率计算缴纳企业所得税

C. 应适用10%的优惠税率计算缴纳企业所得税

D. 应适用该非居民企业所在国家与我国签订的税收协定规定的优惠税率

【解析】非居民企业在中国境内设立机构、场所的，其所设机构、场所取

得的来源于中国境内的所得，以及发生在中国境外但与其所设机构、场所有实际联系的所得，应适用25%的税率缴纳企业所得税。因此，正确答案为B。

四、企业所得税计税依据

企业所得税的计税依据是应纳税所得额。

（一）应纳税所得额

1. 应纳税所得额的定义。

应纳税所得额是企业每一纳税年度的收入总额，减除不征税收入、免税收入、各项扣除以及允许弥补的以前年度亏损后的余额。其中，亏损是指企业每一纳税年度的收入总额减除不征税收入、免税收入和各项扣除后小于零的数额。

2. 应纳税所得额的类别。

应纳税所得额有预缴所得税应纳税所得额、汇算清缴所得税应纳税所得额和清算所得税应纳税所得额三种。通常所称的应纳税所得额是指汇算清缴所得税应纳税所得额。

3. 计算应纳税所得额的基本原则。

（1）税法优先原则。

在计算应纳税所得额时，企业财务、会计处理办法与税收法律、行政法规的规定不一致的，应当依照税收法律、行政法规的规定计算。

（2）权责发生制原则。

除另有规定外，企业应纳税所得额的计算，以权责发生制为原则，属于当期的收入和费用，不论款项是否收付，均作为当期的收入和费用；不属于当期的收入和费用，即使款项已经在当期收付，均不作为当期的收入和费用。

（3）独立交易原则。

企业与其关联方之间的业务往来，不符合独立交易原则而减少企业或者其关联方应纳税收入或者所得额的，税务机关有权按照合理方法调整。独立交易原则是指没有关联关系的交易各方，按照公平成交价格和营业常规进行业务往来遵循的原则。

4. 应纳税所得额的计算方法。

应纳税所得额的计算方法有两种，一种是依据税法规定的应纳税所得额的定义计算，通常称为直接法，又称定义法；另一种是依据企业所得税年度纳税申报表的填报要求计算，通常称为间接法，又称报表法。

在直接法下，企业直接依据税收法律、法规的规定确认收入总额，并从收入总额中减除依据税收法律、法规的规定确认的不征税收入、免税收入、各项扣除以及允许弥补的以前年度亏损，以其余额为应纳税所得额。在间接法下，企业先依照财务、会计处理办法的规定计算利润总额，然后对同一业务或同一事项就财务、会计处理办法与税收法律、法规的规定之间的差异进行纳税调整，再减除允许弥补的以前年度亏损，以其余额为应纳税所得额。目前企业所得税年度纳税申报表采用间接法计算应纳税所得额。

（二）收入总额

1. 收入总额的分类。

（1）按收入形式分类。

收入总额可分为货币形式的收入和非货币形式的收入。企业取得收入的货币形式，包括现金、存款、应收账款、应收票据、准备持有至到期的债券投资以及债务的豁免等。企业取得收入的非货币形式，包括固定资产、生物资产、无形资产、股权投资、存货、不准备持有至到期的债券投资、劳务及有关权益等。企业以非货币形式取得的收入，应当按照公允价值确定收入额。这里的公允价值，是指按照市场价格确定的价值。

（2）按是否属于征税范围分类。

收入总额可分为征税收入和不征税收入。征税收入属于企业所得税征税范围，不征税收入不属于企业所得税征税范围。

（3）按是否享受税收优惠分类。

对征税收入按是否享受企业所得税税收优惠分类，可分为应税收入和免税收入。应税收入不享受企业所得税税收优惠，免税收入享受企业所得税税收优惠。减税收入中被减除的部分，相当于免税收入。

（4）按收入范围分类。

按收入范围分类收入总额可分为：

①销售货物收入。销售货物收入是指企业销售商品、产品、原材料、包装物、低值易耗品以及其他存货取得的收入。

②提供劳务收入。提供劳务收入是指企业从事建筑安装、修理修配、交通运输、仓储租赁、金融保险、邮电通信、咨询经纪、文化体育、科学研究、技术服务、教育培训、餐饮住宿、中介代理、卫生保健、社区服务、旅游、娱

乐、加工以及其他劳务服务活动取得的收入。

③转让财产收入。转让财产收入是指企业转让固定资产、生物资产、无形资产、股权、债权等财产取得的收入。

④股息、红利等权益性投资收益。股息、红利等权益性投资收益是指企业因权益性投资从被投资方取得的收入。

⑤利息收入。利息收入是指企业将资金提供他人使用但不构成权益性投资，或者因他人占用本企业资金取得的收入，包括存款利息、贷款利息、债券利息、欠款利息等收入。

⑥租金收入。租金收入是指企业提供固定资产、包装物或者其他有形资产的使用权取得的收入。

⑦特许权使用费收入。特许权使用费收入是指企业提供专利权、非专利技术、商标权、著作权以及其他特许权的使用权取得的收入。

⑧接受捐赠收入。接受捐赠收入是指企业接受的来自其他企业、组织或者个人无偿给予的货币性资产、非货币性资产。

⑨其他收入。其他收入是指企业取得的除上述收入外的其他收入，包括企业资产溢余收入、逾期未退包装物押金收入、确实无法偿付的应付款项、已作坏账损失处理后又收回的应收款项、债务重组收入、补贴收入、违约金收入、汇兑收益等。

2. 收入确认原则。

除遵循计算应纳税所得额的基本原则外，企业销售收入的确认，必须遵循权责发生制原则和实质重于形式原则。

企业按照市场价格销售货物、提供劳务服务等，凡由政府财政部门根据企业销售货物、提供劳务服务的数量、金额的一定比例给予全部或部分资金支付的，应当按照权责发生制原则确认收入。

3. 收入的确认。

（1）销售商品收入的确认。

①销售商品收入的确认条件。企业销售商品同时满足下列条件的，应确认收入的实现：商品销售合同已经签订，企业已将商品所有权相关的主要风险和报酬转移给购货方；企业对已售出的商品既没有保留通常与所有权相联系的继续管理权，也没有实施有效控制；收入的金额能够可靠地计量；已发生或将发生的销售方的成本能够可靠地核算。

②销售商品收入的确认时间。符合商品销售收入确认条件，采取下列商品销售方式的，应按以下规定确认收入实现时间：销售商品采用托收承付方式的，在办妥托收手续时确认收入；销售商品采取预收款方式的，在发出商品时确认收入；销售商品需要安装和检验的，在购买方接受商品以及安装和检验完毕时确认收入，如果安装程序比较简单，可在发出商品时确认收入；销售商品采用支付手续费方式委托代销的，在收到代销清单时确认收入；以分期收款方式销售货物的，按照合同约定的收款日期分期确认收入的实现；企业受托加工制造大型机械设备、船舶、飞机，持续时间超过12个月的，按照纳税年度内完工进度或者完成的工作量分期确认收入的实现；采取产品分成方式取得收入的，按照企业分得产品的日期确认收入的实现。

对中国境内从事房地产开发经营业务的企业来说，企业通过正式签订《房地产销售合同》或《房地产预售合同》所取得的收入，应确认为销售收入的实现。采取一次性全额收款方式销售开发产品的，应于实际收讫价款或取得索取价款凭据（权利）之日，确认收入的实现。采取分期收款方式销售开发产品的，应按销售合同或协议约定的价款和付款日确认收入的实现，付款方提前付款的，在实际付款日确认收入的实现。采取银行按揭方式销售开发产品的，应按销售合同或协议约定的价款确定收入额，其首付款应于实际收到日确认收入的实现，余款在银行按揭贷款办理转账之日确认收入的实现。采取委托方式销售开发产品的，应按以下原则确认收入的实现：采取支付手续费方式、视同买断方式、基价（保底价）并实行超基价双方分成方式委托销售开发产品的，应于收到受托方已销开发产品清单之日确认收入的实现；采取包销方式委托销售开发产品的，包销期内可根据包销合同的有关约定，于收到受托方已销开发产品清单之日确认收入的实现，包销期满后尚未出售的开发产品，企业应根据包销合同或协议约定的价款和付款方式确认收入的实现。

房地产开发企业以本企业为主体联合其他企业、单位、个人合作或合资开发房地产项目，且该项目未成立独立法人公司的，凡开发合同或协议中约定向投资各方（即合作、合资方，下同）分配开发产品的，企业在首次分配开发产品时，确认开发产品销售收入。如该项目已经结算计税成本，应确认为完工开发产品销售收入，如该项目未结算计税成本，应确认为未完工开发产品销售收入。

③销售商品收入的金额确认。一般情况下，销售商品收入金额都应按其售

价确认。但需要注意以下几种特殊的商品销售方式商品销售收入的金额确认。

售后回购方式。采用售后回购方式销售商品的，销售的商品按售价确认收入，回购的商品作为购进商品处理。有证据表明不符合销售收入确认条件的，如以销售商品方式进行融资，收到的款项应确认为负债，回购价格大于原售价的，差额应在回购期间确认为利息费用。

以旧换新方式。销售商品以旧换新的，销售商品应当按照销售商品收入确认条件确认收入，回收的商品作为购进商品处理。

组合销售方式。企业以买一赠一等方式组合销售本企业商品的，不属于捐赠，应将总的销售金额按各项商品的公允价值的比例来分摊确认各项的销售收入。

产品分成方式。采取产品分成方式取得收入的，其收入额按照产品的公允价值确定。

融资性售后回租。融资性售后回租业务中，承租人出售资产的行为，不确认为销售收入。

开发产品销售收入金额的确认。开发产品销售收入的范围为销售开发产品过程中取得的全部价款，包括现金、现金等价物及其他经济利益。企业代有关部门、单位和企业收取的各种基金、费用和附加等，凡纳入开发产品价内或由企业开具发票的，应按规定全部确认为销售收入；未纳入开发产品价内并由企业之外的其他收取部门、单位开具发票的，可作为代收代缴款项进行管理。

对采取一次性全额收款方式、分期收款方式或银行按揭方式销售开发产品收入金额的确认，请见前述开发产品销售收入的确认时间相关内容。但要注意，企业采取银行按揭方式销售开发产品的，凡约定企业为购买方的按揭贷款提供担保的，其销售开发产品时向银行提供的保证金（担保金）不得从销售收入中减除。这三种开发产品销售方式，更多地适用于房地产开发企业自销开发产品销售收入的确认。

对采取委托方式销售开发产品的，开发产品销售收入金额应按以下原则确认：

采取支付手续费方式委托销售开发产品的，应按销售合同或协议中约定的价款确认收入的实现。

采取视同买断方式委托销售开发产品的，属于企业与购买方签订销售合同或协议，或企业、受托方、购买方三方共同签订销售合同或协议的，如果销售合同或协议中约定的价格高于买断价格，则应按销售合同或协议中约定的价格计算的价款确认收入的实现；如果属于前两种情况中销售合同或协议中约定的价格低于买断价格，以及属于受托方与购买方签订销售合同或协议的，则应按买断价格计算的价款确认收入的实现。

采取基价（保底价）并实行超基价双方分成方式委托销售开发产品的，属于由企业与购买方签订销售合同或协议，或企业、受托方、购买方三方共同签订销售合同或协议的，如果销售合同或协议中约定的价格高于基价，则应按销售合同或协议中约定的价格计算的价款确认收入的实现，企业按规定支付受托方的分成额，不得直接从销售收入中减除；如果销售合同或协议约定的价格低于基价的，则应按基价计算的价款确认收入的实现。属于由受托方与购买方直接签订销售合同的，则应按基价加上按规定取得的分成额确认收入的实现。

采取包销方式委托销售开发产品的，包销期内可根据包销合同的有关约定，参照上述规定确认收入的实现；包销期满后尚未出售的开发产品，企业应根据包销合同或协议约定的价款和付款方式确认收入的实现。

房地产开发企业以本企业为主体联合其他企业、单位、个人合作或合资开发房地产项目，且该项目未成立独立法人公司的，凡开发合同或协议中约定向投资各方分配开发产品的，企业在首次分配开发产品时，确认开发产品销售收入。如该项目已经结算计税成本，应将合作、合资方的投资额确认为完工开发产品销售收入，投资额与应分配给投资方开发产品的计税成本之间的差额计入当期应纳税所得额；如该项目未结算计税成本，应将合作、合资方的投资额确认为未完工开发产品销售收入，并进行相关的税务处理。

（2）提供劳务收入的确认。

①提供劳务交易的结果能够可靠估计的条件。企业从事建筑、安装、装配工程业务或者提供其他劳务等，持续时间超过 12 个月的，按照纳税年度内完工进度或者完成的工作量确认收入的实现。企业在各个纳税期末，提供劳务交易的结果能够可靠估计的，应采用完工进度（完工百分比）法确认提供劳务收入。提供劳务交易的结果能够可靠估计，是指同时满足下列条件：收入的金额能够可靠地计量；交易的完工进度能够可靠地确定；交易中已发生和将发生的成本能够可靠地核算。

②提供劳务收入的确认时间。下列提供劳务满足收入确认条件的，应按规定确认收入：

安装费。应根据安装完工进度确认收入。安装工作是商品销售附带条件的，安装费在确认商品销售实现时确认收入。

宣传媒介的收费。应在相关的广告或商业行为出现于公众面前时确认收入。广告的制作费，应根据制作广告的完工进度确认收入。

软件费。为特定客户开发软件的收费，应根据开发的完工进度确认收入。

服务费。包含在商品售价内可区分的服务费，在提供服务的期间分期确认收入。

艺术表演、招待宴会和其他特殊活动的收费。在相关活动发生时确认收入。收费涉及几项活动的，预收的款项应合理分配给每项活动，分别确认收入。

会员费。申请入会或加入会员，只允许取得会籍，所有其他服务或商品都要另行收费的，在取得该会员费时确认收入。申请入会或加入会员后，会员在会员期内不再付费就可得到各种服务或商品，或者以低于非会员的价格销售商品或提供服务的，该会员费应在整个受益期内分期确认收入。

特许权费。属于提供设备和其他有形资产的特许权费，在交付资产或转移资产所有权时确认收入；属于提供初始及后续服务的特许权费，在提供服务时确认收入。

劳务费。长期为客户提供重复的劳务收取的劳务费，在相关劳务活动发生时确认收入。

③提供劳务收入的金额确认。企业应按照从接受劳务方已收或应收的合同或协议价款确定劳务收入总额，根据纳税期末提供劳务收入总额乘以完工进度扣除以前纳税年度累计已确认提供劳务收入后的金额，确认为当期劳务收入；同时，按照提供劳务估计总成本乘以完工进度扣除以前纳税期间累计已确认劳务成本后的金额，结转为当期劳务成本。企业提供劳务完工进度的确定，可选用下列方法：已完工作的测量；已提供劳务占劳务总量的比例；发生成本占总成本的比例。

【例3－2】下列提供劳务满足收入确认条件的，应根据完工进度确认收入是（　）。

A. 广告制作费

B. 艺术表演收费

C. 允许客户取得会籍的会员费

D. 为客户提供重复的劳务收取的劳务费

【解析】依据企业所得税的有关规定，广告的制作费，应根据制作广告的完工进度确认收入。因此，正确答案为 A。

（3）转让财产收入的确认。

关于转让固定资产、无形资产、生产性生物资产收入的确认，企业所得税中没有做出专门的规定。但企业所得税中对转让股权收入、国债转让收入的确认有专门规定。

①转让股权收入的确认。在三种情形下会产生转让股权收入：

一是中途转让。企业转让股权收入，应于转让协议生效、且完成股权变更手续时，确认收入的实现。关联企业之间发生股权收购，转让合同（协议）生效后 12 个月内尚未完成股权变更手续的，应在转让合同（协议）生效日确认收入。企业在计算股权转让收入时，不得扣除被投资企业未分配利润等股东留存收益中按该项股权所可能分配的金额。另外，对企业投资者转让创新企业 CDR 取得的差价所得，按转让股票差价所得处理。

二是企业清算。被清算企业的股东从被清算企业分得的剩余资产的金额中，相当于被清算企业累计未分配利润和累计盈余公积中按该股东所占股份比例计算的部分，应确认为股息所得；剩余资产减除股息所得后的余额，超过或低于股东投资成本的部分，应确认为股东的投资转让收入，投资转让收入与投资转让成本的差额，即投资转让所得或损失。

三是撤资减资。投资企业从被投资企业撤回或减少投资，其取得的资产中，相当于初始出资的部分，应确认为投资收回；相当于被投资企业累计未分配利润和累计盈余公积按减少实收资本比例计算的部分，应确认为股息所得；其余部分确认为投资资产转让收入，即投资转让所得。

②国债转让收入的确认。在两种情形下会产生国债转让收入：

一是转让国债。企业应在转让国债合同、协议生效的日期，或者国债移交时确认转让收入的实现。

二是到期兑付。企业投资购买国债，到期兑付的，应在国债发行时约定的应付利息的日期，确认国债转让收入的实现。

企业转让或到期兑付国债取得的价款扣除其持有期间按照规定计算的国债利息收入为国债转让收入。国债转让收入减除购买国债成本及交易过程中相关税费后的余额为国债转让收益或损失。

关于国债成本确定和计算方法：通过支付现金方式取得的国债，以买入价和支付的相关税费为成本；通过支付现金以外的方式取得的国债，以该资产的公允价值和支付的相关税费为成本。企业在不同时间购买同一品种国债的，其转让时的成本计算方法，可在先进先出法、加权平均法、个别计价法中选用一种。计价方法一经选用，不得随意改变。

（4）视同销售收入。

在企业所得税中，货物、财产、劳务有视同销售的规定。

①视同销售范围的一般规定。除另有规定外，企业发生非货币性资产交换，以及将货物、财产、劳务用于捐赠、偿债、赞助、集资、广告、样品、职工福利或者利润分配等用途的，应当视同销售货物、转让财产或者提供劳务。

②资产视同销售的补充规定。货物和财产均属于资产。对企业处置资产，内部处置不视同销售，非内部处置应视同销售。

企业发生下列情形的处置资产，除将资产转移至境外以外，由于资产所有权属在形式和实质上均不发生改变，可作为内部处置资产，不视同销售确认收入，相关资产的计税基础延续计算：将资产用于生产、制造、加工另一产品；改变资产形状、结构或性能；改变资产用途（如自建商品房转为自用或经营）；将资产在总机构及其分支机构之间转移；上述两种或两种以上情形的混合；其他不改变资产所有权属的用途。

企业将资产移送他人的下列情形，因资产所有权属已发生改变而不属于内部处置资产，应按规定视同销售确定收入：用于市场推广或销售；用于交际应酬；用于职工奖励或福利；用于股息分配；用于对外捐赠；其他改变资产所有权属的用途。对照视同销售范围的一般规定，增加了两个用途——交际应酬和职工奖励，扩展了两个用途——由广告、样品扩展为用于市场推广或销售，还增加了一个兜底条款——其他改变资产所有权属的用途。

③开发产品视同销售的范围。企业将开发产品用于捐赠、赞助、职工福利、奖励、对外投资、分配给股东或投资人、抵偿债务、换取其他企事业单位和个人的非货币性资产等行为，应视同销售确认收入（或利润）的实现。

④视同销售收入确认时间。对资产来说，应在资产所有权属发生转移时确认视同销售收入。对开发产品来说，于开发产品所有权或使用权转移，或于实际取得利益权利时确认收入（或利润）的实现。对劳务来说，应在劳务提供时确认视同销售收入。

⑤视同销售收入金额确认。资产视同销售的，除另有规定外，应按照被移送资产的公允价值确定销售收入。按理，劳务视同销售的，也应按公允价值确定销售收入。

开发产品视同销售收入（或利润）的确认方法和顺序为：按本企业近期或本年度最近月份同类开发产品市场销售价格确定；由主管税务机关参照当地同类开发产品市场公允价值确定；按开发产品的成本利润率确定。开发产品的成本利润率不得低于15%，具体比例由主管税务机关确定。

企业以换取开发产品为目的，将土地使用权投资其他企业房地产开发项目的，企业应在首次取得开发产品时，将其分解为转让土地使用权和购入开发产品两项经济业务进行所得税处理，并按应从该项目取得的开发产品（包括首次取得的和以后应取得的）的市场公允价值计算确认土地使用权转让所得或损失。

企业向境内公益性社会团体实施的股权捐赠，应按规定视同转让股权，股权转让收入额以企业所捐赠股权取得时的历史成本确定。

【例3-3】 下列情形应确认视同销售收入的是（　　）。

A. 将货物用于抵偿债务

B. 将货物用于本企业在建工程

C. 将货物从总机构移送至分支机构

D. 自建商品房转为会所

【解析】 依据企业所得税的有关规定，将货物用于抵偿债务应确认视同销售收入。因此，正确答案为A。

（5）股息、红利等权益性投资收益的确认。

①股息、红利等权益性投资收益的确认时间。除另有规定外，企业权益性投资取得股息、红利等收入，应以被投资企业股东会或股东大会作出利润分配或转股决定的日期，确定收入的实现。另有规定如下。

清算分配。被清算企业的股东从被清算企业分得的剩余资产的金额，其中相当于被清算企业累计未分配利润和累计盈余公积中按该股东所占股份比例计算的部分，应确认为股息所得。

撤资减资。投资企业从被投资企业撤回或减少投资，其取得的资产中，相当于初始出资的部分，应确认为投资收回；相当于被投资企业累计未分配利润和累计盈余公积按减少实收资本比例计算的部分，应确认为股息所得。

合作开发房地产。房地产开发经营企业以本企业为主体联合其他企业、单位、个人合作或合资开发房地产项目，且该项目未成立独立法人公司的，凡开发合同或协议中约定分配项目利润的，投资方取得该项目的营业利润应视同股息、红利进行相关的税务处理。

受控外国企业对利润不作分配或者减少分配。由居民企业，或者由居民企业和中国居民控制的设立在实际税负明显低于《中华人民共和国企业所得税法》（以下简称《企业所得税法》）第四条第一款规定税率水平的国家（地区）的企业，并非由于合理的经营需要而对利润不作分配或者减少分配的，上述利润中应归属于该居民企业的部分，应当计入该居民企业的当期收入。

关联方利息支出的特别纳税调整。《企业所得税法》第四十六条规定不得在计算应纳税所得额时扣除的利息支出，不得结转到以后纳税年度；应按照实际支付给各关联方利息占关联方利息总额的比例，在各关联方之间进行分配，其中，分配给实际税负高于企业的境内关联方的利息准予扣除；直接或间接实际支付给境外关联方的利息应视同分配的股息。

持有创新企业 CDR 取得股息红利。对企业投资者持有创新企业 CDR 取得的股息、红利所得，按持有股票的股息、红利所得政策处理。

适用股息红利企业所得税政策的永续债利息收入。企业发行的永续债，可以适用股息红利企业所得税政策，投资方取得的永续债利息收入属于股息、红利性质，按照现行企业所得税政策相关规定进行处理。

跨境混合性投资业务的例外。境外投资者在境内从事混合性投资业务，同时符合以下两种情形的：该境外投资者与境内被投资企业构成关联关系；境外投资者所在国家（地区）将该项投资收益认定为权益性投资收益，且不征收企业所得税，境内被投资企业向境外投资者支付的利息应视为股息。

②股息、红利等权益性投资收益的金额确认。

现金股利。股息、红利等权益性投资收益就是股东根据被投资企业股东会或股东大会作出的利润分配决定实际应分得的现金金额。

财产股利。如果企业取得股利的形式是财产股利，这属于以非货币形式取得收入，应当按照公允价值确定股息、红利等权益性投资收益金额。

股票股利。如果企业取得股利的形式是股票股利，也就是被投资企业进行转股（增资），如果被投资企业用未分配利润或盈余公积转股，应视同利润分配，以被投资企业转股（增资）的账面金额（即减少的利润分配——未分配利润或盈余公积金额）确认投资企业的股息、红利等权益性投资收益金额，同时按相同金额确认取得股票（股权、股份）的计税基础。如果被投资企业用资本公积转股，属于用股权（票）溢价形成的资本公积转股的，不作为投资方企业的股息、红利收入，投资方企业也不得增加该项长期投资的计税基础；属于用非股权（票）溢价形成的资本公积转股的，应视同利润分配。

【例3－4】 企业在下列业务中不得确认股息、红利等权益性投资收益是（　　）。

A. 企业清算

B. 被投资企业用盈余公积转增股本

C. 股权转让

D. 持有创新企业CDR取得股息红利

【解析】 依据企业所得税的有关规定，股权转让不得确认股息、红利等权益性投资收益。因此，正确答案为C。

（6）利息收入的确认。

①利息收入确认的基本规定。利息收入，按照合同约定的债务人应付利息的日期确认收入的实现。

②金融企业贷款利息收入的确认。金融企业的贷款利息收入按下列办法确认：

金融企业按规定发放的贷款，属于未逾期贷款（含展期，下同），应根据先收利息后收本金的原则，按贷款合同确认的利率和结算利息的期限计算利息，并于债务人应付利息的日期确认收入的实现；属于逾期贷款，其逾期后发生的应收利息，应于实际收到的日期，或者虽未实际收到，但会计上确认为利息收入的日期，确认收入的实现。

金融企业已确认为利息收入的应收利息，逾期90天仍未收回，且会计上已冲减了当期利息收入的，准予抵扣当期应纳税所得额。金融企业已冲减了利息收入的应收未收利息，以后年度收回时，应计入当期应纳税所得额计算纳税。

③企业混合性投资业务中的利息收入。企业混合性投资业务，是指兼具权益和债权双重特性的投资业务。对符合规定条件的混合性投资业务，被投资企业支付的利息，投资企业应于被投资企业应付利息的日期，确认收入的实现并计入当期应纳税所得额。符合规定条件的混合性投资业务，是指同时符合下列

条件的混合性投资业务：被投资企业接受投资后，需要按投资合同或协议约定的利率定期支付利息（或定期支付保底利息、固定利润、固定股息）；有明确的投资期限或特定的投资条件，并在投资期满或者满足特定投资条件后，被投资企业需要赎回投资或偿还本金；投资企业对被投资企业净资产不拥有所有权；投资企业不具有选举权和被选举权；投资企业不参与被投资企业日常生产经营活动。

④国债利息收入的确认。在两种情形下会产生国债利息收入：

一是到期兑付。企业投资国债从国务院财政部门（以下简称发行者）取得的国债利息收入，应以国债发行时约定应付利息的日期，确认利息收入的实现。

二是转让国债。企业转让国债，应在国债转让收入确认时确认利息收入的实现。国债转让收入的确认时间是转让国债合同、协议生效的日期，或者国债移交时。

企业到期前转让国债或者从非发行者投资购买的国债，其持有期间尚未兑付的国债利息收入，按以下公式计算确定：

$$国债利息收入=国债金额\times(适用年利率\div365)\times持有天数$$

公式中的“国债金额”，按国债发行面值或发行价格确定；“适用年利率”按国债票面年利率或折合年收益率确定；如企业不同时间多次购买同一品种国债的，“持有天数”可按平均持有天数计算确定。

⑤永续债利息收入。企业发行符合规定条件的永续债，也可以按照债券利息适用企业所得税政策，投资方取得的永续债利息收入应当依法纳税。符合规定条件的永续债，是指符合下列条件中 5 条（含）以上的永续债：被投资企业对该项投资具有还本义务；有明确约定的利率和付息频率；有一定的投资期限；投资方对被投资企业净资产不拥有所有权；投资方不参与被投资企业日常生产经营活动；被投资企业可以赎回，或满足特定条件后可以赎回；被投资企业将该项投资计入负债；该项投资不承担被投资企业股东同等的经营风险；该项投资的清偿顺序位于被投资企业股东持有的股份之前。

⑥可转换债券利息收入。购买方企业购买可转换债券，在其持有期间按照约定利率取得的利息收入，应当依法申报缴纳企业所得税。购买方企业可转换债券转换为股票时，将应收未收利息一并转为股票的，该应收未收利息即使会计上未确认收入，税收上也应当作为当期利息收入申报纳税。

（7）租金收入的确认。

租金收入，按照合同约定的承租人应付租金的日期确认收入的实现。但如果交易合同或协议中规定租赁期限跨年度，且租金提前一次性支付的，出租人可对上述已确认的收入，在租赁期内，分期均匀计入相关年度收入。

房地产开发经营企业新建的开发产品在尚未完工或办理房地产初始登记、取得产权证前，与承租人签订租赁预约协议的，自开发产品交付承租人使用之日起，出租方取得的预租价款按租金确认收入的实现。

（8）特许权使用费收入的确认。

特许权使用费收入，按照合同约定的特许权使用人应付特许权使用费的日期确认收入的实现。

属于提供设备和其他有形资产的特许权费，在交付资产或转移资产所有权时确认收入；属于提供初始及后续服务的特许权费，在提供服务时确认收入。

（9）接受捐赠收入的确认。

接受捐赠收入，按照实际收到捐赠资产的日期确认收入的实现。如果接受捐赠的是非货币性资产，则应按其公允价值确认接受捐赠收入。

（10）其他收入的确认。

①债务重组收入的确认。企业发生债务重组，应在债务重组合同或协议生效时确认收入的实现。

②政府财政资金收入的确认。企业取得的各种政府财政支付，如财政补贴、补助、补偿、退税等，与企业销售货物、提供劳务服务的数量、金额不挂钩的，应当按照实际取得收入的时间确认收入。

4. 不征税收入。

收入总额中的下列收入为不征税收入：

（1）财政拨款。

财政拨款是指各级人民政府对纳入预算管理的事业单位、社会团体等组织拨付的财政资金，但国务院和国务院财政、税务主管部门另有规定的除外。

（2）依法收取并纳入财政管理的行政事业性收费、政府性基金。

行政事业性收费是指依照法律法规等有关规定，按照国务院规定程序批准，在实施社会公共管理，以及在向公民、法人或者其他组织提供特定公共服务过程中，向特定对象收取并纳入财政管理的费用。政府性基金是指企业依照法律、行政法规等有关规定，代政府收取的具有专项用途的财政资金。

企业收取的各种基金、收费，应计入企业当年收入总额。对企业依照法律、法规及国务院有关规定收取并上缴财政的政府性基金和行政事业性收费，准予作为不征税收入，于上缴财政的当年在计算应纳税所得额时从收入总额中减除；未上缴财政的部分，不得从收入总额中减除。

（3）国务院规定的其他不征税收入。

国务院规定的其他不征税收入是指企业取得的，由国务院财政、税务主管部门规定专项用途并经国务院批准的财政性资金。

所谓财政性资金，是指企业取得的来源于政府及其有关部门的财政补助、补贴、贷款贴息，以及其他各类财政专项资金，包括直接减免的增值税和即征即退、先征后退、先征后返的各种税收，但不包括企业按规定取得的出口退税款。

企业取得的各类财政性资金，除属于国家投资和资金使用后要求归还本金的以外，均应计入企业当年收入总额。国家投资，是指国家以投资者身份投入企业、并按有关规定相应增加企业实收资本（股本）的直接投资。

对纳入预算管理的事业单位、社会团体等组织按照核定的预算和经费报领关系收到的由财政部门或上级单位拨入的财政补助收入，准予作为不征税收入，在计算应纳税所得额时从收入总额中减除，但国务院和国务院财政、税务主管部门另有规定的除外。

企业从县级以上各级人民政府财政部门及其他部门取得的应计入收入总额的财政性资金，凡同时符合以下条件的，可以作为不征税收入，在计算应纳税所得额时从收入总额中减除：

①企业能够提供规定资金专项用途的资金拨付文件；

②财政部门或其他拨付资金的政府部门对该资金有专门的资金管理办法或具体管理要求；

③企业对该资金以及以该资金发生的支出单独进行核算。

企业将符合上述条件的财政性资金作不征税收入处理后，在 5 年（60 个月）内未发生支出且未缴回财政部门或其他拨付资金的政府部门的部分，应计入取得该资金第六年的应税收入总额；计入应税收入总额的财政性资金发生的支出，允许在计算应纳税所得额时扣除。

企业取得的不征税收入，应按照规定进行处理。凡未按照规定进行管理的，应作为企业应税收入计入应纳税所得额，依法缴纳企业所得税。

（4）不征税收入的单项规定。

①核力发电企业取得的增值税退税款，专项用于还本付息，不征收企业所得税。

②对全国社会保障基金理事会、社保基金投资管理人管理的社保基金银行存款利息收入，社保基金从证券市场中取得的收入，包括买卖证券投资基金、股票、债券的差价收入，证券投资基金红利收入，股票的股息、红利收入，债券的利息收入及产业投资基金收益、信托投资收益等其他投资收入，作为企业所得税不征税收入。

③符合条件的软件企业按照规定取得的即征即退增值税款，由企业专项用于软件产品研发和扩大再生产并单独进行核算，可以作为不征税收入，在计算应纳税所得额时从收入总额中减除。

④县级以上人民政府（包括政府有关部门）将国有资产无偿划入企业，凡指定专门用途并按规定进行管理的，企业可作为不征税收入进行企业所得税处理。其中，该项资产属于非货币性资产的，应按政府确定的接收价值计算不征税收入。

⑤对全国社会保障基金取得的直接股权投资收益、股权投资基金收益，作为企业所得税不征税收入。

⑥对全国社会保障基金理事会及养老基金投资管理机构在国务院批准的投资范围内，运用受托投资的基本养老保险基金（以下简称养老基金）投资取得的归属于养老基金的投资收入，作为企业所得税不征税收入。

（三）各项扣除

1. 税前扣除的基本范围。

（1）允许在税前扣除的支出。

企业实际发生的与取得收入有关的、合理的支出，包括成本、费用、税金、损失和其他支出，准予在计算应纳税所得额时扣除。

①成本。成本是指企业在生产经营活动中发生的销售成本、销货成本、业务支出及其他耗费。

②费用。费用是指企业在生产经营活动中发生的销售费用、管理费用和财务费用，已经计入成本的有关费用除外。

③税金。税金是指企业发生的除企业所得税和允许抵扣的增值税以外的各项税金及其附加。

④损失。损失是指企业在生产经营活动中发生的固定资产和存货的盘亏、毁损、报废损失，转让财产损失，呆账损失，坏账损失，自然灾害等不可抗力因素造成的损失及其他损失。企业发生的损失，减除责任人赔偿和保险赔款后的余额，依照国务院财政、税务主管部门的规定扣除。企业已经作为损失处理的资产，在以后纳税年度又全部收回或者部分收回时，应当计入当期收入。

⑤其他支出。其他支出是指除成本、费用、税金、损失外，企业在生产经营活动中发生的与生产经营活动有关的、合理的支出。如公益性捐赠支出、经核定的准备金支出等。

（2）不得在税前扣除的支出。

在计算应纳税所得额时，下列支出不得扣除：

①向投资者支付的股息、红利等权益性投资收益款项。

②企业所得税税款。

③税收滞纳金和特别纳税调整按照规定加收的利息。

④罚金、罚款和被没收财物的损失。

⑤非公益性捐赠支出。

⑥赞助支出。赞助支出是指企业发生的与生产经营活动无关的各种非广告性质支出。

⑦未经核定的准备金支出。未经核定的准备金支出是指不符合国务院财政、税务主管部门规定的各项资产减值准备、风险准备等准备金支出。

⑧行政和解金支出。行政和解金支出是指行政相对人交纳的行政和解金。

2. 税前扣除原则。

除计算应纳税所得额的基本原则外，税前扣除原则还有：

（1）实际发生原则。企业应当以实际发生的交易或者事项为依据进行各项扣除的确认和申报。

（2）相关性原则。即企业发生的支出应是与取得收入直接相关的支出。

（3）合理性原则。即企业发生的支出应是符合生产经营活动常规，应当计入当期损益或者有关资产成本的必要和正常的支出。

（4）区分收益性支出和资本性支出原则。企业发生的支出应当区分收益性支出和资本性支出。收益性支出在发生当期直接扣除；资本性支出应当分期扣除或者计入有关资产成本，不得在发生当期直接扣除。

（5）非经法定不得重复扣除原则。除另有规定外，企业实际发生的成本、费用、税金、损失和其他支出，不得重复扣除。

（6）历史成本原则。企业的各项资产，应当以企业取得该项资产时实际发生的支出为计税基础。企业持有各项资产期间资产增值或者减值，除国务院财政、税务主管部门规定可以确认损益外，不得调整该资产的计税基础。

3. 税前扣除凭证管理。

自2018年7月1日起，国家税务总局施行《企业所得税税前扣除凭证管理办法》。

（1）税前扣除凭证的定义。

税前扣除凭证是指企业在计算企业所得税应纳税所得额时，证明与取得收入有关的、合理的支出实际发生，并据以税前扣除的各类凭证。

（2）税前扣除凭证的管理原则。

税前扣除凭证在管理中遵循真实性、合法性、关联性原则。真实性是指税前扣除凭证反映的经济业务真实，且支出已经实际发生；合法性是指税前扣除凭证的形式、来源符合国家法律、法规等相关规定；关联性是指税前扣除凭证与其反映的支出相关联且有证明力。

（3）税前扣除凭证的管理要求。

企业发生支出，应取得税前扣除凭证，作为计算企业所得税应纳税所得额时扣除相关支出的依据。企业应在当年度《企业所得税法》规定的汇算清缴期结束前取得税前扣除凭证。企业应将与税前扣除凭证相关的资料，包括合同协议、支出依据、付款凭证等留存备查，以证实税前扣除凭证的真实性。

（4）税前扣除凭证的种类。

税前扣除凭证按照来源分为内部凭证和外部凭证。内部凭证是指企业自制用于成本、费用、损失和其他支出核算的会计原始凭证，其填制和使用应当符合国家会计法律、法规等相关规定。外部凭证是指企业发生经营活动和其他事项时，从其他单位、个人取得的用于证明其支出发生的凭证，包括但不限于发票（包括纸质发票和电子发票）、财政票据、完税凭证、收款凭证、分割单等。

（5）一般情况下支出项目税前扣除凭证的要求。

①境内支出项目的扣除凭证。境内支出项目又分是否属于增值税应税项目两种情况。

第一种情况：境内支出项目属于增值税应税项目。企业在境内发生的支出项目属于增值税应税项目（以下简称应税项目）的，对方为已办理税务登记的增值税纳税人，其支出以发票（包括按照规定由税务机关代开的发票）作为税前扣除凭证；对方为依法无须办理税务登记的单位或者从事小额零星经营业务的个人，其支出以税务机关代开的发票或者收款凭证及内部凭证作为税前扣除凭证，收款凭证应载明收款单位名称、个人姓名及身份证号、支出项目、收款金额等相关信息。

小额零星经营业务的判断标准是个人从事应税项目经营业务的销售额不超过增值税相关政策规定的起征点。

国家税务总局对应税项目开具发票另有规定的，以规定的发票或者票据作为税前扣除凭证。如《国家税务总局关于铁路运输和邮政业营业税改征增值税发票及税控系统使用问题的公告》（国家税务总局公告 2013 年第 76 号）规定的中国铁路总公司及其所属运输企业（含分支机构）自行印制的铁路票据等。

第二种情况：境内支出项目不属于增值税应税项目。企业在境内发生的支出项目不属于应税项目的，对方为单位的，以对方开具的发票以外的其他外部凭证作为税前扣除凭证；对方为个人的，以内部凭证作为税前扣除凭证。

企业在境内发生的支出项目虽不属于应税项目，但按国家税务总局规定可以开具发票的，可以发票作为税前扣除凭证。

②境外支出项目的扣除凭证。企业从境外购进货物或者劳务发生的支出，以对方开具的发票或者具有发票性质的收款凭证、相关税费缴纳凭证作为税前扣除凭证。

③不合规外部凭证不得作为税前扣除凭证。企业取得私自印制、伪造、变造、作废、开票方非法取得、虚开、填写不规范等不符合规定的发票（以下简称不合规发票），以及取得不符合国家法律、法规等相关规定的其他外部凭证（以下简称不合规其他外部凭证），不得作为税前扣除凭证。不合规发票和不合规其他外部凭证可统称为不合规外部凭证。

（6）特殊情况下支出项目税前扣除凭证的要求。

①应当取得而未取得外部凭证或取得不合规外部凭证的处理。

第一种情况：应当取得而未取得外部凭证或取得不合规外部凭证在汇算清缴期结束前的处理。企业应当取得而未取得发票、其他外部凭证或者取得不合规发票、不合规其他外部凭证的，若支出真实且已实际发生，应当在当年度汇算清缴期结束前，要求对方补开、换开发票、其他外部凭证。补开、换开后的发票、其他外部凭证符合规定的，可以作为税前扣除凭证。

企业在补开、换开发票、其他外部凭证过程中，因对方注销、撤销、依法被吊销营业执照、被税务机关认定为非正常户等特殊原因无法补开、换开发票、其他外部凭证的，可凭以下资料证实支出真实性后，其支出允许税前扣除：无法补开、换开发票、其他外部凭证原因的证明资料（包括工商注销、机构撤销、列入非正常经营户、破产公告等证明资料）；相关业务活动的合同或者协议；采用非现金方式支付的付款凭证；货物运输的证明资料；货物入库、出库内部凭证；企业会计核算记录以及其他资料。其中，前三项为必备资料。

企业在当年度汇算清缴期结束前未能补开、换开符合规定的发票、其他外部凭证，并且未能按照规定提供相关资料证实其支出真实性的，相应支出不得在发生年度税前扣除。

第二种情况：汇算清缴期结束后应当取得而未取得外部凭证或取得不合规外部凭证的处理。汇算清缴期结束后，税务机关发现企业应当取得而未取得发票、其他外部凭证或者取得不合规发票、不合规其他外部凭证并且告知企业的，企业应当自被告知之日起60日内补开、换开符合规定的发票、其他外部凭证。其中，因对方特殊原因无法补开、换开发票、其他外部凭证的，企业应当自被告知之日起60日内按照规定提供可以证实其支出真实性的相关资料。

企业在规定的期限未能补开、换开符合规定的发票、其他外部凭证，并且未能按照规定提供相关资料证实其支出真实性的，相应支出不得在发生年度税前扣除。

除“汇算清缴期结束后税务机关发现”的情形外，企业以前年度应当取得而未取得发票、其他外部凭证，且相应支出在该年度没有税前扣除的，在以后年度取得符合规定的发票、其他外部凭证或者按照规定提供可以证实其支出真实性的相关资料，相应支出可以追补至该支出发生年度税前扣除，但追补年限不得超过五年。

②共同支出的税前扣除凭证。

第一种情况：共同接受应税劳务支出的税前扣除凭证。企业与其他企业（包括关联企业）、个人在境内共同接受应纳增值税劳务（以下简称应税劳务）发生的支出，采取分摊方式的，应当按照独立交易原则进行分摊，企业以发票和分割单作为税前扣除凭证，共同接受应税劳务的其他企业以企业开具的分割单作为税前扣除凭证。

第二种情况：共同接受非应税劳务支出的税前扣除凭证。企业与其他企业、个人在境内共同接受非应税劳务发生的支出，采取分摊方式的，企业以发票外的其他外部凭证和分割单作为税前扣除凭证，共同接受非应税劳务的其他企业以企业开具的分割单作为税前扣除凭证。

第三种情况：租用资产共同支出的税前扣除凭证。企业租用（包括企业作为单一承租方租用）办公、生产用房等资产发生的水、电、燃气、冷气、暖气、通讯线路、有线电视、网络等费用，出租方作为应税项目开具发票的，企业以发票作为税前扣除凭证；出租方采取分摊方式的，企业以出租方开具的其他外部凭证作为税前扣除凭证。

【例3－5】企业应当取得而未取得外部凭证或取得不合规外部凭证，因特殊原因无法补开、换开的，可凭有关资料证实支出真实性后，其支出允许税前扣除。其中，必备资料有（　　）。

A. 无法补开、换开原因的证明资料

B. 相关业务活动的合同或者协议

C. 采用非现金方式支付的付款凭证

D. 货物运输的证明资料

E. 货物入库、出库内部凭证

【解析】企业在补开、换开发票、其他外部凭证过程中，因对方注销、撤销、依法被吊销营业执照、被税务机关认定为非正常户等特殊原因无法补开、换开发票、其他外部凭证的，可凭有关资料证实支出的真实性。其中，无法补开、换开发票、其他外部凭证原因的证明资料，相关业务活动的合同或者协议，采用非现金方式支付的付款凭证为必备资料；货物运输的证明资料，货物入库、出库内部凭证，企业会计核算记录以及其他资料为非必备资料。因此，正确答案为ABC。

4. 成本税前扣除政策。

允许税前扣除的成本应是销售（营业）成本。

（1）存货成本。

企业使用或者销售存货，按照规定计算的存货成本，准予在计算应纳税所得额时扣除。

①存货成本的确定方法。存货是指企业持有以备出售的产品或者商品、处在生产过程中的在产品、在生产或者提供劳务过程中耗用的材料和物料等。存

货按照以下方法确定成本：通过支付现金方式取得的存货，以购买价款和支付的相关税费为成本；通过支付现金以外的方式取得的存货，以该存货的公允价值和支付的相关税费为成本；生产性生物资产收获的农产品，以产出或者采收过程中发生的材料费、人工费和分摊的间接费用等必要支出为成本。

②存货成本的计算方法。企业使用或者销售的存货的成本计算方法，可以在先进先出法、加权平均法、个别计价法中选用一种。计价方法一经选用，不得随意变更。

（2）劳务成本。

企业在各个纳税期末，提供劳务交易的结果能够可靠估计的，在采用完工进度（完工百分比）法确认提供劳务收入的同时，应按照提供劳务估计总成本乘以完工进度扣除以前纳税期间累计已确认劳务成本后的金额，结转为当期劳务成本。企业提供劳务完工进度的确定，可选用下列方法：已完工作的测量；已提供劳务占劳务总量的比例；发生成本占总成本的比例。

（3）开发产品成本。

①开发产品计税成本对象的确定。成本对象是指为归集和分配开发产品开发、建造过程中的各项耗费而确定的费用承担项目。房地产开发企业应依据计税成本对象确定原则确定已完工开发产品的成本对象，并就确定原则、依据，共同成本分配原则、方法，以及开发项目基本情况、开发计划等出具专项报告，在开发产品完工当年企业所得税年度纳税申报时，随同《企业所得税年度纳税申报表》一并报送主管税务机关。计税成本对象的确定原则有可否销售原则、分类归集原则、功能区分原则、定价差异原则、成本差异原则和权益区分原则。

下列项目应单独作为成本核算对象：一是企业单独建造的停车场所；二是企业在开发区内建造的会所、物业管理场所、电站、热力站、水厂、文体场馆、幼儿园等配套设施，属于营利性的，或产权归企业所有的，或未明确产权归属的，或无偿赠与地方政府、公用事业单位以外其他单位的；三是企业在开发区内建造的邮电通讯、学校、医疗设施。

②开发产品计税成本的内容。计税成本是指企业在开发、建造开发产品（包括固定资产，下同）过程中所发生的按照税收规定进行核算与计量的应归入某项成本对象的各项费用。开发产品计税成本支出的内容包括：土地征用费及拆迁补偿费、前期工程费、建筑安装工程费、基础设施建设费、公共配套设施费和开发间接费。

企业为建造开发产品借入资金而发生的符合税收规定的借款费用，可按企业会计准则的规定进行归集和分配，其中属于财务费用性质的借款费用，可直接在税前扣除。属于开发产品成本性质的借款费用，应计入开发产品计税成本中的开发间接费。

除以下几项预提（应付）费用外，计税成本均应为实际发生的成本：

出包工程未最终办理结算而未取得全额发票的，在证明资料充分的前提下，其发票不足金额可以预提，但最高不得超过合同总金额的10%。

公共配套设施尚未建造或尚未完工的，可按预算造价合理预提建造费用。此类公共配套设施必须符合已在售房合同、协议或广告、模型中明确承诺建造且不可撤销，或按照法律法规规定必须配套建造的条件。

应向政府上交但尚未上交的报批报建费用、物业完善费用可以按规定预提。物业完善费用是指按规定应由企业承担的物业管理基金、公建维修基金或其他专项基金。

（4）其他成本。

①自2011年7月1日起，航空企业实际发生的飞行员养成费、飞行训练费、乘务训练费、空中保卫员训练费等空勤训练费用，可以作为航空企业运输成本扣除。

②自2011年度起，从事代理服务、主营业务收入为手续费、佣金的企业（如证券、期货、保险代理等企业），其为取得该类收入而实际发生的营业成本（包括手续费及佣金支出），准予税前据实扣除。

③自2013年度起，核力发电企业为培养核电厂操纵员发生的培养费用，可作为企业的发电成本扣除。

【例3－6】房地产开发企业为建造开发产品借款发生的利息支出，在开发产品完工前应计入的成本项目是（　　）。

A. 前期工程费　　B. 建筑安装工程费

C. 基础设施建设费　　D. 开发间接费

【解析】房地产开发企业为建造开发产品借款发生的利息支出，在开发产品完工前应计入开发产品计税成本——开发间接费。因此，正确答案为D。

5. 土地增值税税前扣除政策。

（1）预征土地增值税的税前扣除。

房地产开发企业在开发项目土地增值税清算前因销售开发产品（包括完工

开发产品和未完工开发产品）预征的土地增值税，准予在预征土地增值税所在的纳税年度税前扣除。

（2）自2016年12月9日起，清算后土地增值税的税前扣除按下列规定处理。

①房地产开发企业按规定对开发项目进行土地增值税清算后，当年企业所得税汇算清缴出现亏损且有其他后续开发项目的，该亏损应按照税法规定向以后年度结转，用以后年度所得弥补。后续开发项目是指正在开发以及中标的项目。

②房地产开发企业按规定对开发项目进行土地增值税清算后，当年企业所得税汇算清缴出现亏损，且没有后续开发项目的，可以按照以下方法，计算出该项目由于土地增值税原因导致的项目开发各年度多缴企业所得税税款，并申请退税。

该项目缴纳的土地增值税总额，应按照该项目开发各年度实现的项目销售收入占整个项目销售收入总额的比例，在项目开发各年度进行分摊，具体按以下公式计算：

各年度应分摊的土地增值税＝土地增值税总额×（项目年度销售收入÷整个项目销售收入总额）

公式中的销售收入包括视同销售房地产的收入，但不包括企业销售的增值额未超过扣除项目金额20%的普通标准住宅的销售收入。

该项目开发各年度应分摊的土地增值税减去该年度已经在企业所得税税前扣除的土地增值税后，余额属于当年应补充扣除的土地增值税；企业应调整当年度的应纳税所得额，并按规定计算当年度应退的企业所得税税款；当年度已缴纳的企业所得税税款不足退税的，应作为亏损向以后年度结转，并调整以后年度的应纳税所得额。

按照上述方法进行土地增值税分摊调整后，导致相应年度应纳税所得额出现正数的，应按规定计算缴纳企业所得税。

企业按上述方法计算的累计退税额，不得超过其在该项目开发各年度累计实际缴纳的企业所得税；超过部分作为项目清算年度产生的亏损，向以后年度结转。

6. 工资薪金支出。

企业发生的合理的工资薪金支出，准予扣除。

（1）工资薪金支出的内容。

工资薪金是指企业每一纳税年度支付给在本企业任职或者受雇的员工的所有现金形式或者非现金形式的劳动报酬，包括基本工资、奖金、津贴、补贴、年终加薪、加班工资，以及与员工任职或者受雇有关的其他支出。

自2011年度起，企业因雇用季节工、临时工、实习生、返聘离退休人员以及接受外部劳务派遣用工所实际发生的费用，应区分为工资薪金支出和职工福利费支出，并按《企业所得税法》规定在企业所得税前扣除。其中属于工资薪金支出的，准予计入企业工资薪金总额的基数，作为计算其他各项相关费用扣除的依据。

自2014年度起，企业接受外部劳务派遣用工所实际发生的费用，应分两种情况按规定在税前扣除：按照协议（合同）约定直接支付给劳务派遣公司的费用，应作为劳务费支出；直接支付给员工个人的费用，应作为工资薪金支出和职工福利费支出。其中属于工资薪金支出的费用，准予计入企业工资薪金总额的基数，作为计算其他各项相关费用扣除的依据。

自2014年度起，列入企业员工工资薪金制度、固定与工资薪金一起发放的福利性补贴符合规定条件的，可作为企业发生的工资薪金支出，按规定在税前扣除。不符合规定条件的，应作为职工福利费，按规定计算限额税前扣除。

雇主为雇员负担的个人所得税款，应属于个人工资薪金的一部分。凡单独作为企业管理费列支的，在计算企业所得税时不得税前扣除。

（2）关于工资薪金的合理性。

“合理工资薪金”是指企业按照股东大会、董事会、薪酬委员会或相关管理机构制订的工资薪金制度规定实际发放给员工的工资薪金。在对工资薪金进行合理性确认时，可按以下原则掌握：

①企业制订了较为规范的员工工资薪金制度；

②企业所制订的工资薪金制度符合行业及地区水平；

③企业在一定时期所发放的工资薪金是相对固定的，工资薪金的调整是有序进行的；

④企业对实际发放的工资薪金，已依法履行了代扣代缴个人所得税义务；

⑤有关工资薪金的安排，不以减少或逃避税款为目的。

（3）工资薪金总额。

工资薪金总额是指企业按照规定实际发放的工资薪金总和，不包括企业的职工福利费、职工教育经费、工会经费及养老保险费、医疗保险费、失业保险费、工伤保险费、生育保险费等社会保险费和住房公积金。属于国有性质的企业，其工资薪金，不得超过政府有关部门给予的限定数额；超过部分，不得计入企业工资薪金总额，也不得在计算企业应纳税所得额时扣除。

（4）工资薪金扣除。

自2014年度起，企业在年度汇算清缴结束前向员工实际支付的已预提汇缴年度工资薪金，准予在汇缴年度按规定扣除。

（5）股权激励计划。

股权激励是指依照证监会的有关规定，上市公司以本公司股票为标的，对其激励对象进行的长期性激励。股权激励实行方式包括授予限制性股票、股票期权以及其他法律法规规定的方式。自2012年7月1日起，上市公司实施股权激励计划有关企业所得税按下列规定处理：

①对股权激励计划实行后立即可以行权的，上市公司可以根据实际行权时该股票的公允价格与激励对象实际行权支付价格的差额和数量，计算确定作为当年上市公司工资薪金支出，依照税法规定进行税前扣除。

②对股权激励计划实行后，需待一定服务年限或者达到规定业绩条件（以下简称等待期）方可行权的，上市公司等待期内会计上计算确认的相关成本费用，不得在对应年度计算缴纳企业所得税时扣除。在股权激励计划可行权后，上市公司方可根据该股票实际行权时的公允价格与当年激励对象实际行权支付价格的差额及数量，计算确定作为当年上市公司工资薪金支出，依照税法规定进行税前扣除。

股票实际行权时的公允价格，以实际行权日该股票的收盘价格确定。

在我国境外上市的居民企业和非上市公司，凡比照证监会的有关规定建立职工股权激励计划，且在企业会计处理上，也按我国会计准则的有关规定处理的，其股权激励计划有关企业所得税处理问题，可以按照上述规定执行。

7. 职工福利费支出。

企业发生的职工福利费支出，不超过工资薪金总额14%的部分，准予扣除。

（1）职工福利费的内容。

①尚未实行分离办社会职能的企业，其内设福利部门所发生的设备、设施和人员费用，包括职工食堂、职工浴室、理发室、医务所、托儿所、疗养院等集体福利部门的设备、设施及维修保养费用和福利部门工作人员的工资薪金、

社会保险费、住房公积金、劳务费等。

②为职工卫生保健、生活、住房、交通等所发放的各项补贴和非货币性福利，包括企业向职工发放的因公外地就医费用、未实行医疗统筹企业职工医疗费用、职工供养直系亲属医疗补贴、供暖费补贴、职工防暑降温费、职工困难补贴、救济费、职工食堂经费补贴、职工交通补贴等。

③按照其他规定发生的其他职工福利费，包括丧葬补助费、抚恤费、安家费、探亲假路费等。

（2）职工福利费的核算要求。

企业发生的职工福利费，应该单独设置账册，进行准确核算。没有单独设置账册准确核算的，税务机关应责令企业在规定的期限内进行改正。逾期仍未改正的，税务机关可对企业发生的职工福利费进行合理的核定。

8. 职工教育经费支出。

自 2018 年 1 月 1 日起，企业发生的职工教育经费支出，不超过工资薪金总额 8% 的部分，准予扣除；超过部分，准予在以后纳税年度结转扣除。

自 2011 年 1 月 1 日起，集成电路设计企业和符合条件的软件企业的职工培训费用，应单独进行核算并按实际发生额在计算应纳税所得额时扣除。符合条件的动漫企业可享受国家现行鼓励软件产业发展的所得税优惠政策。

9. 工会经费支出。

企业拨缴的工会经费，不超过工资薪金总额 2% 的部分，准予扣除。

企业拨缴的职工工会经费，不超过工资薪金总额 2% 的部分，凭工会组织开具的《工会经费收入专用收据》或税务机关代收工会经费的合法、有效的工会经费代收凭据在企业所得税税前扣除。

10. “五险一金”。

企业依照国务院有关主管部门或者省级人民政府规定的范围和标准为职工缴纳的基本养老保险费、基本医疗保险费、失业保险费、工伤保险费、生育保险费等基本社会保险费和住房公积金，准予扣除。

11. 补充保险。

企业根据国家有关政策规定，为在本企业任职或者受雇的全体员工支付的补充养老保险费、补充医疗保险费，分别在不超过职工工资总额 5% 标准内的部分，在计算应纳税所得额时准予扣除；超过的部分，不予扣除。

【例 3－7】 依照现行企业所得税的规定，企业的下列各项支出应作为工资薪金支出税前扣除的有（　　）。

A. 实习生的工资

B. 退休返聘人员的工资

C. 职工食堂工作人员的工资

D. 为职工缴纳的企业年金

E. 直接支付给劳务派遣公司的劳务派遣人员的工资

【解析】职工食堂属于福利部门。福利部门工作人员的工资薪金、社会保险费、住房公积金、劳务费等属于企业职工福利费。为职工缴纳的企业年金属于补充养老保险费。为在本企业任职或者受雇的全体员工支付的补充养老保险费、补充医疗保险费，分别在不超过职工工资总额5%标准内的部分，在计算应纳税所得额时准予扣除；超过的部分，不予扣除。企业接受外部劳务派遣用工所实际发生的费用，应分两种情况按规定在税前扣除：按照协议（合同）约定直接支付给劳务派遣公司的费用，应作为劳务费支出；直接支付给员工个人的费用，应作为工资薪金支出和职工福利费支出。因此，正确答案为AB。

12. 业务招待费支出。

企业发生的与生产经营活动有关的业务招待费支出，按照发生额的60%扣除，但最高不得超过当年销售（营业）收入的5‰。

企业在计算业务招待费扣除限额时，其销售（营业）收入包括视同销售（营业）收入。对从事股权投资业务的企业（包括集团公司总部、创业投资企业等），其从被投资企业所分配的股息、红利以及股权转让收入，可以按规定的比例计算业务招待费扣除限额。

自2011年度起，企业在筹建期间发生的与筹办活动有关的业务招待费支出，可按实际发生额的60%计入企业筹办费，并按有关规定在税前扣除。

【例3－8】A企业2021年销售（营业）收入8000万元（含视同销售收入），业务招待费现金支出10万元，另将成本为20万元、公允价值为50万元、增值税税率为13%的自产货物用于交际应酬。A企业2021年允许税前扣除的业务招待费支出为（　　）万元。

A. 21.9　　B. 36.5　　C. 39.9　　D. 40.25

【解析】业务招待费计税金额（视同销售对应支出调整后）＝10＋50＋6.5＝66.5（万元）

业务招待费扣除限额＝8000×5‰＝40（万元）

由于 $66.5\times 60\% = 39.9$（万元）<40（万元），A 企业 2021 年允许税前扣除的业务招待费支出为 39.9 万元。因此，正确答案为 C。

13. 广告费和业务宣传费支出。

企业发生的符合条件的广告费和业务宣传费支出，除国务院财政、税务主管部门另有规定外，不超过当年销售（营业）收入 15% 的部分，准予扣除；超过部分，准予在以后纳税年度结转扣除。

（1）企业在计算广告费和业务宣传费支出扣除限额时，其销售（营业）收入包括视同销售（营业）收入。

（2）自 2021 年 1 月 1 日至 2025 年 12 月 31 日，有关广告费和业务宣传费支出税前扣除政策（自 2011 年 1 月 1 日起相关政策的延续）如下。

①对化妆品制造与销售、医药制造和饮料制造（不含酒类制造）企业发生的广告费和业务宣传费支出，不超过当年销售（营业）收入 30% 的部分，准予扣除；超过部分，准予在以后纳税年度结转扣除。

②对签订广告费和业务宣传费分摊协议（以下简称分摊协议）的关联企业，其中一方发生的不超过当年销售（营业）收入税前扣除限额比例内的广告费和业务宣传费支出可以在本企业扣除，也可以将其中的部分或全部按照分摊协议归集至另一方扣除。另一方在计算本企业广告费和业务宣传费支出企业所得税税前扣除限额时，可将按照上述办法归集至本企业的广告费和业务宣传费不计算在内。

③烟草企业的烟草广告费和业务宣传费支出，一律不得在计算应纳税所得额时扣除。

（3）自 2011 年度起，企业在筹建期间发生的广告费和业务宣传费，可按实际发生额计入企业筹办费，并按有关规定在税前扣除。

14. 租赁费。

企业根据生产经营活动的需要租入固定资产支付的租赁费，按照以下方法扣除：以经营租赁方式租入固定资产发生的租赁费支出，按照租赁期限均匀扣除；以融资租赁方式租入固定资产发生的租赁费支出，按照规定构成融资租入固定资产价值的部分应当提取折旧费用，分期扣除。

企业内营业机构之间支付的租金，不得在税前扣除。

15. 手续费和佣金支出。

（1）一般规定。

企业发生与生产经营有关的手续费及佣金支出，不超过按与具有合法经营资格中介服务机构或个人（不含交易双方及其雇员、代理人和代表人等）所签订服务协议或合同确认的收入金额的5%计算限额以内的部分，准予扣除；超过部分，不得扣除。

2018年度之前，财产保险企业按当年全部保费收入扣除退保金等后余额的15%（含本数，下同）计算限额；人身保险企业按当年全部保费收入扣除退保金等后余额的10%计算限额。自2018年度起，保险企业发生与其经营活动有关的手续费及佣金支出，不超过当年全部保费收入扣除退保金等后余额的18%（含本数）的部分，在计算应纳税所得额时准予扣除；超过部分，允许结转以后年度扣除。

①企业应与具有合法经营资格中介服务企业或个人签订代办协议或合同，并按国家有关规定支付手续费及佣金。除委托个人代理外，企业以现金等非转账方式支付的手续费及佣金不得在税前扣除。企业为发行权益性证券支付给有关证券承销机构的手续费及佣金不得在税前扣除。

②企业不得将手续费及佣金支出计入回扣、业务提成、返利、进场费等费用。

③企业已计入固定资产、无形资产等相关资产的手续费及佣金支出，应当通过折旧、摊销等方式分期扣除，不得在发生当期直接扣除。

④企业支付的手续费及佣金不得直接冲减服务协议或合同金额，并如实入账。

（2）特别规定。

①房地产开发经营企业委托境外机构销售开发产品的，其支付境外机构的销售费用（含佣金或手续费）不超过委托销售收入10%的部分，准予据实扣除。

②自2011年度起，从事代理服务、主营业务收入为手续费、佣金的企业（如证券、期货、保险代理等企业），其为取得该类收入而实际发生的营业成本（包括手续费及佣金支出），准予在企业所得税前据实扣除。

③自2011年度起，电信企业在发展客户、拓展业务等过程中因委托销售电话入网卡、电话充值卡所发生的手续费及佣金支出，不超过企业当年收入总额5%的部分，准予在企业所得税前据实扣除。

④邮储银行按照财政部等有关部门规定支付给邮政企业及其各省子公司的“代理费”，不属于“手续费及佣金”范围，准予据实在计算企业应纳税所得额时扣除。

16. 借款费用。

按借款用途不同，可将借款费用分为资本化的借款费用和费用化的借款费用两大类。

（1）资本化的借款费用。

下列用途的借款费用，应当作为资本性支出计入有关资产的成本，并依照规定在税前扣除：

①企业为购置、建造固定资产发生借款的，在有关固定资产购置、建造期间发生的合理的借款费用。

②企业为购置、开发无形资产发生借款的，在有关无形资产购置、开发期间发生的合理的借款费用。

③企业为经过12个月以上的建造才能达到预定可销售状态的存货发生借款的，在有关存货建造期间发生的合理的借款费用。

（2）费用化的借款费用。

上述用途以外的借款费用，应当作为费用化的借款费用，并依照规定在税前扣除：

①企业为购置、建造固定资产发生借款的，在有关固定资产购置、建造之前和之后发生的合理的借款费用。

②企业为购置、开发无形资产发生借款的，在有关无形资产购置、开发之前和之后发生的合理的借款费用。

③企业为经过12个月以上的建造才能达到预定可销售状态的存货发生借款的，在有关存货建造之前和之后发生的合理的借款费用。

④企业为对外投资而发生的借款费用。

⑤企业在生产经营活动中发生的其他不需要资本化的借款费用。

自2011年度起，企业通过发行债券、取得贷款、吸收保户储金等方式融资而发生的合理的费用支出，符合资本化条件的，应计入相关资产成本；不符合资本化条件的，应作为财务费用，准予在企业所得税前据实扣除。

从借款费用的内容上看，对利息支出以外的借款费用，除资本化计入有关资产的成本外，允许在税前直接扣除。对利息支出的税前扣除，按以下规定处理。

17. 利息支出。

（1）利息支出税前扣除的一般规定。

企业在生产经营活动中发生的下列利息支出，准予扣除：

①非金融企业向金融企业借款的利息支出、金融企业的各项存款利息支出和同业拆借利息支出、企业经批准发行债券的利息支出；

②非金融企业向非金融企业借款的利息支出，不超过按照金融企业同期同类贷款利率计算的数额的部分。

自 2011 年 7 月 1 日起，对金融企业同期同类贷款利率，企业在按照合同要求首次支付利息并进行税前扣除时，应提供“金融企业的同期同类贷款利率情况说明”，以证明其利息支出的合理性。“金融企业的同期同类贷款利率情况说明”中，应包括在签订该借款合同当时，本省任何一家金融企业提供同期同类贷款利率情况。该金融企业应为经政府有关部门批准成立的可以从事贷款业务的企业，包括银行、财务公司、信托公司等金融机构。“同期同类贷款利率”是指在贷款期限、贷款金额、贷款担保及企业信誉等条件基本相同下，金融企业提供贷款的利率。既可以是金融企业公布的同期同类平均利率，也可以是金融企业对某些企业提供的实际贷款利率。

③非银行企业内营业机构之间支付的利息，不得税前扣除。

（2）利息支出税前扣除的特别规定。

①企业投资者投资未到位利息支出的税前扣除。凡企业投资者在规定期限内未缴足其应缴资本额的，该企业对外借款所发生的利息，相当于投资者实缴资本额与在规定期限内应缴资本额的差额应计付的利息，不属于企业合理的支出，应由企业投资者负担，不得在计算企业应纳税所得额时扣除。

具体计算不得扣除的利息，应以企业一个年度内每一账面实收资本与借款余额保持不变的期间作为一个计算期，每一计算期内不得扣除的借款利息按该期间借款利息发生额乘以该期间企业未缴足的注册资本占借款总额的比例计算。

企业每一计算期不得扣除的借款利息计算公式为：

企业每一计算期不得扣除的借款利息 = 该期间借款利息额 × 该期间未缴足注册资本额 ÷ 该期间借款额

企业一个年度内不得扣除的借款利息总额为该年度内每一计算期不得扣除的借款利息额之和。

②企业向自然人借款的利息支出的税前扣除。

企业向自然人股东或其他与企业有关联关系的自然人借款的利息支出，应根据企业关联方利息支出税前扣除的有关规定，计算税前扣除额。

企业向股东或其他与企业有关联关系的自然人以外的内部职工或其他人员借款的利息支出，其借款情况同时符合以下条件的，其利息支出在不超过按照金融企业同期同类贷款利率计算的数额的部分准予扣除：企业与个人之间的借贷是真实、合法、有效的，并且不具有非法集资目的或其他违反法律、法规的行为；企业与个人之间签订了借款合同。

③企业混合性投资业务中的利息支出。企业混合性投资业务是指兼具权益和债权双重特性的投资业务。自 2013 年 9 月 1 日起，对符合规定条件的混合性投资业务，被投资企业支付的利息，应于应付利息的日期，确认利息支出，并按规定进行税前扣除。

自 2021 年度起，境外投资者在境内从事混合性投资业务，同时符合以下两种情形的，境内被投资企业向境外投资者支付的利息应视为股息，不得进行税前扣除：该境外投资者与境内被投资企业构成关联关系；境外投资者所在国家（地区）将该项投资收益认定为权益性投资收益，且不征收企业所得税。

④自 2010 年 10 月 1 日起，融资性售后回租业务中，对融资性售后回租的资产，仍按承租人出售前原账面价值作为计税基础计提折旧。租赁期间，承租人支付的属于融资利息的部分，应作为企业财务费用在税前扣除。融资性售后回租业务是指承租方以融资为目的将资产出售给经批准从事融资租赁业务的企业后，又将该项资产从该融资租赁企业租回的行为。

⑤房地产开发经营企业的利息支出。企业为建造开发产品借入资金而发生的符合税收规定的借款费用，可按企业会计准则的规定进行归集和分配，其中属于财务费用性质的借款费用，可直接在税前扣除。企业集团或其成员企业统一向金融机构借款分摊集团内部其他成员企业使用的，借入方凡能出具从金融机构取得借款的证明文件，可以在使用借款的企业间合理地分摊利息费用，使用借款的企业分摊的合理利息准予在税前扣除。

⑥企业关联方利息支出的税前扣除。企业从其关联方接受的债权性投资与权益性投资的比例超过规定标准而发生的利息支出，不得在计算应纳税所得额时扣除。债权性投资是指企业直接或者间接从关联方获得的，需要偿还本金和支付利息或者需要以其他具有支付利息性质的方式予以补偿的融资。权益性投资是指企业接受的不需要偿还本金和支付利息，投资人对企业净资产拥有所有权的投资。

在计算应纳税所得额时，企业实际支付给关联方的利息支出，不超过以下规定比例和《企业所得税法》及其实施条例有关规定计算的部分，准予扣除，超过的部分不得在发生当期和以后年度扣除。企业实际支付给关联方的利息支出，除企业能够按照《企业所得税法》及其实施条例的有关规定提供相关资料，并证明相关交易活动符合独立交易原则的，或者该企业的实际税负不高于境内关联方外，其接受关联方债权性投资与其权益性投资比例为：金融企业，为5∶1；其他企业，为2∶1。

企业同时从事金融业务和非金融业务，其实际支付给关联方的利息支出，应按照合理方法分开计算；没有按照合理方法分开计算的，一律按其他企业的比例计算准予税前扣除的利息支出。

企业如果能够按照《企业所得税法》及其实施条例的有关规定提供相关资料，并证明相关交易活动符合独立交易原则的；或者该企业的实际税负不高于境内关联方的，其实际支付给境内关联方的利息支出，在计算应纳税所得额时准予扣除。

关联债资比例的计算公式为：

关联债资比例＝年度各月平均关联债权投资之和÷年度各月平均权益投资之和

其中：各月平均关联债权投资＝(关联债权投资月初账面余额＋月末账面余额)÷2；各月平均权益投资＝(权益投资月初账面余额＋月末账面余额)÷2。

权益投资为企业资产负债表所列示的所有者权益金额。如果所有者权益小于实收资本（股本）与资本公积之和，则权益投资为实收资本（股本）与资本公积之和；如果实收资本（股本）与资本公积之和小于实收资本（股本）金额，则权益投资为实收资本（股本）金额。

不得在计算应纳税所得额时扣除的利息支出计算公式为：

不得扣除的利息支出＝年度实际支付的全部关联方利息×(1－标准比例÷关联债资比例)

向关联方借款不得扣除的利息支出，按以下办法进行税务处理：不得结转到以后纳税年度；应按照实际支付给各关联方利息占关联方利息总额的比例，在各关联方之间进行分配；分配给实际税负高于企业的境内关联方的利息准予扣除；分配给实际税负低于企业的境内关联方的利息不得扣除，企业自关联方取得的不符合规定的利息收入应按照有关规定缴纳企业所得税；直接或间接实际支付给境外关联方的利息应视同分配的股息，按照股息和利息分别适用的所得税税率差补征企业所得税，如已扣缴的所得税税款多于按股息计算应征所得税税款，多出的部分不予退税。

【例3-9】 A企业2021年10月设立，2021年10月至12月所有者权益月末余额分别为500万元、800万元、1200万元，2021年11月、12月关联债权投资月末余额分别为3000万元、5000万元。A企业2021年的关联债资比例是（　　）。

A. 2.5　　B. 2.89　　C. 3.2　　D. 3.26

【解析】 该企业2021年各月平均关联债权投资＝0＋（0＋3000）÷2＋（3000＋5000）÷2＝5500（万元）

2021年各月平均权益投资＝（0＋500）÷2＋（500＋800）÷2＋（800＋1200）÷2＝1900（万元）

2021年的关联债资比例＝5500÷1900≈2.89

因此，正确答案为B。

⑦永续债利息支出。自2019年1月1日起，企业发行的永续债，如选择适用股息、红利企业所得税政策，发行方支付的永续债利息支出不得在企业所得税税前扣除。企业发行符合规定条件的永续债，如选择按照债券利息适用企业所得税政策，发行方支付的永续债利息支出准予在其企业所得税税前扣除。

⑧可转债利息支出。自2021年度起，发行方企业发生的可转换债券的利息，按照规定在税前扣除。发行方企业按照约定将购买方持有的可转换债券和应付未付利息一并转为股票的，其应付未付利息视同已支付，按照规定在税前扣除。

18. 党组织工作经费。

（1）国有企业党组织工作经费。

国有企业（包括国有独资、全资和国有资本绝对控股、相对控股企业）党组织工作经费主要通过纳入管理费用、党费留存等渠道予以解决。凡属党费使用范围的，先从留存党费中开支，不足部分从纳入管理费用列支的党组织工作经费中支出。纳入管理费用的党组织工作经费，实际支出不超过职工年度工资薪金总额1%的部分，可以据实在企业所得税前扣除。年末如有结余，结转下一年度使用。累计结转超过上一年度职工工资总额2%的，当年不再从管理费用中安排。

（2）非公有制企业党组织工作经费。

非公有制企业党组织工作经费主要通过纳入管理费用、党费拨返、财政支持等渠道予以解决。同时，鼓励采取企业赞助、党员自愿捐助等方式，拓宽经费来源。非公有制企业党组织工作经费仍然不足的，上级党组织要从留存的党费中适当拨补。非公有制企业党组织工作经费纳入企业管理费列支，不超过职工年度工资薪金总额1%的部分，可以据实在企业所得税前扣除。

19. 劳动保护支出和员工服饰费用。

企业发生的合理的劳动保护支出，准予扣除。自2011年7月1日起，企业根据其工作性质和特点，由企业统一制作并要求员工工作时统一着装所发生的工作服饰费用，可以作为企业合理的支出给予税前扣除。

20. 环境保护、生态恢复专项资金。

企业依照法律、行政法规有关规定提取的用于环境保护、生态恢复等方面的专项资金，准予扣除。上述专项资金提取后改变用途的，不得扣除。

自2011年4月21日起，油（气）田企业或合作各方企业应承担或者按投资比例承担设施废弃处置的责任和义务，其按规定计提的弃置费，应依照规定作为环境保护、生态恢复等方面专项资金，并准予在计算企业年度应纳税所得额时扣除。

合作油（气）田的合同生产期尚未结束，一方企业决定放弃生产，将油（气）田所有权全部转移给另一方企业或者合作油（气）田的合同生产期结束，一方企业决定继续生产，若放弃方或退出方企业取得已经计提的弃置费补偿，应作为收入计入企业当年度应纳税所得计算纳税。支付方企业可以作为弃置费，在支付年度一次性扣除。

作业者完成海上油（气）田设施废弃处置后，实际发生的弃置费超过计提的部分，应作为企业当年度费用，在计算企业应纳税所得额时扣除。提取的弃置费仍有余额，应相应调增弃置费余额所归属企业当年度的应纳税所得额。

21. 维简费支出和安全生产费用支出。

自2011年5月1日起，煤矿企业实际发生的维简费支出和高危行业企业实际发生的安全生产费用支出，属于收益性支出的，可直接作为当期费用在税前扣除；属于资本性支出的，应计入有关资产成本，并按《企业所得税法》规定计提折旧或摊销费用在税前扣除。企业按照有关规定预提的维简费和安全生产费用，不得在税前扣除。

自2013年1月1日起，除煤矿企业外，企业实际发生的维简费支出，属于收益性支出的，可作为当期费用税前扣除；属于资本性支出的，应计入有关资产成本，并按《企业所得税法》规定计提折旧或摊销费用在税前扣除。企业按照有关规定预提的维简费，不得在当期税前扣除。

22. 开发产品维修费用和维修基金。

房地产开发企业对尚未出售的已完工开发产品和按照有关法律、法规或合同规定对已售开发产品（包括共用部位、共用设施设备）进行日常维护、保养、修理等实际发生的维修费用，准予在当期据实扣除。房地产开发企业将已计入销售收入的共用部位、共用设施设备维修基金按规定移交给有关部门、单位的，应于移交时扣除。

23. 保险费。

除企业依照国家有关规定为特殊工种职工支付的人身安全保险费和国务院财政、税务主管部门规定可以扣除的其他商业保险费外，企业为投资者或者职工支付的商业保险费，不得扣除。企业参加财产保险，按照规定缴纳的保险费，准予扣除。

（1）银行业金融机构存款保险保费。

自2015年5月1日起，银行业金融机构依据《存款保险条例》的有关规定、按照不超过1.6‰的存款保险费率，计算交纳的存款保险保费，准予在企业所得税税前扣除。准予在企业所得税税前扣除的存款保险保费计算公式为：

准予在企业所得税税前扣除的存款保险保费 = 保费基数 × 存款保险费率

保费基数以中国人民银行核定的数额为准。

准予在企业所得税税前扣除的存款保险保费，不包括存款保险保费滞纳金。

银行业金融机构是指《存款保险条例》规定在我国境内设立的商业银行、农村合作银行、农村信用合作社等吸收存款的银行业金融机构。

（2）雇主责任保险费。

自2018年度起，企业参加雇主责任险、公众责任险等责任保险，按照规定缴纳的保险费，准予在企业所得税税前扣除。

24. 企业之间支付的管理费。

企业之间支付的管理费、企业内营业机构之间支付的租金和特许权使用费，以及非银行企业内营业机构之间支付的利息，不得扣除。

母公司以管理费形式向其子公司提取费用，子公司因此支付给母公司的管理费，不得在税前扣除。

25. 母公司服务费。

在中国境内，属于不同独立法人的母子公司之间提供服务支付费用，按下列规定进行企业所得税处理：

（1）母公司为其子公司提供各种服务而发生的费用，应按照独立企业之间公平交易原则确定服务的价格，作为企业正常的劳务费用进行税务处理。母子公司未按照独立企业之间的业务往来收取价款的，税务机关有权予以调整。

（2）母公司向其子公司提供各项服务，双方应签订服务合同或协议，明确规定提供服务的内容、收费标准及金额等，凡按上述合同或协议规定所发生的服务费，母公司应作为营业收入申报纳税；子公司作为成本费用在税前扣除。

（3）母公司向其多个子公司提供同类项服务，其收取的服务费可以采取分项签订合同或协议收取；也可以采取服务分摊协议的方式，即，由母公司与各子公司签订服务费用分摊合同或协议，以母公司为其子公司提供服务所发生的实际费用并附加一定比例利润作为向子公司收取的总服务费，在各服务受益子公司（包括盈利企业、亏损企业和享受减免税企业）之间按规定合理分摊。

（4）子公司申报税前扣除向母公司支付的服务费用，应向主管税务机关提供与母公司签订的服务合同或者协议等与税前扣除该项费用相关的材料。不能提供相关材料的，支付的服务费用不得税前扣除。

【例3－10】 下列项目不得在税前扣除的有（　　）。

A. 提取的生态恢复专项资金

B. 等待期内的股权激励支出

C. 预提的安全生产费用

D. 为职工支付的家庭财产保险费

E. 商业企业内营业机构之间支付的利息

【解析】 企业依照法律、行政法规有关规定提取的用于环境保护、生态恢复等方面的专项资金，准予扣除。股权激励计划在行权后才可以按规定在税前扣除。企业按照有关规定预提的维简费和安全生产费用，不得在税前扣除。除企业依照国家有关规定为特殊工种职工支付的人身安全保险费和国务院财政、税务主管部门规定可以扣除的其他商业保险费外，企业为投资者或者职工支付的商业保险费，不得扣除。非银行企业内营业机构之间支付的利息，不得扣除。因此，正确答案为BCDE。

26. 固定资产折旧。

在计算应纳税所得额时，企业按照规定计算的固定资产折旧，准予扣除。

（1）固定资产是指企业为生产产品、提供劳务、出租或者经营管理而持有的、使用时间超过12个月的非货币性资产，包括房屋、建筑物、机器、机械、运输工具以及其他与生产经营活动有关的设备、器具、工具等。

（2）固定资产一般按照以下方法确定计税基础。

①外购的固定资产，以购买价款和支付的相关税费及直接归属于使该资产达到预定用途发生的其他支出为计税基础；

②自行建造的固定资产，以竣工结算前发生的支出为计税基础；

③融资租入的固定资产，以租赁合同约定的付款总额和承租人在签订租赁合同过程中发生的相关费用为计税基础，租赁合同未约定付款总额的，以该资产的公允价值和承租人在签订租赁合同过程中发生的相关费用为计税基础；

④盘盈的固定资产，以同类固定资产的重置完全价值为计税基础；

⑤通过捐赠、投资、非货币性资产交换、债务重组等方式取得的固定资产，以该资产的公允价值和支付的相关税费为计税基础；

⑥改建的固定资产，除作为长期待摊费用的固定资产改建支出外，以改建过程中发生的改建支出增加计税基础。

以上所说的均是固定资产初始计税基础的确定。企业持有各项资产期间资产增值或者减值，除国务院财政、税务主管部门规定可以确认损益外，不得调整该资产的计税基础。

（3）固定资产计税基础的特别规定。在有些情况下，固定资产的计税基础要延续；在另外一些情况下，固定资产的计税基础可能要重新确认。

企业的不征税收入用于支出所形成的资产，不得计算对应的折旧、摊销扣除。也就是说，不征税收入用于支出所形成的资产其计税基础为零。

在融资性售后回租业务中，承租人出售资产的行为，不确认为销售收入，对融资性售后回租的资产，仍按承租人出售前原计税基础计提折旧。

企业固定资产投入使用后，由于工程款项尚未结清未取得全额发票的，可暂按合同规定的金额计入固定资产计税基础计提折旧，待发票取得后进行调整。但该项调整应在固定资产投入使用后12个月内进行。

自2011年7月1日起，企业对房屋、建筑物固定资产在未足额提取折旧前进行改扩建的，如属于推倒重置的，该资产原值减除提取折旧后的净值，应并入重置后的固定资产计税成本，并在该固定资产投入使用后的次月起，按照税法规定的折旧年限，一并计提折旧；如属于提升功能、增加面积的，该固定资产的改扩建支出，并入该固定资产计税基础，并从改扩建完工投入使用后的次月起，重新按税法规定的该固定资产折旧年限计提折旧，如该改扩建后的固定资产尚可使用的年限低于税法规定的最低年限的，可以按尚可使用的年限计提折旧。

自 2011 年 5 月 1 日起，企业以前按照有关规定提取的、且在税前扣除的煤矿企业维简费和高危行业企业安全生产费用，已用于资产投资、并形成相关资产部分成本的，该资产成本扣除上述部分成本后的余额，作为该资产的计税基础。

自 2013 年 1 月 1 日起，除煤矿企业外，企业以前按照有关规定提取且已在当期税前扣除的维简费，已用于资产投资并形成相关资产全部成本的，该资产提取的折旧或费用摊销额，不得税前扣除；已用于资产投资并形成相关资产部分成本的，该资产提取的折旧或费用摊销额中与该部分成本对应的部分，不得税前扣除。

2012 年 10 月 1 日之后签订搬迁协议的政策性搬迁项目按以下方式处理：

①企业搬迁的资产，简单安装或不需要安装即可继续使用的，在该项资产重新投入使用后，就其净值按税法规定的该资产尚未折旧或摊销的年限，继续计提折旧或摊销。

②企业搬迁的资产，需要进行大修理后才能重新使用的，应就该资产的净值，加上大修理过程所发生的支出，为该资产的计税成本。在该项资产重新投入使用后，按该资产尚可使用的年限，计提折旧或摊销。

③企业政策性搬迁被征用的资产，采取资产置换的，其换入资产的计税成本按被征用资产的净值，加上换入资产所支付的税费（涉及补价，还应加上补价款）计算确定。

对在 2012 年 10 月 1 日之前已经签订搬迁协议且尚未完成搬迁清算的企业政策性搬迁项目，企业在重建或恢复生产过程中购置的各类资产，可以作为搬迁支出，从搬迁收入中扣除。但购置的各类资产，应剔除该搬迁补偿收入后，作为该资产的计税基础。

资产收购适用特殊性税务处理的，受让方取得转让方资产的计税基础，以被转让资产的原有计税基础确定；企业合并适用特殊性税务处理的，合并企业接受被合并企业资产的计税基础，以在被合并企业的原有计税基础确定；企业分立适用特殊性税务处理的，分立企业接受被分立企业资产的计税基础，以在被分立企业的原有计税基础确定；上述交易中有非股权支付的，要按规定调整取得资产的计税基础。

自2013年度起，县级以上人民政府（包括政府有关部门，下同）将国有资产明确以股权投资方式投入企业，企业应作为国家资本金（包括资本公积）处理。该项资产如为非货币性资产，应按政府确定的接收价值确定计税基础。企业接收股东划入资产（包括股东赠与资产、上市公司在股权分置改革过程中接收原非流通股股东和新非流通股股东赠与的资产、股东放弃本企业的股权，下同），凡合同、协议约定作为资本金（包括资本公积）且在会计上已做实际处理的，不计入企业的收入总额，企业应按公允价值确定该项资产的计税基础。

自2014年1月1日起，资产划转业务适用特殊性税务处理的，划入方企业取得被划转资产的计税基础，以被划转资产的原账面净值确定。

自2017年度起，全民所有制企业改制为国有独资公司或者国有全资子公司，改制中资产评估增值不计入应纳税所得额；资产的计税基础按其原有计税基础确定；资产增值部分的折旧或者摊销不得在税前扣除。此前发生的全民所有制企业公司制改制，尚未进行企业所得税处理的，可依照执行。

会计上提取减值准备的固定资产，不得减少其计税基础。

自2021年度起，企业能够提供资产购置发票的，以发票载明金额为计税基础；不能提供资产购置发票的，可以凭购置资产的合同（协议）、资金支付证明、会计核算资料等记载金额，作为计税基础。

（4）企业应当根据固定资产的性质和使用情况，合理确定固定资产的预计净残值。固定资产的预计净残值一经确定，不得变更。

（5）下列固定资产不得计算折旧扣除。

①房屋、建筑物以外未投入使用的固定资产；

②以经营租赁方式租入的固定资产；

③以融资租赁方式租出的固定资产；

④已足额提取折旧仍继续使用的固定资产；

⑤与经营活动无关的固定资产；

⑥单独估价作为固定资产入账的土地；

⑦其他不得计算折旧扣除的固定资产；

⑧企业的不征税收入用于支出所形成的资产；

⑨文物、艺术品资产（自2021年度起）。

房地产开发企业的开发产品转为自用的，其实际使用时间累计未超过12个月又销售的，不得在税前扣除折旧费用。

（6）除另有规定外，固定资产计算折旧的最低年限如下。

①房屋、建筑物，为20年；

②飞机、火车、轮船、机器、机械和其他生产设备，为10年；

③与生产经营活动有关的器具、工具、家具等，为5年；

④飞机、火车、轮船以外的运输工具，为4年；

⑤电子设备，为3年。

改建的固定资产延长使用年限的，除已足额提取折旧的固定资产的改建支出和租入固定资产的改建支出外，应当适当延长折旧年限。

从事开采石油、天然气（包括煤层气，下同）的矿产资源油气企业（以下简称油气企业）在开始商业性生产之前发生的开发支出，可不分用途，全部累计作为开发资产的成本，自对应的油（气）田开始商业性生产月份的次月起，可不留残值，按直线法计提的折旧准予扣除，其最低折旧年限为8年。

自2021年度起，企业核定征税期间投入使用的资产，改为查账征税后，按照税法规定的折旧、摊销年限，扣除该资产投入使用年限后，就剩余年限继续计提折旧、摊销额并在税前扣除。

（7）固定资产按照直线法计算的折旧，准予扣除。企业应当自固定资产投入使用月份的次月起计算折旧；停止使用的固定资产，应当自停止使用月份的次月起停止计算折旧。

（8）《企业所得税法》（以下简称《新税法》）实施前已投入使用的固定资产，企业已按《中华人民共和国外商投资企业和外国企业所得税法》和《中华人民共和国企业所得税暂行条例》规定预计净残值并计提的折旧，不做调整。新税法实施后，对此类继续使用的固定资产，可以重新确定其残值，并就其尚未计提折旧的余额，按照新税法规定的折旧年限减去已经计提折旧的年限后的剩余年限，按照新税法规定的折旧方法计算折旧。新税法实施后，固定资产原确定的折旧年限不违背新税法规定原则的，也可以继续执行。

27. 生产性生物资产折旧。

生产性生物资产是指企业为生产农产品、提供劳务或者出租等而持有的生物资产，包括经济林、薪炭林、产畜和役畜等。

（1）生产性生物资产按照以下方法确定计税基础。

①外购的生产性生物资产，以购买价款和支付的相关税费为计税基础；

②通过捐赠、投资、非货币性资产交换、债务重组等方式取得的生产性生物资产，以该资产的公允价值和支付的相关税费为计税基础。

（2）企业应当根据生产性生物资产的性质和使用情况，合理确定生产性生物资产的预计净残值。生产性生物资产的预计净残值一经确定，不得变更。

（3）生产性生物资产计算折旧的最低年限。

①林木类生产性生物资产，为10年；

②畜类生产性生物资产，为3年。

（4）生产性生物资产按照直线法计算的折旧，准予扣除。企业应当自生产性生物资产投入使用月份的次月起计算折旧；停止使用的生产性生物资产，应当自停止使用月份的次月起停止计算折旧。

28. 无形资产摊销。

在计算应纳税所得额时，企业按照规定计算的无形资产摊销费用，准予扣除。

（1）无形资产是指企业为生产产品、提供劳务、出租或者经营管理而持有的、没有实物形态的非货币性长期资产，包括专利权、商标权、著作权、土地使用权、非专利技术、商誉等。

（2）无形资产按照以下方法确定计税基础。

①外购的无形资产，以购买价款和支付的相关税费及直接归属于使该资产达到预定用途发生的其他支出为计税基础；

②自行开发的无形资产，以开发过程中该资产符合资本化条件后至达到预定用途前发生的支出为计税基础；

③通过捐赠、投资、非货币性资产交换、债务重组等方式取得的无形资产，以该资产的公允价值和支付的相关税费为计税基础。

【例3－11】企业下列方式取得的无形资产，应以该资产的公允价值和支付的相关税费为计税基础的是（　　）。

A. 自行开发的无形资产

B. 投资转入的无形资产

C. 用不征税收入购置的无形资产

D. 划转适用特殊性税务处理取得的无形资产

【解析】题中4种方式取得的无形资产中，只有通过投资方式取得的无形资产，以该资产的公允价值和支付的相关税费为计税基础。因此，正确答案为B。

（3）下列无形资产不得计算摊销费用扣除。

①自行开发的支出已在计算应纳税所得额时扣除的无形资产；

②自创商誉；

③与经营活动无关的无形资产；

④其他不得计算摊销费用扣除的无形资产。

（4）无形资产的摊销年限不得低于10年。作为投资或者受让的无形资产，有关法律规定或者合同约定了使用年限的，可以按照规定或者约定的使用年限分期摊销。

油气企业在开始商业性生产前发生的矿区权益支出，可在发生的当期，从本企业其他油（气）田收入中扣除；或者自对应的油（气）田开始商业性生产月份的次月起，分3年按直线法计提的折耗准予扣除。

（5）无形资产按照直线法计算的摊销费用，准予扣除。外购商誉的支出，在企业整体转让或者清算时，准予扣除。

29. 长期待摊费用摊销。

在计算应纳税所得额时，企业的长期待摊费用按照规定摊销的，准予扣除。

（1）企业发生的下列支出作为长期待摊费用。

①已足额提取折旧的固定资产的改建支出。

②租入固定资产的改建支出。租入固定资产的改建支出是指改变房屋或者建筑物结构、延长使用年限等发生的支出。

③固定资产的大修理支出。固定资产的大修理支出是指同时符合下列条件的支出：修理支出达到取得固定资产时的计税基础50%以上；修理后固定资产的使用年限延长2年以上。

④其他应当作为长期待摊费用的支出。

（2）长期待摊费用的摊销。

①已足额提取折旧的固定资产的改建支出，按照固定资产预计尚可使用年限分期摊销。

②租入固定资产的改建支出，按照合同约定的剩余租赁期限分期摊销。

③固定资产的大修理支出，按照固定资产尚可使用年限分期摊销。

④其他应当作为长期待摊费用的支出，自支出发生月份的次月起，分期摊销，摊销年限不得低于3年。

新税法中对开（筹）办费未明确列作长期待摊费用，企业可以在开始经营之日的当年一次性扣除，也可以按照新税法有关长期待摊费用的处理规定处理，但一经选定，不得改变。

30. 资产损失。

（1）资产损失的范围。

资产损失的范围与资产的范围一致。资产是指企业拥有或者控制的、用于经营管理活动相关的资产，包括现金、银行存款、应收及预付款项（包括应收票据、各类垫款、企业之间往来款项）等货币性资产，存货、固定资产、无形资产、在建工程、生产性生物资产等非货币性资产，以及债权性投资和股权（权益）性投资。

（2）资产损失的分类。

资产损失分为实际资产损失与法定资产损失。实际资产损失是指企业在实际处置、转让上述资产过程中发生的合理损失。法定资产损失是指企业虽未实际处置、转让上述资产，但符合规定条件计算确认的损失。

【例3－12】 企业申报扣除的下列资产损失，属于法定资产损失的是（　　）。

A. 存货被盗的损失

B. 逾期3年以上的应收款项

C. 固定资产报废损失

D. 被投资企业清算产生的股权投资损失

【解析】 企业逾期3年以上的应收款项，以及企业逾期1年以上，单笔数额不超过5万元或者不超过企业年度收入总额0.1‰的应收款项，在会计上已作为损失处理的，可以作为坏账损失。这两项应收款项并没有处置、转让，属于法定资产损失。因此，正确答案为B。

（3）资产损失税前扣除的方式。

企业发生的资产损失，应按规定的程序和要求向主管税务机关申报后方能在税前扣除。未经申报的损失，不得在税前扣除。

企业向税务机关申报扣除资产损失，仅需填报企业所得税年度纳税申报表及其相关附表，不再报送资产损失相关资料。相关资料由企业留存备查。企业应当完整保存资产损失相关资料，保证资料的真实性、合法性。

企业按独立交易原则向关联企业转让资产而发生的损失，或向关联企业提供借款、担保而形成的债权损失，准予扣除，由纳税人留存备查自行出具的有法定代表人、主要负责人和财务负责人签章证实有关损失的书面申明和相关材料。

汇总纳税企业发生的资产损失，应按以下规定申报扣除：

①总机构及二级分支机构发生的资产损失，除应按有关规定各自向所在地主管税务机关申报外，二级分支机构还应同时上报总机构；三级及以下分支机构发生的资产损失不需向所在地主管税务机关申报，应并入二级分支机构，由二级分支机构统一申报。

②总机构对各分支机构上报的资产损失，除税务机关另有规定外，应向所在地主管税务机关申报。

③总机构将分支机构所属资产捆绑打包转让所发生的资产损失，由总机构向所在地主管税务机关申报。

（4）资产损失税前扣除的时间。

企业实际资产损失，应当在其实际发生且会计上已作损失处理的年度申报扣除；法定资产损失，应当在企业证明该项资产已符合法定资产损失确认条件，且会计上已作损失处理的年度申报扣除。

对企业以前年度发生的资产损失未能在当年税前扣除的，企业可以按照规定向税务机关说明并申报扣除。其中，属于实际资产损失，准予追补至该项损失发生年度扣除，其追补确认期限一般不得超过 5 年，但因计划经济体制转轨过程中遗留的资产损失、企业重组上市过程中因权属不清出现争议而未能及时扣除的资产损失、因承担国家政策性任务而形成的资产损失及政策定性不明确而形成资产损失等特殊原因形成的资产损失，其追补确认期限经国家税务总局批准后可适当延长。属于法定资产损失，应在申报年度扣除。

企业因以前年度实际资产损失未在税前扣除而多缴的企业所得税税款，可在追补确认年度企业所得税应纳税款中予以抵扣，不足抵扣的，向以后年度递延抵扣。企业实际资产损失发生年度扣除追补确认的损失后出现亏损的，应先调整资产损失发生年度的亏损额，再按弥补亏损的原则计算以后年度多缴的企业所得税税款，并按前述办法进行税务处理。

（5）资产损失的金额。

税收规定的资产损失金额一般为资产净值或资产成本减除保险赔款、责任人赔款和处置收入后的余额。资产净值是指资产的计税基础减除已经按照税法规定扣除的折旧、折耗、摊销、准备金等后的余额。

企业在计算应纳税所得额时已经扣除的资产损失，在以后纳税年度全部或者部分收回时，其收回部分应当作为收入计入收回当期的应纳税所得额。

企业境内、境外营业机构发生的资产损失应分开核算，对境外营业机构由于发生资产损失而产生的亏损，不得在计算境内应纳税所得额时扣除。

（6）资产损失的证据。

企业对其扣除的各项资产损失，应当提供能够证明资产损失确属已实际发生的合法证据，包括具有法律效力的外部证据、具有法定资质的中介机构的经济鉴证证明、具有法定资质的专业机构的技术鉴定证明等。

①具有法律效力的外部证据是指司法机关、行政机关、专业技术鉴定部门等依法出具的与本企业资产损失相关的具有法律效力的书面文件，主要包括：司法机关的判决或者裁定；公安机关的立案结案证明、回复；工商部门出具的注销、吊销及停业证明；企业的破产清算公告或清偿文件；行政机关的公文；专业技术部门的鉴定报告；具有法定资质的中介机构的经济鉴定证明；仲裁机构的仲裁文书；保险公司对投保资产出具的出险调查单、理赔计算单等保险单据；符合法律规定的其他证据。

②特定事项的企业内部证据是指会计核算制度健全、内部控制制度完善的企业，对各项资产发生毁损、报废、盘亏、死亡、变质等内部证明或承担责任的声明，主要包括：有关会计核算资料和原始凭证；资产盘点表；相关经济行为的业务合同；企业内部技术鉴定部门的鉴定文件或资料；企业内部核批文件及有关情况说明；对责任人由于经营管理责任造成损失的责任认定及赔偿情况说明；法定代表人、企业负责人和企业财务负责人对特定事项真实性承担法律责任的声明。

31. 公益性捐赠支出。

企业发生的公益性捐赠支出，在年度利润总额 12% 以内的部分，准予在计算应纳税所得额时扣除；超过年度利润总额 12% 的部分，准予结转以后 3 年内在计算应纳税所得额时扣除。2016 年 9 月 1 日之前的公益性捐赠超过年度利润总额 12% 的部分不得结转以后年度扣除。

（1）公益性捐赠支出的范围。

公益性捐赠是指企业通过公益性社会组织或者县级以上人民政府及其部门，用于符合法律规定的慈善活动、公益事业的捐赠。公益慈善事业，应当符合《中华人民共和国公益事业捐赠法》对公益事业范围的规定或者《中华人民共和国慈善法》对慈善活动范围的规定。

自 2019 年 1 月 1 日至 2023 年 12 月 31 日，企事业单位、社会团体及其他组织捐赠住房作为公共租赁住房，符合税收法律法规规定的，对其公益性捐赠支出在年度利润总额 12% 以内的部分，准予在计算应纳税所得额时扣除，超过年度利润总额 12% 的部分，准予结转以后 3 年内在计算应纳税所得额时扣除。此前，自 2010 年 9 月 27 日起，企事业单位、社会团体以及其他组织捐赠住房作为公共租赁住房，符合税收法律法规规定的，对其公益性捐赠支出在年度利润总额 12% 以内的部分，准予在计算应纳税所得额时扣除。但没有“超过年度利润总额 12% 的部分，准予结转以后 3 年内在计算应纳税所得额时扣除的规定”。

（2）允许税前扣除的公益性捐赠途径。

企业通过下列单位或部门的公益性捐赠，才可以在税前扣除：

①县级以上人民政府及其部门等国家机关。其公益性捐赠税前扣除资格不需要认定。

②取得公益性捐赠税前扣除资格的公益性社会组织。公益性社会组织，包括依法设立或登记并按规定条件和程序取得公益性捐赠税前扣除资格的慈善组织、其他社会组织和群众团体。

（3）公益性捐赠票据。

公益性社会组织、县级以上人民政府及其部门等国家机关在接受捐赠时，应当按照行政管理级次分别使用由财政部或省、自治区、直辖市财政部门监（印）制的公益事业捐赠票据，并加盖本单位的印章。企业或个人将符合条件的公益性捐赠支出进行税前扣除，应当留存相关票据备查。

公益性社会组织登记成立时的注册资金捐赠人，在该公益性社会组织首次取得公益性捐赠税前扣除资格的当年进行所得税汇算清缴时，可按规定对其注册资金捐赠额进行税前扣除。

（4）公益性捐赠额的确认。

除另有规定外，公益性社会组织、县级以上人民政府及其部门等国家机关在接受企业或个人捐赠时，按以下原则确认捐赠额：

①接受的货币性资产捐赠，以实际收到的金额确认捐赠额。

②接受的非货币性资产捐赠，以其公允价值确认捐赠额。捐赠方在向公益性社会组织、县级以上人民政府及其部门等国家机关捐赠时，应当提供注明捐赠非货币性资产公允价值的证明；不能提供证明的，接受捐赠方不得向其开具捐赠票据。

“另有规定”是指公益股权捐赠额的确认。自2016年1月1日起，企业实施股权捐赠后，以其股权历史成本为依据确定捐赠额，并依此按照《企业所得税法》有关规定在所得税前予以扣除。股权捐赠行为是指企业向中华人民共和国境内公益性社会团体实施的股权捐赠行为。企业向中华人民共和国境外的社会组织或团体实施的股权捐赠行为不适用本规定。

自2021年度起，企业在非货币性资产捐赠过程中发生的运费、保险费、人工费用等相关支出，凡纳入国家机关、公益性社会组织开具的公益捐赠票据记载的数额中的，作为公益性捐赠支出按照规定在税前扣除；上述费用未纳入公益性捐赠票据记载的数额中的，作为企业相关费用按照规定在税前扣除。

（5）公益性捐赠支出的税前扣除方式。

公益性捐赠支出的税前扣除方式有两种：限额扣除和全额扣除。

①限额扣除。企业当年发生及以前年度结转的公益性捐赠支出，准予在当年税前扣除的部分，不能超过企业当年年度利润总额的12%。年度利润总额是指企业依照国家统一会计制度的规定计算的大于零的数额。

企业发生的公益性捐赠支出未在当年税前扣除的部分，准予向以后年度结转扣除，但结转年限自捐赠发生年度的次年起计算最长不得超过3年。

企业在对公益性捐赠支出计算扣除时，应先扣除以前年度结转扣除的，再扣除当年发生的，即先捐先扣。

②全额扣除。目前有效的允许税前全额扣除的公益性捐赠项目有：自2017年7月12日起，捐赠北京2022年冬奥会、冬残奥会、测试赛的资金、物资、服务支出；自2015年1月1日至2025年12月31日，用于目标脱贫地区的扶贫捐赠支出；自2020年1月1日至2021年3月31日，通过公益性社会组织或者县级以上人民政府及其部门等国家机关捐赠用于应对新型冠状病毒感染的肺炎疫情的现金和物品，直接向承担疫情防治任务的医院捐赠用于应对新型冠状病毒感染的肺炎疫情的物品；自2020年4月9日起，捐赠杭州亚运会的资金、

物资、服务支出。

【例3－13】 A企业为增值税一般纳税人，现将持有的B上市公司股票1000万股向境内具有公益性捐赠税前扣除资格的慈善组织捐赠，其历史成本为3元/股，捐赠日的收盘价为18元/股。A企业应确认公益性捐赠支出的金额是（　　）万元。

A. 3000　　B. 3849.06　　C. 4018.87　　D. 18000

【解析】 依据增值税有关规定，单位或者个体工商户向其他单位或者个人无偿转让金融商品，用于公益事业或者以社会公众为对象的，不属于增值税的视同销售情形。依据企业所得税的规定，企业实施公益股权捐赠后，以其股权历史成本为依据确定捐赠额，并依此按照企业所得税法有关规定在所得税前予以扣除。因此，正确答案为A。

32. 棚户区改造支出。

自2013年1月1日起，企业参与政府统一组织的工矿（含中央下放煤矿）棚户区改造、林区棚户区改造、垦区危房改造并同时符合一定条件的棚户区改造支出，准予在企业所得税前扣除。

33. 上缴给国家的温室气体减排量的转让收入。

自2007年1月1日起，清洁发展机制项目实施企业按照《清洁发展机制项目运行管理办法》的规定，将温室气体减排量的转让收入，按照以下比例上缴给国家的部分，准予在计算应纳税所得额时扣除：

（1）氢氟碳化物（HFC）和全氟碳化物（PFC）类项目，为温室气体减排量转让收入的65%。

（2）氧化亚氮（N_2O）类项目，为温室气体减排量转让收入的30%。

（3）《清洁发展机制项目运行管理办法》第四条规定的重点领域及植树造林项目等类清洁发展机制项目，为温室气体减排量转让收入的2%。

34. 特殊行业准备金。

特殊行业准备金为经核定的允许在税前扣除的准备金，主要有：保险公司、证券行业、期货行业、金融企业、中小企业融资（信用）担保机构和小额贷款公司按规定计提并允许在税前扣除的有关准备金和基金。

（1）保险公司。

①保险保障基金。保险公司按规定缴纳的保险保障基金，准予据实税前扣除。保险保障基金，是指按照《中华人民共和国保险法》和《保险保障基金管

理办法》规定缴纳形成的，在规定情形下用于救助保单持有人、保单受让公司或者处置保险业风险的非政府性行业风险救助基金。

保险公司有下列情形之一的，其缴纳的保险保障基金不得在税前扣除：财产保险公司的保险保障基金余额达到公司总资产6%的；人身保险公司的保险保障基金余额达到公司总资产1%的。

②五项准备金。保险公司按国务院财政部门的相关规定提取的未到期责任准备金、寿险责任准备金、长期健康险责任准备金、已发生已报案未决赔款准备金和已发生未报案未决赔款准备金，准予在税前扣除。

③农业保险大灾风险准备金。保险公司经营财政给予保费补贴的农业保险，按不超过财政部门规定的农业保险大灾风险准备金（简称大灾准备金）计提比例，计提的大灾准备金，准予在企业所得税前据实扣除。计算公式为：

本年度扣除的大灾准备金＝本年度保费收入×规定比例－上年度已在税前扣除的大灾准备金结存余额

按上述公式计算的数额如为负数，应调增当年应纳税所得额。

财政给予保费补贴的农业保险是指各级财政按照中央财政农业保险保费补贴政策规定给予保费补贴的种植业、养殖业、林业等农业保险。

保险公司实际发生的各种保险赔款、给付，应首先冲抵按规定提取的准备金，不足冲抵部分，准予在当年税前扣除。

（2）证券行业。

①证券交易所风险基金。上海、深圳证券交易所依据有关规定，按证券交易所交易收取经手费的20%、会员年费的10%提取的证券交易所风险基金，在各基金净资产不超过10亿元的额度内，准予在企业所得税税前扣除。

②证券结算风险基金。中国证券登记结算公司所属上海分公司、深圳分公司依据有关规定，按证券登记结算公司业务收入的20%提取的证券结算风险基金，在各基金净资产不超过30亿元的额度内，准予在企业所得税税前扣除。证券公司依据有关规定，作为结算会员按规定逐日交纳的证券结算风险基金，准予在企业所得税税前扣除。

③证券投资者保护基金。上海、深圳证券交易所依据有关规定，在风险基金分别达到规定的上限后，按交易经手费的20%缴纳的证券投资者保护基金，准予在企业所得税税前扣除。证券公司依据有关规定，按其营业收入0.5%～5%缴纳的证券投资者保护基金，准予在企业所得税税前扣除。

上述准备金如发生清算、退还，应按规定补征企业所得税。

（3）期货行业。

①期货交易所风险准备金。上海期货交易所、大连商品交易所、郑州商品交易所、中国金融期货交易所和上海国际能源交易中心依据有关规定，分别按向会员收取手续费收入的20%计提的风险准备金，在风险准备金余额达到有关规定的额度内，准予在企业所得税税前扣除。

②期货公司风险准备金。期货公司依据有关规定，从其收取的交易手续费收入减去应付期货交易所手续费后的净收入的5%提取的期货公司风险准备金，准予在企业所得税税前扣除。

③期货投资者保障基金。上海期货交易所、大连商品交易所、郑州商品交易所、中国金融期货交易所和上海国际能源交易中心依据有关规定，按其向期货公司会员收取的交易手续费的2%（2016年12月8日前按3%）缴纳的期货投资者保障基金，在基金总额达到有关规定的额度内，准予在企业所得税税前扣除。期货公司依据有关规定，从其收取的交易手续费中按照代理交易额的亿分之五至亿分之十的比例（2016年12月8日前按千万分之五至千万分之十的比例）缴纳的期货投资者保障基金，在基金总额达到有关规定的额度内，准予在企业所得税税前扣除。

上述准备金如发生清算、退还，应按规定补征企业所得税。

（4）金融企业。

①涉农贷款和中小企业贷款损失准备金。金融企业依据有关规定，对其涉农贷款和中小企业贷款进行风险分类后，按照以下比例计提的贷款损失准备金，准予在计算应纳税所得额时扣除：关注类贷款，计提比例为2%；次级类贷款，计提比例为25%；可疑类贷款，计提比例为50%；损失类贷款，计提比例为100%。

金融企业发生的符合条件的涉农贷款和中小企业贷款损失，应先冲减已在税前扣除的贷款损失准备金，不足冲减部分可据实在计算应纳税所得额时扣除。

涉农贷款是指《涉农贷款专项统计制度》（银发〔2007〕246号）统计的农户贷款和农村企业及各类组织贷款。中小企业贷款是指金融企业对年销售额和资产总额均不超过2亿元的企业的贷款。

②贷款损失准备金。政策性银行、商业银行、财务公司、城乡信用社和金

融租赁公司等金融企业提取的贷款损失准备金的企业所得税税前扣除政策如下：

a. 准予税前提取贷款损失准备金的贷款资产范围包括：贷款（含抵押、质押、保证、信用等贷款）；银行卡透支、贴现、信用垫款（含银行承兑汇票垫款、信用证垫款、担保垫款等）、进出口押汇、同业拆出、应收融资租赁款等各项具有贷款特征的风险资产；由金融企业转贷并承担对外还款责任的国外贷款，包括国际金融组织贷款、外国买方信贷、外国政府贷款、日本国际协力银行不附条件贷款和外国政府混合贷款等资产。

金融企业的委托贷款、代理贷款、国债投资、应收股利、上交央行准备金及金融企业剥离的债权和股权、应收财政贴息、央行款项等不承担风险和损失的资产，以及上述列举资产之外的其他风险资产，不得提取贷款损失准备金在税前扣除。

b. 金融企业准予当年税前扣除的贷款损失准备金计算公式为：

准予当年税前扣除的贷款损失准备金 = 本年末准予提取贷款损失准备金的贷款资产余额 ×1% － 截至上年末已在税前扣除的贷款损失准备金的余额

金融企业按上述公式计算的数额如为负数，应当相应调增当年应纳税所得额。

c. 金融企业发生的符合条件的贷款损失，应先冲减已在税前扣除的贷款损失准备金，不足冲减部分可据实在计算当年应纳税所得额时扣除。

d. 金融企业涉农贷款和中小企业贷款损失准备金的税前扣除政策，凡按照前述涉农贷款和中小企业贷款损失准备金政策执行的，不再适用贷款损失准备金政策。

【例 3 － 14】 金融企业的下列贷款准予税前提取贷款损失准备金的有（　　）。

A. 委托贷款　　B. 代理贷款

C. 贴现　　D. 信用贷款

E. 银行卡透支

【解析】 准予税前提取贷款损失准备金的贷款资产范围包括：①贷款（含抵押、质押、保证、信用等贷款）；②银行卡透支、贴现、信用垫款（含银行承兑汇票垫款、信用证垫款、担保垫款等）、进出口押汇、同业拆出、应收融资租赁款等具有贷款特征的风险资产；③由金融企业转贷并承担对外还款责任的国外贷款，包括国际金融组织贷款、外国买方信贷、外国政府贷款、日本国际协力银行不附条件贷款和外国政府混合贷款等资产。因此，正确答案为 CDE。

（5）中小企业融资（信用）担保机构。

①担保赔偿准备。符合条件的中小企业融资（信用）担保机构按照不超过当年年末担保责任余额 1% 的比例计提的担保赔偿准备，允许在企业所得税税前扣除，同时将上年度计提的担保赔偿准备余额转为当期收入。

②未到期责任准备。符合条件的中小企业融资（信用）担保机构按照不超过当年担保费收入 50% 的比例计提的未到期责任准备，允许在企业所得税税前扣除，同时将上年度计提的未到期责任准备余额转为当期收入。

③代偿损失。中小企业融资（信用）担保机构实际发生的代偿损失，符合税收法律法规关于资产损失税前扣除政策规定的，应冲减已在税前扣除的担保赔偿准备，不足冲减部分据实在企业所得税税前扣除。

（6）小额贷款公司。

自 2017 年 1 月 1 日至 2023 年 12 月 31 日，对经省级金融管理部门（金融办、局等）批准成立的小额贷款公司按年末贷款余额的 1% 计提的贷款损失准备金准予在企业所得税税前扣除。具体政策口径按照金融企业贷款损失准备金企业所得税税前扣除有关政策执行。

（四）特殊事项

特殊事项主要是直接影响应纳税所得额确认时间或金额的事项，包括：企业重组及递延纳税事项、政策性搬迁、房地产开发企业特定业务计算的纳税调整额和合伙企业法人合伙人应分得的应纳税所得额等。

1. 企业重组及递延纳税事项。

（1）企业重组及递延纳税事项的类型。

目前，企业所得税中企业重组及递延纳税事项有：企业法律形式改变、债务重组、股权收购、资产收购、企业合并、企业分立，非货币性资产对外投资，股权、资产划转，技术入股。

①企业法律形式改变是指企业注册名称、住所及企业组织形式等的简单改变，但符合相关文件规定的其他重组类型除外。企业法律形式改变又分简单改变和非简单改变两种类型。简单改变是指企业发生其他法律形式简单改变。全民所有制企业改制为国有独资公司或者国有全资子公司，属于简单改变；非简

单改变是指企业由法人转变为个人独资企业、合伙企业等非法人组织，或将登记注册地转移至中华人民共和国境外（包括港澳台地区）而成为非居民企业。

②债务重组是指在债务人发生财务困难的情况下，债权人按照其与债务人达成的书面协议或者法院裁定书，就其债务人的债务作出让步的事项。债务重组又分以非货币资产清偿债务和债权转股权两种类型。

③股权收购是指一家企业（以下称为收购方）购买另一家企业（以下称为被收购企业）的股权，以实现对被收购企业控制的交易。

④资产收购是指一家企业（以下称为收购方）购买另一家企业（以下称为转让方）实质经营性资产的交易。

⑤企业合并是指一家或多家企业（以下称为被合并企业）将其全部资产和负债转让给另一家现存或新设企业（以下称为合并企业），被合并企业股东换取合并企业的股权或非股权支付，实现两个或两个以上企业的依法合并。

⑥企业分立是指一家企业（以下称为被分立企业）将部分或全部资产分离转让给现存或新设的企业（以下称为分立企业），被分立企业股东换取分立企业的股权或非股权支付，实现企业的依法分立。

⑦非货币性资产对外投资是指以非货币性资产出资设立新的居民企业，或将非货币性资产注入现存的居民企业。

⑧股权、资产划转是指100%直接控制的居民企业之间，以及受同一或相同多家居民企业100%直接控制的居民企业之间按账面净值划转股权或资产。

⑨技术入股，即技术成果投资入股，是指纳税人将技术成果所有权让渡给被投资企业、取得该企业股票（权）的行为。技术成果是指专利技术（含国防专利）、计算机软件著作权、集成电路布图设计专有权、植物新品种权、生物医药新品种，以及科技部、财政部、国家税务总局确定的其他技术成果。

（2）企业重组及递延纳税事项的对价支付形式。

①企业法律形式改变没有对价支付。

②债务重组、股权收购、资产收购、企业合并、企业分立的对价支付形式，分为股权支付和非股权支付两种。

a. 股权支付。股权支付是指企业重组中购买、换取资产的一方支付的对价中，以本企业或其控股企业的股权、股份作为支付的形式。控股企业是指由本企业直接持有股份的企业。

b. 非股权支付。非股权支付是指以本企业的现金、银行存款、应收款项、本企业或其控股企业股权和股份以外的有价证券、存货、固定资产、其他资产及承担债务等作为支付的形式。具体形式包括：货币性资产、控股企业股权和股份以外的非货币性资产、承担债务。

③非货币性资产对外投资的对价支付形式。投资方应取得被投资企业的股权、股份，即被投资企业应以本企业的股权、股份作为对价支付。

④股权、资产划转的对价支付形式。股权、资产划转有四种情形：一是母公司向子公司划转，取得子公司股权支付；二是母公司向子公司划转，没有获得任何股权或非股权支付；三是子公司向母公司划转，没有获得任何股权或非股权支付；四是子公司向子公司划转，没有获得任何股权或非股权支付。在第一种情形下，子公司的对价支付形式是本企业股权。其他三种情形没有对价支付。

⑤技术入股的对价支付形式。投资方应取得被投资企业的股票（权），即被投资企业应以本企业的股票（权）作为对价支付。

（3）企业重组及递延纳税事项的税务处理待遇。

不同类型的企业重组及递延纳税事项，其税务处理待遇不完全相同。

①企业法律形式改变、债务重组、股权收购、资产收购、企业合并、企业分立的税务处理待遇。应区分不同条件分别适用一般性税务处理和特殊性税务处理。

a. 一般性税务处理的基本原则是：资产、股权等非货币资产在重组当事各方之间转移的，转出方应确认资产、股权等非货币资产的转让所得或损失，取得方应按公允价值确定取得资产、股权等非货币资产的计税基础，即一般性税务处理看公允价。

b. 特殊性税务处理的基本原则是：资产、股权等非货币资产在重组当事各方之间转移的，与股权支付相对应的部分，转出方暂不确认资产、股权等非货币资产的转让所得或损失，取得方应按资产、股权等非货币资产在转出方的原有计税基础确定取得其计税基础，即特殊性税务处理看成本价。需要注意的是，即使企业重组符合特殊性税务处理条件适用特殊性税务处理，对其中与非股权支付相对应的部分，依然要按照一般性税务处理的基本原则进行相应的税务处理。

②非货币性资产对外投资的税务处理待遇。非货币性资产对外投资，投资方确认的非货币性资产转让所得可选择递延纳税，在不超过 5 年期限内，分期

均匀计入相应年度的应纳税所得额。被投资企业取得非货币性资产的计税基础，应按非货币性资产的公允价值确定。

③股权、资产划转的税务处理待遇。应区分不同条件分别适用一般性税务处理和特殊性税务处理。

a. 一般性税务处理的基本原则是：股权或资产划转的，划出方应按其公允价值视同销售处理，划入方取得被划转股权或资产的计税基础，以被划转股权或资产的公允价值确定，即一般性税务处理看公允价。

b. 特殊性税务处理的基本原则是：股权或资产划转的，划出方不确认股权或资产的转让所得，划入方取得被划转股权或资产的计税基础，以被划转股权或资产的原有计税基础确定，即特殊性税务处理看成本价。

④技术入股的税务处理待遇。技术成果投资入股的，投资方可选择递延纳税，投资入股当期可暂不纳税，允许递延至转让股权时，按股权转让收入减去技术成果原值和合理税费后的差额计算缴纳所得税。被投资企业按技术成果投资入股时的评估值入账并在企业所得税前摊销扣除。

（4）企业重组及递延纳税事项特殊性税务处理的条件。

不同类型的企业重组及递延纳税事项适用特殊性税务处理的条件不同。

①企业发生其他法律形式的简单改变，不计算所得，不填报申报表，也不报送相关报告表，这也是特殊性税务处理，但没有其他条件要求。

②债务重组、股权收购、资产收购、企业合并和企业分立适用特殊性税务处理的一般条件有：

a. 具有合理的商业目的，且不以减少、免除或者推迟缴纳税款为主要目的。

b. 被收购、合并或分立部分的资产或股权比例不低于50%。

c. 自重组日起计算的连续12个月内不改变重组资产原来的实质性经营活动。

d. 重组交易对价中涉及股权支付的，除同一控制下且不需要支付对价的企业合并外，股权支付比例不低于交易支付总额的85%。

e. 企业重组中取得股权支付的原主要股东（指原持有转让企业或被收购企业20%以上股权的股东），自重组日起计算的连续12个月内，不得转让所取得的股权。

上述条件一般应该同时具备。其中，对债务重组中重组所得超过50%的，只需具备条件 a，债转股的，只需具备条件 a 和 e；对同一控制下且不需要支付对价的合并，只需具备条件 a、b、c 和 e；对企业分立，多一个条件，即：被分立企业所有股东按原持股比例取得分立企业的股权，分立企业和被分立企业均不改变原来的实质经营活动。

对跨境重组中的股权收购和资产收购，适用特殊性税务处理有附加条件：非居民企业向其 100% 直接控股的另一非居民企业转让其拥有的居民企业股权，没有因此造成以后该项股权转让所得预提税负担变化，且转让方非居民企业向主管税务机关书面承诺在 3 年（含 3 年）内不转让其拥有受让方非居民企业的股权；非居民企业向与其具有 100% 直接控股关系的居民企业转让其拥有的另一居民企业股权；居民企业以其拥有的资产或股权向其 100% 直接控股的非居民企业进行投资；财政部、国家税务总局核准的其他情形。

③股权、资产划转特殊性税务处理的条件。

a. 股权或资产在 100% 直接控制的居民企业之间，或者在受同一或相同多家居民企业 100% 直接控制的居民企业之间按账面净值划转。

b. 具有合理商业目的、不以减少、免除或者推迟缴纳税款为主要目的。

c. 股权或资产划转后连续 12 个月内不改变被划转股权或资产原来实质性经营活动。是指自股权或资产划转完成日起连续 12 个月内不改变被划转股权或资产原来实质性经营活动。股权或资产划转完成日是指股权或资产划转合同（协议）或批复生效，且交易双方已进行会计处理的日期。

d. 划出方企业和划入方企业均未在会计上确认损益。

④非货币性资产对外投资和技术入股递延纳税的条件。投资方取得被投资企业 100% 的股权支付。

（5）重组主导方。

下列重组事项，应按以下规定确定重组主导方：

①债务重组，主导方为债务人。

②股权收购，主导方为股权转让方，涉及两个或两个以上股权转让方，由转让被收购企业股权比例最大的一方作为主导方（转让股权比例相同的可协商确定主导方）。

③资产收购，主导方为资产转让方。

④合并，主导方为被合并企业，涉及同一控制下多家被合并企业的，以净资产最大的一方为主导方。

⑤分立，主导方为被分立企业。

（6）不同重组类型的所得税处理。

①企业法律形式改变的所得税处理。企业由法人转变为个人独资企业、合伙企业等非法人组织，或将登记注册地转移至中华人民共和国境外（包括港澳台地区），即法人变为非法人，居民企业变为非居民企业，对原法人企业或居民企业及其股东都要按清算进行所得税处理。

企业发生其他法律形式的简单改变，不计算所得。全民所有制企业改制为国有独资公司或者国有全资子公司，改制中资产评估增值不计入应纳税所得额；资产的计税基础按其原有计税基础确定；资产增值部分的折旧或者摊销不得在税前扣除。

②企业债务重组的所得税处理。

a. 企业债务重组涉及的当事方和重组日的确定。企业债务重组涉及债务人和债权人双方的所得税处理，以债务重组合同（协议）或法院裁定书生效日为重组日。

b. 企业债务重组的一般性税务处理。以非货币资产清偿债务，应当分解为转让相关非货币性资产、按非货币性资产公允价值清偿债务两项业务，确认相关资产的所得或损失。发生债权转股权的，应当分解为债务清偿和股权投资两项业务，确认有关债务清偿所得或损失。债务人应当按照支付的债务清偿额低于债务计税基础的差额，确认债务重组所得；债权人应当按照收到的债务清偿额低于债权计税基础的差额，确认债务重组损失。

c. 企业债务重组的特殊性税务处理。企业债务重组确认的应纳税所得额占该企业当年应纳税所得额50%以上，可以在5个纳税年度的期间内，均匀计入各年度的应纳税所得额。即采用“分期计入”处理方式，又称定期递延。企业发生债权转股权业务，对债务清偿和股权投资两项业务暂不确认有关债务清偿所得或损失，股权投资的计税基础以原债权的计税基础确定。企业的其他相关所得税事项保持不变。即采用“暂不计入”处理方式，又称不定期递延。

③股权收购的所得税处理。

a. 股权收购涉及的当事方和重组日的确定。股权收购涉及收购方、转让方及被收购企业的所得税处理，实际上主要是收购方和转让方的税务处理，被收购企业只是换了股东而已。股权收购以转让合同（协议）生效且完成股权变更手续日为重组日。关联企业之间发生股权收购，转让合同（协议）生效后12

个月内尚未完成股权变更手续的，应以转让合同（协议）生效日为重组日。

b. 股权收购的一般性税务处理。转让方应确认股权转让所得或损失。收购方取得股权的计税基础应以公允价值为基础确定。

c. 股权收购的特殊性税务处理。转让方暂不确认与取得的股权支付相对应的股权转让所得或损失，但要确认与取得的非股权支付相对应的股权转让所得或损失。收购方取得被转让股权的计税基础和转让方取得作为对价支付的收购方股权的计税基础，应以被转让股权在转让方的原有计税基础确定，但前者还要根据转让方取得非股权支付相对应的股权转让所得或损失的确认情况进行调整，即收购方取得被转让股权的计税基础与非股权支付相对应的部分，应按公允价值确定。

④资产收购的所得税处理。

a. 资产收购涉及的当事方和重组日的确定。资产收购一般只涉及收购方和转让方的所得税处理，以转让合同（协议）生效且当事各方已进行会计处理的日期为重组日。

b. 资产收购的一般性税务处理。转让方应确认资产转让所得或损失。收购方取得资产的计税基础应以公允价值为基础确定。

c. 资产收购的特殊性税务处理。转让方暂不确认与取得的股权支付相对应的资产转让所得或损失，但要确认与取得的非股权支付相对应的资产转让所得或损失。收购方取得被转让资产的计税基础和转让方取得作为对价支付的收购方股权的计税基础，应以被转让资产在转让方的原有计税基础确定，但前者还要根据转让方取得非股权支付相对应的资产转让所得或损失的确认情况进行调整，即收购方取得被转让资产的计税基础与非股权支付相对应的部分，应按公允价值确定。

⑤企业合并的所得税处理。

a. 企业合并涉及的当事方和重组日的确定。合并中当事各方是指合并企业、被合并企业及被合并企业股东。在企业合并中，得到合并企业支付对价的不是被合并企业，而是被合并企业股东。企业合并以合并合同（协议）生效、当事各方已进行会计处理且完成工商新设登记或变更登记日为重组日。按规定不需要办理工商新设或变更登记的合并，以合并合同（协议）生效且当事各方已进行会计处理的日期为重组日。

b. 企业合并的一般性税务处理。被合并企业及其股东都应按清算进行所得税处理。合并企业接受被合并企业资产和负债的计税基础应按公允价值确定。被合并企业的亏损不得在合并企业结转弥补。

c. 企业合并的特殊性税务处理。被合并企业及其股东都不按清算进行所得税处理，但被合并企业股东要确认与取得的非股权支付相对应的股权转让所得或损失。合并企业取得被合并企业资产和负债的计税基础应以在被合并企业的原有计税基础确定，但要根据被合并企业股东取得非股权支付相对应的股权转让所得或损失的确认情况进行调整，即合并企业取得被合并企业资产的计税基础与非股权支付相对应的部分，应按公允价值确定。被合并企业股东取得作为对价支付的合并企业股权的计税基础，应以其原持有的被合并企业股权的计税基础确定。被合并企业合并前的相关所得税事项（包括亏损弥补、税收优惠等）由合并企业按规定承继。

⑥企业解散分立的所得税处理。

a. 企业解散分立涉及的当事方和重组日的确定。分立中当事各方是指分立企业、被分立企业及被分立企业股东。在解散分立中，被分立企业注销。企业分立以分立合同（协议）生效、当事各方已进行会计处理且完成工商新设登记或变更登记日为重组日。

b. 企业解散分立的一般性税务处理。被分立企业及其股东都应按清算进行所得税处理。分立企业接受被分立企业资产和负债的计税基础应按公允价值确定。被分立企业的亏损不得在分立企业结转弥补。

c. 企业解散分立的特殊性税务处理。被分立企业及其股东都不按清算进行所得税处理，但被分立企业的股东要确认与取得的非股权支付相对应的股权转让所得或损失。分立企业取得被分立企业资产和负债的计税基础应以在被分立企业的原有计税基础确定。被分立企业的股东取得作为对价支付的分立企业股权的计税基础，应以其用于换取分立企业股权的原持有的被分立企业股权的计税基础确定。被分立企业合并前的相关所得税事项（包括亏损弥补、税收优惠等）由合并企业按规定承继。

⑦企业派生分立的所得税处理。

a. 企业派生分立涉及的当事方和重组日的确定。分立中当事各方是指分立企业、被分立企业及被分立企业股东。在派生分立中，被分立企业存续。企业分立以分立合同（协议）生效、当事各方已进行会计处理且完成工商新设登记或变更登记日为重组日。

b. 企业派生分立的一般性税务处理。被分立企业应确认资产转让所得或损失。分立企业接受被分立企业资产的计税基础应按公允价值确定。被分立企业的股东取得的分立企业股权等对价应视同被分立企业利润分配进行处理。被分立企业的亏损不得在分立企业结转弥补。

c. 企业派生分立的特殊性税务处理。被分立企业暂不确认资产转让所得或损失，但被分立企业的股东取得非股权支付的，也应视同被分立企业利润分配进行处理。分立企业取得被分立企业资产的计税基础应以在被分立企业的原有计税基础确定。被分立企业的股东取得作为对价支付的分立企业股权（以下简称新股）的计税基础，如需放弃原持有的被分立企业的股权（以下简称旧股），新股的计税基础应以放弃旧股的计税基础确定。如不需放弃旧股，则取得新股的计税基础可从以下两种方法中选择确定：直接将新股的计税基础确定为零；或者以被分立企业分立出去的净资产占被分立企业全部净资产的比例先调减原持有的旧股计税基础，再将调减的计税基础平均分配到新股上。被分立企业合并前的相关所得税事项（包括亏损弥补、税收优惠等）由合并企业按规定承继。

⑧跨境转让资产或股权的所得税处理。即居民企业以其拥有的资产或股权向其100%直接控股关系的非居民企业进行投资。

a. 一般性税务处理。同股权收购、资产收购的一般性税务处理。

b. 特殊性税务处理。其资产或股权转让收益可以在10个纳税年度内均匀计入各年度应纳税所得额。这属于定期递延。

⑨非货币性资产对外投资的所得税处理。

a. 非货币性资产投资的界定。非货币性资产投资，限于以非货币性资产出资设立新的居民企业，或将非货币性资产注入现存的居民企业。非货币性资产是指现金、银行存款、应收账款、应收票据及准备持有至到期的债券投资等货币性资产以外的资产。

b. 非货币性资产对外投资的一般性税务处理。依据《企业所得税法》及其实施条例，用非货币性资产对外投资，实际上是转让资产取得了非货币形式的收入，应当按照公允价值确定收入额。因此，用非货币性资产对外投资应分解为两项业务，一是资产转让业务，应确认资产转让所得或损失；二是股权投资业务，应按照公允价值确定取得股权的计税基础。

企业以非货币性资产对外投资，应对非货币性资产进行评估并按评估后的公允价值扣除计税基础后的余额，计算确认非货币性资产转让所得或损失。

企业以非货币性资产对外投资，应于投资协议生效并办理股权登记手续时，确认非货币性资产转让收入的实现。

c. 非货币性资产对外投资的特殊性税务处理。非货币性资产转让所得递延纳税，这也属于定期递延。居民企业以非货币性资产对外投资确认的非货币性资产转让所得，可在不超过 5 年期限内，分期均匀计入相应年度的应纳税所得额，按规定计算缴纳企业所得税。居民企业发生非货币性资产投资，符合股权收购、资产收购的特殊性税务处理条件，也可选择按特殊性税务处理规定执行。

投资企业取得股权、被投资企业取得资产计税基础的确定。居民企业以非货币性资产对外投资而取得被投资企业的股权，应以非货币性资产的原计税成本为计税基础，加上每年确认的非货币性资产转让所得，逐年进行调整。被投资企业取得非货币性资产的计税基础，应按非货币性资产的公允价值确定。

d. 停止执行递延纳税政策的情形。居民企业在对外投资 5 年内转让上述股权或投资收回的，应停止执行递延纳税政策，并就递延期内尚未确认的非货币性资产转让所得，在转让股权或投资收回当年的企业所得税年度汇算清缴时，一次性计算缴纳企业所得税；居民企业在计算股权转让所得时，可按《财政部　国家税务总局关于非货币性资产投资企业所得税政策问题的通知》（财税〔2014〕116 号）第三条第一款规定将股权的计税基础一次调整到位。

居民企业在对外投资 5 年内注销的，应停止执行递延纳税政策，并就递延期内尚未确认的非货币性资产转让所得，在注销当年的企业所得税年度汇算清缴时，一次性计算缴纳企业所得税。

⑩股权、资产划转的所得税处理。

a. 股权、资产划转的一般性税务处理。交易一方在股权或资产划转完成日后连续 12 个月内发生生产经营业务、公司性质、资产或股权结构等情况变化，致使股权或资产划转不再符合特殊性税务处理条件的，自发生变化后 60 日内，原交易双方应按以下规定进行税务处理：

100% 直接控制的母子公司之间，母公司向子公司按账面净值划转其持有的股权或资产，母公司获得子公司 100% 的股权支付。母公司应按原划转完成时股权或资产的公允价值视同销售处理，并按公允价值确认取得长期股权投资的计税基础；子公司按公允价值确认划入股权或资产的计税基础。

100% 直接控制的母子公司之间，母公司向子公司按账面净值划转其持有的股权或资产，母公司没有获得任何股权或非股权支付。母公司应按原划转完成时股权或资产的公允价值视同销售处理；子公司按公允价值确认划入股权或资产的计税基础。

100% 直接控制的母子公司之间，子公司向母公司按账面净值划转其持有的股权或资产，子公司没有获得任何股权或非股权支付。子公司应按原划转完成时股权或资产的公允价值视同销售处理；母公司应按撤回或减少投资进行处理。

受同一或相同多家母公司 100% 直接控制的子公司之间，在母公司主导下，一家子公司向另一家子公司按账面净值划转其持有的股权或资产，划出方没有获得任何股权或非股权支付。划出方应按原划转完成时股权或资产的公允价值视同销售处理；母公司根据交易情形和会计处理对划出方按分回股息进行处理，或者按撤回或减少投资进行处理，对划入方按以股权或资产的公允价值进行投资处理；划入方按接受母公司投资处理，以公允价值确认划入股权或资产的计税基础。

交易双方应调整划转完成纳税年度的应纳税所得额及相应股权或资产的计税基础，向各自主管税务机关申请调整划转完成纳税年度的企业所得税年度申报表，依法计算缴纳企业所得税。

b. 股权、资产划转的特殊性税务处理。符合条件的划出方企业和划入方企业，可以选择按以下规定进行特殊性税务处理：划出方企业和划入方企业均不确认所得；划入方企业取得被划转股权或资产的计税基础，以被划转股权或资产的原账面净值（即原计税基础，下同）确定；划入方企业取得的被划转资产，应按其原账面净值计算折旧扣除。

“100% 直接控制的居民企业之间，以及受同一或相同多家居民企业 100% 直接控制的居民企业之间按账面净值划转股权或资产”，限于以下情形：

100% 直接控制的母子公司之间，母公司向子公司按账面净值划转其持有的股权或资产，母公司获得子公司 100% 的股权支付。母公司按增加长期股权投资处理，子公司按接受投资（包括资本公积，下同）处理。母公司获得子公司股权的计税基础以划转股权或资产的原计税基础确定。

100% 直接控制的母子公司之间，母公司向子公司按账面净值划转其持有的股权或资产，母公司没有获得任何股权或非股权支付。母公司按冲减实收资本（包括资本公积，下同）处理，子公司按接受投资处理。

100%直接控制的母子公司之间，子公司向母公司按账面净值划转其持有的股权或资产，子公司没有获得任何股权或非股权支付。母公司按收回投资处理，或按接受投资处理，子公司按冲减实收资本处理。母公司应按被划转股权或资产的原计税基础，相应调减持有子公司股权的计税基础。

受同一或相同多家母公司100%直接控制的子公司之间，在母公司主导下，一家子公司向另一家子公司按账面净值划转其持有的股权或资产，划出方没有获得任何股权或非股权支付。划出方按冲减所有者权益处理，划入方按接受投资处理。

⑪技术入股。

a. 技术入股即技术成果投资入股是指纳税人将技术成果所有权让渡给被投资企业、取得该企业股票（权）的行为。技术成果是指专利技术（含国防专利）、计算机软件著作权、集成电路布图设计专有权、植物新品种权、生物医药新品种，以及科技部、财政部、国家税务总局确定的其他技术成果。

b. 技术入股的一般性税务处理。同非货币性资产对外投资的一般性税务处理。

c. 技术入股的特殊性税务处理。企业以技术成果投资入股到境内居民企业，被投资企业支付的对价全部为股票（权）的，可选择继续按现行有关税收政策执行，也可选择适用递延纳税优惠政策。

选择技术成果投资入股递延纳税政策的，经向主管税务机关备案，投资入股当期可暂不纳税，允许递延至转让股权时，按股权转让收入减去技术成果原值和合理税费后的差额计算缴纳所得税。这属于不定期递延。

企业选择适用上述任一项政策，均允许被投资企业按技术成果投资入股时的评估值入账并在企业所得税前摊销扣除。企业接受技术成果投资入股，技术成果评估值明显不合理的，主管税务机关有权进行调整。

选择适用递延纳税政策的，应当为实行查账征收的居民企业以技术成果所有权投资。

持有递延纳税的股权期间，因该股权产生的转增股本收入，以及以该递延纳税的股权再进行非货币性资产投资的，应在当期缴纳税款。

【例3－15】 企业发生的下列重组及递延纳税事项符合相应的特殊性税务处理条件，允许定期递延纳税的是（　　）。

A. 企业合并　　　　B. 资产划转

C. 非货币性资产对外投资　　　　D. 技术成果投资入股

【解析】依据企业所得税的有关规定，只有居民企业以非货币性资产对外投资确认的非货币性资产转让所得，可在不超过5年期限内，分期均匀计入相应年度的应纳税所得额，按规定计算缴纳企业所得税，即允许定期递延纳税。因此，正确答案为C。

2. 企业政策性搬迁。

（1）企业政策性搬迁的范围。

企业政策性搬迁是指由于社会公共利益的需要，在政府主导下企业进行整体搬迁或部分搬迁。企业由于下列需要之一，提供相关文件证明资料的，属于政策性搬迁：国防和外交的需要；由政府组织实施的能源、交通、水利等基础设施的需要；由政府组织实施的科技、教育、文化、卫生、体育、环境和资源保护、防灾减灾、文物保护、社会福利、市政公用等公共事业的需要；由政府组织实施的保障性安居工程建设的需要；由政府依照《中华人民共和国城乡规划法》有关规定组织实施的对危房集中、基础设施落后等地段进行旧城区改建的需要；法律、行政法规规定的其他公共利益的需要。

企业应就政策性搬迁过程中涉及的搬迁收入、搬迁支出、搬迁资产税务处理、搬迁所得等所得税征收管理事项，单独进行税务管理和核算。不能单独进行税务管理和核算的，应视为企业自行搬迁或商业性搬迁等非政策性搬迁进行所得税处理。

（2）搬迁收入。

企业的搬迁收入，包括搬迁过程中从本企业以外（包括政府或其他单位）取得的搬迁补偿收入，以及本企业搬迁资产处置收入等。

①企业取得的搬迁补偿收入是指企业由于搬迁取得的货币性和非货币性补偿收入。具体包括：对被征用资产价值的补偿；因搬迁、安置而给予的补偿；对停产停业形成的损失而给予的补偿；资产搬迁过程中遭到毁损而取得的保险赔款；其他补偿收入。

②企业搬迁资产处置收入是指企业由于搬迁而处置企业各类资产所取得的收入。企业由于搬迁处置存货而取得的收入，应按正常经营活动取得的收入进行所得税处理，不作为企业搬迁收入。

（3）搬迁支出。

企业的搬迁支出，包括搬迁费用支出及由于搬迁所发生的企业资产处置支出。

①搬迁费用支出是指企业搬迁期间所发生的各项费用，包括安置职工实际发生的费用、停工期间支付给职工的工资及福利费、临时存放搬迁资产而发生的费用、各类资产搬迁安装费用，以及其他与搬迁相关的费用。

②资产处置支出是指企业由于搬迁而处置各类资产所发生的支出，包括变卖及处置各类资产的净值、处置过程中所发生的税费等支出。企业由于搬迁而报废的资产，如无转让价值，其净值作为企业的资产处置支出。

企业发生的购置资产支出，不得从搬迁收入中扣除。但在 2012 年 10 月 1 日之前已经签订搬迁协议且尚未完成搬迁清算的企业政策性搬迁项目，企业在重建或恢复生产过程中购置的各类资产，可以作为搬迁支出，从搬迁收入中扣除。

（4）搬迁所得或损失。

企业的搬迁收入扣除搬迁支出后的余额，为企业的搬迁所得；为负数的，应为搬迁损失。

①企业在搬迁期间发生的搬迁收入和搬迁支出，可以暂不计入当期应纳税所得额，而在完成搬迁的年度，对搬迁收入和支出进行汇总清算，将搬迁所得计入当年度企业应纳税所得额计算纳税。

②搬迁损失可在下列方法中由企业自行选择其一进行税务处理，但一经选定，不得改变：

a. 在搬迁完成年度，一次性作为损失进行扣除。

b. 自搬迁完成年度起分 3 个年度，均匀在税前扣除。

③下列情形之一的，为搬迁完成年度，企业应进行搬迁清算：

a. 从搬迁开始，5 年内（包括搬迁当年度）任何一年完成搬迁的。

b. 从搬迁开始，搬迁时间满 5 年（包括搬迁当年度）的年度。

企业边搬迁、边生产的，搬迁年度应从实际开始搬迁的年度计算。

④企业同时符合下列条件的，视为已经完成搬迁：

a. 搬迁规划已基本完成。

b. 当年生产经营收入占规划搬迁前年度生产经营收入 50% 以上。

（5）征收管理。

企业应当自搬迁开始年度，至次年 5 月 31 日前，向主管税务机关（包括迁出地和迁入地）报送政策性搬迁依据、搬迁规划等相关材料。逾期未报的，除特殊原因并经主管税务机关认可外，按非政策性搬迁处理，不得执行本办法的规定。

企业应向主管税务机关报送的政策性搬迁依据、搬迁规划等相关材料，包括：政府搬迁文件或公告；搬迁重置总体规划；拆迁补偿协议；资产处置计划；其他与搬迁相关的事项。

企业迁出地和迁入地主管税务机关发生变化的，由迁入地主管税务机关负责企业搬迁清算。

企业搬迁完成当年，其向主管税务机关报送企业所得税年度纳税申报表时，应同时报送《企业政策性搬迁清算损益表》及相关材料。

3. 房地产开发企业特定业务。

（1）预计毛利的纳税调整。

企业在开发产品完工前销售开发产品取得的收入，也就是通过正式签订《房地产预售合同》所取得的收入，应作为未完工开发产品销售收入处理，先按预计计税毛利率分季（或月）计算出预计毛利额，计入当期应纳税所得额；企业在开发产品完工后销售开发产品取得的收入，也就是通过正式签订《房地产销售合同》所取得的收入，应作为完工开发产品销售收入处理。开发产品完工后，企业应及时结算其计税成本并计算此前销售收入的实际毛利额，同时将其实际毛利额与其对应的预计毛利额之间的差额，计入当年度企业本项目与其他项目合并计算的应纳税所得额。

也就是说，销售未完工开发产品取得的收入，预计毛利应调增销售当期的所得；开发产品完工后，应计算其实际毛利，并将之前已调增所得的预计毛利，调减完工当期的所得。

（2）预计计税毛利率。

企业销售未完工开发产品的计税毛利率由各省、自治区、直辖市税务局按下列规定进行确定：

①开发项目位于省、自治区、直辖市和计划单列市人民政府所在地城市城区和郊区的，不得低于15%。

②开发项目位于地及地级市城区及郊区的，不得低于10%。

③开发项目位于其他地区的，不得低于5%。

④属于经济适用房、限价房和危改房的，不得低于3%。

（3）实际发生的税金及附加、土地增值税的纳税调整。

房地产开发企业发生的税金及附加（包括城市维护建设税、教育费附加和地方教育附加等）、土地增值税准予当期按规定扣除。因此，在开发产品完工前，房地产开发企业销售未完工开发产品计算预计毛利调增销售当期所得的，缴纳的税金及附加、土地增值税准予当期按规定扣除。如果会计处理未计入“税金及附加”，则调减销售当期的所得；如果会计处理已计入“税金及附加”，则不调整所得。对前一种情形，在开发产品完工后，房地产开发企业计算其实际毛利并将之前已调增所得的预计毛利调减完工当期所得的，应将之前已调减所得的税金及附加、土地增值税调增完工当期的所得。

（4）开发产品完工的条件。

企业房地产开发经营业务包括土地的开发，建造、销售住宅、商业用房及其他建筑物、附着物、配套设施等开发产品。除土地开发之外，其他开发产品符合下列条件之一的，应视为已经完工：

①开发产品竣工证明材料已报房地产管理部门备案。

②开发产品已开始投入使用。

③开发产品已取得了初始产权证明。

房地产开发企业建造、开发的开发产品，无论工程质量是否通过验收合格，或是否办理完工（竣工）备案手续以及会计决算手续，当企业开始办理开发产品交付手续（包括入住手续）或已开始实际投入使用时，为开发产品开始投入使用，应视为开发产品已经完工。房地产开发企业应按规定及时结算开发产品计税成本，并计算企业当年度应纳税所得额。

4. 合伙企业法人合伙人应分得应纳税所得额。

（1）合伙企业法人合伙人应分得应纳税所得额的计算依据。

这里的合伙企业的法人合伙人应分得应纳税所得额，实际上是指合伙企业的法人合伙人从合伙企业年度应纳税所得额中应分得（包括实际分配和留存收益）的金额，而不是指合伙企业的法人合伙人自身全部的应纳税所得额。合伙企业生产经营所得和其他所得采取“先分后税”的原则。具体应纳税所得额的计算按照有关规定执行。

（2）合伙企业法人合伙人应分得应纳税所得额的确定原则。

①合伙企业的合伙人以合伙企业的生产经营所得和其他所得，按照合伙协议约定的分配比例确定应纳税所得额。

②合伙协议未约定或者约定不明确的，以全部生产经营所得和其他所得，

按照合伙人协商决定的分配比例确定应纳税所得额。

③协商不成的，以全部生产经营所得和其他所得，按照合伙人实缴出资比例确定应纳税所得额。

④无法确定出资比例的，以全部生产经营所得和其他所得，按照合伙人数量平均计算每个合伙人的应纳税所得额。

⑤合伙协议不得约定将全部利润分配给部分合伙人。

⑥合伙企业的合伙人是法人和其他组织的，合伙人在计算其缴纳企业所得税时，不得用合伙企业的亏损抵减其盈利。

法人合伙人从合伙企业分得的应纳税所得额与自然人合伙人不同，不需要区分是生产经营所得还是其他所得；法人合伙人应按年度确认应从合伙企业分得的应纳税所得额，合伙企业当年按规定计算有所得而没有实际分配的，法人合伙人需要调增所得。

（五）特别纳税调整

1. 转让定价调整。

企业与其关联方之间的业务往来，不符合独立交易原则而减少企业或者其关联方应纳税收入或者所得额的，税务机关有权按照合理方法调整。独立交易原则是指没有关联关系的交易各方，按照公平成交价格和营业常规进行业务往来遵循的原则。

（1）税务机关实施转让定价调查时，应当进行可比性分析。

（2）税务机关应当在可比性分析的基础上，选择合理的转让定价方法，对企业关联交易进行分析评估。转让定价方法包括：

①可比非受控价格法。可比非受控价格法是指按照没有关联关系的交易各方进行相同或者类似业务往来的价格进行定价的方法。

②再销售价格法。再销售价格法是指按照从关联方购进商品再销售给没有关联关系的交易方的价格，减除相同或者类似业务的销售毛利进行定价的方法。

③成本加成法。成本加成法是指按照成本加合理的费用和利润进行定价的方法。

④交易净利润法。交易净利润法是指按照没有关联关系的交易各方进行相同或者类似业务往来取得的净利润水平确定利润的方法。

⑤利润分割法。利润分割法是指将企业与其关联方的合并利润或者亏损在各方之间采用合理标准进行分配的方法。

⑥其他符合独立交易原则的方法。

(3) 税务机关对关联交易进行调查分析时，应当确定企业所获得的收益与其执行的功能或者承担的风险是否匹配。

2. 成本分摊协议。

企业与其关联方共同开发、受让无形资产，或者共同提供、接受劳务发生的成本，在计算应纳税所得额时应当按照独立交易原则进行分摊。企业可以依照《企业所得税法》的规定，按照独立交易原则与其关联方分摊共同发生的成本，达成成本分摊协议。企业与其关联方分摊成本时，应当按照成本与预期收益相配比的原则进行分摊，并在税务机关规定的期限内，按照税务机关的要求报送有关资料。企业与其关联方分摊成本时违反前述规定的，其自行分摊的成本不得在计算应纳税所得额时扣除。

3. 预约定价安排。

预约定价安排是指企业就其未来年度关联交易的定价原则和计算方法，向税务机关提出申请，与税务机关按照独立交易原则协商、确认后达成的协议。企业可以向税务机关提出与其关联方之间业务往来的定价原则和计算方法，税务机关与企业协商、确认后，达成预约定价安排。

预约定价安排包括单边、双边和多边3种类型。

4. 关联业务调查和调整。

税务机关在进行关联业务调查时，企业及其关联方，以及与关联业务调查有关的其他企业，应当按照规定提供相关资料。与关联业务调查有关的其他企业是指与被调查企业在生产经营内容和方式上相类似的企业。

(1) 相关资料。

①与关联业务往来有关的价格、费用的制定标准、计算方法和说明等同期资料；

②关联业务往来所涉及的财产、财产使用权、劳务等的再销售（转让）价格或者最终销售（转让）价格的相关资料；

③与关联业务调查有关的其他企业应当提供的与被调查企业可比的产品价格、定价方式以及利润水平等资料；

④其他与关联业务往来有关的资料。

(2) 核定方法。

企业不提供与其关联方之间业务往来资料，或者提供虚假、不完整资料，未能真实反映其关联业务往来情况的，税务机关有权依法核定其应纳税所得额。税务机关依照《企业所得税法》的规定核定企业的应纳税所得额时，可以采用下列方法：

①参照同类或者类似企业的利润率水平核定；

②按照企业成本加合理的费用和利润的方法核定；

③按照关联企业集团整体利润的合理比例核定；

④按照其他合理方法核定。

企业对税务机关按照前款规定的方法核定的应纳税所得额有异议的，应当提供相关证据，经税务机关认定后，调整核定的应纳税所得额。

5. 受控外国企业利润视同分配调整。

由居民企业，或者由居民企业和中国居民控制的设立在实际税负低于《企业所得税法》规定税率水平（25%）的50%的国家（地区）的企业，并非由于合理的经营需要而对利润不作分配或者减少分配的，上述利润中应归属于该居民企业的部分，应当计入该居民企业的当期收入。受控外国企业实际分配的利润已根据《企业所得税法》规定征税的，不再计入中国居民企业股东的当期所得。

（1）中国居民是指根据《中华人民共和国个人所得税法》（以下简称《个人所得税法》）的规定，就其从中国境内、境外取得的所得在中国缴纳个人所得税的个人。

（2）控制，包括：①居民企业或者中国居民直接或者间接单一持有外国企业10%以上有表决权股份，且由其共同持有该外国企业50%以上股份；②居民企业，或者居民企业和中国居民持股比例没有达到第（1）项规定的标准，但在股份、资金、经营、购销等方面对该外国企业构成实质控制。

（3）计入中国居民企业股东当期的视同受控外国企业股息分配的所得，应按以下公式计算：

中国居民企业股东当期所得 = 视同股息分配额 × 实际持股天数 ÷ 受控外国企业纳税年度天数 × 股东持股比例

中国居民股东多层间接持有股份的，股东持股比例按各层持股比例相乘计算。

（4）中国居民企业股东能够提供资料证明其控制的外国企业满足以下条件之一的，可免于将外国企业不作分配或减少分配的利润视同股息分配额，计入中国居民企业股东的当期所得：

①设立在国家税务总局指定的非低税率国家（地区）；

②主要取得积极经营活动所得；

③年度利润总额低于500万元人民币。

6. 资本弱化调整。

企业从其关联方接受的债权性投资与权益性投资的比例超过规定标准而发生的利息支出，不得在计算应纳税所得额时扣除。

7. 一般反避税纳税调整。

企业实施其他不具有合理商业目的的安排而减少其应纳税收入或者所得额的，税务机关有权按照合理方法调整。不具有合理商业目的是指以减少、免除或者推迟缴纳税款为主要目的。

（六）弥补亏损

1. 基本规定。

亏损是指企业依照《企业所得税法》及其实施条例的规定将每一纳税年度的收入总额减除不征税收入、免税收入和各项扣除后小于零的数额。在企业所得税年度纳税申报表中，亏损是指纳税调整后所得小于零的数额。企业纳税年度发生的亏损，准予向以后年度结转，用以后年度的所得弥补，但结转年限最长不得超过5年。企业在汇总计算缴纳企业所得税时，其境外营业机构的亏损不得抵减境内营业机构的盈利。

2. 具体规定。

（1）企业所得税年度纳税申报表中亏损的确定。

在现行企业所得税年度纳税申报表中，主表和《企业所得税弥补亏损明细表》对亏损的确定并不完全相同。在主表中，亏损是第19行纳税调整后所得小于零的数额。在《企业所得税弥补亏损明细表》中，亏损是第2列“当年境内所得额”的负数，且2013年及以前纳税年度、2014年至2017年纳税年度、2018年及以后纳税年度的填报规则有所不同。

（2）以前年度的实际资产损失和应扣未扣支出追补扣除应调整所属年度的所得或亏损。

①企业以前年度发生的资产损失未能在当年税前扣除的，可以按照规定扣除。其中，属于实际资产损失，准予追补至该项损失发生年度扣除，其追补确认期限一般不得超过5年，但因计划经济体制转轨过程中遗留的资产损失、企

业重组上市过程中因权属不清出现争议而未能及时扣除的资产损失、因承担国家政策性任务而形成的资产损失及政策定性不明确而形成资产损失等特殊原因形成的资产损失，其追补确认期限经国家税务总局批准后可适当延长。属于法定资产损失，应在申报年度扣除。企业因以前年度实际资产损失未在税前扣除而多缴的企业所得税税款，可在追补确认年度企业所得税应纳税款中予以抵扣，不足抵扣的，向以后年度递延抵扣。企业实际资产损失发生年度扣除追补确认的损失后出现亏损的，应先调整资产损失发生年度的亏损额，再按弥补亏损的原则计算以后年度多缴的企业所得税税款，并按前述办法进行税务处理。

②对企业发现以前年度实际发生的、按照税收规定应在企业所得税前扣除而未扣除或者少扣除的支出，企业做出专项申报及说明后，准予追补至该项目发生年度计算扣除，但追补确认期限不得超过 5 年。企业由于上述原因多缴的企业所得税税款，可以在追补确认年度企业所得税应纳税款中抵扣，不足抵扣的，可以向以后年度递延抵扣或申请退税。亏损企业追补确认以前年度未在企业所得税前扣除的支出，或盈利企业经过追补确认后出现亏损的，应首先调整该项支出所属年度的亏损额，然后再按照弥补亏损的原则计算以后年度多缴的企业所得税款，并按前述规定处理。

（3）查增的应纳税所得额允许弥补以前年度亏损。

税务机关对企业以前年度纳税情况进行检查时调增的应纳税所得额，凡企业以前年度发生亏损、且该亏损属于《企业所得税法》规定允许弥补的，应允许调增的应纳税所得额弥补该亏损。弥补该亏损后仍有余额的，按照《企业所得税法》规定计算缴纳企业所得税。

（4）企业筹办期间不得确定为亏损年度。

企业自开始生产经营的年度，为开始计算企业损益的年度。企业从事生产经营之前进行筹办活动期间发生筹办费用支出，不得计算为当期的亏损，应按照下列规定执行，即：企业可以在开始经营之日的当年一次性扣除；也可以自支出发生月份的次月起，在不低于 3 年的期限内分期摊销。

（5）特殊企业亏损结转年限的延长。

①高新技术企业和科技型中小企业。自 2018 年 1 月 1 日起，当年具备高新技术企业或科技型中小企业资格（以下统称资格）的企业，其具备资格年度之前 5 个年度发生的尚未弥补完的亏损，准予结转以后年度弥补，最长结转年限由 5 年延长至 10 年。当年具备资格的企业，其具备资格年度之前 5 个年度发

生的尚未弥补完的亏损是指当年具备资格的企业，其前5个年度无论是否具备资格，所发生的尚未弥补完的亏损。高新技术企业按照其取得的高新技术企业证书注明的有效期所属年度，确定其具备资格的年度。科技型中小企业按照其取得的科技型中小企业入库登记编号注明的年度，确定其具备资格的年度。

企业发生符合特殊性税务处理规定的合并或分立重组事项的，其尚未弥补完的亏损，按照下列规定进行税务处理：合并企业承继被合并企业尚未弥补完的亏损的结转年限，按照被合并企业的亏损结转年限确定；分立企业承继被分立企业尚未弥补完的亏损的结转年限，按照被分立企业的亏损结转年限确定；合并企业或分立企业具备资格的，其承继被合并企业或被分立企业尚未弥补完的亏损的结转年限，按照合并企业或分立企业的亏损结转年限确定。

②线宽小于130纳米（含）的集成电路生产企业。自2020年1月1日起，国家鼓励的线宽小于130纳米（含）的集成电路生产企业，属于国家鼓励的集成电路生产企业清单年度之前5个纳税年度发生的尚未弥补完的亏损，准予向以后年度结转，总结转年限最长不得超过10年。

③受疫情影响较大的困难行业企业。对受疫情影响较大的困难行业企业2020年度发生的亏损，最长结转年限由5年延长至8年。困难行业企业，包括交通运输、餐饮、住宿、旅游（指旅行社及相关服务、游览景区管理两类）四大类，具体判断标准按照现行《国民经济行业分类》执行。困难行业企业2020年度主营业务收入须占收入总额（剔除不征税收入和投资收益）的50%以上。

④电影行业企业。对电影行业企业2020年度发生的亏损，最长结转年限由5年延长至8年。电影行业企业限于电影制作、发行和放映等企业，不包括通过互联网、电信网、广播电视网等信息网络传播电影的企业。

（6）因政策性搬迁停止生产经营活动的年度可从法定亏损结转弥补年限中减除。

企业以前年度发生尚未弥补的亏损的，凡企业由于搬迁停止生产经营无所得的，从搬迁年度次年起，至搬迁完成年度前一年度止，可作为停止生产经营活动年度，从法定亏损结转弥补年限中减除；企业边搬迁、边生产的，其亏损结转年度应连续计算。

（7）境外分支机构的非实际亏损没有结转年限的限制。

企业在同一纳税年度的境内外所得加总为正数的，其境外分支机构发生的亏损，由于上述结转弥补的限制而发生的未予弥补的部分（以下称为非实际亏损额），今后在该分支机构的结转弥补期限不受5年期限制。

①如果企业当期境内外所得盈利额与亏损额加总后和为零或正数，则其当年度境外分支机构的非实际亏损额可无限期向后结转弥补。

②如果企业当期境内外所得盈利额与亏损额加总后和为负数，则以境外分支机构的亏损额超过企业盈利额部分的实际亏损额，按规定的期限进行亏损弥补，未超过企业盈利额部分的非实际亏损额仍可无限期向后结转弥补。

【例3-16】 2021年9月15日，某一般企业吸收合并2020年取得高新技术企业资格的某高新技术企业，选择适用特殊性税务处理。则该高新技术企业2019年的亏损在合并后由该一般企业承继弥补的剩余年限是（　　）年。

A. 3　　B. 5　　C. 8　　D. 10

【解析】 合并企业承继被合并企业尚未弥补完的亏损的结转年限，按照被合并企业的亏损结转年限确定；合并企业具备资格的，其承继被合并企业尚未弥补完的亏损的结转年限为10年。该高新技术企业为被合并企业，2020年取得高新技术企业资格，其2019年的亏损结转弥补年限为10年，2021年9月15日被合并时，已经弥补过两个纳税年度（2020年、2021年1月1日至9月15日的实际经营期），其2019年的亏损在合并后由合并企业承继弥补的剩余年限是8年。因此，正确答案为C。

（8）弥补亏损规则。

如果企业以前年度亏损的最长结转年限一致，适用“先亏先补”的弥补亏损规则。如果企业以前年度亏损的最长结转年限不一致，适用“先到期亏损先弥补、同时到期亏损先发生的先弥补”的弥补亏损规则。弥补的顺序是按照亏损到期的年限优先弥补到期时间近的亏损额，亏损到期年限相同则先弥补更早发生的亏损额。

例如：某企业2019年取得高新技术企业资格，2020年复核不合格被取消高新技术企业资格，假设该企业2014年、2018年、2019年均发生亏损。则2014年、2018年的亏损结转年限均为10年，2019年的亏损结转年限为5年。2020年度汇算清缴有所得，弥补以前年度亏损时，2014年、2018年、2019年的亏损均没有到期，如果2014年的亏损尚未弥补完，2014年的亏损到期年限是2024年，2018年的亏损到期年限是2028年，2019年的亏损到期年限是2024年，则弥补的顺序是：先弥补2014年的亏损，后弥补2019年的亏损，再弥补

2018 年的亏损。假设到 2024 年上述亏损均未弥补完且 2024 年有所得，与 2018 年的亏损相比，2019 年的亏损先到期、先弥补；2014 年、2019 年的亏损同时到期，但 2014 年的亏损先发生，2014 年的亏损先弥补；2018 年的亏损最后弥补。最终弥补的顺序还是：先弥补 2014 年的亏损，后弥补 2019 年的亏损，最后弥补 2018 年的亏损。再如：某企业为 2020 年受疫情影响较大的困难行业企业，当年发生亏损且符合延长亏损结转年限的条件，假设该企业 2019 年、2020 年、2021 年均发生亏损。则 2020 年的亏损结转年限为 8 年，2019 年、2021 年的亏损结转年限均为 5 年。假设到 2024 年上述亏损均未弥补完且 2024 年有所得，2019 年的亏损先到期、先弥补。假设到 2026 年上述亏损均未弥补完且 2026 年有所得，2019 年的亏损已超过 5 年，不得弥补；2021 年的亏损先到期、先弥补；2020 年的亏损后弥补。

（9）境内企业之间的盈亏不得互相抵补。

由于现行企业所得税是法人所得税，因此除另有规定外，境内企业之间的盈亏不得互相抵减或结转弥补。根据现行政策规定，“另有规定”是指居民企业合并、分立适用特殊性税务处理时亏损的承继弥补。

投资企业撤回或减少投资的，被投资企业发生的经营亏损，由被投资企业按规定结转弥补。

（10）汇总纳税企业境内机构的盈亏汇总计算。

汇总纳税企业在统一计算应纳税所得额时，实际上已将境内总、分支机构的盈亏互相抵补。

（11）来源于境外的所得可以抵减弥补境内企业的亏损。

依据现行《企业所得税法》及其实施条例的规定，居民企业在汇总计算缴纳企业所得税时，其境外营业机构的亏损不得抵减境内营业机构的盈利。同样，境外被投资企业的亏损也不可能由境内投资企业的盈利抵补。但居民企业来源于境外的所得，包括来源于境外被投资企业的股息、红利等权益性投资收益和来源于境外营业机构的盈利，都可以抵减或弥补其境内的亏损。

（12）境外被投资企业或营业机构之间的盈亏有些情形下可以互相抵补。

居民企业对来源于境外的所得选择适用分国（地区）不分项方式计税的，在汇总计算境外应纳税所得额时，企业在境外同一国家（地区）设立不具有独立纳税地位的分支机构，按照《企业所得税法》及其实施条例的有关规定计算的亏损，不得抵减其境内或其他国家（地区）的应纳税所得额，但可以用同一国家（地区）其他项目或以后年度的所得按规定弥补。居民企业对来源于境外的所得选择适用不分国（地区）不分项方式计税的，其境外应纳税所得额是多个国家（地区）所得汇总统一计算后的结果，即不同国家（地区）的盈利和亏损可以相互抵补。

（13）企业合并、分立适用特殊性税务处理。

被合并企业合并前的相关所得税事项由合并企业承继，其中，可由合并企业弥补的被合并企业亏损的限额 = 被合并企业净资产公允价值 × 截至合并业务发生当年年末国家发行的最长期限的国债利率。这一限额是指在税收规定的剩余结转年限内，每年可由合并企业弥补的被合并企业亏损的限额。被分立企业已分立出去资产相应的所得税事项由分立企业承继，其中，被分立企业未超过法定弥补期限的亏损额可按分立资产占全部资产的比例进行分配，由分立企业继续弥补。

【例 3－17】 企业取得的下列所得可以用来弥补以前年度境内亏损的有（　　）。

A. 境内应税所得　　B. 境内免税所得

C. 境外应税所得　　D. 境外免税所得

E. 清算所得

【解析】 企业在汇总计算缴纳企业所得税时，其境外营业机构的亏损不得抵减境内营业机构的盈利。这并不排除用境外所得抵减弥补境内亏损。企业用来抵减弥补境内亏损的境外所得应为境外应税所得。企业用来弥补以前年度境内亏损的当年境内所得额应是减去所得减免额后的纳税调整后所得，即免税所得不作为弥补以前年度亏损的所得来源。企业清算时，清算所得应依法弥补以前年度亏损。因此，正确答案为 ACE。

五、企业所得税应纳税额计算

（一）应纳税额的计算公式

1. 仅有境内所得的应纳税额计算公式。

应纳税额 = 应纳税所得额 × 适用税率 － 减免税额 － 抵免税额

公式中的减免税额和抵免税额是指依照《企业所得税法》和国务院的税收优惠规定减征、免征和抵免的应纳税额。

2. 有境内和境外所得的应纳税额计算公式。

应纳税额 = 境内应纳税所得额 × 适用税率 − 减免税额 − 抵免税额 + 境外所得应纳所得税额 − 境外所得抵免所得税额

（二）境外所得税收抵免

1. 境外所得税收抵免的方法。

（1）分国抵免法和综合抵免法。

自2017年1月1日起，企业可以选择采用分国抵免法或者综合抵免法计算境外所得税收抵免，一经选择，5年内不得改变。

①分国抵免法。即“分国（地区）不分项”。在分国抵免法下，居民企业应按国（地区）别分别计算境外所得的应纳税所得额、可抵免境外所得税税额、抵免限额和实际抵免税额。

②综合抵免法。即“不分国（地区）不分项”。在综合抵免法下，居民企业不按国（地区）别分别计算，而是汇总计算境外所得的应纳税所得额、可抵免境外所得税税额、抵免限额和实际抵免税额。

企业选择采用不同于以前年度的方式（以下简称新方式）计算可抵免境外所得税税额和抵免限额时，对该企业以前年度按照规定没有抵免完的余额，可在税法规定结转的剩余年限内，按新方式计算的抵免限额中继续结转抵免。

【例3－18】 居民企业A在甲国设有分支机构B和子公司C，在乙国设有分支机构D。2021年，居民企业A境内所得的应纳税所得额为300万元；设在甲国的分支机构B当年度应纳税所得额为200万元，在甲国缴纳企业所得税20万元，子公司C当年度分配给居民企业A的股息为100万元，该股息实际负担所得税10万元；设在乙国的分支机构D当年度应纳税所得额为200万元，在乙国缴纳企业所得税60万元，以前年度结转抵免额为15万元（尚在结转抵免5年有效期内）。请分析居民企业A采用分国抵免法和综合抵免法下，可实际抵免境外所得税额分别是多少？

【解析】（1）如果居民企业A选择采用分国抵免法计算境外所得税收抵免，则：

①来源于甲国所得税收抵免的计算：

甲国可抵免境外所得税税额 = 20 + 10 = 30（万元）

甲国所得税收抵免限额 =（300 + 200 + 100 + 200）× 25% ×（200 + 100）÷（300 + 200 + 100 + 200）= 75（万元）

甲国当年可实际抵免税额 = 30（万元）

②来源于乙国所得税收抵免的计算：

乙国可抵免境外所得税税额 = 60（万元）

乙国所得税收抵免限额 = (300 + 200 + 100 + 200) × 25% × 200 ÷ (300 + 200 + 100 + 200) = 50（万元）

乙国当年可实际抵免税额 = 50（万元）

③居民企业 A 当年可实际抵免税额 = 30 + 50 = 80（万元），在乙国缴纳企业所得税还有 25 万元（2021 年度尚未抵免的税额 10 万元、以前年度结转抵免的税额 15 万元），结转以后年度用乙国的可抵免境外所得税税额抵免。

（2）如果居民企业 A 选择采用综合抵免法计算境外所得税收抵免，则：

①汇总计算甲、乙两国可抵免境外所得税税额 = 20 + 10 + 60 = 90（万元）

②汇总计算甲、乙两国境外所得税收抵免限额 = (300 + 200 + 100 + 200) × 25% × (200 + 100 + 200) ÷ (300 + 200 + 100 + 200) = 125（万元）

③当年可实际抵免税额 90 万元，可抵免以前年度结转抵免税额 15 万元，居民企业 A 当年境外所得抵免税额合计金额为 105 万元。

（2）直接抵免法和间接抵免法。

①直接抵免法。企业取得的下列所得已在境外缴纳的所得税税额，可以从其当期应纳税额中抵免，抵免限额为该项所得依照规定计算的应纳税额；超过抵免限额的部分，可以在以后 5 个年度内，用每年度抵免限额抵免当年应抵税额后的余额进行抵补：

a. 居民企业来源于中国境外的应税所得；

b. 非居民企业在中国境内设立机构、场所，取得发生在中国境外但与该机构、场所有实际联系的应税所得。

5 个年度是指从企业取得的来源于中国境外的所得，已经在中国境外缴纳的企业所得税性质的税额超过抵免限额的当年的次年起连续 5 个纳税年度。

直接抵免的境外所得税收，主要包括企业就来源于境外的营业利润所得在境外直接缴纳的企业所得税，以及就来源于或发生于境外的股息、红利等权益性投资所得、利息、租金、特许权使用费、财产转让等所得在境外被源泉扣缴的预提所得税。

②间接抵免法。居民企业从其直接或者间接控制的外国企业分得的来源于中国境外的股息、红利等权益性投资收益，外国企业在境外实际缴纳的所得税

税额中属于该项所得负担的部分，可以作为该居民企业的可抵免境外所得税税额，在规定的抵免限额内抵免。

直接控制是指居民企业直接持有外国企业20%以上股份。间接控制是指居民企业以间接持股方式持有外国企业20%以上股份。

间接抵免又分单层间接抵免和多层间接抵免两种。

间接抵免的境外所得税收，主要是居民企业从其境外子公司取得的股息、红利等权益性投资收益所得间接负担的境外子公司在境外实际缴纳的企业所得税。

2. 境外所得税收抵免适用所得的范围。

对居民企业来说，允许实行境外所得税收抵免的所得范围包括两类：

（1）在境外投资设立不具有独立纳税地位的分支机构，其来源于境外的所得。居民企业在境外设立不具有独立纳税地位的分支机构取得的各项境外所得，无论是否汇回中国境内，均应计入该企业所属纳税年度的境外应纳税所得额。

（2）来源于境外的股息、红利等权益性投资收益，以及利息、租金、特许权使用费、转让财产等收入。

3. 境外所得税收抵免计算的基本项目。

企业应按照规定，准确计算当期与抵免境外所得税有关的项目，确定当期实际可抵免的境外所得税税额和抵免限额：

（1）境内所得的应纳税所得额（以下称境内应纳税所得额）和境外所得的应纳税所得额（以下称境外应纳税所得额）。

（2）可抵免境外所得税税额。

（3）境外所得税的抵免限额。

（4）实际抵免税额。

企业不能准确计算上述项目实际可抵免的境外所得税税额的，相应税收不得在该企业当期应纳税额中抵免，也不得结转以后年度抵免。

4. 境外应纳税所得额的计算。

（1）境外应纳税所得额计算的基本规定。

境外所得，在计算适用境外税额直接抵免的应纳税所得额时，为将该项境外所得直接缴纳的境外所得税额还原计算后的境外税前所得；上述直接缴纳税额还原后的所得中属于股息、红利所得的，在计算适用境外税额间接抵免的境外所得时，应再将该项境外所得间接负担的税额还原计算，即该境外股息、红利所得应为境外股息、红利税后净所得与就该项所得直接缴纳和间接负担的税额之和。

对上述税额还原后的境外税前所得，应再就计算企业应纳税所得总额时已按税法规定扣除的有关成本费用中与境外所得有关的部分进行对应调整扣除后，计算为境外应纳税所得额。

（2）居民企业境外分支机构来源于境外所得应纳税所得额的计算。

以境外收入总额扣除与取得境外收入有关的各项合理支出后的余额为应纳税所得额。各项收入、支出按《企业所得税法》及其实施条例的有关规定确定。确定与取得境外收入有关的合理的支出，应主要考察发生支出的确认和分摊方法是否符合一般经营常规和我国税收法律规定的基本原则。企业已在计算应纳税所得总额时扣除的，但属于应由各分支机构合理分摊的总部管理费等有关成本费用，应做出合理的对应调整分摊。

（3）居民企业来源于境外其他所得应纳税所得额的计算。

居民企业应就其来源于境外的股息、红利等权益性投资收益，以及利息、租金、特许权使用费、转让财产等收入，扣除按照《企业所得税法》及其实施条例等规定计算的与取得该项收入有关的各项合理支出后的余额为应纳税所得额。

从境外收到的股息、红利、利息等境外投资性所得一般表现为毛所得，对计算企业总所得额时已做统一扣除的成本费用中与境外所得有关的部分，在该境外所得中对应调整扣除后，才能作为计算境外税额抵免限额的境外应纳税所得额。在就境外所得计算应调整扣除的有关成本费用时，要对如下成本费用（但不限于）予以特别注意：

①股息、红利，对应调整扣除与境外投资业务有关的项目研究、融资成本和管理费用。

②利息，对应调整扣除为取得该项利息而发生的相应的融资成本和相关费用。

③租金，属于融资租赁业务的，对应调整扣除其融资成本；属于经营租赁业务的，对应调整扣除租赁物相应的折旧或折耗。

④特许权使用费，对应调整扣除提供特许使用的资产的研发、摊销等费用。

⑤财产转让，对应调整扣除被转让财产的成本净值和相关费用。

【例3-19】 假设中国A金融机构向甲国B企业贷出5000万元，合同约定的利率为4%。2021年，中国A金融机构收到甲国B企业支付的税后利息180万元（被扣缴预提所得税20万元，预提所得税税率为10%），应纳税所得总额为10000万元，已在应纳税所得总额中扣除的该笔境外贷款的融资成本为本金的3%。请计算A金融机构应纳税所得总额中境外利息收入的应纳税所得额。

【解析】 A金融机构应纳税所得总额中境外利息收入的应纳税所得额，应为已缴纳境外预提所得税前的利息收入总额，再对应调整扣除相关筹资成本费用等。

境外利息收入总额＝180＋20＝200（万元）

对应调整扣除相关成本费用后的应纳税所得额＝200－5000×3%＝50（万元）

该境外利息收入用于计算境外所得税收抵免限额的应纳税所得额为50万元，应纳税所得总额仍为10000万元不变。

（4）确认境外所得的实现年度及其税额抵免年度。

企业应根据《中华人民共和国企业所得税法实施条例》中关于收入确认时间的规定确认境外所得的实现年度及其税额抵免年度。

（5）境内、境外所得的共同支出要合理分摊扣除。

在计算境外应纳税所得额时，企业为取得境内、境外所得而在境内、境外发生的共同支出，与取得境外应税所得有关的、合理的部分，应在境内、境外应税所得之间，按照合理比例进行分摊后扣除。共同支出，是指与取得境外所得有关但未直接计入境外所得应纳税所得额的成本费用支出，通常包括未直接计入境外所得的营业费用、管理费用和财务费用等支出。

（6）境外分支机构的亏损弥补。

①“分国（地区）不分项”方式下。居民企业对来源于境外的所得选择适用分国（地区）不分项方式计税的，在汇总计算境外应纳税所得额时，企业在境外同一国家（地区）设立不具有独立纳税地位的分支机构，按照《企业所得税法》及其实施条例的有关规定计算的亏损，不得抵减其境内或他国（地区）的应纳税所得额，但可以用同一国家（地区）其他项目或以后年度的所得按规定弥补。

②“不分国（地区）不分项”方式下。居民企业对来源于境外的所得选择适用不分国（地区）不分项方式计税的，其境外应纳税所得额是多个国家（地区）所得汇总统一计算后的结果，即不同国家（地区）的盈利和亏损可以相互抵补。

③境外分支机构的非实际亏损没有结转年限的限制。企业在同一纳税年度的境内、境外所得加总为正数的，其境外分支机构发生的亏损，由于上述结转弥补的限制而发生的未予弥补的部分（以下称为非实际亏损额），今后在该分支机构的结转弥补期限不受弥补期限的限制。即：

a. 如果企业当期境内、境外所得盈利额与亏损额加总后和为零或正数，则其当年度境外分支机构的非实际亏损额可无限期向后结转弥补；

b. 如果企业当期境内、境外所得盈利额与亏损额加总后和为负数，则以境外分支机构的亏损额超过企业盈利额部分的实际亏损额，按规定的弥补期限进行亏损弥补，未超过企业盈利额部分的非实际亏损额仍可无限期向后结转弥补。

5. 可抵免境外所得税额的确认。

（1）完税证明或纳税凭证。

企业依照规定抵免企业所得税税额时，应当提供中国境外税务机关出具的税款所属年度的有关纳税凭证。

（2）可抵免境外所得税税额的基本范围。

可抵免境外所得税税额是指企业来源于中国境外的所得依照中国境外税收法律及相关规定应当缴纳并已实际缴纳的企业所得税性质的税款。但不包括：

①按照境外所得税法律及相关规定属于错缴或错征的境外所得税税款。

②按照税收协定规定不应征收的境外所得税税款。

③因少缴或迟缴境外所得税而追加的利息、滞纳金或罚款。

④境外所得税纳税人或者其利害关系人从境外征税主体得到实际返还或补偿的境外所得税税款。

⑤按照我国《企业所得税法》及其实施条例规定，已经免征我国企业所得税的境外所得负担的境外所得税税款。如果我国税收法律法规做出对某项境外所得给予免税优惠规定，企业取得免征我国企业所得税的境外所得的，该项所得的应纳税所得额及其缴纳的境外所得税额均应从计算境外所得税额抵免的境外应纳税所得额和境外已纳税额中减除。

⑥按照国务院财政、税务主管部门有关规定已经从企业境外应纳税所得额中扣除的境外所得税税款。如果我国税法规定就一项境外所得的已纳所得税额仅作为费用从该项境外所得额中扣除的，就该项所得及其缴纳的境外所得税额不应再纳入境外税额抵免计算。

（3）可抵免境外所得税税额的基本条件。

①企业来源于中国境外的所得依照中国境外税收法律及相关规定计算而缴纳的税额。

②缴纳的属于企业所得税性质的税额，不应拘泥于名称。

③限于企业应当缴纳且已实际缴纳的税额（另有饶让抵免或其他规定除外）。

可抵免的企业所得税税额，若是税收协定非适用所得税项目，或来自非协定国家的所得，无法判定是否属于对企业征收的所得税税额的，应层报国家税务总局裁定。

（4）外币境外所得换算人民币的计算。

企业取得的境外所得已直接缴纳和间接负担的税额为人民币以外货币的，在以人民币计算可予抵免的境外税额时，凡企业记账本位币为人民币的，应按企业就该项境外所得记入账内时使用的人民币汇率进行换算；凡企业以人民币以外其他货币作为记账本位币的，应统一按实现该项境外所得对应的我国纳税年度最后一日的人民币汇率中间价进行换算。

（5）境外所得间接负担税额的计算。

①适用间接抵免的外国企业持股比例的计算。自 2017 年 1 月 1 日起，企业在境外取得的股息所得，在按规定计算该企业境外股息所得的可抵免所得税额和抵免限额时，由该企业直接或者间接持有 20% 以上（含 20%，下同）股份的外国企业，限于按照规定持股方式确定的五层外国企业，即：

第一层：企业直接持有 20% 以上股份的外国企业；

第二层至第五层：单一上一层外国企业直接持有 20% 以上股份，且由该企业直接持有或通过一个或多个符合规定持股方式的外国企业间接持有总和达到 20% 以上股份的外国企业。

规定持股方式是指各层企业直接持股、间接持股及为计算居民企业间接持股总和比例的每一个单一持股，均应达到 20% 的持股比例。

②境外所得间接负担税额的计算方法。居民企业在用境外所得间接负担的税额进行税收抵免时，其取得的境外投资收益实际间接负担的税额是指根据直

接或者间接持股方式合计持股20%以上的规定层级的外国企业股份，由此应分得的股息、红利等权益性投资收益中，从最低一层外国企业起逐层计算的属于由上一层企业负担的税额，计算公式为：

本层企业所纳税额属于由一家上一层企业负担的税额＝（本层企业就利润和投资收益所实际缴纳的税额＋符合规定的由本层企业间接负担的税额）×本层企业向一家上一层企业分配的股息（红利）÷本层企业所得税后利润额

公式中：

a. 本层企业是指实际分配股息（红利）的境外被投资企业；

b. 本层企业就利润和投资收益所实际缴纳的税额是指本层企业按所在国税法就利润缴纳的企业所得税和在被投资方所在国就分得的股息等权益性投资收益被源泉扣缴的预提所得税；

c. 符合规定的由本层企业间接负担的税额是指该层企业由于从下一层企业分回股息（红利）而间接负担的由下一层企业就其利润缴纳的企业所得税税额；

d. 本层企业向一家上一层企业分配的股息（红利）是指该层企业向上一层企业实际分配的扣缴预提所得税前的股息（红利）数额；

e. 本层企业所得税后利润额是指该层企业实现的利润总额减去就其利润实际缴纳的企业所得税后的余额。

每一层企业从其持股的下一层企业在一个年度中分得的股息（红利），若是由该下一层企业不同年度的税后未分配利润组成，则应按该股息（红利）对应的每一年度未分配利润，分别计算就该项分配利润所间接负担的税额；按各年度计算的间接负担税额之和，即为取得股息（红利）的企业该一个年度中分得的股息（红利）所得所间接负担的所得税额。

境外第二层及以下层级企业归属不同国家的，在计算居民企业负担境外税额时，均以境外第一层企业所在国（地区）为国别划分进行归集计算，而不论该第一层企业的下层企业归属何国（地区）。

（6）税收饶让抵免的应纳税额的确定。

居民企业从与我国政府订立税收协定（或安排）的国家（地区）取得的所得，按照该国（地区）税收法律享受了免税或减税待遇，且该免税或减税的数额按照税收协定规定应视同已缴税额在中国的应纳税额中抵免的，该免税或减税数额可作为企业实际缴纳的境外所得税额用于办理税收抵免。

税收饶让抵免应区别下列情况进行计算：

①税收协定规定定率饶让抵免的，饶让抵免税额为按该定率计算的应纳境外所得税额超过实际缴纳的境外所得税额的数额；

②税收协定规定列举一国税收优惠额给予饶让抵免的，饶让抵免税额为按协定国家（地区）税收法律规定税率计算的应纳所得税额超过实际缴纳税额的数额，即实际税收优惠额。

境外所得采用简易办法计算抵免额的，不适用饶让抵免。

企业取得的境外所得根据来源国税收法律法规不判定为所在国应税所得，而按中国税收法律法规规定属于应税所得的，不属于税收饶让抵免范畴，应全额按中国税收法律法规规定缴纳企业所得税。

6. 抵免限额的计算。

抵免限额是指企业来源于中国境外的所得，依照《企业所得税法》及其实施条例的规定计算的应纳税额。

（1）分国抵免法抵免限额的计算。

企业选择采用分国抵免法的，应按照《企业所得税法》及其实施条例和有关文件的规定分国（地区）别计算境外税额的抵免限额。计算公式为：

某国（地区）所得税抵免限额 = 中国境内、境外所得依照《企业所得税法》及其实施条例的规定计算的应纳税总额 × 来源于某国（地区）的应纳税所得额 ÷ 中国境内、境外应纳税所得总额

（2）综合抵免法抵免限额的计算。

企业选择采用综合抵免法的，应按照有关文件的规定计算境外税额的抵免限额。计算公式为：

境外所得税抵免限额 = 中国境内、境外所得依照《企业所得税法》及其实施条例的规定计算的应纳税总额 × 来源于中国境外的应纳税所得额 ÷ 中国境内、境外应纳税所得总额

（3）“中国境内、境外所得依照《企业所得税法》及其实施条例的规定计算的应纳税总额”的计算。

据以计算上述公式中“中国境内、境外所得依照《企业所得税法》及其实施条例的规定计算的应纳税总额”的税率，除国务院财政、税务主管部门另有规定外，统一为25%。以境内、境外全部生产经营活动有关的研究开发费用总额、总收入、销售收入总额、高新技术产品（服务）收入等指标申请并经认定

的高新技术企业，其来源于境外的所得可以享受高新技术企业所得税优惠政策，即对其来源于境外所得可以按照15%的优惠税率缴纳企业所得税，在计算境外抵免限额时，可按照15%的优惠税率计算境内外应纳税总额。

企业按照《企业所得税法》及其实施条例和有关文件的规定计算的当期境内、境外应纳税所得总额小于零的，应以零计算当期境内、境外应纳税所得总额，其当期境外所得税的抵免限额也为零。

若企业境内所得为亏损，境外所得为盈利，且企业已使用同期境外盈利全部或部分弥补了境内亏损，则境内已用境外盈利弥补的亏损不得再用以后年度境内盈利重复弥补。由此，在计算境外所得抵免限额时，形成当期境内、境外应纳税所得总额小于零的，应以零计算当期境内、境外应纳税所得总额，其当期境外所得税的抵免限额也为零。上述境外盈利在境外已纳的可予抵免但未能抵免的税额可以在以后5个纳税年度内进行结转抵免。

如果企业境内为亏损，境外盈利分别来自多个国家，则弥补境内亏损时，企业可以自行选择弥补境内亏损的境外所得来源国家（地区）顺序。

7. 实际抵免境外税额的计算。

（1）一般抵免方法。

①分国抵免法。在计算实际应抵免的境外已缴纳和间接负担的所得税税额时，企业在境外一国（地区）当年缴纳和间接负担的符合规定的所得税税额低于所计算的该国（地区）抵免限额的，应以该项税额作为境外所得税抵免额从企业应纳税总额中据实抵免；超过抵免限额的，当年应以抵免限额作为境外所得税抵免额进行抵免，超过抵免限额的余额允许从次年起在连续5个纳税年度内，用每年度抵免限额抵免当年应抵税额后的余额进行抵补。

企业每年应分国（地区）别在抵免限额内据实抵免境外所得税额，超过抵免限额的部分可在以后连续5个纳税年度延续抵免；企业当年境外一国（地区）可抵免税额中既有属于当年已直接缴纳或间接负担的境外所得税额，又有以前年度结转的未逾期可抵免税额时，应首先抵免当年已直接缴纳或间接负担的境外所得税额后，抵免限额有余额的，可再抵免以前年度结转的未逾期可抵免税额，仍抵免不足的，继续向以后年度结转。

②综合抵免法。在计算实际应抵免的境外已缴纳和间接负担的所得税税额时，企业在境外当年缴纳和间接负担的符合规定的所得税税额低于所计算的境外所得税抵免限额的，应以该项税额作为境外所得税抵免额从企业应纳税总额

中据实抵免；超过抵免限额的，当年应以抵免限额作为境外所得税抵免额进行抵免，超过抵免限额的余额允许从次年起在连续5个纳税年度内，用每年度抵免限额抵免当年应抵税额后的余额进行抵补。

企业每年应在抵免限额内据实抵免境外所得税额，超过抵免限额的部分可在以后连续5个纳税年度延续抵免；企业当年境外可抵免税额中既有属于当年已直接缴纳或间接负担的境外所得税额，又有以前年度结转的未逾期可抵免税额时，应首先抵免当年已直接缴纳或间接负担的境外所得税额后，抵免限额有余额的，可再抵免以前年度结转的未逾期可抵免税额，仍抵免不足的，继续向以后年度结转。

（2）简易抵免办法。

这是在分国抵免法下的方法，在综合抵免法下如何适用，目前没有文件规定。

①第一种简易抵免办法及其适用情形。企业从境外取得营业利润所得及符合境外税额间接抵免条件的股息所得，虽有所得来源国（地区）政府机关核发的具有纳税性质的凭证或证明，但因客观原因无法真实、准确地确认应当缴纳并已经实际缴纳的境外所得税税额的，且该所得直接缴纳及间接负担的税额在所得来源国（地区）的实际有效税率低于12.5%以上的，可直接按境外应纳税所得额和该所得在所得来源国（地区）的实际有效税率计算抵免限额，并作为可抵免的已在境外实际缴纳的企业所得税税额。

②第二种简易抵免办法及其适用情形。企业从境外取得营业利润所得及符合境外税额间接抵免条件的股息所得，虽有所得来源国（地区）政府机关核发的具有纳税性质的凭证或证明，但因客观原因无法真实、准确地确认应当缴纳并已经实际缴纳的境外所得税税额的，除就该所得直接缴纳及间接负担的税额在所得来源国（地区）的实际有效税率低于12.5%以上的外，可按境外应纳税所得额的12.5%作为抵免限额，企业按该国（地区）税务机关或政府机关核发具有纳税性质凭证或证明的金额，其不超过抵免限额的部分，准予抵免；超过的部分不得抵免。

③第三种简易抵免办法及其适用情形。企业从境外取得营业利润所得及符合境外税额间接抵免条件的股息所得，凡就该所得缴纳及间接负担的税额在所得来源国（地区）的法定税率且其实际有效税率明显高于我国的，可直接以按规定计算的境外应纳税所得额和我国《企业所得税法》规定的税率计算的抵免

限额作为可抵免的已在境外实际缴纳的企业所得税税额。

实际有效税率是指实际缴纳或负担的企业所得税税额与应纳税所得额的比率。法定税率且实际有效税率明显高于我国（税率）的国家（地区），由财政部和国家税务总局列名单公布。

（3）提交的相关资料。

企业申报境外所得税收抵免时，应按规定向主管税务机关提交与境外所得相关的完税证明或纳税凭证（原件或复印件）等相关资料。提交的资料使用非中文的，企业应同时提交中文译本复印件。提交复印件的，须注明与原件一致，译本须注明与原本无异义，并加盖企业公章。

（4）可抵免境外所得税额与我国对应纳税年度的确定。

企业就其在境外设立的不具有独立纳税地位的分支机构每一纳税年度的营业利润，计入企业当年度应纳税所得总额时，如果分支机构所在国纳税年度的规定与我国规定的纳税年度不一致的，在确定该分支机构境外某一年度的税额如何对应我国纳税年度进行抵免时，境外分支机构按所在国规定计算生产经营所得的纳税年度与其境内总机构纳税年度相对应的纳税年度，应为该境外分支机构所在国纳税年度结束日所在的我国纳税年度。企业取得前述境外所得以外的境外所得实际缴纳或间接负担的境外所得税，应在该项境外所得实现日所在的我国对应纳税年度的应纳税额中计算抵免。企业取得境外股息所得实现日为被投资方有权决定利润分配的机构做出利润分配决定的日期，不论该利润分配是否包括以前年度未分配利润，均应作为该股息所得实现日所在的我国纳税年度所得计算抵免。

企业收到某一纳税年度的境外所得已纳税凭证时，凡是迟于次年5月31日汇算清缴终止日的，可以对该所得境外税额抵免追溯计算。

六、企业所得税主要优惠

企业所得税的税收优惠分八类，分别是：免税收入、减计收入、加计扣除、加速折旧、所得减免、抵扣应纳税所得额、减免所得税和抵免所得税。

（一）免税收入优惠

免税收入优惠有税法规定的一般免税收入优惠和有关政策规定的专项免税收入优惠。税法规定的一般免税收入优惠包括：国债利息收入，符合条件的居民企业之间的股息、红利等权益性投资收益，在中国境内设立机构、场所的非居民企业从居民企业取得与该机构、场所有实际联系的股息、红利等权益性投资收益，符合条件的非营利组织的收入。专项免税收入优惠包括：中国清洁发展机制基金取得的收入，投资者从证券投资基金分配中取得的收入，地方政府债券利息收入，中国保险保障基金有限责任公司取得的保险保障基金等收入，中国奥委会取得北京冬奥组委支付的收入，中国残奥委会取得北京冬奥组委分期支付的收入，等等。

1. 国债利息收入。

国债利息收入是指企业持有国务院财政部门发行的国债取得的利息收入。

2. 符合条件的居民企业之间的股息、红利等权益性投资收益。

①一般股息红利等权益性投资收益。符合条件的居民企业之间的股息、红利等权益性投资收益是指居民企业直接投资于其他居民企业取得的投资收益，不包括连续持有居民企业公开发行并上市流通的股票不足 12 个月取得的投资收益。

②内地居民企业通过沪港通、深港通投资且连续持有 H 股满 12 个月取得的股息、红利所得。自 2014 年 11 月 17 日起，内地居民企业通过沪港通投资且连续持有 H 股满 12 个月取得的股息、红利所得，依法免征企业所得税。自 2016 年 12 月 5 日起，内地居民企业通过深港通投资且连续持有 H 股满 12 个月取得的股息、红利所得，依法免征企业所得税。

③居民企业持有创新企业 CDR 取得的股息、红利所得。自试点开始之日（即首只创新企业 CDR 取得国务院证券监督管理机构的发行批文之日）起，对企业投资者持有创新企业 CDR 取得的股息、红利所得，按持有股票的股息、红利所得政策规定征免企业所得税。对公募证券投资基金（封闭式证券投资基金、开放式证券投资基金）持有创新企业 CDR 取得的股息、红利所得，按公募证券投资基金税收政策规定暂不征收企业所得税。

④符合条件的永续债利息收入。自 2019 年 1 月 1 日起，企业发行的永续债，可以适用股息、红利企业所得税政策，即：投资方取得的永续债利息收入属于股息、红利性质，按照现行企业所得税政策相关规定进行处理，其中，发行方和投资方均为居民企业的，永续债利息收入可以适用《企业所得税法》规定的居民企业之间的股息、红利等权益性投资收益免征企业所得税规定。

3. 在中国境内设立机构、场所的非居民企业从居民企业取得与该机构、场所有实际联系的股息、红利等权益性投资收益。

不包括连续持有居民企业公开发行并上市流通的股票不足12个月取得的投资收益。

【例3－20】 居民企业对外股权投资满12个月，在下列情形下取得的股息、红利等权益性投资收益属于免税收入的有（　　）。

A. 利润分配

B. 撤资减资

C. 合作开发房地产取得项目利润

D. 视同受控外国企业的股息分配

E. 持有沪港通H股取得的股息、红利

【解析】 企业因利润分配、撤资减资、持有沪港通H股取得的股息、红利等权益性投资收益，符合条件的属于免税收入。合作开发房地产取得项目利润、视同受控外国企业的股息分配均属于视同股息、红利，前者合作方、投资方并不直接持有房地产企业的股权，后者为来源于非居民企业的股息、红利，均不得作为免税收入处理。因此，正确答案为ABE。

4. 符合条件的非营利组织的收入。

符合条件的非营利组织应按规定取得免税资格，免税收入应属于规定的免税收入范围。

（1）非营利组织免税收入的范围。

符合条件的非营利组织的收入，不包括非营利组织从事营利性活动取得的收入，但国务院财政、税务主管部门另有规定的除外。非营利组织的下列收入为免税收入：

①接受其他单位或者个人捐赠的收入；

②作为不征税收入的财政拨款以外的其他政府补助收入，但不包括因政府购买服务取得的收入；

③按照省级以上民政、财政部门规定收取的会费；

④不征税收入和免税收入孳生的银行存款利息收入；

⑤财政部、国家税务总局规定的其他收入。

（2）非营利组织的条件。

符合条件的非营利组织，必须同时满足以下条件：

①依照国家有关法律法规设立或登记的事业单位、社会团体、基金会、社会服务机构、宗教活动场所、宗教院校及财政部、税务总局认定的其他非营利组织；

②从事公益性或者非营利性活动；

③取得的收入除用于与该组织有关的、合理的支出外，全部用于登记核定或者章程规定的公益性或者非营利性事业；

④财产及其孳息不用于分配，但不包括合理的工资薪金支出；

⑤按照登记核定或者章程规定，该组织注销后的剩余财产用于公益性或者非营利性目的，或者由登记管理机关采取转赠给与该组织性质、宗旨相同的组织等处置方式，并向社会公告；

⑥投入人对投入该组织的财产不保留或者享有任何财产权利，而投入人是指除各级人民政府及其部门外的法人、自然人和其他组织；

⑦工作人员工资福利开支控制在规定的比例内，不变相分配该组织的财产，其中，工作人员平均工资薪金水平不得超过税务登记所在地的地市级（含地市级）以上地区的同行业同类组织平均工资水平的两倍，工作人员福利按照国家有关规定执行；

⑧对取得的应纳税收入及其有关的成本、费用、损失应与免税收入及其有关的成本、费用、损失分别核算。

（3）符合条件的非营利组织要申请才能取得免税资格。

非营利组织免税优惠资格的有效期为 5 年。非营利组织应在免税优惠资格期满后 6 个月内提出复审申请，不提出复审申请或复审不合格的，其享受免税优惠的资格到期自动失效。

（4）取消免税优惠资格。已认定的享受免税优惠政策的非营利组织有规定情形的，应自该情形发生年度起取消其资格。被取消免税优惠资格的非营利组织，应当依法履行纳税义务；未依法纳税的，主管税务机关应当自其存在取消免税优惠资格情形的当年起予以追缴。

【例 3－21】 符合条件的非营利组织取得的下列收入不属于企业所得税免税收入的是（　　）。

A. 接受捐赠的收入

B. 按规定收取的会费

C. 免税收入孳生的银行存款利息

D. 政府购买服务取得的收入

【解析】 非营利组织因政府购买服务取得的收入不属于免税收入。因此，正确答案为D。

5. 中国清洁发展机制基金取得的收入。

自2007年1月1日起，对中国清洁发展机制（Clean Development Mechanism，CDM）基金取得的下列收入，免征企业所得税：

（1）CDM项目温室气体减排量转让收入上缴国家的部分；

（2）国际金融组织赠款收入；

（3）基金资金的存款利息收入、购买国债的利息收入；

（4）国内外机构、组织和个人的捐赠收入。

6. 从证券投资基金分配中取得的收入。

对投资者从证券投资基金分配中取得的收入，暂不征收企业所得税。

7. 地方政府债券利息收入。

对企业取得的2009年及以后年度发行的地方政府债券利息收入，免征企业所得税。

8. 中国保险保障基金有限责任公司取得的保险保障基金等收入。

自2009年1月1日至2023年12月31日，对中国保险保障基金有限责任公司根据《保险保障基金管理办法》取得的下列收入，免征企业所得税：

（1）境内保险公司依法缴纳的保险保障基金；

（2）依法从撤销或破产保险公司清算财产中获得的受偿收入和向有关责任方追偿所得，以及依法从保险公司风险处置中获得的财产转让所得；

（3）接受捐赠收入；

（4）银行存款利息收入；

（5）购买政府债券、中央银行、中央企业和中央级金融机构发行债券的利息收入；

（6）国务院批准的其他资金运用取得的收入。

9. 中国奥委会取得北京冬奥组委支付的收入。

自2017年7月12日起，对按中国奥委会、主办城市签订的《联合市场开发计划协议》和中国奥委会、主办城市、国际奥委会签订的《主办城市合同》规定，中国奥委会取得的由北京冬奥组委分期支付的收入、按比例支付的盈余分成收入免征企业所得税。

10. 中国残奥委会取得北京冬奥组委分期支付的收入。

自2017年7月12日起，对中国残奥委会根据《联合市场开发计划协议》取得的由北京冬奥组委分期支付的收入免征企业所得税。

（二）减计收入优惠

减计收入优惠也有税法规定的一般减计收入优惠和有关政策规定的专项减计收入优惠。税法规定的一般减计收入优惠是指综合利用资源生产产品取得的收入。专项减计收入优惠包括：金融、保险等机构取得的涉农利息、保费收入，小额贷款公司取得的农户小额贷款利息收入，取得的铁路债券利息收入，取得的社区家庭服务收入。

1. 综合利用资源生产产品取得的收入。

企业综合利用资源，生产符合国家产业政策规定的产品所取得的收入，可以在计算应纳税所得额时减计收入。

（1）自2008年1月1日起，企业以有关部门发布的《资源综合利用企业所得税优惠目录（2008年版）》（以下简称《目录》）规定的资源作为主要原材料，生产国家非限制和禁止并符合国家和行业相关标准的产品取得的收入，在计算应纳税所得额时，减按90%计入当年收入总额。享受上述税收优惠时，《目录》内所列资源占产品原料的比例应符合规定的技术标准。企业从事不符合《企业所得税法实施条例》和《目录》规定范围、条件和技术标准的项目，不得享受资源综合利用企业所得税优惠政策。

自2021年1月1日起，《资源综合利用企业所得税优惠目录（2021年版）》施行。企业从事资源综合利用属于原《目录》规定范围，但不属于《资源综合利用企业所得税优惠目录（2021年版）》规定范围的，可按政策规定继续享受优惠至2021年12月31日止。

（2）经资源综合利用主管部门按《目录》规定认定的生产资源综合利用产品的企业（不包括仅对资源综合利用工艺和技术进行认定的企业），取得《资源综合利用认定证书》，才可按规定申请享受资源综合利用企业所得税优惠。

（3）企业同时从事其他项目而取得的非资源综合利用收入，应与资源综合利用收入分开核算。企业从事非资源综合利用项目取得的收入与生产资源综合利用产品取得的收入没有分开核算的，不得享受资源综合利用企业所得税优惠。

（4）享受资源综合利用企业所得税优惠的企业因经营状况发生变化而不符合《目录》规定的条件的，应自发生变化之日起15个工作日内向主管税务机关报告，并停止享受资源综合利用企业所得税优惠。

2. 金融、保险等机构取得的涉农利息、保费收入。

自2009年1月1日至2023年12月31日，对金融机构农户小额贷款的利息收入，对保险公司为种植业、养殖业提供保险业务取得的保费收入，在计算应纳税所得额时，按90%计入收入总额。

农户是指长期（1年以上）居住在乡镇（不包括城关镇）行政管理区域内的住户，还包括长期居住在城关镇所辖行政村范围内的住户和户口不在本地而在本地居住1年以上的住户，国有农场的职工和农村个体工商户。位于乡镇（不包括城关镇）行政管理区域内和在城关镇所辖行政村范围内的国有经济的机关、团体、学校、企事业单位的集体户；有本地户口，但举家外出谋生1年以上的住户，无论是否保留承包耕地均不属于农户。农户以户为统计单位，既可以从事农业生产经营，也可以从事非农业生产经营。农户贷款的判定应以贷款发放时的承贷主体是否属于农户为准。

小额贷款是指单笔且该农户贷款余额总额在10万元（含本数）以下的贷款。

保费收入是指原保险保费收入加上分保费收入减去分出保费后的余额。

金融机构应对符合条件的农户小额贷款利息收入进行单独核算，不能单独核算的不得适用上述优惠政策。

3. 小额贷款公司取得的农户小额贷款利息收入。

自2017年1月1日至2023年12月31日，对经省级金融管理部门（金融办、局等）批准成立的小额贷款公司取得的农户小额贷款利息收入，在计算应纳税所得额时，按90%计入收入总额。

4. 取得铁路债券利息收入。

（1）对企业持有2011—2015年发行的中国铁路建设债券取得的利息收入，减半征收企业所得税。中国铁路建设债券是指经国家发展改革委核准，以铁道部（2013年3月铁道部被撤销后为中国铁路总公司）为发行和偿还主体的债券。

（2）对企业投资者持有2016—2023年发行的铁路债券取得的利息收入，减半征收企业所得税。铁路债券是指以中国铁路总公司为发行和偿还主体的债券，包括中国铁路建设债券、中期票据、短期融资券等债务融资工具。

5. 取得的社区家庭服务收入。

自 2019 年 6 月 1 日至 2025 年 12 月 31 日，为社区提供养老、托育、家政等服务的机构提供社区养老、托育、家政服务取得的收入，在计算应纳税所得额时，减按 90% 计入收入总额。

社区是指聚居在一定地域范围内的人们所组成的社会生活共同体，包括城市社区和农村社区。

为社区提供养老服务的机构是指在社区依托固定场所设施，采取全托、日托、上门等方式，为社区居民提供养老服务的企业、事业单位和社会组织。社区养老服务是指为老年人提供的生活照料、康复护理、助餐助行、紧急救援、精神慰藉等服务。

为社区提供托育服务的机构是指在社区依托固定场所设施，采取全日托、半日托、计时托、临时托等方式，为社区居民提供托育服务的企业、事业单位和社会组织。社区托育服务是指为 3 周岁（含）以下婴幼儿提供的照料、看护、膳食、保育等服务。

为社区提供家政服务的机构是指以家庭为服务对象，为社区居民提供家政服务的企业、事业单位和社会组织。社区家政服务是指进入家庭成员住所或医疗机构为孕产妇、婴幼儿、老人、病人、残疾人提供的照护服务，以及进入家庭成员住所提供的保洁、烹饪等服务。

（三）加计扣除优惠

1. 研发费用加计扣除优惠。

（1）优惠方式。

费用化的，直接加计扣除；资本化的，摊销时加计扣除。

①直接加计扣除。企业开展研发活动中实际发生的研发费用，未形成无形资产计入当期损益的，自 2018 年 1 月 1 日至 2023 年 12 月 31 日，在按规定据实扣除的基础上，再按照实际发生额的 75% 在税前加计扣除。制造业企业和科技型中小企业开展研发活动中实际发生的研发费用，未形成无形资产计入当期损益的，在按规定据实扣除的基础上，分别自 2021 年 1 月 1 日、2022 年 1 月 1 日起，再按照实际发生额的 100% 在税前加计扣除。失败的研发活动所发生的研发费用可享受税前加计扣除政策。

②摊销时加计扣除。企业开展研发活动中实际发生的研发费用，形成无形

资产的，自2018年1月1日至2023年12月31日，按照无形资产成本的175%在税前摊销。制造业企业和科技型中小企业开展研发活动中实际发生的研发费用，形成无形资产的，分别自2021年1月1日、2022年1月1日起，按照无形资产成本的200%在税前摊销。企业开展研发活动中实际发生的研发费用形成无形资产的，其资本化的时点与会计处理保持一致。

加计摊销的，既包括当年研发支出形成的无形资产，也包括以前年度研发支出形成的尚在法定摊销期内的无形资产。

制造业企业是指以制造业业务为主营业务，享受优惠当年主营业务收入占收入总额的比例达到50%以上的企业。制造业的范围按照《国民经济行业分类》（GB/T 4574—2017）确定，如国家有关部门更新《国民经济行业分类》，从其规定。收入总额按照《企业所得税法》第六条规定执行。

科技型中小企业条件和管理办法按照《科技部　财政部　国家税务总局关于印发〈科技型中小企业评价办法〉的通知》（国科发政〔2017〕115号）执行。

自2021年1月1日起，企业预缴申报当年第3季度（按季预缴）或9月份（按月预缴）企业所得税时，可以自行选择就当年上半年研发费用享受加计扣除优惠政策。2021年度，企业10月份预缴申报第3季度（按季预缴）或9月份（按月预缴）企业所得税时，可以自主选择就前三季度研发费用享受加计扣除优惠政策。

【例3-22】 A机械制造企业2021年实际发生符合规定的研发费用400万元，其中，100万元结转管理费用，300万元7月结转无形资产（摊销年限为10年，无残值）。则A机械制造企业2021年研发费用加计扣除的金额是（　　）万元。

A. 86.25　　　　B. 97.5

C. 115　　　　D. 300

【解析】 制造业企业开展研发活动中实际发生的研发费用，未形成无形资产计入当期损益的，在按规定据实扣除的基础上，自2021年1月1日起，再按照实际发生额的100%在税前加计扣除；形成无形资产的，自2021年1月1日起，按照无形资产成本的200%在税前摊销。

A机械制造企业2021年研发费用加计扣除的金额 $=(100+300\div120\times6)\times75\%=115$（万元）。因此，正确答案为C。

（2）适用范围。

适用范围包括适用企业范围和适用活动范围。

①适用企业范围。研发费用加计扣除优惠政策适用于会计核算健全、实行查账征收并能够准确归集研发费用的居民企业。不适用税前加计扣除政策的行业包括：烟草制造业，住宿和餐饮业，批发和零售业，房地产业，租赁和商务服务业，娱乐业，财政部和国家税务总局规定的其他行业。不适用税前加计扣除政策行业的企业是指以上列不适用的行业业务为主营业务，其研发费用发生当年的主营业务收入占企业按《企业所得税法》第六条规定计算的收入总额减除不征税收入和投资收益的余额50%（不含）以上的企业。

②适用活动范围。研发费用加计扣除优惠政策适用于研发活动和创意设计活动。研发活动是指企业为获得科学与技术新知识，创造性运用科学技术新知识，或实质性改进技术、产品（服务）、工艺而持续进行的具有明确目标的系统性活动。创意设计活动是指多媒体软件、动漫游戏软件开发，数字动漫、游戏设计制作；房屋建筑工程设计（绿色建筑评价标准为三星）、风景园林工程专项设计；工业设计、多媒体设计、动漫及衍生产品设计、模型设计等。

企业为获得创新性、创意性、突破性的产品进行创意设计活动而发生的相关费用，可按照规定进行税前加计扣除。但与研发费用加计扣除应分别享受。

不适用税前加计扣除政策的活动包括：企业产品（服务）的常规性升级，对某项科研成果的直接应用，企业在商品化后为顾客提供的技术支持活动，对现存产品、服务、技术、材料或工艺流程进行的重复或简单改变，市场调查研究、效率调查或管理研究，作为工业（服务）流程环节或常规的质量控制、测试分析、维修维护，社会科学、艺术或人文学方面的研究。

（3）研发形式。

研发形式有自主研发、委托研发、合作研发、集中研发四种。

（4）可加计扣除研发费用的归集和调整。

①可加计扣除研发费用的归集。除财政部和国家税务总局规定的其他费用外，可加计扣除研发费用的归集范围包括6大类，即：人员人工费用、直接投入费用、折旧费用、无形资产摊销、设计制定试验费和其他相关费用。企业在一个纳税年度内进行多项研发活动的，应按照不同研发项目分别归集可加计扣除的研发费用。

a. 人员人工费用。人员人工费用是指直接从事研发活动人员的工资薪金、基本养老保险费、基本医疗保险费、失业保险费、工伤保险费、生育保险费和住房公积金，以及外聘研发人员的劳务费用。工资薪金包括按规定可以在税前扣除的对研发人员股权激励的支出。

直接从事研发活动人员包括研究人员、技术人员、辅助人员。企业外聘研发人员是指与本企业签订劳务用工协议（合同）和临时聘用的研究人员、技术人员、辅助人员。接受劳务派遣的企业按照协议（合同）约定支付给劳务派遣企业，且由劳务派遣企业实际支付给外聘研发人员的工资薪金等费用，属于外聘研发人员的劳务费用。

直接从事研发活动的人员、外聘研发人员同时从事非研发活动的，企业应对其人员活动情况做必要记录，并将其实际发生的相关费用按实际工时占比等合理方法在研发费用和生产经营费用间分配，未分配的不得加计扣除。

b. 直接投入费用。直接投入费用包括：研发活动直接消耗的材料、燃料和动力费用。企业研发活动直接形成产品或作为组成部分形成的产品对外销售的，研发费用中对应的材料费用不得加计扣除。产品销售与对应的材料费用发生在不同纳税年度且材料费用已计入研发费用的，可在销售当年以对应的材料费用发生额直接冲减当年的研发费用，不足冲减的，结转以后年度继续冲减。

用于中间试验和产品试制的模具、工艺装备开发及制造费，不构成固定资产的样品、样机及一般测试手段购置费，试制产品的检验费。用于研发活动的仪器、设备的运行维护、调整、检验、维修等费用，以及通过经营租赁方式租入的用于研发活动的仪器、设备租赁费。

以经营租赁方式租入的用于研发活动的仪器、设备，同时用于非研发活动的，企业应对其仪器设备使用情况做必要记录，并将其实际发生的租赁费按实际工时占比等合理方法在研发费用和生产经营费用间分配，未分配的不得加计扣除。

c. 折旧费用。折旧费用是指用于研发活动的仪器、设备的折旧费。

用于研发活动的仪器、设备，同时用于非研发活动的，企业应对其仪器设备使用情况做必要记录，并将其实际发生的折旧费按实际工时占比等合理方法在研发费用和生产经营费用间分配，未分配的不得加计扣除。

企业用于研发活动的仪器、设备，符合税法规定且选择加速折旧优惠政策的，在享受研发费用税前加计扣除政策时，就税前扣除的折旧部分计算加计扣除。

d. 无形资产摊销。无形资产摊销是指用于研发活动的软件、专利权、非专利技术（包括许可证、专有技术、设计和计算方法等）的摊销费用。

用于研发活动的无形资产，同时用于非研发活动的，企业应对其无形资产使用情况做必要记录，并将其实际发生的摊销费按实际工时占比等合理方法在研发费用和生产经营费用间分配，未分配的不得加计扣除。

用于研发活动的无形资产，符合税法规定且选择缩短摊销年限的，在享受研发费用税前加计扣除政策时，就税前扣除的摊销部分计算加计扣除。

e. 设计制定试验费。设计制定试验费是指企业在新产品设计、新工艺规程制定、新药研制的临床试验、勘探开发技术的现场试验过程中发生的与开展该项活动有关的各类费用。

f. 其他相关费用。其他相关费用是指与研发活动直接相关的其他费用，如技术图书资料费、资料翻译费、专家咨询费、高新科技研发保险费，研发成果的检索、分析、评议、论证、鉴定、评审、评估、验收费用，知识产权的申请费、注册费、代理费，差旅费、会议费，职工福利费、补充养老保险费、补充医疗保险费。

此类费用总额不得超过可加计扣除研发费用总额的10%。自2021年度起，企业在一个纳税年度内同时开展多项研发活动的，由原来按照每一研发项目分别计算其他相关费用限额，改为统一计算全部研发项目其他相关费用限额。

其他相关费用限额的计算公式为：

其他相关费用限额＝允许加计扣除的研发费用前五项之和×10%÷(1－10%)

当其他相关费用实际发生数小于限额时，按实际发生数计算税前加计扣除数额；当其他相关费用实际发生数大于限额时，按限额计算税前加计扣除数额。

【例3－23】 企业为研发人员发生的下列费用属于可加计扣除研发费用的有（　　）。

A. 失业保险费　　B. 职工教育经费

C. 职工福利费　　D. 补充养老保险费

E. 补充医疗保险费

【解析】 失业保险费属于研发费用中的人员人工费用，职工福利费、补充养老保险费、补充医疗保险费属于研发费用中的其他相关费用。职工教育经费既不属于研发费用中的人员人工费用，也不属于研发费用中的其他相关费用。因此，正确答案为ACDE。

②可加计扣除研发费用的调整。可加计扣除的研发费用要进行以下7个方面的调整：

a. 特殊收入要扣减研发费用。企业取得研发过程中形成的下脚料、残次品、中间试制品等特殊收入，在计算确认收入当年的加计扣除研发费用时，应从已归集研发费用中扣减该特殊收入，不足扣减的，加计扣除研发费用按零计算。

b. 对外销售研发活动形成的产品或作为组成部分形成的产品对应的研发费用中的材料费用不得加计扣除。

c. 不征税收入用于研发不得加计扣除。企业取得的政府补助，会计处理时采用直接冲减研发费用方法且税务处理时未将其确认为应税收入的，应按冲减后的余额计算加计扣除金额。

d. 不允许税前扣除的项目不得加计扣除。

e. 委托个人研发的，应凭个人出具的发票等合法有效凭证在税前加计扣除，未取得合法有效凭证的，不得计算加计扣除。委托境外个人研发的，不得加计扣除。

f. 共用划分不清的不得加计扣除。

g. 加速折旧费用的税会差异调整。

（5）特别事项。

①委托研发。企业委托外部机构或个人进行研发活动所发生的费用，按照费用实际发生额的80%计入委托方研发费用并计算加计扣除。研发活动发生的费用是指委托方实际支付给受托方的费用。无论委托方是否享受研发费用税前加计扣除政策，受托方均不得加计扣除。

委托外部研究开发费用实际发生额应按照独立交易原则确定。委托方委托关联方开展研发活动的，受托方需向委托方提供研发过程中实际发生的研发项目费用支出明细情况。除受托方与委托方存在关联关系情况外，委托方加计扣除时不需要提供研发项目的费用支出明细情况。

委托境外进行研发活动（不包括委托境外个人进行的研发活动）所发生的费用，按照费用实际发生额的80%计入委托方的委托境外研发费用。委托境外研发费用不超过境内符合条件的研发费用2/3的部分，可以按规定在企业所得税前加计扣除。

委托境外进行研发活动应签订技术开发合同，并由委托方到科技行政主管部门进行登记。相关事项按技术合同认定登记管理办法及技术合同认定规则执行。

受托研发的境外机构是指依照外国和地区（含港澳台）法律成立的企业和其他取得收入的组织，受托研发的境外个人是指外籍（含港澳台）个人。

②合作研发。企业共同合作开发的项目，由合作各方就自身实际承担的研发费用分别计算加计扣除。

③集中研发。企业集团根据生产经营和科技开发的实际情况，对技术要求高、投资数额大，需要集中研发的项目，其实际发生的研发费用，可以按照权利和义务相一致、费用支出和收益分享相配比的原则，合理确定研发费用的分摊方法，在受益成员企业间进行分摊，由相关成员企业分别计算加计扣除。

2. 安置残疾人员工资加计扣除优惠。

企业安置残疾人员所支付的工资的加计扣除是指企业安置残疾人员的，在按照支付给残疾职工工资据实扣除的基础上，可以在计算应纳税所得额时按照支付给残疾职工工资的100%加计扣除。企业享受安置残疾职工工资100%加计扣除应同时具备以下条件：

（1）依法与安置的每位残疾人签订了1年以上（含1年）的劳动合同或服务协议，并且安置的每位残疾人在企业实际上岗工作。

（2）为安置的每位残疾人按月足额缴纳了企业所在区县人民政府根据国家政策规定的基本养老保险、基本医疗保险、失业保险和工伤保险等社会保险。

（3）定期通过银行等金融机构向安置的每位残疾人实际支付了不低于企业所在区县适用的经省级人民政府批准的最低工资标准的工资。

（4）具备安置残疾人上岗工作的基本设施。

（四）加速折旧优惠

税法规定的固定资产加速折旧政策有一般企业加速折旧优惠、重要行业企业加速折旧优惠、其他固定资产加速折旧优惠和一次性税前扣除优惠。

1. 一般企业加速折旧优惠。

一般企业加速折旧优惠对适用行业、固定资产用途和金额没有过多的限制，纳税人只要有符合条件的固定资产，都可适用。

（1）适用一般企业加速折旧优惠的固定资产范围。

可以采取缩短折旧年限或者采取加速折旧的方法的固定资产，包括：由于技术进步，产品更新换代较快的固定资产；常年处于强震动、高腐蚀状态的固定资产。企业拥有并用于生产经营的主要或关键的固定资产，由于上述原因确需加速折旧的，才可以缩短折旧年限或者采取加速折旧的方法。

（2）具体处理。

企业拥有并使用符合加速折旧范围的固定资产，可按以下情况分别处理：企业过去没有使用过与该项固定资产功能相同或类似的固定资产，但有充分的证据证明该固定资产的预计使用年限短于《企业所得税法实施条例》规定的计算折旧最低年限的，企业可根据该固定资产的预计使用年限和上述规定，对该固定资产采取缩短折旧年限或者加速折旧的方法。企业在原有的固定资产未达到《企业所得税法实施条例》规定的最低折旧年限前，使用功能相同或类似的新固定资产替代旧固定资产的，企业可根据旧固定资产的实际使用年限和上述规定，对新替代的固定资产采取缩短折旧年限或者加速折旧的方法。

（3）缩短折旧年限的方法。

企业采取缩短折旧年限方法的，对其购置的新固定资产，最低折旧年限不得低于《企业所得税法实施条例》规定的折旧年限的60%；若为购置已使用过的固定资产，其最低折旧年限不得低于《企业所得税法实施条例》规定的最低折旧年限减去已使用年限后剩余年限的60%。最低折旧年限一经确定，一般不得变更。

（4）加速折旧方法。

企业拥有并使用符合规定条件的固定资产采取加速折旧方法的，可以采用双倍余额递减法或者年数总和法。加速折旧方法一经确定，一般不得变更。

双倍余额递减法是指在不考虑固定资产预计净残值的情况下，根据每期期初固定资产原值减去累计折旧后的金额和双倍的直线法折旧率计算固定资产折旧的一种方法。

年数总和法又称年限合计法，是指将固定资产的原值减去预计净残值后的余额，乘以一个以固定资产尚可使用寿命为分子、以预计使用寿命逐年数字之和为分母的逐年递减的分数计算每年的折旧额。

2. 重要行业企业加速折旧优惠。

重要行业企业加速折旧优惠对适用行业、固定资产用途或金额有所限制，纳税人只有符合规定条件的固定资产，才可适用。

（1）六大行业企业 2014 年 1 月 1 日后购进的固定资产。

对生物药品制造业，专用设备制造业，铁路、船舶、航空航天和其他运输设备制造业，计算机、通信和其他电子设备制造业，仪器仪表制造业，信息传输、软件和信息技术服务业等行业企业（以下简称六大行业）2014 年 1 月 1 日后购进的固定资产（包括自行建造），允许按不低于《企业所得税法》规定折旧年限的 60% 缩短折旧年限，或选择采取双倍余额递减法或年数总和法进行加速折旧。

六大行业企业是指以上述行业业务为主营业务，其固定资产投入使用当年主营业务收入占企业收入总额 50%（不含）以上的企业。收入总额，是指《企业所得税法》第六条规定的收入总额。

（2）四个领域重点行业企业 2015 年 1 月 1 日后购进的固定资产。

对轻工、纺织、机械、汽车等四个领域重点行业的企业 2015 年 1 月 1 日后新购进的固定资产，允许按不低于《企业所得税法》规定折旧年限的 60% 缩短折旧年限，或选择采取双倍余额递减法或年数总和法进行加速折旧。

四个领域重点行业企业是指以上述行业业务为主营业务，其固定资产投入使用当年的主营业务收入占企业收入总额 50%（不含）以上的企业。收入总额，是指《企业所得税法》第六条规定的收入总额。

（3）全部制造业领域企业。

自 2019 年 1 月 1 日起，适用固定资产加速折旧优惠的行业范围，扩大至全部制造业领域。

制造业企业是指以制造业行业业务为主营业务，其固定资产投入使用当年的主营业务收入占企业收入总额 50%（不含）以上的企业。收入总额是指《企业所得税法》第六条规定的收入总额。

（4）六大行业的小型微利企业 2014 年 1 月 1 日后购进的研发和生产经营共用的仪器、设备。

对四个领域重点行业企业的小型微利企业 2015 年 1 月 1 日后新购进的研发和生产经营共用的仪器、设备，对全部制造业领域的小型微利企业 2019 年 1 月 1 日后购进的研发和生产经营共用的仪器、设备，单位价值超过 100 万元的，允许按不低于《企业所得税法》规定折旧年限的 60% 缩短折旧年限，或选择采取双倍余额递减法或年数总和法进行加速折旧。

（5）同时符合制造业领域企业加速折旧优惠政策条件和其他相关加速折旧

政策条件。

企业的固定资产既符合相关文件规定的制造业领域企业加速折旧优惠政策条件，同时又符合其他文件中相关加速折旧政策条件的，可由企业选择其中最优惠的政策执行，且一经选择，不得改变。

3. 其他固定资产加速折旧优惠。

（1）企业外购的软件，凡符合固定资产确认条件的，可以按照固定资产进行核算，其折旧年限可以适当缩短，最短可为 2 年（含）。

（2）集成电路生产企业的生产设备，其折旧年限可以适当缩短，最短可为 3 年（含）。

（3）对所有行业企业 2014 年 1 月 1 日后购进并专门用于研发活动的仪器、设备，单位价值超过 100 万元的，允许按不低于《企业所得税法》规定折旧年限的 60% 缩短折旧年限，或选择采取双倍余额递减法或年数总和法进行加速折旧。

（4）自 2020 年 1 月 1 日至 2024 年 12 月 31 日，对在海南自由贸易港设立的企业，新购置（含自建）固定资产单位价值超过 500 万元的，可以缩短折旧年限或采取加速折旧的方法。固定资产是指除房屋、建筑物以外的固定资产。

4. 固定资产税前一次性扣除优惠。

税前一次性扣除优惠对固定资产的用途、类别或金额有所限制，纳税人只有符合规定条件的固定资产，才可适用。

（1）自 2014 年 1 月 1 日起，单位价值不超过 5000 元的固定资产。所有行业企业持有的固定资产，单位价值不超过 5000 元的，可以一次性在计算应纳税所得额时扣除。

（2）对所有行业企业 2014 年 1 月 1 日后购进并专门用于研发活动的仪器、设备，对六大行业的小型微利企业 2014 年 1 月 1 日后购进的研发和生产经营共用的仪器、设备，对四个领域重点行业企业的小型微利企业 2015 年 1 月 1 日后新购进的研发和生产经营共用的仪器、设备，对全部制造业领域的小型微利企业 2019 年 1 月 1 日后购进的研发和生产经营共用的仪器、设备，单位价值不超过 100 万元的，可以一次性在计算应纳税所得额时扣除。

（3）企业在 2018 年 1 月 1 日至 2023 年 12 月 31 日期间新购进的设备、器具，单位价值不超过 500 万元的，允许一次性计入当期成本费用在计算应纳税所得额时扣除，不再分年度计算折旧。设备、器具是指除房屋、建筑物以外的固定资产。

（4）中小微企业在2022年1月1日至2022年12月31日期间新购置的设备、器具，单位价值在500万元以上的，按照单位价值的一定比例自愿选择在企业所得税税前扣除。其中，《企业所得税法实施条例》规定最低折旧年限为3年的设备器具，单位价值的100%可在当年一次性税前扣除；最低折旧年限为4年、5年、10年的，单位价值的50%可在当年一次性税前扣除，其余50%按规定在剩余年度计算折旧进行税前扣除。

（5）自2020年1月1日至2024年12月31日，对在海南自由贸易港设立的企业，新购置（含自建）固定资产单位价值不超过500万元（含）的，允许一次性计入当期成本费用在计算应纳税所得额时扣除，不再分年度计算折旧和摊销。固定资产是指除房屋、建筑物以外的固定资产。

5. 无形资产加速摊销和税前一次性扣除优惠。

（1）企业外购的软件，凡符合无形资产确认条件的，可以按照无形资产进行核算，其摊销年限可以适当缩短，最短可为2年（含）。

（2）自2020年1月1日至2024年12月31日，对在海南自由贸易港设立的企业，新购置（含自行开发）无形资产，单位价值超过500万元的，可以缩短摊销年限或采取加速摊销的方法；单位价值不超过500万元（含）的，允许一次性计入当期成本费用在计算应纳税所得额时扣除，不再分年度计算摊销。

（五）所得减免优惠

所得减免优惠是指对纳税人的某些生产经营项目的所得给予免征、减征企业所得税的优惠。所得减免优惠也有税法规定的一般所得减免优惠和有关政策规定的专项所得减免优惠。税法规定的一般所得减免优惠包括：从事农、林、牧、渔业项目，国家重点扶持的公共基础设施项目，符合条件的环境保护、节能节水项目，符合条件的技术转让项目的所得减免。专项所得减免优惠有：实施清洁发展机制项目、符合条件的节能服务公司实施的合同能源管理项目、线宽小于130纳米（含）的集成电路生产项目、线宽小于65纳米（含）或投资额超过150亿元的集成电路生产项目、线宽小于28纳米（含）的集成电路生产项目的所得减免。

1. 农、林、牧、渔业项目。

此类优惠分项目所得免税和项目所得减半征税两类。

（1）项目所得免税。

企业从事下列农、林、牧、渔业项目（国家限制和禁止发展的项目除外）

的所得，免征企业所得税：

①蔬菜、谷物、薯类、油料、豆类、棉花、麻类、糖料、水果、坚果的种植。

②农作物新品种的选育。自 2011 年 1 月 1 日起，企业从事农作物新品种选育的免税所得是指企业对农作物进行品种和育种材料选育形成的成果，以及由这些成果形成的种子（苗）等繁殖材料的生产、初加工、销售一体化取得的所得。

③中药材的种植。

④林木的培育和种植。自 2011 年 1 月 1 日起，企业从事林木的培育和种植的免税所得是指企业对树木、竹子的育种和育苗、抚育和管理及规模造林活动取得的所得，包括企业通过拍卖或收购方式取得林木所有权并经过一定的生长周期，对林木进行再培育取得的所得。

⑤牲畜、家禽的饲养。自 2011 年 1 月 1 日起，猪、兔的饲养，饲养牲畜、家禽产生的分泌物、排泄物，按“牲畜、家禽的饲养”项目处理。

⑥林产品的采集。

⑦灌溉、农产品初加工、兽医、农技推广、农机作业和维修等农、林、牧、渔服务业项目。享受企业所得税优惠政策的农产品初加工有规定的范围。

⑧远洋捕捞。自 2011 年 1 月 1 日起，对取得农业部（现为农业农村部）颁发的“远洋渔业企业资格证书”并在有效期内的远洋渔业企业，从事远洋捕捞业务取得的所得免征企业所得税。

（2）项目所得减半征税。

企业从事下列项目（不包括国家限制和禁止发展的项目）的所得，减半征收企业所得税：

①花卉、茶及其他饮料作物和香料作物的种植。自 2011 年 1 月 1 日起，观赏性作物的种植，按“花卉、茶及其他饮料作物和香料作物的种植”项目处理。

②海水养殖、内陆养殖。自 2011 年 1 月 1 日起，“牲畜、家禽的饲养”以外的生物养殖项目，按“海水养殖、内陆养殖”项目处理。

（3）特殊经营方式的税务处理。

①“公司 + 农户”经营模式。即公司与农户签订委托养殖合同，向农户提供畜禽苗、饲料、兽药及疫苗等（所有权〈产权〉仍属于公司），农户将畜禽

养大成为成品后交付公司回收。自2010年1月1日起，对以“公司+农户”经营模式从事农、林、牧、渔业项目生产的企业，可以按照规定享受减免企业所得税优惠政策。

②农场内部承包经营。黑龙江垦区国有农场从家庭农场承包户以“土地承包费”形式取得的从事农、林、牧、渔业生产的收入，属于农场“从事农、林、牧、渔业项目”的所得，可以适用规定的企业所得税优惠政策。

③受托对农产品进行初加工。企业根据委托合同，受托对符合规定的农产品进行初加工服务，自2011年1月1日起，其所收取的加工费，可以按照农产品初加工的免税项目处理。

④委托和受托从事农、林、牧、渔业项目。自2011年1月1日起，企业委托其他企业或个人从事规定农、林、牧、渔业项目取得的所得，可享受相应的税收优惠政策。企业受托从事规定的农、林、牧、渔业项目取得的收入，比照委托方享受相应的税收优惠政策。

⑤购入农产品进行再种植、养殖。自2011年1月1日起，企业将购入的农、林、牧、渔产品，在自有或租用的场地进行育肥、育秧等再种植、养殖，经过一定的生长周期，使其生物形态发生变化，且并非由于本环节对农产品进行加工而明显增加了产品的使用价值的，可视为农产品的种植、养殖项目享受相应的税收优惠。

⑥购买农产品后直接销售。自2011年1月1日起，企业购买农产品后直接进行销售的贸易活动产生的所得，不能享受农、林、牧、渔业项目的税收优惠政策。

（4）优惠管理。

①从事减半优惠的种植、养殖项目并进行初加工的税务处理。企业从事适用企业所得税减半优惠的种植、养殖项目，并直接进行初加工且符合农产品初加工目录范围的，企业应合理划分不同项目的各项成本、费用支出，分别核算种植、养殖项目和初加工项目的所得，并各按适用的政策享受税收优惠。

②同时从事适用不同企业所得税政策规定项目的税务处理。企业同时从事适用不同企业所得税政策规定项目的，应分别核算，单独计算优惠项目的计税依据及优惠数额；分别核算不清的，可由主管税务机关按照比例分摊法或其他合理方法进行核定。

③企业从事享受税收优惠的农、林、牧、渔业项目，除另有规定外，参照

《国民经济行业分类》的规定标准执行。企业从事农、林、牧、渔业项目，凡属于有关文件中规定的限制和淘汰类项目，不得享受上述优惠政策。

2. 国家重点扶持的公共基础设施项目。

企业从事国家重点扶持的公共基础设施项目的投资经营的所得，自项目取得第一笔生产经营收入所属纳税年度起，第一年至第三年免征企业所得税，第四年至第六年减半征收企业所得税。第一笔生产经营收入是指公共基础设施项目建成并投入运营（包括试运营）后所取得的第一笔主营业务收入。

（1）优惠范围。

享受税收优惠的国家重点扶持的公共基础设施项目是指《公共基础设施项目企业所得税优惠目录》规定的港口码头、机场、铁路、公路、城市公共交通、电力、水利等项目。《公共基础设施项目企业所得税优惠目录》明确了享受企业所得税优惠的公共基础设施项目的范围、条件及技术标准。

自2011年1月1日至2023年12月31日，对农村饮水安全工程运营管理单位从事《公共基础设施项目企业所得税优惠目录》规定的饮水工程新建项目投资经营的所得，自项目取得第一笔生产经营收入所属纳税年度起，第一年至第三年免征企业所得税，第四年至第六年减半征收企业所得税。农村饮水安全工程是指为农村居民提供生活用水而建设的供水工程设施。饮水工程运营管理单位是指负责饮水工程运营管理的自来水公司、供水公司、供水（总）站（厂、中心）、村集体、农民用水合作组织等单位。

（2）优惠管理。

①只有对居民企业（以下简称企业）经有关部门批准，从事符合《公共基础设施项目企业所得税优惠目录》（以下简称《目录》）规定范围、条件和标准的公共基础设施项目的投资经营所得，方可享受上述企业所得税优惠；企业承包经营、承包建设和内部自建自用《目录》规定项目的所得，不得享受上述企业所得税优惠。

承包经营是指与从事该项目经营的法人主体相独立的另一法人经营主体，通过承包该项目的经营管理而取得劳务性收益的经营活动。承包建设是指与从事该项目经营的法人主体相独立的另一法人经营主体，通过承包该项目的工程建设而取得建筑劳务收益的经营活动。内部自建自用是指项目的建设仅作为本企业主体经营业务的设施，满足本企业自身的生产经营活动需要，而不属于向他人提供公共服务业务的公共基础设施建设项目。

②必须是2008年1月1日后经批准的公共基础设施项目，其投资经营的所得，方可享受上述企业所得税优惠。

③企业同时从事不在《目录》范围的生产经营项目取得的所得，应与享受优惠的公共基础设施项目经营所得分开核算，并合理分摊企业的期间共同费用；没有单独核算的，不得享受上述企业所得税优惠。期间共同费用的合理分摊比例可以按照投资额、销售收入、资产额、人员工资等参数确定。上述比例一经确定，不得随意变更。凡特殊情况需要改变的，需报主管税务机关核准。

④对企业电网新建项目，自2013年1月1日起，暂以资产比例法，即以企业新增输变电固定资产原值占企业总输变电固定资产原值的比例，合理计算电网新建项目的应纳税所得额，并据此享受"三免三减半"的企业所得税优惠政策。电网企业新建项目享受优惠有不同的具体计算方法。

⑤企业投资经营符合《目录》规定条件和标准的公共基础设施项目，采用一次核准、分批次（如码头、泊位、航站楼、跑道、路段、发电机组等）建设的，凡同时符合以下条件的，可按每一批次为单位计算所得，并享受企业所得税"三免三减半"优惠：

a. 不同批次在空间上相互独立；

b. 每一批次自身具备取得收入的功能；

c. 以每一批次为单位进行会计核算，单独计算所得，并合理分摊期间费用。

⑥企业因生产经营发生变化或因《目录》调整，不再符合减免税条件的，企业应当自发生变化15日内向主管税务机关提交书面报告并停止享受优惠，依法缴纳企业所得税。

⑦企业在减免税期限内转让所享受减免税优惠的项目，受让方承续经营该项目的，可自受让之日起，在剩余优惠期限内享受规定的减免税优惠；减免税期限届满后转让的，受让方不得就该项目重复享受减免税优惠。

3. 符合条件的环境保护、节能节水项目。

企业从事符合条件的环境保护、节能节水项目的所得，自项目取得第一笔生产经营收入所属纳税年度起，第一年至第三年免征企业所得税，第四年至第六年减半征收企业所得税。

（1）优惠范围。

符合条件的环境保护、节能节水项目，包括公共污水处理、公共垃圾处理、沼气综合开发利用、节能减排技术改造、海水淡化等。《环境保护、节能节水项目企业所得税优惠目录（试行）》明确了环境保护、节能节水项目的具体条件和范围。自2016年1月1日起，垃圾填埋沼气发电项目列入“沼气综合开发利用”范围。自2021年1月1日起，《环境保护、节能节水项目企业所得税优惠目录（2021年版）》施行。企业从事属于《财政部　国家税务总局　国家发展改革委关于公布环境保护节能节水项目企业所得税优惠目录（试行）的通知》（财税〔2009〕166号）和《财政部　国家税务总局　国家发展改革委关于垃圾填埋沼气发电列入〈环境保护、节能节水项目企业所得税优惠目录（试行）〉的通知》（财税〔2016〕131号）中目录规定范围的项目，2021年12月31日前已进入优惠期的，可按政策规定继续享受至期满为止；企业从事属于《环境保护、节能节水项目企业所得税优惠目录（2021年版）》规定范围的项目，若2020年12月31日前已取得第一笔生产经营收入，可在剩余期限享受政策优惠至期满为止。

（2）优惠管理。

企业在减免税期限内转让所享受减免税优惠的项目，受让方承续经营该项目的，可自受让之日起，在剩余优惠期限内享受规定的减免税优惠；减免税期限届满后转让的，受让方不得就该项目重复享受减免税优惠。

4. 符合条件的技术转让项目。

（1）优惠政策。

①一般规定。符合条件的技术转让所得免征、减征企业所得税是指一个纳税年度内，居民企业技术转让所得不超过500万元的部分，免征企业所得税；超过500万元的部分，减半征收企业所得税。

②特殊规定。自2020年1月1日起，在中关村国家自主创新示范区特定区域内注册的居民企业，符合条件的技术转让所得，在一个纳税年度内不超过2000万元的部分，免征企业所得税；超过2000万元部分，减半征收企业所得税。中关村国家自主创新示范区特定区域包括：朝阳园、海淀园、丰台园、顺义园、大兴—亦庄园、昌平园。

（2）优惠范围。

①一般规定。技术转让是指居民企业转让其拥有符合规定范围技术的所有权或5年以上（含5年）全球独占许可使用权、5年以上非独占许可使用权的行为。技术，包括专利（含国防专利）、计算机软件著作权、集成电路布图设

计专有权、植物新品种权、生物医药新品种，以及财政部和国家税务总局确定的其他技术。其中，专利是指法律授予独占权的发明、实用新型及非简单改变产品图案和形状的外观设计。

居民企业取得禁止出口和限制出口技术转让所得，不享受技术转让减免企业所得税优惠政策。居民企业从直接或间接持有股权之和达到100%的关联方取得的技术转让所得，不享受技术转让减免企业所得税优惠政策。

②特殊规定。技术转让是指居民企业转让符合《财政部　税务总局　科技部　知识产权局关于中关村国家自主创新示范区特定区域技术转让企业所得税试点政策的通知》（财税〔2020〕61号）规定技术的所有权、或3年以上（含3年）非独占许可使用权和全球独占许可使用权的行为。技术是指专利（含国防专利）、计算机软件著作权、集成电路布图设计专有权、植物新品种权、生物医药新品种，以及财政部和国家税务总局确定的其他技术。其中，专利是权利人依法就发明创造，包括发明、实用新型、外观设计享有的专有的权利。

居民企业从直接或间接持有股权之和达到100%的关联方取得的技术转让所得，可享受特殊规定的优惠政策。

（3）优惠条件。

享受减免企业所得税优惠的技术转让应符合以下条件：

①享受优惠的技术转让主体是企业所得税法规定的居民企业；

②技术转让属于财政部、国家税务总局规定的范围；

③境内技术转让经省级以上科技部门认定；

④向境外转让技术经省级以上商务部门认定；

⑤国务院税务主管部门规定的其他条件。

（4）优惠管理。

①技术转让应签订技术转让合同。其中，境内的技术转让须经省级以上（含省级）科技部门认定登记，跨境的技术转让须经省级以上（含省级）商务部门认定登记，涉及财政经费支持产生技术的转让，需省级以上（含省级）科技部门审批。

②技术所有权的权属确定。技术所有权的权属由国务院行政主管部门确定。其中，专利由国家知识产权局确定权属，国防专利由总装备部确定权属，计算机软件著作权由国家版权局确定权属，集成电路布图设计专有权由国家知识产权局确定权属，植物新品种权由农业部（现为农业农村部）确定权属，生

物医药新品种由国家食品药品监督管理总局（现为国家市场监督管理总局）确定权属。

（5）技术转让所得的计算。

①技术所有权转让所得的计算。符合条件的技术转让所得应按以下公式计算：

技术转让所得＝技术转让收入－技术转让成本－相关税费

技术转让收入是指当事人履行技术转让合同后获得的价款，不包括销售或转让设备、仪器、零部件、原材料等非技术性收入。不属于与技术转让项目密不可分的技术咨询、技术服务、技术培训等收入，不得计入技术转让收入。自2013年11月1日起，可以计入技术转让收入的技术咨询、技术服务、技术培训收入是指转让方为使受让方掌握所转让的技术投入使用、实现产业化而提供的必要的技术咨询、技术服务、技术培训所产生的收入，并应同时符合以下条件：在技术转让合同中约定的与该技术转让相关的技术咨询、技术服务、技术培训；技术咨询、技术服务、技术培训收入与该技术转让项目收入一并收取价款。

技术转让成本是指转让的无形资产的净值，即该无形资产的计税基础减除在资产使用期间按照规定计算的摊销扣除额后的余额。相关税费是指技术转让过程中实际发生的有关税费，包括除企业所得税和允许抵扣的增值税以外的各项税金及其附加、合同签订费用、律师费等相关费用及其他支出。

享受技术转让所得减免企业所得税优惠的企业，应单独计算技术转让所得，并合理分摊企业的期间费用；没有单独计算的，不得享受技术转让所得企业所得税优惠。

②技术使用权转让所得的计算。技术使用权转让所得应按以下公式计算：

技术转让所得＝技术转让收入－无形资产摊销费用－相关税费－应分摊期间费用

技术转让收入是指转让方履行技术转让合同后获得的价款，不包括销售或转让设备、仪器、零部件、原材料等非技术性收入。不属于与技术转让项目密不可分的技术咨询、服务、培训等收入，不得计入技术转让收入。技术许可使用权转让收入，应按转让协议约定的许可使用权人应付许可使用权使用费的日期确认收入的实现。

无形资产摊销费用是指该无形资产按税法规定当年计算摊销的费用。涉及自用和对外许可使用的，应按照受益原则合理划分。相关税费是指技术转让过程中实际发生的有关税费，包括除企业所得税和允许抵扣的增值税以外的各项税金及其附加、合同签订费用、律师费等相关费用。应分摊期间费用（不含无形资产摊销费用和相关税费）是指技术转让按照当年销售收入占比分摊的期间费用。

【例3－24】 2021年4月起，某省A居民企业向B居民企业转让上年取得的一专利技术的使用权，许可使用5年，合同约定每年底支付相应的专利使用费，总计2400万元。该专利原值720万元、摊销年限10年、无残值。2021年A企业的销售（营业）收入为7640万元、发生业务招待费支出20万元。则A企业应确认的技术转让所得减免额是（　　）万元。

A. 305.1　　B. 305.46　　C. 1420.61　　D. 1421.57

【解析】 A企业2021年应计技术转让收入＝2400×9÷60＝360（万元）

无形资产摊销费用＝720×9÷120＝54（万元）

纳税人提供技术转让、技术开发和与之相关的技术咨询、技术服务免征增值税。因此，相应免征城市维护建设税、教育费附加和地方教育附加。

应分摊调整后的期间费用（业务招待费）＝12×360÷（360＋7640）＝0.54（万元）

如果先分摊：应分摊的期间费用（业务招待费）＝20×360÷（360＋7640）＝0.9（万元），免税项目业务招待费扣除限额＝360×5‰＝1.8（万元），由于0.9×60%＝0.54（万元）＜1.8（万元），因此，免税项目允许税前扣除的业务招待费支出为0.54万元。

技术转让所得＝360－54－0.54＝305.46（万元）

305.46万元不超过500万元，应全部确认为技术转让所得减免额。

因此，正确答案为B。

5. 清洁发展机制项目。

自2007年1月1日起，对CDM项目实施企业实施的将温室气体减排量转让收入的65%上缴给国家的HFC和PFC类CDM项目，以及将温室气体减排量转让收入的30%上缴给国家的N_2O类CDM项目，其实施该类CDM项目的所得，自项目取得第一笔减排量转让收入所属纳税年度起，第一年至第三年免征企业所得税，第四年至第六年减半征收企业所得税。

企业实施CDM项目的所得是指企业实施CDM项目取得的温室气体减排量

转让收入扣除上缴国家的部分，再扣除企业实施 CDM 项目发生的相关成本、费用后的净所得。企业应单独核算其享受优惠的 CDM 项目的所得，并合理分摊有关期间费用，没有单独核算的，不得享受上述企业所得税优惠政策。

6. 符合条件的节能服务公司实施的合同能源管理项目。

（1）优惠政策。

自 2011 年 1 月 1 日起，对符合条件的节能服务公司实施合同能源管理项目，符合《企业所得税法》有关规定的，自项目取得第一笔生产经营收入所属纳税年度起，第一年至第三年免征企业所得税，第四年至第六年按照 25% 的法定税率减半征收企业所得税。

（2）优惠范围。

对符合条件的节能服务公司，以及与其签订节能效益分享型合同的用能企业，实施合同能源管理项目有关资产的企业所得税税务处理按以下规定执行：

①用能企业按照能源管理合同实际支付给节能服务公司的合理支出，均可以在计算当期应纳税所得额时扣除，不再区分服务费用和资产价款进行税务处理；

②能源管理合同期满后，节能服务公司转让给用能企业的因实施合同能源管理项目形成的资产，按折旧或摊销期满的资产进行税务处理，用能企业从节能服务公司接受有关资产的计税基础也应按折旧或摊销期满的资产进行税务处理；

③能源管理合同期满后，节能服务公司与用能企业办理有关资产的权属转移时，用能企业已支付的资产价款，不再另行计入节能服务公司的收入。

（3）优惠条件。

“符合条件的节能服务公司”应同时满足以下条件：

①具有独立法人资格，注册资金不低于 100 万元，且能够单独提供用能状况诊断、节能项目设计、融资、改造（包括施工、设备安装、调试、验收等）、运行管理、人员培训等服务的专业化节能服务公司；

②节能服务公司实施合同能源管理项目相关技术应符合国家质量监督检验检疫部门和国家标准化管理委员会发布的《合同能源管理技术通则》规定的技术要求；

③节能服务公司与用能企业签订《节能效益分享型》合同，其合同格式和内容，符合《中华人民共和国合同法》和《合同能源管理技术通则》等规定；

④节能服务公司实施合同能源管理的项目符合相关文件规定的项目和条件；

⑤节能服务公司投资额不低于实施合同能源管理项目投资总额的70%；

⑥节能服务公司拥有匹配的专职技术人员和合同能源管理人才，具有保障项目顺利实施和稳定运行的能力。

（4）优惠管理。

①对实施节能效益分享型合同能源管理项目（以下简称项目）的节能服务企业，凡实行查账征收所得税的居民企业并符合《企业所得税法》和《国家税务总局　国家发展改革委关于落实节能服务企业合同能源管理项目企业所得税优惠政策有关征收管理问题的公告》（国家税务总局　国家发展改革委公告2013年第77号）有关规定的，该项目可享受《财政部　国家税务总局关于促进节能服务产业发展增值税、营业税和企业所得税政策问题的通知》（财税〔2010〕110号）文件规定的企业所得税“三免三减半”优惠政策。如节能服务企业的分享型合同约定的效益分享期短于6年的，按实际分享期享受优惠。节能服务企业享受“三免三减半”项目的优惠期限，应连续计算。对在优惠期限内转让所享受优惠的项目给其他符合条件的节能服务企业，受让企业承续经营该项目的，可自项目受让之日起，在剩余期限内享受规定的优惠；优惠期限届满后转让的，受让企业不得就该项目重复享受优惠。

②节能服务企业投资项目所发生的支出，应按税法规定作资本化或费用化处理。形成的固定资产或无形资产，应按合同约定的效益分享期计提折旧或摊销。节能服务企业应分别核算各项目的成本费用支出额。对在合同约定的效益分享期内发生的期间费用划分不清的，应合理进行分摊，期间费用的分摊应按照项目投资额和销售（营业）收入额两个因素计算分摊比例，两个因素的权重各为50%。

③享受企业所得税优惠政策的项目应属于文件规定的节能减排技术改造项目，包括余热余压利用、绿色照明等节能效益分享型合同能源管理项目。

④节能服务公司同时从事适用不同税收政策待遇项目的，其享受税收优惠项目应当单独计算收入、扣除，并合理分摊企业的期间费用；没有单独计算的，不得享受税收优惠政策。

⑤企业享受优惠条件发生变化的，应当自发生变化之日起15日内向主管税务机关书面报告。如不再符合享受优惠条件的，应停止享受优惠，并依法缴

纳企业所得税。对节能服务企业采取虚假手段获取税收优惠的、享受优惠条件发生变化而未及时向主管税务机关报告的及未按规定报送备案资料而自行减免税的，主管税务机关应按照《税收征管法》等有关规定进行处理。

⑥用能企业对从节能服务公司取得的与实施合同能源管理项目有关的资产，应与企业其他资产分开核算，并建立辅助账或明细账。

7. 集成电路生产项目。

（1）优惠政策。

①原有优惠政策。2018 年 1 月 1 日后投资新设的集成电路线宽小于 130 纳米，且经营期在 10 年以上的集成电路生产项目，第一年至第二年免征企业所得税，第三年至第五年按照 25% 的法定税率减半征收企业所得税，并享受至期满为止。2018 年 1 月 1 日后投资新设的集成电路线宽小于 65 纳米或投资额超过 150 亿元，且经营期在 15 年以上的集成电路生产项目，第一年至第五年免征企业所得税，第六年至第十年按照 25% 的法定税率减半征收企业所得税，并享受至期满为止。

符合原有政策条件且在 2019 年（含）之前已经进入优惠期的项目，2020 年（含）起可按原有政策规定继续享受至期满为止，如也符合新优惠政策规定，可按新优惠政策定享受相关优惠，其中定期减免税优惠，可按新优惠政策规定计算优惠期，并就剩余期限享受优惠至期满为止。符合原有政策条件，2019 年（含）之前尚未进入优惠期的项目，2020 年（含）起不再执行原有政策。

②新优惠政策。自 2020 年 1 月 1 日起，国家鼓励的集成电路线宽小于 28 纳米（含），且经营期在 15 年以上的集成电路生产项目，第一年至第十年免征企业所得税；国家鼓励的集成电路线宽小于 65 纳米（含），且经营期在 15 年以上的集成电路生产项目，第一年至第五年免征企业所得税，第六年至第十年按照 25% 的法定税率减半征收企业所得税；国家鼓励的集成电路线宽小于 130 纳米（含），且经营期在 10 年以上的集成电路生产项目，第一年至第二年免征企业所得税，第三年至第五年按照 25% 的法定税率减半征收企业所得税。

（2）优惠管理。

集成电路生产项目享受上述优惠的，优惠期自项目取得第一笔生产经营收入所属纳税年度起计算。

享受上述优惠的集成电路生产项目，其主体企业应符合相应的集成电路生产企业条件，且能够对该项目单独进行会计核算、计算所得，并合理分摊期间费用。

【例3-25】 下列减免税项目有限定优惠期限的有（　　）。

A. 农村饮水安全工程项目　　B. 观赏性作物的种植

C. 合同能源管理项目　　D. 公共污水处理项目

E. 受托对农产品进行初加工

【解析】 对农村饮水安全工程运营管理单位从事《公共基础设施项目企业所得税优惠目录》规定的饮水工程新建项目投资经营的所得，对符合条件的节能服务公司实施合同能源管理项目，企业从事符合条件的环境保护、节能节水项目的所得，自项目取得第一笔生产经营收入所属纳税年度起，第一年至第三年免征企业所得税，第四年至第六年按照25%的法定税率减半征收企业所得税。符合条件的环境保护、节能节水项目包括公共污水处理在内。观赏性作物的种植，按“花卉、茶及其他饮料作物和香料作物的种植”项目处理，减半征收企业所得税。受托对农产品进行初加工所收取的加工费，可以按照农产品初加工的免税项目处理。因此，正确答案为ACD。

（六）抵扣应纳税所得额优惠

创业投资企业从事国家需要重点扶持和鼓励的创业投资，可以按投资额的一定比例抵扣应纳税所得额。抵扣应纳税所得额是指创业投资企业采取股权投资方式投资于未上市的中小高新技术企业2年以上的，可以按照其投资额的70%在股权持有满2年的当年抵扣该创业投资企业的应纳税所得额；当年不足抵扣的，可以在以后纳税年度结转抵扣。

1. 投资主体和投资对象。

根据投资主体和投资对象的不同，可将创业投资企业抵扣应纳税所得额优惠政策分为四类：

（1）公司制创业投资企业（以下简称公司制创投企业）采取股权投资方式直接投资于未上市的中小高新技术企业。

（2）公司制创投企业采取股权投资方式直接投资于种子期、初创期科技型企业（以下简称初创科技型企业）。

（3）有限合伙制创业投资企业（以下简称合伙制创投企业）采取股权投资方式直接投资于未上市的中小高新技术企业。

（4）合伙制创投企业采取股权投资方式直接投资于初创科技型企业。

2. 公司制创投企业采取股权投资方式直接投资于未上市的中小高新技术企业。

（1）优惠政策。

创业投资企业采取股权投资方式投资于未上市的中小高新技术企业2年以上，凡符合规定条件的，可以按照其对中小高新技术企业投资额的70%，在股权持有满2年的当年抵扣该创业投资企业的应纳税所得额；当年不足抵扣的，可以在以后纳税年度结转抵扣。

（2）投资主体要符合条件。

创业投资企业是指依照《创业投资企业管理暂行办法》和《外商投资创业投资企业管理规定》在中华人民共和国境内设立的专门从事创业投资活动的企业或其他经济组织。

（3）享受抵扣应纳税所得额优惠的条件。

①经营范围符合《创业投资企业管理暂行办法》规定，且工商登记为“创业投资有限责任公司”“创业投资股份有限公司”等专业性法人创业投资企业。

②按照《创业投资企业管理暂行办法》规定的条件和程序完成备案，经备案管理部门年度检查核实，投资运作符合《创业投资企业管理暂行办法》的有关规定。

③创业投资企业投资的中小高新技术企业，除应通过高新技术企业认定外，还应符合职工人数不超过500人，年销售（营业）额不超过2亿元，资产总额不超过2亿元的条件。

④财政部、国家税务总局规定的其他条件。

（4）投资期限的确定。

①分中小企业取得高新技术企业资格后投资和取得资格前投资。中小企业取得高新技术企业资格后接受创业投资的，投资期限应自创业投资企业实际向其投资的时间起计算。中小企业接受创业投资之后，经认定符合高新技术企业标准的，应自其被认定为高新技术企业的年度起，计算创业投资企业的投资期限。投资期限确定后，该期限内企业规模超过中小企业标准，但仍符合高新技术企业标准的，不影响创业投资企业享受有关税收优惠。

②新旧衔接。投资于未上市的中小高新技术企业2年以上的，包括发生在2008年1月1日以前满2年的投资。2007年底前按原有规定取得高新技术企业资格的中小高新技术企业，且在2008年继续符合新的高新技术企业标准的，向

其投资满 24 个月的计算，可自创业投资企业实际向其投资的时间起计算。

（5）投资额的确定。

投资额应为股权投资的实缴投资额。

（6）可抵扣投资额的确定。

投资额须满足投资于未上市中小高新技术企业满 2 年的条件，才能作为可抵扣的投资额。本期可抵扣的投资额包括本期新增的可抵扣投资额和上期结转的可抵扣投资额。

3. 公司制创投企业采取股权投资方式直接投资于初创科技型企业。

（1）优惠政策。

公司制创投企业采取股权投资方式直接投资于初创科技型企业满 2 年的，可以按照投资额的 70% 在股权持有满 2 年的当年抵扣该公司制创投企业的应纳税所得额；当年不足抵扣的，可以在以后纳税年度结转抵扣。

（2）投资主体要符合条件。

享受本项税收优惠的公司制创投企业，应同时符合以下条件：

①在中国境内（不含港、澳、台地区）注册成立、实行查账征收的居民企业，且不属于被投资初创科技型企业的发起人；

②符合《创业投资企业管理暂行办法》规定或者《私募投资基金监督管理暂行办法》关于创业投资基金的特别规定，按照上述规定完成备案且规范运作；

③投资后 2 年内，创业投资企业及其关联方持有被投资初创科技型企业的股权比例合计应低于 50%。

（3）被投资对象——初创科技型企业同时符合的条件。

①在中国境内（不包括港、澳、台地区）注册成立、实行查账征收的居民企业。

②接受投资时，从业人数不超过 300 人（自 2018 年 1 月 1 日至 2018 年 12 月 31 日期间，从业人数的条件为不超过 200 人），其中具有大学本科以上学历的从业人数不低于 30%；资产总额和年销售收入均不超过 5000 万元（自 2018 年 1 月 1 日至 2018 年 12 月 31 日期间，资产总额和年销售收入的条件为不超过 3000 万元）；从业人数，包括与企业建立劳动关系的职工人员及企业接受的劳务派遣人员。从业人数和资产总额指标，按照企业接受投资前连续 12 个月的平均数计算，不足 12 个月的，按实际月数平均计算。年销售收入指标，按照企业接

受投资前连续 12 个月的累计数计算，不足 12 个月的，按实际月数累计计算。

③接受投资时设立时间不超过 5 年（60 个月）。

④接受投资时及接受投资后 2 年内未在境内外证券交易所上市。

⑤接受投资当年及下一纳税年度，研发费用总额占成本费用支出的比例不低于 20%。研发费用总额占成本费用支出的比例是指企业接受投资当年及下一纳税年度的研发费用总额合计占同期成本费用总额合计的比例。

（4）投资期限的确定。

满 2 年是指公司制创投企业投资于初创科技型企业的实缴投资满 2 年，投资时间从初创科技型企业接受投资并完成工商变更登记的日期算起。2018 年 1 月 1 日执行前 2 年内发生的投资，在执行日期后投资满 2 年，且符合相关政策规定的其他条件的，可以适用此项税收优惠政策。

（5）投资额的确定。

享受本项税收优惠政策的投资，仅限于通过向被投资初创科技型企业直接支付现金方式取得的股权投资，不包括受让其他股东的存量股权。投资额，按照创业投资企业对初创科技型企业的实缴投资额确定。

（6）可抵扣投资额的确定。

投资额须满足投资于初创科技型企业满 2 年的条件，才能作为可抵扣的投资额。本期可抵扣的投资额包括本期新增的可抵扣投资额和上期结转的可抵扣投资额。

4. 合伙制创投企业采取股权投资方式直接投资于未上市的中小高新技术企业。

（1）优惠政策。

合伙制创投企业采取股权投资方式投资于未上市的中小高新技术企业满 2 年（24 个月，下同）的，其法人合伙人可按照对未上市中小高新技术企业投资额的 70% 抵扣该法人合伙人从该合伙制创投企业分得的应纳税所得额，当年不足抵扣的，可以在以后纳税年度结转抵扣。

（2）投资主体要符合条件。

合伙制创投企业是指依照《中华人民共和国合伙企业法》《创业投资企业管理暂行办法》和《外商投资创业投资企业管理规定》设立的专门从事创业投资活动的有限合伙企业。

（3）投资抵扣主体要符合条件。

合伙制创投企业的法人合伙人是指依照《企业所得税法》及其实施条例及相关规定，实行查账征收企业所得税的居民企业。

（4）投资期限的确定。

满2年是指2015年10月1日起，合伙制创投企业投资于未上市中小高新技术企业的实缴投资满2年，同时，法人合伙人对该合伙制创投企业的实缴出资也应满2年。

（5）投资额的确定。

合伙制创投企业的法人合伙人对未上市中小高新技术企业的投资额，按照合伙制创投企业对中小高新技术企业的投资额和合伙协议约定的法人合伙人占合伙制创投企业的出资比例计算确定。其中，合伙制创投企业对中小高新技术企业的投资额按实缴投资额计算；法人合伙人占合伙制创投企业的出资比例按法人合伙人对合伙制创投企业的实缴出资额占该合伙制创投企业的全部实缴出资额的比例计算。

（6）可抵扣投资额的确定。

投资额须满足投资于未上市中小高新技术企业满2年的条件，才能作为可抵扣的投资额。法人合伙人投资于多个符合条件的合伙制创投企业，可合并计算其可抵扣的投资额。本期可抵扣的投资额包括本期新增的可抵扣投资额和上期结转的可抵扣投资额。

（7）应分得应纳税所得额的确定。

合伙制创投企业应纳税所得额的确定及分配，按照相关政策的规定执行。法人合伙人投资于多个符合条件的合伙制创投企业，可合并计算其应分得的应纳税所得额。

5. 合伙制创投企业采取股权投资方式直接投资于初创科技型企业。

（1）优惠政策。

合伙制创投企业采取股权投资方式投资于初创科技型企业满2年的，该合伙制创投企业的法人合伙人可以按照对初创科技型企业投资额的70%抵扣法人合伙人从合伙制创投企业分得的所得；当年不足抵扣的，可以在以后纳税年度结转抵扣。

（2）投资主体要符合条件。

享受本项税收优惠的创业投资企业有两类：

一类是符合以下条件的合伙制创投企业：依照《中华人民共和国合伙企业法》《创业投资企业管理暂行办法》和《外商投资创业投资企业管理规定》设立的专门从事创业投资活动的有限合伙企业。

另一类是同时符合以下条件的合伙制创投企业：

①在中国境内（不含港、澳、台地区）注册成立、实行查账征收的合伙制创投企业，且不属于被投资初创科技型企业的发起人；

②符合《创业投资企业管理暂行办法》规定或者《私募投资基金监督管理暂行办法》关于创业投资基金的特别规定，按照上述规定完成备案且规范运作；

③投资后 2 年内，创业投资企业及其关联方持有被投资初创科技型企业的股权比例合计应低于 50%。

（3）被投资对象要符合条件。

初创科技型企业应符合的条件与“3. 公司制创投企业采取股权投资方式直接投资于初创科技型企业”中所述初创科技型企业的条件相同。

（4）投资抵扣主体要符合条件。

合伙制创投企业的法人合伙人是指依照《企业所得税法》及其实施条例及相关规定，实行查账征收企业所得税的居民企业。

（5）投资期限的确定。

满 2 年是指合伙制创投企业投资于初创科技型企业的实缴投资满 2 年，投资时间从初创科技型企业接受投资并完成工商变更登记的日期算起。2018 年 1 月 1 日执行前 2 年内发生的投资，在执行日期后投资满 2 年，且符合政策规定的其他条件的，可以适用此项税收优惠政策。

（6）投资额的确定。

享受本项税收优惠政策的投资，仅限于通过向被投资初创科技型企业直接支付现金方式取得的股权投资，不包括受让其他股东的存量股权。合伙制创投企业的合伙人对初创科技型企业的投资额，按照合伙制创投企业对初创科技型企业的实缴投资额和合伙协议约定的合伙人占合伙制创投企业的出资比例计算确定。出资比例，按投资满 2 年当年年末各合伙人对合伙制创投企业的实缴出资额占所有合伙人全部实缴出资额的比例计算。

（7）可抵扣投资额的确定。

投资额须满足投资于初创科技型企业满 2 年的条件，才能作为可抵扣的投资额。法人合伙人投资于多个符合条件的合伙制创投企业，可合并计算其可抵扣的投资额。本期可抵扣的投资额包括本期新增的可抵扣投资额和上期结转的可抵扣投资额。

（8）应分得所得的确定。

合伙人从合伙制创投企业分得的所得，按照《财政部　国家税务总局关于合伙企业合伙人所得税问题的通知》（财税〔2008〕159 号）文件的规定计算。法人合伙人投资于多个符合条件的合伙制创投企业，可合并计算其应分得的所得。

（七）减免所得税优惠

减免所得税优惠同样有税法规定的一般减免所得税优惠和有关政策规定的专项减免所得税优惠。税法规定的一般减免所得税优惠是指符合条件的小型微利企业、国家需要重点扶持的高新技术企业减征所得税优惠、民族自治地方的自治机关决定的对本民族自治地方企业减免地方分享所得税的优惠。专项减免所得税优惠包括：经济特区和上海浦东新区新设立的高新技术企业在区内取得的所得定期减免企业所得税，动漫企业自主开发、生产动漫产品定期减免企业所得税，国家鼓励的集成电路和软件企业减免企业所得税，经营性文化事业单位转制为企业的、符合条件的生产和装配伤残人员专门用品企业免征企业所得税，技术先进型服务企业、设在西部地区的鼓励类产业企业减征企业所得税，新疆困难地区新办企业定期减免企业所得税，新疆喀什、霍尔果斯特殊经济开发区新办企业定期免征企业所得税，广东横琴、福建平潭、深圳前海等地区的鼓励类产业企业减征企业所得税，北京冬奥组委、北京冬奥会测试赛赛事组委会免征企业所得税，从事污染防治的第三方企业、上海自贸试验区临港新片区的重点产业企业、海南自由贸易港鼓励类企业减征企业所得税，支持和促进重点群体创业就业企业、扶持自主就业退役士兵创业就业企业限额减征企业所得税，符合条件的公司型创投企业按照企业年末个人股东持股比例减免企业所得税等多项优惠政策。

1. 符合条件的小型微利企业减征企业所得税优惠。

符合条件的小型微利企业，减按 20% 的税率征收企业所得税。自 2019 年 1 月 1 日至 2021 年 12 月 31 日，对小型微利企业年应纳税所得额不超过 100 万元的部分，减按 25% 计入应纳税所得额，按 20% 的税率缴纳企业所得税；对年应纳税所得额超过 100 万元但不超过 300 万元的部分，减按 50% 计入应纳税所得额，按 20% 的税率缴纳企业所得税。自 2021 年 1 月 1 日至 2022 年 12 月 31 日，对小型微利企业年应纳税所得额不超过 100 万元的部分，在前述优惠政策基础上，再减半征收企业所得税。自 2022 年 1 月 1 日至 2024 年 12 月 31 日，对小型微利企业年应纳税所得额超过 100 万元但不超过 300 万元的部分，减按 25% 计入应纳税所得额，按 20% 的税率缴纳企业所得税。

（1）小型微利企业的条件。

小型微利企业是指从事国家非限制和禁止行业，且同时符合年度应纳税所得额不超过 300 万元、从业人数不超过 300 人、资产总额不超过 5000 万元等三个条件的企业。

从业人数，包括与企业建立劳动关系的职工人数和企业接受的劳务派遣用工人数。从业人数和资产总额指标，应按企业全年的季度平均值确定。计算公式为：

$$季度平均值=(季初值+季末值)\div 2$$

$$全年季度平均值=全年各季度平均值之和\div 4$$

年度中间开业或者终止经营活动的，以其实际经营期作为一个纳税年度确定上述相关指标。

（2）优惠管理。

小型微利企业无论按查账征收方式或核定征收方式缴纳企业所得税，均可享受上述优惠政策。小型微利企业在预缴和汇算清缴企业所得税时，通过填写纳税申报表相关内容，即可享受小型微利企业所得税减免政策。企业预缴企业所得税时已享受小型微利企业所得税减免政策，汇算清缴企业所得税时不符合优惠条件的，应当按照规定补缴企业所得税税款。

【例 3－26】 某符合条件的小型微利企业 2021 年纳税调整后所得 400 万元，其中免税所得 120 万元，2020 年亏损 60 万元。该小型微利企业 2021 年的减免所得税额是（　　）万元。

A. 27　　B. 29.5　　C. 38　　D. 40.5

【解析】 该小型微利企业 2020 年的减免所得税额 $=100\times(25\%-2.5\%)+120\times(25\%-10\%)=22.5+18=40.5$（万元）。因此，正确答案为 C。

2. 国家需要重点扶持的高新技术企业减征企业所得税优惠。

国家需要重点扶持的高新技术企业，减按 15% 的税率征收企业所得税。

（1）高新技术企业的条件。

国家需要重点扶持的高新技术企业是指拥有核心自主知识产权，并同时符合规定条件的企业。规定条件中的《国家重点支持的高新技术领域》和《高新技术企业认定管理办法》由国务院科技、财政、税务主管部门商国务院有关部门制订，报国务院批准后公布施行。相关文件进一步明确，高新技术企业是指在《国家重点支持的高新技术领域》内，持续进行研究开发与技术成果转化，形成企业核心自主知识产权，并以此为基础开展经营活动，在中国境内（不包括港、澳、台地区）注册的居民企业。

以境内、境外全部生产经营活动有关的研究开发费用总额、总收入、销售收入总额、高新技术产品（服务）收入等指标申请并经认定的高新技术企业，其来源于境外的所得可以享受高新技术企业所得税优惠政策，即对其来源于境外所得可以按照15%的优惠税率缴纳企业所得税，在计算境外抵免限额时，可按照15%的优惠税率计算境内外应纳税总额。

（2）高新技术企业的认定程序。

高新技术企业要依据规定的条件和程序进行认定。通过认定的高新技术企业，其资格自颁发证书之日起有效期为3年。企业获得高新技术企业资格后，自高新技术企业证书注明的发证时间所在年度起申报享受税收优惠。

（3）高新技术企业的后续管理。

对取得高新技术企业资格且享受税收优惠的高新技术企业，税务部门如在日常管理过程中发现其在高新技术企业认定过程中或享受优惠期间不符合规定的认定条件，应提请认定机构复核。复核后确认不符合认定条件的，由认定机构取消其高新技术企业资格，并通知税务机关追缴其证书有效期内自不符合认定条件年度起已享受的税收优惠。

高新技术企业发生更名或与认定条件有关的重大变化（如分立、合并、重组以及经营业务发生变化等）应在3个月内向认定机构报告。经认定机构审核符合认定条件的，其高新技术企业资格不变，对于企业更名的，重新核发认定证书，编号与有效期不变；不符合认定条件的，自更名或条件变化年度起取消其高新技术企业资格。

跨认定机构管理区域整体迁移的高新技术企业，在其高新技术企业资格有效期内完成迁移的，其资格继续有效；跨认定机构管理区域部分搬迁的，由迁入地认定机构按照规定重新认定。

（4）高新技术企业资格的取消。

已认定的高新技术企业有下列行为之一的，由认定机构取消其高新技术企业资格：

①在申请认定过程中存在严重弄虚作假行为的；

②发生重大安全、重大质量事故或有严重环境违法行为的；

③未按期报告与认定条件有关重大变化情况，或累计 2 年未填报年度发展情况报表的。

对被取消高新技术企业资格的企业，由认定机构通知税务机关按《税收征管法》及有关规定，追缴其自发生上述行为之日所属年度起已享受的高新技术企业税收优惠。

3. 民族自治地方企业减免地方分享的所得税优惠。

民族自治地方的自治机关对本民族自治地方的企业应缴纳的企业所得税中属于地方分享的部分，可以决定减征或者免征。自治州、自治县决定减征或者免征的，须报省、自治区、直辖市人民政府批准。民族自治地方是指依照《中华人民共和国民族区域自治法》的规定，实行民族区域自治的自治区、自治州、自治县。对民族自治地方内国家限制和禁止行业的企业，不得减征或者免征企业所得税。

对民族自治地方的企业减免企业所得税，仅限于减免企业所得税中属于地方分享的部分，不得减免属于中央分享的部分。

4. 经济特区和上海浦东新区新设立的高新技术企业在区内取得的所得减免企业所得税优惠。

对经济特区和上海浦东新区内在 2008 年 1 月 1 日（含）之后完成登记注册的国家需要重点扶持的高新技术企业（以下简称新设高新技术企业），在经济特区和上海浦东新区内取得的所得，自取得第一笔生产经营收入所属纳税年度起，第一年至第二年免征企业所得税，第三年至第五年按照 25% 的法定税率减半征收企业所得税。

经济特区和上海浦东新区内新设高新技术企业同时在经济特区和上海浦东新区以外的地区从事生产经营的，应当单独计算其在经济特区和上海浦东新区内取得的所得，并合理分摊企业的期间费用；没有单独计算的，不得享受企业所得税优惠。

5. 动漫企业自主开发、生产动漫产品减免企业所得税优惠。

自 2009 年 1 月 1 日起，经认定的动漫企业自主开发、生产动漫产品，可申请享受国家现行鼓励软件产业发展的所得税优惠政策。

6. 原有集成电路生产企业减免企业所得税优惠。

（1）优惠政策。

①集成电路线宽小于0.8微米（含）的集成电路生产企业：自2011年1月1日起，集成电路线宽小于0.8微米（含）的集成电路生产企业，经认定后，在2017年12月31日前自获利年度起计算优惠期，第一年至第二年免征企业所得税，第三年至第五年按照25%的法定税率减半征收企业所得税，并享受至期满为止。2017年12月31日前设立但未获利的集成电路线宽小于0.8微米（含）的集成电路生产企业，自获利年度起第一年至第二年免征企业所得税，第三年至第五年按照25%的法定税率减半征收企业所得税，并享受至期满为止。

②集成电路线宽小于0.25微米或投资额超过80亿元的集成电路生产企业：自2011年1月1日起，集成电路线宽小于0.25微米或投资额超过80亿元的集成电路生产企业，经认定后，减按15%的税率征收企业所得税，其中经营期在15年以上的，在2017年12月31日前自获利年度起计算优惠期，第一年至第五年免征企业所得税，第六年至第十年按照25%的法定税率减半征收企业所得税，并享受至期满为止。2017年12月31日前设立但未获利的集成电路线宽小于0.25微米或投资额超过80亿元，且经营期在15年以上的集成电路生产企业，自获利年度起第一年至第五年免征企业所得税，第六年至第十年按照25%的法定税率减半征收企业所得税，并享受至期满为止。

自2020年1月1日起，原有政策中的“经认定后，减按15%的税率征收企业所得税”停止执行。

③集成电路线宽小于130纳米的集成电路生产企业：2018年1月1日后投资新设的集成电路线宽小于130纳米，且经营期在10年以上的集成电路生产企业，第一年至第二年免征企业所得税，第三年至第五年按照25%的法定税率减半征收企业所得税，并享受至期满为止。

④集成电路线宽小于65纳米或投资额超过150亿元的集成电路生产企业：2018年1月1日后投资新设的集成电路线宽小于65纳米或投资额超过150亿元，且经营期在15年以上的集成电路生产企业或项目，第一年至第五年免征企业所得税，第六年至第十年按照25%的法定税率减半征收企业所得税，并享受至期满为止。

符合原有政策条件且在2019年（含）之前已经进入优惠期的企业，2020

年（含）起可按原有政策规定继续享受至期满为止，如也符合新政策规定，可按新政策规定享受相关优惠，其中定期减免税优惠，可按新政策规定计算优惠期，并就剩余期限享受优惠至期满为止。符合原有政策条件，2019 年（含）之前尚未进入优惠期的企业，2020 年（含）起不再执行原有政策。

（2）优惠条件。

集成电路生产企业是指以单片集成电路、多芯片集成电路、混合集成电路制造为主营业务并同时符合下列条件的企业：

①在中国境内（不包括港、澳、台地区）依法注册并在发展改革、工业和信息化部门备案的居民企业；

②汇算清缴年度具有劳动合同关系或劳务派遣、聘用关系且具有大学专科以上学历职工人数占企业月平均职工总人数的比例不低于 40%，其中研究开发人员占企业月平均职工总数的比例不低于 20%；

③拥有核心关键技术，并以此为基础开展经营活动，且汇算清缴年度研究开发费用总额占企业销售（营业）收入（主营业务收入与其他业务收入之和，下同）总额的比例不低于 2%，同时企业应持续加强研发活动，不断提高研发能力；其中，企业在中国境内发生的研究开发费用金额占研究开发费用总额的比例不低于 60%；

④汇算清缴年度集成电路制造销售（营业）收入占企业收入总额的比例不低于 60%；

⑤具有保证产品生产的手段和能力，并获得有关资质认证（包括 ISO 质量体系认证）；

⑥汇算清缴年度未发生重大安全、重大质量事故或严重环境违法行为。

（3）优惠管理。

①集成电路生产企业所得税优惠政策适用于实行查账征收方式的集成电路生产企业。

②集成电路生产企业的获利年度是指集成电路生产企业开始生产经营后，第一个应纳税所得额大于零的纳税年度，包括对企业所得税实行核定征收方式的纳税年度。企业应从企业的获利年度起计算定期减免税优惠期。如获利年度不符合优惠条件的，应自首次符合条件的年度起，在其优惠期的剩余年限内享受相应的减免税优惠。集成电路生产企业享受定期减免税优惠的期限应当连续计算，不得因中间发生亏损或其他原因而间断。

③2016年度起，研究开发费用政策口径按照加计扣除的研发费用口径执行。

④收入总额是指《企业所得税法》第六条规定的收入总额。

⑤集成电路生产企业依照上述规定可以享受的企业所得税优惠政策与企业所得税其他相同方式优惠政策存在交叉的，由企业选择一项最优惠政策执行，不叠加享受。

7. 新集成电路生产企业减免企业所得税优惠。

（1）优惠政策。

自2020年1月1日起，国家鼓励的集成电路线宽小于28纳米（含），且经营期在15年以上的集成电路生产企业，第一年至第十年免征企业所得税；国家鼓励的集成电路线宽小于65纳米（含），且经营期在15年以上的集成电路生产企业，第一年至第五年免征企业所得税，第六年至第十年按照25%的法定税率减半征收企业所得税；国家鼓励的集成电路线宽小于130纳米（含），且经营期在10年以上的集成电路生产企业，第一年至第二年免征企业所得税，第三年至第五年按照25%的法定税率减半征收企业所得税。

（2）优惠条件。

①在中国境内（不包括港、澳、台地区）依法注册并具有独立法人资格的企业；

②符合国家布局规划和产业政策；

③汇算清缴年度，具有劳动合同关系或劳务派遣、聘用关系，其中具有本科及以上学历月平均职工人数占企业月平均职工总人数的比例不低于30%，研究开发人员月平均数占企业月平均职工总数的比例不低于20%（从事8英寸及以下集成电路生产的不低于15%）；

④企业拥有关键核心技术和属于本企业的知识产权，并以此为基础开展经营活动，且汇算清缴年度研究开发费用总额占企业销售（营业）收入（主营业务收入与其他业务收入之和）总额的比例不低于2%（研究开发费用政策口径按照加计扣除的研发费用口径执行）；

⑤汇算清缴年度集成电路制造销售（营业）收入占企业收入总额的比例不低于60%；

⑥具有保证相关工艺线宽产品生产的手段和能力；

⑦汇算清缴年度未发生重大安全、重大质量事故或严重环境违法行为。

（3）优惠管理。

优惠期自获利年度起计算。

8. 原有集成电路设计企业减免企业所得税优惠。

（1）优惠政策。

①自 2011 年 1 月 1 日起，我国境内新办的集成电路设计企业，经认定后，在 2017 年 12 月 31 日前自获利年度起计算优惠期，第一年至第二年免征企业所得税，第三年至第五年按照 25% 的法定税率减半征收企业所得税，并享受至期满为止。国家规划布局内的重点集成电路设计企业，如当年未享受免税优惠的，可减按 10% 的税率征收企业所得税。

自 2020 年 1 月 1 日起，原有政策中的“国家规划布局内的重点集成电路设计企业，如当年未享受免税优惠的，可减按 10% 的税率征收企业所得税”停止执行。

②依法成立且符合条件的集成电路设计企业，在 2018 年 12 月 31 日前自获利年度起计算优惠期，第一年至第二年免征企业所得税，第三年至第五年按照 25% 的法定税率减半征收企业所得税，并享受至期满为止。

③依法成立且符合条件的集成电路设计企业，在 2019 年 12 月 31 日前自获利年度起计算优惠期，第一年至第二年免征企业所得税，第三年至第五年按照 25% 的法定税率减半征收企业所得税，并享受至期满为止。

符合原有政策条件且在 2019 年（含）之前已经进入优惠期的企业，2020 年（含）起可按原有政策规定继续享受至期满为止，如也符合新政策规定，可按新政策规定享受相关优惠，其中定期减免税优惠，可按新政策规定计算优惠期，并就剩余期限享受优惠至期满为止。符合原有政策条件，2019 年（含）之前尚未进入优惠期的企业，2020 年（含）起不再执行原有政策。

（2）优惠条件。

①集成电路设计企业是指以集成电路设计为主营业务并同时符合下列条件的企业：

a. 在中国境内（不包括港、澳、台地区）依法注册的居民企业。

b. 汇算清缴年度具有劳动合同关系且具有大学专科以上学历的职工人数占企业月平均职工总人数的比例不低 40%，其中研究开发人员占企业月平均职工总数的比例不低于 20%。

c. 拥有核心关键技术，并以此为基础开展经营活动，且汇算清缴年度研究开发费用总额占企业销售（营业）收入总额的比例不低于6%；其中，企业在中国境内发生的研究开发费用金额占研究开发费用总额的比例不低于60%。

d. 汇算清缴年度集成电路设计销售（营业）收入占企业收入总额的比例不低于60%，其中集成电路自主设计销售（营业）收入占企业收入总额的比例不低于50%。

e. 主营业务拥有自主知识产权。

f. 具有与集成电路设计相适应的软硬件设施等开发环境（如EDA工具、服务器或工作站等）。

g. 汇算清缴年度未发生重大安全、重大质量事故或严重环境违法行为。

②国家规划布局内重点集成电路设计企业除符合集成电路设计企业享受优惠的条件外，还应至少符合下列条件中的一项：

a. 汇算清缴年度集成电路设计销售（营业）收入不低于2亿元，年应纳税所得额不低于1000万元，研究开发人员占月平均职工总数的比例不低于25%。

b. 在国家规定的重点集成电路设计领域内，汇算清缴年度集成电路设计销售（营业）收入不低于2000万元，应纳税所得额不低于250万元，研究开发人员占月平均职工总数的比例不低于35%，企业在中国境内发生的研发开发费用金额占研究开发费用总额的比例不低于70%。

（3）优惠管理。

①集成电路设计企业所得税优惠政策适用于实行查账征收方式的集成电路设计企业。

②新办企业认定标准。即按照国家法律、法规及有关规定办理企业设立登记，新注册成立的企业；新办企业的权益性出资人（股东或其他权益投资方）实际出资中固定资产、无形资产等非货币性资产的累计出资额占新办企业注册资金的比例一般不得超过25%。

③集成电路设计企业的获利年度是指集成电路设计企业开始生产经营后，第一个应纳税所得额大于零的纳税年度，包括对企业所得税实行核定征收方式的纳税年度。企业应从其获利年度起计算定期减免税优惠期。如获利年度不符合优惠条件的，应自首次符合条件的年度起，在其优惠期的剩余年限内享受相应的减免税优惠。集成电路设计企业享受定期减免税优惠的期限应当连续计算，不得因中间发生亏损或其他原因而间断。

④2016年度起，研究开发费用政策口径按照加计扣除的研发费用口径

执行。

⑤集成电路设计销售（营业）收入是指集成电路企业从事集成电路功能研发、设计并销售的收入。

⑥收入总额是指《企业所得税法》第六条规定的收入总额。

⑦集成电路设计企业依照上述规定可以享受的企业所得税优惠政策与企业所得税其他相同方式优惠政策存在交叉的，由企业选择一项最优惠政策执行，不叠加享受。

9. 新集成电路设计企业减免企业所得税优惠。

（1）优惠政策。

自2020年1月1日起，国家鼓励的集成电路设计企业，自获利年度起，第一年至第二年免征企业所得税，第三年至第五年按照25%的法定税率减半征收企业所得税。国家鼓励的重点集成电路设计企业，自获利年度起，第一年至第五年免征企业所得税，接续年度减按10%的税率征收企业所得税。

（2）优惠条件。

①国家鼓励的集成电路设计企业，必须同时满足以下条件：

a. 在中国境内（不包括港、澳、台地区）依法设立，从事集成电路设计、电子设计自动化（EDA）工具开发或知识产权（IP）核设计并具有独立法人资格的企业。

b. 汇算清缴年度具有劳动合同关系或劳务派遣、聘用关系的月平均职工人数不少于20人，其中具有本科及以上学历月平均职工人数占企业月平均职工总人数的比例不低于50%，研究开发人员月平均数占企业月平均职工总数的比例不低于40%。

c. 汇算清缴年度研究开发费用总额占企业销售（营业）收入（主营业务收入与其他业务收入之和，下同）总额的比例不低于6%。

d. 汇算清缴年度集成电路设计（含EDA工具、IP核设计服务，下同）销售（营业）收入占企业收入总额的比例不低于60%，其中自主设计销售（营业）收入占企业收入总额的比例不低于50%，且企业收入总额不低于（含）1500万元。

e. 拥有核心关键技术和属于本企业的知识产权，企业拥有与集成电路产品设计相关的已授权发明专利、布图设计登记、计算机软件著作权合计不少于8个。

f. 具有与集成电路设计相适应的软硬件设施等开发环境和经营场所，且必须使用正版的 EDA 等软硬件工具。

g. 汇算清缴年度未发生严重失信行为，重大安全、重大质量事故或严重环境违法行为。

②国家鼓励的重点集成电路设计企业享受税收优惠政策条件，除符合国家鼓励的集成电路设计企业条件外，还应符合以下条件：

a. 汇算清缴年度具有劳动合同关系或劳务派遣、聘用关系，其中具有本科及以上学历月平均职工人数占企业月平均职工总人数的比例不低于 50%，研究开发人员月平均数占企业月平均职工总数的比例不低于 40%。

b. 拥有关键核心技术，并以此为基础开展经营活动，且汇算清缴年度研究开发费用总额占企业销售（营业）收入（主营业务收入与其他业务收入之和）总额的比例不低于 6%。

c. 汇算清缴年度集成电路设计（含 EDA 工具、IP 和设计服务，下同）销售（营业）收入占企业收入总额的比例不低于 70%，其中集成电路自主设计销售（营业）收入占企业收入总额的比例不低于 60%；对于集成电路设计销售（营业）收入超过 50 亿元的企业，汇算清缴年度集成电路设计销售（营业）收入占企业收入总额的比例不低于 60%，其中集成电路自主设计销售（营业）收入占企业收入总额的比例不低于 50%。

d. 企业拥有核心关键技术和属于本企业的知识产权，企业拥有与集成电路产品设计相关的已授权发明专利、布图设计登记、计算机软件著作权合计不少于 8 个。

除以上条件外，还应至少符合下列条件中的一项：

e. 汇算清缴年度，集成电路设计销售（营业）收入不低于 5 亿元，应纳税所得额不低于 3000 万元；对于集成电路设计销售（营业）收入不低于 50 亿元的企业，可不要求应纳税所得额，但研究开发费用总额占企业销售（营业）收入（主营业务收入与其他业务收入之和）总额的比例不低于 8%。

f. 在国家鼓励的重点集成电路设计领域内，汇算清缴年度集成电路设计销售（营业）收入不低于 3000 万元，应纳税所得额不低于 350 万元。

10. 原有软件企业减免企业所得税优惠。

（1）优惠政策。

①自 2011 年 1 月 1 日起，我国境内新办的符合条件的软件企业，经认定

后，在2017年12月31日前自获利年度起计算优惠期，第一年至第二年免征企业所得税，第三年至第五年按照25%的法定税率减半征收企业所得税，并享受至期满为止。国家规划布局内的重点软件企业，如当年未享受免税优惠的，可减按10%的税率征收企业所得税。

自2020年1月1日起，原有政策中的“国家规划布局内的重点软件企业，如当年未享受免税优惠的，可减按10%的税率征收企业所得税”停止执行。

②依法成立且符合条件的软件企业，在2018年12月31日前自获利年度起计算优惠期，第一年至第二年免征企业所得税，第三年至第五年按照25%的法定税率减半征收企业所得税，并享受至期满为止。

③依法成立且符合条件的软件企业，在2019年12月31日前自获利年度起计算优惠期，第一年至第二年免征企业所得税，第三年至第五年按照25%的法定税率减半征收企业所得税，并享受至期满为止。

符合原有政策条件且在2019年（含）之前已经进入优惠期的企业，2020年（含）起可按原有政策规定继续享受至期满为止，如也符合新政策规定，可按新政策规定享受相关优惠，其中定期减免税优惠，可按新政策规定计算优惠期，并就剩余期限享受优惠至期满为止。符合原有政策条件，2019年（含）之前尚未进入优惠期的企业，2020年（含）起不再执行原有政策。

（2）优惠条件。

①软件企业是指以软件产品开发销售（营业）为主营业务并同时符合下列条件的企业：

a. 在中国境内（不包括港、澳、台地区）依法注册的居民企业。

b. 汇算清缴年度具有劳动合同关系且具有大学专科以上学历的职工人数占企业月平均职工总人数的比例不低于40%，其中研究开发人员占企业月平均职工总数的比例不低于20%。

c. 拥有核心关键技术，并以此为基础开展经营活动，且汇算清缴年度研究开发费用总额占企业销售（营业）收入总额的比例不低于6%；其中，企业在中国境内发生的研究开发费用金额占研究开发费用总额的比例不低于60%。

d. 汇算清缴年度软件产品开发销售（营业）收入占企业收入总额的比例不低于50%［嵌入式软件产品和信息系统集成产品开发销售（营业）收入占企业收入总额的比例不低于40%］，其中，软件产品自主开发销售（营业）收入占企业收入总额的比例不低于40%［嵌入式软件产品和信息系统集成产品开发销售（营业）收入占企业收入总额的比例不低于 30%］。

e. 主营业务拥有自主知识产权。

f. 具有与软件开发相适应软硬件设施等开发环境（如合法的开发工具等）。

g. 汇算清缴年度未发生重大安全、重大质量事故或严重环境违法行为。

②国家规划布局内重点软件企业除软件企业享受优惠的条件外，还应至少符合下列条件中的一项：

a. 汇算清缴年度软件产品开发销售（营业）收入不低于 2 亿元，应纳税所得额不低于 1000 万元，研究开发人员占企业月平均职工总数的比例不低于 25%。

b. 在国家规定的重点软件领域内，汇算清缴年度软件产品开发销售（营业）收入不低于 5000 万元，应纳税所得额不低于 250 万元，研究开发人员占企业月平均职工总数的比例不低于 25%，企业在中国境内发生的研究开发费用金额占研究开发费用总额的比例不低于 70%。

c. 汇算清缴年度软件出口收入总额不低于 800 万美元，软件出口收入总额占本企业年度收入总额比例不低于 50%，研究开发人员占企业月平均职工总数的比例不低于 25%。

（3）优惠管理。

①软件企业所得税优惠政策适用于实行查账征收方式的软件企业。

②新办企业认定标准。即按照国家法律、法规及有关规定办理企业设立登记，新注册成立的企业；新办企业的权益性出资人（股东或其他权益投资方）实际出资中固定资产、无形资产等非货币性资产的累计出资额占新办企业注册资金的比例一般不得超过 25%。

③软件企业的获利年度是指软件企业开始生产经营后，第一个应纳税所得额大于零的纳税年度，包括对企业所得税实行核定征收方式的纳税年度。企业应从企业的获利年度起计算定期减免税优惠期。如获利年度不符合优惠条件的，应自首次符合条件的年度起，在其优惠期的剩余年限内享受相应的减免税优惠。软件企业享受定期减免税优惠的期限应当连续计算，不得因中间发生亏损或其他原因而间断。

④2016 年度起，研究开发费用政策口径按照加计扣除的研发费用口径执行。

⑤软件产品开发销售（营业）收入是指软件企业从事计算机软件、信息系

统或嵌入式软件等软件产品开发并销售的收入，以及信息系统集成服务、信息技术咨询服务、数据处理和存储服务等技术服务收入。

⑥收入总额，是指《企业所得税法》第六条规定的收入总额。

⑦软件企业依照上述规定可以享受的企业所得税优惠政策与企业所得税其他相同方式优惠政策存在交叉的，由企业选择一项最优惠政策执行，不叠加享受。

11. 新软件企业减免企业所得税优惠。

（1）优惠政策。

自2020年1月1日起，国家鼓励的软件企业，自获利年度起，第一年至第二年免征企业所得税，第三年至第五年按照25%的法定税率减半征收企业所得税。国家鼓励的重点软件企业，自获利年度起，第一年至第五年免征企业所得税，接续年度减按10%的税率征收企业所得税。

（2）优惠条件。

①国家鼓励的软件企业是指同时符合下列条件的企业：

a. 在中国境内（不包括港、澳、台地区）依法设立，以软件产品开发及相关信息技术服务为主营业务并具有独立法人资格的企业。该企业的设立具有合理商业目的，且不以减少、免除或推迟缴纳税款为主要目的。

b. 汇算清缴年度具有劳动合同关系或劳务派遣、聘用关系，其中具有本科及以上学历的月平均职工人数占企业月平均职工总人数的比例不低于40%，研究开发人员月平均数占企业月平均职工总数的比例不低于25%。

c. 拥有核心关键技术，并以此为基础开展经营活动，汇算清缴年度研究开发费用总额占企业销售（营业）收入总额的比例不低于7%，企业在中国境内发生的研究开发费用金额占研究开发费用总额的比例不低于60%。

d. 汇算清缴年度软件产品开发销售及相关信息技术服务（营业）收入占企业收入总额的比例不低于55%［嵌入式软件产品开发销售（营业）收入占企业收入总额的比例不低于45%］，其中软件产品自主开发销售及相关信息技术服务（营业）收入占企业收入总额的比例不低于45%［嵌入式软件产品开发销售（营业）收入占企业收入总额的比例不低于40%］。

e. 主营业务或主要产品具有专利或计算机软件著作权等属于本企业的知识产权。

f. 具有与软件开发相适应的生产经营场所、软硬件设施等开发环境（如合法的开发工具等），建立符合软件工程要求的质量管理体系并持续有效运行。

g. 汇算清缴年度未发生重大安全事故、重大质量事故、知识产权侵权等行为，企业合法经营。

②国家鼓励的重点软件企业，除符合国家鼓励的软件企业条件外，还应至少符合下列条件中的一项：

a. 专业开发基础软件、研发设计类工业软件的企业，汇算清缴年度软件产品开发销售及相关信息技术服务（营业）收入（其中相关信息技术服务是指实现软件产品功能直接相关的咨询设计、软件运维、数据服务，下同）不低于5000万元；汇算清缴年度研究开发费用总额占企业销售（营业）收入总额的比例不低于7%。

b. 专业开发生产控制类工业软件、新兴技术软件、信息安全软件的企业，汇算清缴年度软件产品开发销售及相关信息技术服务（营业）收入不低于1亿元；应纳税所得额不低于500万元；研究开发人员月平均数占企业月平均职工总数的比例不低于30%；汇算清缴年度研究开发费用总额占企业销售（营业）收入总额的比例不低于8%。

c. 专业开发重点领域应用软件、经营管理类工业软件、公有云服务软件、嵌入式软件的企业，汇算清缴年度软件产品开发销售及相关信息技术服务（营业）收入不低于5亿元，应纳税所得额不低于2500万元；研究开发人员月平均数占企业月平均职工总数的比例不低于30%；汇算清缴年度研究开发费用总额占企业销售（营业）收入总额的比例不低于7%。

12. 原有集成电路封装、测试企业和集成电路关键专用材料生产企业、集成电路专用设备生产企业减免企业所得税优惠。

（1）优惠政策。

自2014年1月1日起，符合条件的集成电路封装、测试企业以及集成电路关键专用材料生产企业、集成电路专用设备生产企业，在2017年（含2017年）前实现获利的，自获利年度起，第一年至第二年免征企业所得税，第三年至第五年按照25%的法定税率减半征收企业所得税，并享受至期满为止；2017年前未实现获利的，自2017年起计算优惠期，享受至期满为止。

符合原有政策条件且在2017年（含）之前已经进入优惠期的企业，2020年（含）起可按原有政策规定继续享受至期满为止，如也符合新政策规定，可按新政策规定享受相关优惠，其中定期减免税优惠，可按新政策规定计算优惠期，并就剩余期限享受优惠至期满为止。

（2）优惠条件。

①符合条件的集成电路封装、测试企业，必须同时满足以下条件：

a. 2014 年 1 月 1 日后依法在中国境内成立的法人企业。

b. 签订劳动合同关系且具有大学专科以上学历的职工人数占企业当年月平均职工总人数的比例不低于 40%，其中，研究开发人员占企业当年月平均职工总数的比例不低于 20%。

c. 拥有核心关键技术，并以此为基础开展经营活动，且当年度的研究开发费用总额占企业销售（营业）收入总额的比例不低于 3.5%，其中，企业在中国境内发生的研究开发费用金额占研究开发费用总额的比例不低于 60%。

d. 集成电路封装、测试销售（营业）收入占企业收入总额的比例不低于 60%。

e. 具有保证产品生产的手段和能力，并获得有关资质认证（包括 ISO 质量体系认证、人力资源能力认证等）。

f. 具有与集成电路封装、测试相适应的经营场所、软硬件设施等基本条件。

②符合条件的集成电路关键专用材料生产企业或集成电路专用设备生产企业，必须同时满足以下条件：

a. 2014 年 1 月 1 日后依法在中国境内成立的法人企业。

b. 签订劳动合同关系且具有大学专科以上学历的职工人数占企业当年月平均职工总人数的比例不低于 40%，其中，研究开发人员占企业当年月平均职工总数的比例不低于 20%。

c. 拥有核心关键技术，并以此为基础开展经营活动，且当年度的研究开发费用总额占企业销售（营业）收入总额的比例不低于 5%，其中，企业在中国境内发生的研究开发费用金额占研究开发费用总额的比例不低于 60%。

d. 集成电路关键专用材料或专用设备销售收入占企业销售（营业）收入总额的比例不低于 30%。

e. 具有保证集成电路关键专用材料或专用设备产品生产的手段和能力，并获得有关资质认证（包括 ISO 质量体系认证、人力资源能力认证等）。

f. 具有与集成电路关键专用材料或专用设备生产相适应的经营场所、软硬件设施等基本条件。

(3) 优惠管理。

①符合规定条件的企业，应在年度终了之日起4个月内，按照《财政部 国家税务总局 发展改革委 工业和信息化部关于进一步鼓励集成电路产业发展企业所得税政策的通知》(财税〔2015〕6号) 文件及企业所得税相关税收优惠政策管理的规定，凭省级相关部门出具的证明向主管税务机关办理减免税手续。

②享受上述税收优惠的企业有下述情况之一的，应取消其享受税收优惠的资格，并补缴存在以下行为所属年度已减免的企业所得税税款：在申请认定过程中提供虚假信息的；有偷、骗税等行为的；发生重大安全、质量事故的；有环境等违法、违规行为，受到有关部门处罚的。

③享受税收优惠的企业，其税收优惠条件发生变化的，应当自发生变化之日起15日内向主管税务机关报告；不再符合税收优惠条件的，应当依法履行纳税义务；未依法纳税的，主管税务机关应当予以追缴。同时，主管税务机关在执行税收优惠政策过程中，发现企业不符合享受税收优惠条件的，可暂停企业享受的相关税收优惠，并提请相关部门进行有关条件复核。

④集成电路封装、测试企业及集成电路关键专用材料生产企业、集成电路专用设备生产企业等依照规定可以享受的企业所得税优惠政策与其他定期减免税优惠政策存在交叉的，由企业选择一项最优惠政策执行，不叠加享受。

13. 新集成电路装备、材料、封装、测试企业减免企业所得税优惠。

(1) 优惠政策。

自2020年1月1日起，国家鼓励的集成电路装备、材料、封装、测试企业，自获利年度起，第一年至第二年免征企业所得税，第三年至第五年按照25%的法定税率减半征收企业所得税。

(2) 优惠条件。

①国家鼓励的集成电路装备企业，必须同时满足以下条件：

a. 在中国境内（不包括港、澳、台地区）依法设立，从事集成电路专用装备或关键零部件研发、制造并具有独立法人资格的企业。

b. 汇算清缴年度具有劳动合同关系或劳务派遣、聘用关系且具有大学专科及以上学历月平均职工人数占企业当年月平均职工总人数的比例不低于40%，研究开发人员月平均数占企业当年月平均职工总数的比例不低于20%。

c. 汇算清缴年度用于集成电路装备或关键零部件研究开发费用总额占企业

销售（营业）收入总额的比例不低于5%。

d. 汇算清缴年度集成电路装备或关键零部件销售收入占企业销售（营业）收入总额的比例不低于30%，且企业销售（营业）收入总额不低于（含）1500万元。

e. 拥有核心关键技术和属于本企业的知识产权，企业拥有与集成电路装备或关键零部件研发、制造相关的已授权发明专利数量不少于5个。

f. 具有与集成电路装备或关键零部件生产相适应的经营场所、软硬件设施等基本条件。

g. 汇算清缴年度未发生严重失信行为，重大安全、重大质量事故或严重环境违法行为。

②国家鼓励的集成电路材料企业，必须同时满足以下条件：

a. 在中国境内（不包括港、澳、台地区）依法设立，从事集成电路专用材料研发、生产并具有独立法人资格的企业。

b. 汇算清缴年度具有劳动合同关系或劳务派遣、聘用关系且具有大学专科及以上学历月平均职工人数占企业当年月平均职工总人数的比例不低于40%，研究开发人员月平均数占企业当年月平均职工总数的比例不低于15%。

c. 汇算清缴年度用于集成电路材料研究开发费用总额占企业销售（营业）收入总额的比例不低于5%。

d. 汇算清缴年度集成电路材料销售收入占企业销售（营业）收入总额的比例不低于30%，且企业销售（营业）收入总额不低于（含）1000万元。

e. 拥有核心关键技术和属于本企业的知识产权，且企业拥有与集成电路材料研发、生产相关的已授权发明专利数量不少于5个。

f. 具有与集成电路材料生产相适应的经营场所、软硬件设施等基本条件。

g. 汇算清缴年度未发生严重失信行为，重大安全、重大质量事故或严重环境违法行为。

③国家鼓励的集成电路封装、测试企业，必须同时满足以下条件：

a. 在中国境内（不包括港、澳、台地区）依法设立，从事集成电路封装、测试并具有独立法人资格的企业。

b. 汇算清缴年度具有劳动合同关系或劳务派遣、聘用关系且具有大学专科以上学历月平均职工人数占企业当年月平均职工总人数的比例不低于40%，研究开发人员月平均数占企业当年月平均职工总数的比例不低于15%。

c. 汇算清缴年度研究开发费用总额占企业销售（营业）收入总额的比例不低于3%。

d. 汇算清缴年度集成电路封装、测试销售（营收）收入占企业收入总额的比例不低于60%，且企业收入总额不低于（含）2000万元。

e. 拥有核心关键技术和属于本企业的知识产权，且企业拥有与集成电路封装、测试相关的已授权发明专利、计算机软件著作权合计不少于5个。

f. 具有与集成电路芯片封装、测试相适应的经营场所、软硬件设施等基本条件。

g. 汇算清缴年度未发生严重失信行为，重大安全、重大质量事故或严重环境违法行为。

14. 经营性文化事业单位转制为企业的免征企业所得税优惠。

（1）优惠政策。

自2019年1月1日至2023年12月31日，经营性文化事业单位转制为企业，自转制注册之日起5年内免征企业所得税。2018年12月31日之前已完成转制的企业，自2019年1月1日起可继续免征5年企业所得税。企业在2023年12月31日享受该项优惠政策不满5年的，可继续享受至5年期满为止。

（2）优惠条件。

享受税收优惠政策的转制文化企业应同时符合以下条件：

①根据相关部门的批复进行转制。

②转制文化企业已进行企业法人登记。

③整体转制前已进行事业单位法人登记的，转制后已核销事业编制、注销事业单位法人；整体转制前未进行事业单位法人登记的，转制后已核销事业编制。

④已同在职职工全部签订劳动合同，按企业办法参加社会保险。

⑤转制文化企业引入非公有资本和境外资本的，须符合国家法律法规和政策规定；变更资本结构依法应经批准的，需经行业主管部门和国有文化资产监管部门批准。

（3）优惠管理。

①经营性文化事业单位是指从事新闻出版、广播影视和文化艺术的事业单位。转制包括整体转制和剥离转制。其中，整体转制包括：（图书、音像、电子）出版社、非时政类报刊出版单位、新华书店、艺术院团、电影制片厂、电

影（发行放映）公司、影剧院、重点新闻网站等整体转制为企业；剥离转制包括：新闻媒体中的广告、印刷、发行、传输网络等部分，以及影视剧等节目制作与销售机构，从事业体制中剥离出来转制为企业。

②转制注册之日是指经营性文化事业单位转制为企业并进行企业法人登记之日。对于经营性文化事业单位转制前已进行企业法人登记，则按注销事业单位法人登记之日，或核销事业编制的批复之日（转制前未进行事业单位法人登记的）确定。

③2018 年 12 月 31 日之前已完成转制是指经营性文化事业单位在 2018 年 12 月 31 日及以前已转制为企业、进行企业法人登记，并注销事业单位法人登记或批复核销事业编制（转制前未进行事业单位法人登记的）。

④中央所属转制文化企业的认定，由中央宣传部会同财政部、国家税务总局确定并发布名单；地方所属转制文化企业的认定，按照登记管理权限，由地方各级宣传部门会同同级财政、税务部门确定和发布名单，并按程序抄送中央宣传部、财政部和国家税务总局。已认定发布的转制文化企业名称发生变更的，如果主营业务未发生变化，可持同级文化体制改革和发展工作领导小组办公室出具的同意变更函，到主管税务机关履行变更手续；如果主营业务发生变化，应依照规定条件重新认定。

⑤未经认定的转制文化企业或转制文化企业不符合规定的，不得享受相关税收优惠政策。已享受优惠的，主管税务机关应追缴其已减免的税款。

15. 符合条件的生产和装配伤残人员专门用品企业免征企业所得税优惠。

此项优惠政策一直延续。自 2021 年 1 月 1 日至 2023 年 12 月 31 日期间，对符合下列条件的居民企业，免征企业所得税：

①生产和装配伤残人员专门用品，且在民政部发布的《中国伤残人员专门用品目录》范围之内。

②以销售本企业生产或者装配的伤残人员专门用品为主，其所取得的年度伤残人员专门用品销售收入（不含出口取得的收入）占企业收入总额 60% 以上。

③企业账证健全，能够准确、完整地向主管税务机关提供纳税资料，且本企业生产或者装配的伤残人员专门用品所取得的收入能够单独、准确核算。

④企业拥有假肢制作师、矫形器制作师资格证书的专业技术人员不得少于 1 人；其企业生产人员如超过 20 人，则其拥有假肢制作师、矫形器制作师资格证书的专业技术人员不得少于全部生产人员的 1/6。

⑤具有与业务相适应的测量取型、模型加工、接受腔成型、打磨、对线组装、功能训练等生产装配专用设备和工具。

⑥具有独立的接待室、假肢或者矫形器（辅助器具）制作室和假肢功能训练室，使用面积不少于115平方米。

16. 技术先进型服务企业减征企业所得税优惠。

（1）优惠政策。

①自2017年1月1日起，对经认定的技术先进型服务企业（服务外包类），减按15%的税率征收企业所得税。

②自2018年1月1日起，对经认定的技术先进型服务企业（服务贸易类），减按15%的税率征收企业所得税。

（2）优惠条件。

①技术先进型服务企业（服务外包类）享受上述优惠政策，必须同时符合以下条件：

a. 在中国境内（不包括港、澳、台地区）注册的法人企业。

b. 从事《技术先进型服务业务认定范围（试行）》中的一种或多种技术先进型服务业务，采用先进技术或具备较强的研发能力。

c. 具有大专以上学历的员工占企业职工总数的50%以上。

d. 从事《技术先进型服务业务认定范围（试行）》中的技术先进型服务业务取得的收入占企业当年总收入的50%以上。

e. 从事离岸服务外包业务取得的收入不低于企业当年总收入的35%。

从事离岸服务外包业务取得的收入是指企业根据境外单位与其签订的委托合同，由本企业或其直接转包的企业为境外单位提供《技术先进型服务业务认定范围（试行）》中所规定的信息技术外包服务、技术性业务流程外包服务和技术性知识流程外包服务，而从上述境外单位取得的收入。

②技术先进型服务企业（服务贸易类）享受上述优惠政策，须符合的条件按照技术先进型服务企业（服务外包类）享受优惠的条件执行。其中，企业须满足的技术先进型服务业务领域范围按照《技术先进型服务业务领域范围（服务贸易类）》执行。

（3）优惠管理。

①对技术先进型服务企业（服务外包类）实行认定管理。

②经认定的技术先进型服务企业，持相关认定文件向所在地主管税务机关

办理享受《财政部 税务总局 商务部 科技部 国家发展改革委关于将技术先进型服务企业所得税政策推广至全国实施的通知》（财税〔2017〕79号）文件规定的企业所得税优惠政策事宜。享受企业所得税优惠的技术先进型服务企业条件发生变化的，应当自发生变化之日起15日内向主管税务机关报告；不再符合享受税收优惠条件的，应当依法履行纳税义务。主管税务机关在执行税收优惠政策过程中，发现企业不具备技术先进型服务企业资格的，应提请认定机构复核。复核后确认不符合认定条件的，应取消企业享受税收优惠政策的资格。

③对变更经营范围、合并、分立、转业、迁移的企业，如不再符合认定条件，应及时取消其享受税收优惠政策的资格。

17. 设在西部地区的鼓励类产业企业减征企业所得税优惠。

（1）原优惠政策。

自2011年1月1日至2020年12月31日，对设在西部地区以《西部地区鼓励类产业目录》中规定的产业项目为主营业务，且其当年度主营业务收入占企业收入总额70%以上的企业，可减按15%税率缴纳企业所得税。

西部地区包括重庆市、四川省、贵州省、云南省、西藏自治区、陕西省、甘肃省、宁夏回族自治区、青海省、新疆维吾尔自治区、新疆生产建设兵团、内蒙古自治区和广西壮族自治区。湖南省湘西土家族苗族自治州、湖北省恩施土家族苗族自治州、吉林省延边朝鲜族自治州，可以比照西部地区的税收政策执行。自2012年1月1日至2020年12月31日，对设在赣州市的鼓励类产业的内资企业和外商投资企业减按15%的税率征收企业所得税。

凡对企业主营业务是否属于《西部地区鼓励类产业目录》中国家鼓励类产业项目难以界定的，税务机关可以要求企业提供省级（含副省级）发展改革部门或其授权部门出具的证明文件。证明文件需明确列示主营业务的具体项目及符合《西部地区鼓励类产业目录》中的对应条款项目。

企业既符合西部大开发15%优惠税率条件，又符合《企业所得税法》及其实施条例和国务院规定的各项税收优惠条件的，可以同时享受。在涉及定期减免税的减半期内，可以按照企业适用税率计算的应纳税额减半征税。

总机构设在西部大开发税收优惠地区的企业，仅就设在优惠地区的总机构和分支机构（不含优惠地区外设立的二级分支机构在优惠地区内设立的三级以下分支机构）的所得确定适用15%优惠税率。在确定该企业是否符合优惠条件时，以该企业设在优惠地区的总机构和分支机构的主营业务是否符合《西部地区鼓励类产业目录》及其主营业务收入占其收入总额的比重加以确定，不考虑该企业设在优惠地区以外分支机构的因素。该企业应纳所得税额的计算和所得税缴纳，按照汇总纳税的有关规定执行。

总机构设在西部大开发税收优惠地区外的企业，其在优惠地区内设立的分支机构（不含仅在优惠地区内设立的三级以下分支机构），仅就该分支机构所得确定适用15%优惠税率。在确定该分支机构是否符合优惠条件时，仅以该分支机构的主营业务是否符合《西部地区鼓励类产业目录》及其主营业务收入占其收入总额的比重加以确定。该企业应纳所得税额的计算和所得税缴纳，按照汇总纳税的有关规定执行。

（2）新优惠政策。

自2021年1月1日至2030年12月31日，对设在西部地区的鼓励类产业企业减按15%的税率征收企业所得税。鼓励类产业企业是指以《西部地区鼓励类产业目录》中规定的产业项目为主营业务，且其主营业务收入占企业收入总额60%以上的企业。《西部地区鼓励类产业目录》由发展改革委牵头制定。该目录在《财政部　税务总局　国家发展改革委关于延续西部大开发企业所得税政策的公告》（财政部公告2020年第23号）执行期限内修订的，自修订版实施之日起按新版本执行。原设在西部地区的鼓励类产业企业所得税优惠政策自2021年1月1日起停止执行。

西部地区包括内蒙古自治区、广西壮族自治区、重庆市、四川省、贵州省、云南省、西藏自治区、陕西省、甘肃省、青海省、宁夏回族自治区、新疆维吾尔自治区和新疆生产建设兵团。湖南省湘西土家族苗族自治州、湖北省恩施土家族苗族自治州、吉林省延边朝鲜族自治州和江西省赣州市，可以比照西部地区的企业所得税政策执行。

税务机关在后续管理中，不能准确判定企业主营业务是否属于国家鼓励类产业项目时，可提请发展改革等相关部门出具意见。对不符合税收优惠政策规定条件的，由税务机关按《税收征管法》及有关规定进行相应处理。具体办法由省级发展改革、税务部门另行制定。

18. 新疆困难地区及喀什、霍尔果斯两个特殊经济开发区新办企业减免企业所得税优惠。

（1）原优惠政策。

①自2010年1月1日至2020年12月31日，对在新疆困难地区新办的属

于《新疆困难地区重点鼓励发展产业企业所得税优惠目录》（以下简称《新疆困难地区重点鼓励产业优惠目录》）范围内的企业，自取得第一笔生产经营收入所属纳税年度起，第一年至第二年免征企业所得税，第三年至第五年减半征收企业所得税。新疆困难地区包括南疆三地州、其他国家扶贫开发重点县和边境县市。

②自 2010 年 1 月 1 日至 2020 年 12 月 31 日，对在新疆喀什、霍尔果斯两个特殊经济开发区内新办的属于《新疆困难地区重点鼓励产业优惠目录》范围内的企业，自取得第一笔生产经营收入所属纳税年度起，5 年内免征企业所得税。

属于《新疆困难地区重点鼓励产业优惠目录》范围内的企业是指以《新疆困难地区重点鼓励产业优惠目录》中规定的产业项目为主营业务，其主营业务收入占企业收入总额 70% 以上的企业。对难以界定是否属于《新疆困难地区重点鼓励产业优惠目录》范围的项目，税务机关应当要求企业提供省级以上（含省级）有关行业主管部门出具的证明文件，并结合其他相关材料进行认定。

第一笔生产经营收入是指产业项目已建成并投入运营后所取得的第一笔收入。

按照规定享受企业所得税定期减免税政策的企业，在减半期内，按照企业所得税 25% 的法定税率计算的应纳税额减半征税。

（2）新优惠政策。

①自 2021 年 1 月 1 日至 2030 年 12 月 31 日，对在新疆困难地区新办的属于《新疆困难地区重点鼓励发展产业企业所得税优惠目录》（以下简称《目录》）范围内的企业，自取得第一笔生产经营收入所属纳税年度起，第一年至第二年免征企业所得税，第三年至第五年减半征收企业所得税。享受上述企业所得税定期减免税政策的企业，在减半期内，按照企业所得税 25% 的法定税率计算的应纳税额减半征税。新疆困难地区包括南疆三地州、其他脱贫县（原国家扶贫开发重点县）和边境县市。

②自 2021 年 1 月 1 日至 2030 年 12 月 31 日，对在新疆喀什、霍尔果斯两个特殊经济开发区内新办的属于《目录》范围内的企业，自取得第一笔生产经营收入所属纳税年度起，5 年内免征企业所得税。

属于《目录》范围内的企业是指以《目录》中规定的产业项目为主营业

务，其主营业务收入占企业收入总额60%以上的企业。

第一笔生产经营收入是指产业项目已建成并投入运营后所取得的第一笔收入。

财政部、税务总局会同有关部门另行发布《目录》。

属于《新疆困难地区重点鼓励发展产业企业所得税优惠目录（试行）（2016版）》（以下简称《2016版目录》）范围内的企业，2020年12月31日前已经进入优惠期的，可按原政策规定享受至优惠期满为止，如属于《目录》与《2016版目录》相同产业项目范围，可在剩余期限内按上述政策规定享受至优惠期满为止；未进入优惠期的，不再享受原政策规定的税收优惠，如属于《目录》与《2016版目录》相同产业项目范围，可视同新办企业按上述政策规定享受相关税收优惠。

税务机关在后续管理中，不能准确判定企业主营业务是否属于《目录》中规定的产业项目时，可提请省级以上（含省级）有关行业主管部门出具意见。

③享受新疆困难地区及喀什、霍尔果斯两个特殊经济开发区企业所得税优惠政策的企业，需注册在新疆困难地区和喀什、霍尔果斯两个特殊经济开发区并实质性运营。实质性运营是指企业的实际管理机构设在当地，并对企业生产经营、人员、账务、财产等实施实质性全面管理和控制。

享受新疆困难地区及喀什、霍尔果斯两个特殊经济开发区企业所得税优惠政策的企业，涉及外商投资的，应符合现行外商投资产业政策相关规定。

19. 广东横琴、福建平潭、深圳前海等地区的鼓励类产业企业减征企业所得税优惠。

（1）原优惠政策。

①自2014年1月1日至2020年12月31日，对设在横琴新区、平潭综合实验区和前海深港现代服务业合作区的鼓励类产业企业减按15%的税率征收企业所得税。

上述鼓励类产业企业是指以所在区域《企业所得税优惠目录》中规定的产业项目为主营业务，且其主营业务收入占企业收入总额70%以上的企业。收入总额是指《企业所得税法》第六条规定的收入总额。

②企业在优惠区域内、外分别设有机构的，仅就其设在优惠区域内的机构的所得确定适用15%的企业所得税优惠税率。在确定区域内机构是否符合优惠条件时，根据设在优惠区域内机构本身的有关指标是否符合规定的条件加以确

定，不考虑设在优惠区域外机构的因素。

③企业既符合上述减按15%税率征收企业所得税优惠条件，又符合《企业所得税法》及其实施条例和国务院规定的其他各项税收优惠条件的，可以同时享受；其中符合其他税率优惠条件的，可以选择最优惠的税率执行；涉及定期减免税的减半优惠的，应按照25%法定税率计算的应纳税额减半征收企业所得税。

④税务机关对企业主营业务是否属于《企业所得税优惠目录》难以界定的，可要求企业提供省级（含副省级）政府有关行政主管部门或其授权的下一级行政主管部门出具的证明文件。

（2）新优惠政策。

①自2021年1月1日至2025年12月31日，对设在平潭综合实验区的符合条件的企业减按15%的税率征收企业所得税。

享受上述优惠政策的企业需符合的条件是指以《平潭综合实验区企业所得税优惠目录（2021版）》中规定的产业项目为主营业务，且其主营业务收入占收入总额60%以上。

对总机构设在平潭综合实验区的企业，仅就其设在实验区内符合规定条件的总机构和分支机构的所得适用15%税率；对总机构设在实验区以外的企业，仅就其设在实验区内符合规定条件的分支机构所得适用15%税率。具体征管办法按照国家税务总局有关规定执行。

税务机关对企业主营业务是否属于《平潭综合实验区企业所得税优惠目录（2021版）》难以界定的，可提请福建省人民政府有关行政主管部门或其授权的下一级行政主管部门出具意见。

②自2021年1月1日至2025年12月31日，对设在前海深港现代服务业合作区的符合条件的企业减按15%的税率征收企业所得税。

享受上述优惠政策的企业需符合的条件是指以《前海深港现代服务业合作区企业所得税优惠目录（2021版）》中规定的产业项目为主营业务，且其主营业务收入占收入总额60%以上。

对总机构设在前海深港现代服务业合作区的企业，仅就其设在合作区内符合规定条件的总机构和分支机构的所得适用15%税率；对总机构设在合作区以外的企业，仅就其设在合作区内符合规定条件的分支机构所得适用15%税率。具体征管办法按照国家税务总局有关规定执行。

税务机关对企业主营业务是否属于《前海深港现代服务业合作区企业所得税优惠目录（2021 版）》难以界定的，可提请深圳市政府有关行政主管部门或其授权的下一级行政主管部门出具意见。

③对横琴粤澳深度合作区符合条件的产业企业减按 15% 的税率征收企业所得税，对在合作区设立的旅游业、现代服务业、高新技术产业企业新增境外直接投资取得的所得免征企业所得税。

20. 北京冬奥组委、北京冬奥会测试赛赛事组委会免征企业所得税优惠。

自 2017 年 7 月 12 日起，对北京 2022 年冬奥会和冬残奥会组织委员会（以下简称北京冬奥组委）免征应缴纳的企业所得税，对北京冬奥组委取得的北京 2022 年冬残奥会收入及其发生的涉税支出、北京冬奥会测试赛赛事组委会取得的收入及发生的涉税支出比照执行北京 2022 年冬奥会的税收政策。

21. 从事污染防治的第三方企业减征企业所得税优惠。

（1）优惠政策。

自 2019 年 1 月 1 日至 2023 年 12 月 31 日，对符合条件的从事污染防治的第三方企业（以下称第三方防治企业）减按 15% 的税率征收企业所得税。

（2）优惠条件。

第三方防治企业是指受排污企业或政府委托，负责环境污染治理设施（包括自动连续监测设施，下同）运营维护的企业。第三方防治企业应当同时符合以下条件：

①在中国境内（不包括港、澳、台地区）依法注册的居民企业；

②具有 1 年以上连续从事环境污染治理设施运营实践，且能够保证设施正常运行；

③具有至少 5 名从事本领域工作且具有环保相关专业中级及以上技术职称的技术人员，或者至少 2 名从事本领域工作且具有环保相关专业高级及以上技术职称的技术人员；

④从事环境保护设施运营服务的年度营业收入占总收入的比例不低于 60%；

⑤具备检验能力，拥有自有实验室，仪器配置可满足运行服务范围内常规污染物指标的检测需求；

⑥保证其运营的环境保护设施正常运行，使污染物排放指标能够连续稳定达到国家或者地方规定的排放标准要求；

⑦具有良好的纳税信用，近3年内纳税信用等级未被评定为C级或D级。

【例3-27】下列符合优惠条件的企业可以减按15%税率征收企业所得税的有（　　）。

A. 重点软件企业　　B. 高新技术企业

C. 动漫企业　　D. 从事污染防治的第三方企业

E. 线宽小于28纳米的集成电路生产企业

【解析】国家需要重点扶持的高新技术企业，符合条件的从事污染防治的第三方企业，减按15%的税率征收企业所得税。重点软件企业、动漫企业和线宽小于28纳米的集成电路生产企业一般享受定期减免所得税优惠，其中，国家鼓励的重点软件企业，自获利年度起，第一年至第五年免征企业所得税，接续年度减按10%的税率征收企业所得税。因此，正确答案为BD。

22. 上海自由贸易试验区临港新片区的重点产业企业减征企业所得税优惠。

（1）优惠政策。

自2020年1月1日起，对上海自由贸易试验区临港新片区（以下简称新片区）内从事集成电路、人工智能、生物医药、民用航空等关键领域核心环节相关产品（技术）业务，并开展实质性生产或研发活动的符合条件的法人企业，自设立之日起5年内减按15%的税率征收企业所得税。2019年12月31日前已在新片区注册登记且从事《新片区集成电路、人工智能、生物医药、民用航空关键领域核心环节目录》（以下简称《目录》）所列业务的实质性生产或研发活动的符合条件的法人企业，可自2020年至该企业设立满5年期限内享受优惠。

（2）优惠条件。

符合条件的法人企业必须同时满足以下第①②项条件，以及第③项或第④项条件中任一子条件：

①自2020年1月1日起在新片区内注册登记（不包括从外区域迁入新片区的企业），主营业务为从事《目录》中相关领域环节实质性生产或研发活动的法人企业。实质性生产或研发活动是指企业拥有固定生产经营场所、固定工作人员，具备与生产或研发活动相匹配的软硬件支撑条件，并在此基础上开展相关业务。

②企业主要研发或销售产品中至少包含1项关键产品（技术）。关键产品（技术）是指在集成电路、人工智能、生物医药、民用航空等重点领域产业链

中起到重要作用或不可或缺的产品（技术）。

③企业投资主体条件包括：

a. 企业投资主体在国际细分市场影响力排名前列，技术实力居于业内前列。

b. 企业投资主体在国内细分市场居于领先地位，技术实力在业内领先。

④企业研发生产条件包括：

a. 企业拥有领军人才及核心团队骨干，在国内外相关领域长期从事科研生产工作。

b. 企业拥有核心关键技术，对其主要产品具备建立自主知识产权体系的能力。

c. 企业具备推进产业链核心供应商多元化，牵引国内产业升级能力。

d. 企业具备高端供给能力，核心技术指标达到国际前列或国内领先。

e. 企业研发成果（技术或产品）已被国际国内一线终端设备制造商采用或已经开展紧密实质性合作（包括资本、科研、项目等领域）。

f. 企业获得国家或省级政府科技或产业化专项资金、政府性投资基金或取得知名投融资机构投资。

23. 海南自由贸易港鼓励类企业减征企业所得税优惠。

自 2020 年 1 月 1 日至 2024 年 12 月 31 日，对注册在海南自由贸易港并实质性运营的鼓励类产业企业，减按 15% 的税率征收企业所得税。

鼓励类产业企业是指以海南自由贸易港鼓励类产业目录中规定的产业项目为主营业务，且其主营业务收入占企业收入总额 60% 以上的企业。实质性运营是指企业的实际管理机构设在海南自由贸易港，并对企业生产经营、人员、账务、财产等实施实质性全面管理和控制。对不符合实质性运营的企业，不得享受优惠。

海南自由贸易港鼓励类产业目录包括《产业结构调整指导目录（2019 年本）》《鼓励外商投资产业目录（2019 年版）》和海南自由贸易港新增鼓励类产业目录。上述目录在《财政部　税务总局关于海南自由贸易港企业所得税优惠政策的通知》（财税〔2020〕31 号）执行期限内修订的，自修订版实施之日起按新版本执行。

对总机构设在海南自由贸易港的符合条件的企业，仅就其设在海南自由贸易港的总机构和分支机构的所得，适用 15% 税率；对总机构设在海南自由贸易港以外的企业，仅就其设在海南自由贸易港内的符合条件的分支机构的所得，适用15%税率。具体征管办法按照国家税务总局有关规定执行。

24. 支持和促进重点群体创业就业企业减征企业所得税优惠。

（1）优惠政策。

自2019年1月1日至2025年12月31日，企业招用建档立卡贫困人口，以及在人力资源社会保障部门公共就业服务机构登记失业半年以上且持《就业创业证》或《就业失业登记证》（注明“企业吸纳税收政策”）的人员，与其签订1年以上期限劳动合同并依法缴纳社会保险费的，自签订劳动合同并缴纳社会保险当月起，在3年内按实际招用人数予以定额依次扣减增值税、城市维护建设税、教育费附加、地方教育附加和企业所得税优惠。纳税人在优惠期限届满时享受上述税收优惠政策未满3年的，可继续享受至3年期满为止。

企业是指属于增值税纳税人或企业所得税纳税人的企业等单位。

定额标准为每人每年6000元，最高可上浮30%，各省、自治区、直辖市人民政府可根据本地区实际情况在此幅度内确定具体定额标准。按上述标准计算的税收扣减额应在企业当年实际应缴纳的增值税、城市维护建设税、教育费附加、地方教育附加和企业所得税税额中扣减，当年扣减不完的，不得结转下年使用。

（2）优惠管理。

①享受招用重点群体就业税收优惠政策的企业，持下列材料向县以上人力资源社会保障部门递交申请：

a. 招用人员持有的《就业创业证》（建档立卡贫困人口不需提供）。

b. 企业与招用重点群体签订的劳动合同（副本），企业依法为重点群体缴纳的社会保险记录。通过内部信息共享、数据比对等方式审核的地方，可不再要求企业提供缴纳社会保险记录。

企业招用人员发生变化的，应向人力资源社会保障部门办理变更申请。

②人力资源社会保障部门审核。核实后，对持有《就业创业证》的重点群体，在其《就业创业证》上注明“企业吸纳税收政策”；对符合条件的企业核发《企业吸纳重点群体就业认定证明》。

③税款减免顺序及额度。纳税人按本单位招用重点群体的人数及其实际工作月数核算本单位减免税总额，在减免税总额内每月依次扣减增值税、城市维护建设税、教育费附加和地方教育附加。纳税年度终了，如果纳税人实际减免

的增值税、城市维护建设税、教育费附加和地方教育附加小于核算的减免税总额，纳税人在企业所得税汇算清缴时，以差额部分扣减企业所得税。当年扣减不完的，不再结转以后年度扣减。

享受优惠政策当年，重点群体人员工作不满 1 年的，应当以实际月数换算其减免税总额。计算公式为：

$$减免税总额 = \sum 每名重点群体人员本年度在本企业工作月数 \div 12 \times 具体定额标准$$

第 2 年及以后年度当年新招用人员、原招用人员及其工作时间按上述程序和办法执行。计算每名重点群体人员享受税收优惠政策的期限最长不超过 36 个月。

④企业招用就业人员既可以适用上述税收优惠政策，又可以适用其他扶持就业专项税收优惠政策的，企业可以选择适用最优惠的政策，但不得重复享受。

25. 扶持自主就业退役士兵创业就业企业减征企业所得税优惠。

（1）优惠政策。

自 2019 年 1 月 1 日至 2023 年 12 月 31 日，企业招用自主就业退役士兵，与其签订 1 年以上期限劳动合同并依法缴纳社会保险费的，自签订劳动合同并缴纳社会保险当月起，在 3 年内按实际招用人数予以定额依次扣减增值税、城市维护建设税、教育费附加、地方教育附加和企业所得税优惠。纳税人在 2021 年 12 月 31 日享受《财政部　税务总局　退役军人部关于进一步扶持自主就业退役士兵创业就业有关税收政策的通知》（财税〔2019〕21 号）文件规定税收优惠政策未满 3 年的，可继续享受至 3 年期满为止。

企业是指属于增值税纳税人或企业所得税纳税人的企业等单位。自主就业退役士兵是指依照《退役士兵安置条例》（国务院　中央军委令第 608 号）的规定退出现役并按自主就业方式安置的退役士兵。

定额标准为每人每年 6000 元，最高可上浮 50%，各省、自治区、直辖市人民政府可根据本地区实际情况在此幅度内确定具体定额标准。

（2）优惠管理。

①税款减免顺序及额度。企业按招用人数和签订的劳动合同时间核算企业减免税总额，在核算减免税总额内每月依次扣减增值税、城市维护建设税、教育费附加和地方教育附加。纳税年度终了，如果企业实际减免的增值税、城市

维护建设税、教育费附加和地方教育附加小于核算减免税总额，企业在企业所得税汇算清缴时以差额部分扣减企业所得税。当年扣减不完的，不再结转以后年度扣减。

自主就业退役士兵在企业工作不满1年的，应当按月换算减免税限额。计算公式为：

$$企业核算减免税总额=\sum 每名自主就业退役士兵本年度在本单位工作月份\div 12\times 具体定额标准$$

②企业招用自主就业退役士兵既可以适用上述税收优惠政策，又可以适用其他扶持就业专项税收优惠政策的，企业可以选择适用最优惠的政策，但不得重复享受。

26. 符合条件的公司型创投企业按照企业年末个人股东持股比例减免企业所得税优惠。

（1）优惠政策。

自2020年1月1日起，对北京市中关村国家自主创新示范区（以下简称示范区）内公司型创业投资企业，自2021年1月1日起，对上海市浦东新区特定区域［指中国（上海）自由贸易试验区、中国（上海）自由贸易试验区临港新片区浦东部分和张江科学城，以下简称特定区域］内公司型创业投资企业，转让持有3年以上股权的所得占年度股权转让所得总额的比例超过50%的，按照年末个人股东持股比例减半征收当年企业所得税；转让持有5年以上股权的所得占年度股权转让所得总额的比例超过50%的，按照年末个人股东持股比例免征当年企业所得税。

示范区内公司型创业投资企业2020年1月1日前发生的股权投资，特定区域内公司型创业投资企业2021年1月1日前发生的股权投资，在执行期内转让股权取得的所得符合规定的，适用上述税收政策。

上述两种情形下，应分别适用以下公式计算当年企业所得税免征额：

①转让持有3年以上股份的所得占年度股权转让所得总额的比例超过50%的：

$$企业所得税免征额=年末个人股东持股比例\times 本年度企业所得税应纳税额\div 2$$

②转让持有5年以上股权的所得占年度股权转让所得总额的比例超过50%的：

企业所得税免征额 = 年末个人股东持股比例 × 本年度企业所得税应纳税额

（2）优惠条件。

《财政部　税务总局　发展改革委　证监会关于上海市浦东新区特定区域公司型创业投资企业有关企业所得税试点政策的通知》（财税〔2021〕53 号）文件规定的公司型创业投资企业，应同时符合以下条件：

①在示范区或特定区域内注册成立，实行查账征收的居民企业。

②符合《创业投资企业管理暂行办法》或者《私募投资基金监督管理暂行办法》要求，并按照规定完成备案且规范运作。

（八）抵免所得税优惠

1. 优惠政策。

企业购置并实际使用《环境保护专用设备企业所得税优惠目录》《节能节水专用设备企业所得税优惠目录》和《安全生产专用设备企业所得税优惠目录》（以下分别简称《环境保护专用设备优惠目录》《节能节水专用设备优惠目录》和《安全生产专用设备优惠目录》，合并简称《专用设备优惠目录》）规定的环境保护、节能节水、安全生产等专用设备，可以按专用设备投资额的 10% 抵免当年企业所得税应纳税额；企业当年应纳税额不足抵免的，可以向以后年度结转，但结转期不得超过 5 个纳税年度。

2. 相关概念。

当年应纳税额是指企业当年的应纳税所得额乘以适用税率，扣除依照《企业所得税法》和国务院有关税收优惠规定及税收过渡优惠规定减征、免征税额后的余额。

专用设备投资额是指购买专用设备发票价税合计价格，但不包括按有关规定退还的增值税税款及设备运输、安装和调试等费用。纳税人购进并实际使用《专用设备优惠目录》范围内的专用设备并取得增值税专用发票的，如增值税进项税额允许抵扣，其专用设备投资额不再包括增值税进项税额；如增值税进项税额不允许抵扣，其专用设备投资额应为增值税专用发票上注明的价税合计金额。企业购买专用设备取得普通发票的，其专用设备投资额为普通发票上注明的金额。

3. 优惠管理。

企业利用自筹资金和银行贷款购置专用设备的投资额，可以按《企业所得税法》的规定抵免企业应纳所得税额；企业利用财政拨款购置专用设备的投资额，不得抵免企业应纳所得税额。

承租方企业以融资租赁方式租入的、并在融资租赁合同中约定租赁期届满时租赁设备所有权转移给承租方企业，且符合规定条件的专用设备，享受抵免企业所得税优惠。凡融资租赁期届满后租赁设备所有权未转移至承租方企业的，承租方企业应停止享受抵免企业所得税优惠，并补缴已经抵免的企业所得税税款。

企业购置并实际投入使用、已开始享受税收优惠的专用设备，如从购置之日起5个纳税年度内转让、出租的，应在该专用设备停止使用当月停止享受企业所得税优惠，并补缴已经抵免的企业所得税税款。转让的受让方可以按照该专用设备投资额的10%抵免当年企业所得税应纳税额；当年应纳税额不足抵免的，可以在以后5个纳税年度结转抵免。

【例3-28】 A企业（一般纳税人）2020年9月购入符合规定的安全生产专用设备，不含税购买价款、运输费、安装费分别为100万元、5万元、3万元，均取得销售方（一般纳税人）开具的符合抵扣条件的增值税专用发票。则A企业享受税额抵免优惠的专用设备投资额应为（　　）万元。

A. 100　　B. 108　　C. 113　　D. 121.72

【解析】 依据《财政部　国家税务总局关于执行环境保护专用设备企业所得税优惠目录、节能节水专用设备企业所得税优惠目录和安全生产专用设备企业所得税优惠目录有关问题的通知》（财税〔2008〕48号）第二条和《国家税务总局关于环境保护、节能节水、安全生产等专用设备投资抵免企业所得税有关问题的通知》（国税函〔2010〕256号）的有关规定，专用设备投资额是指购买专用设备发票价税合计价格，但不包括按有关规定退还的增值税税款以及设备运输、安装和调试等费用。纳税人购进并实际使用《专用设备优惠目录》范围内的专用设备并取得增值税专用发票的，如增值税进项税额允许抵扣，其专用设备投资额不再包括增值税进项税额；如增值税进项税额不允许抵扣，其专用设备投资额应为增值税专用发票上注明的价税合计金额。企业购买专用设备取得普通发票的，其专用设备投资额为普通发票上注明的金额。因此，正确答案为A。

（九）非居民企业税收优惠。

（1）非居民企业在中国境内未设立机构、场所取得来源于中国境内的所得，或者虽设立机构、场所但取得与其所设机构、场所没有实际联系的来源于中国境内的所得，减按 10% 的税率征收企业所得税。

（2）下列所得可以免征企业所得税：外国政府向中国政府提供贷款取得的利息所得；国际金融组织向中国政府和居民企业提供优惠贷款取得的利息所得；经国务院批准的其他所得。

（3）2008 年 1 月 1 日之前外商投资企业形成的累积未分配利润，在 2008 年 1 月 1 日以后分配给外国投资者的，免征企业所得税。

（4）自 2014 年 11 月 17 日起，对合格境外机构投资者（QFII）、人民币合格境外机构投资者（RQFII）取得来源于中国境内的股票等权益性投资资产转让所得，暂免征收企业所得税。

（5）自 2014 年 11 月 17 日起，对香港市场投资者（包括企业和个人）投资上交所上市 A 股取得的转让差价所得，暂免征收所得税。

（6）自 2015 年 12 月 18 日起，对香港市场投资者（包括企业和个人）通过基金互认买卖内地基金份额取得的转让差价所得，暂免征收所得税。对香港市场投资者（包括企业和个人）通过基金互认从内地基金分配取得的收益，由内地上市公司向该内地基金分配股息红利时，对香港市场投资者按照 10% 的税率代扣所得税；或发行债券的企业向该内地基金分配利息时，对香港市场投资者按照 7% 的税率代扣所得税，并由内地上市公司或发行债券的企业向其主管税务机关办理扣缴申报。该内地基金向投资者分配收益时，不再扣缴所得税。

（7）自 2016 年 12 月 5 日起，对香港市场投资者（包括企业和个人）投资深交所上市 A 股取得的转让差价所得，暂免征收所得税。

（8）对境外投资者在 2017 年 1 月 1 日（含当日）以后从中国境内居民企业取得的股息、红利等权益性投资收益，直接投资于鼓励类投资项目，凡符合规定条件的，实行递延纳税政策，暂不征收预提所得税。

七、企业所得税申报

（一）预缴申报

1. 预缴申报期限。

企业所得税分月或者分季预缴。企业应当自月份或者季度终了之日起 15 日内，向税务机关报送预缴企业所得税纳税申报表，预缴税款。

小型微利企业所得税统一实行按季度预缴。

2. 预缴申报表。

（1）实行查账征收的居民企业所得税预缴申报表。

实行查账征收企业所得税的居民企业月度、季度预缴申报时填报《中华人民共和国企业所得税月（季）度预缴纳税申报表（A类）》。主表样式见表3－1，其中省略了表头、声明、表尾的相关内容。

表3－1

A200000　　中华人民共和国企业所得税月（季）度预缴纳税申报表（A类）

<table>
<tr><td colspan="11">优惠及附报事项有关信息</td></tr>
<tr><td colspan="2" rowspan="2">项目</td><td colspan="2">一季度</td><td colspan="2">二季度</td><td colspan="2">三季度</td><td colspan="2">四季度</td><td rowspan="2">季度平均值</td></tr>
<tr><td>季初</td><td>季末</td><td>季初</td><td>季末</td><td>季初</td><td>季末</td><td>季初</td><td>季末</td></tr>
<tr><td colspan="2">从业人数</td><td></td><td></td><td></td><td></td><td></td><td></td><td></td><td></td><td></td></tr>
<tr><td colspan="2">资产总额（万元）</td><td></td><td></td><td></td><td></td><td></td><td></td><td></td><td></td><td></td></tr>
<tr><td colspan="2">国家限制或禁止行业</td><td colspan="4">□是　□否</td><td colspan="4">小型微利企业</td><td>□是　□否</td></tr>
<tr><td colspan="2"></td><td colspan="8">附报事项名称</td><td>金额或选项</td></tr>
<tr><td colspan="2">事项1</td><td colspan="8">（填写特定事项名称）</td><td></td></tr>
<tr><td colspan="2">事项2</td><td colspan="8">（填写特定事项名称）</td><td></td></tr>
<tr><td></td><td colspan="9">预缴税款计算</td><td>本年累计</td></tr>
<tr><td>1</td><td colspan="9">营业收入</td><td></td></tr>
<tr><td>2</td><td colspan="9">营业成本</td><td></td></tr>
<tr><td>3</td><td colspan="9">利润总额</td><td></td></tr>
<tr><td>4</td><td colspan="9">加：特定业务计算的应纳税所得额</td><td></td></tr>
<tr><td>5</td><td colspan="9">减：不征税收入</td><td></td></tr>
<tr><td>6</td><td colspan="9">减：资产加速折旧、摊销（扣除）调减额（填写A201020）</td><td></td></tr>
<tr><td>7</td><td colspan="9">减：免税收入、减计收入、加计扣除（7.1＋7.2＋…）</td><td></td></tr>
<tr><td>7.1</td><td colspan="9">　　（填写优惠事项名称）</td><td></td></tr>
<tr><td>7.2</td><td colspan="9">　　（填写优惠事项名称）</td><td></td></tr>
<tr><td>8</td><td colspan="9">减：所得减免（8.1＋8.2＋…）</td><td></td></tr>
<tr><td>8.1</td><td colspan="9">　　（填写优惠事项名称）</td><td></td></tr>
<tr><td>8.2</td><td colspan="9">　　（填写优惠事项名称）</td><td></td></tr>
<tr><td>9</td><td colspan="9">减：弥补以前年度亏损</td><td></td></tr>
<tr><td>10</td><td colspan="9">实际利润额（3＋4－5－6－7－8）\ 按照上一纳税年度应纳税所得额平均额确定的应纳税所得额</td><td></td></tr>
<tr><td>11</td><td colspan="9">税率（25%）</td><td></td></tr>
<tr><td>12</td><td colspan="9">应纳所得税额（10×11）</td><td></td></tr>
</table>

续表

	预缴税款计算		本年累计
13	减：减免所得税额（13.1+13.2+…）		
13.1	（填写优惠事项名称）		
13.2	（填写优惠事项名称）		
14	减：本年实际已缴纳所得税额		
15	减：特定业务预缴（征）所得税额		
16	本期应补（退）所得税额（12－13－14－15）\ 税务机关确定的本期应纳所得税额		
汇总纳税企业总分机构税款计算			
17	总机构填报	总机构本期分摊应补（退）所得税额（18+19+20）	
18		其中：总机构分摊应补（退）所得税额（16×总机构分摊比例____%）	
19		财政集中分配应补（退）所得税额（16×财政集中分配比例____%）	
20		总机构具有主体生产经营职能的部门分摊所得税额（16×全部分支机构分摊比例____%×总机构具有主体生产经营职能部门分摊比例____%）	
21	分支机构填报	分支机构本期分摊比例	
22		分支机构本期分摊应补（退）所得税额	
实际缴纳企业所得税计算			
23	减：民族自治地区企业所得税地方分享部分：□免征　□减征：减征幅度____%）	本年累计应减免金额［(12－13－15)×40%×减征幅度］	
24	实际应补（退）所得税额		

（2）实行核定征收的居民企业所得税预缴申报表。

实行核定征收企业所得税的居民企业月度、季度预缴申报时填报《中华人民共和国企业所得税月（季）度预缴和年度纳税申报表（B类）》。主表样式见表3－2，其中省略了表头、声明、表尾的相关内容。

表3－2

B100000　　中华人民共和国企业所得税月（季）度预缴和年度纳税申报表

（B类，2018年版）

核定征收方式	□核定应税所得率（能核算收入总额的）　□核定应税所得率（能核算成本费用总额的）　□核定应纳所得税额								
按季度填报信息									
项目	一季度		二季度		三季度		四季度		季度平均值
	季初	季末	季初	季末	季初	季末	季初	季末	
从业人数									
资产总额（万元）									
国家限制或禁止行业	□是　□否				小型微利企业	□是　□否			

续表

<table>
<tr><td colspan="4">按年度填报信息</td></tr>
<tr><td>从业人数（填写平均值）</td><td></td><td>资产总额（填写平均值，单位：万元）</td><td></td></tr>
<tr><td>国家限制或禁止行业</td><td>□是　□否</td><td>小型微利企业</td><td>□是　□否</td></tr>
</table>

行次	项目	本年累计金额
1	收入总额	
2	减：不征税收入	
3	减：免税收入（4+5+10+11）	
4	国债利息收入免征企业所得税	
5	符合条件的居民企业之间的股息、红利等权益性投资收益免征企业所得税（6+7.1+7.2+8+9）	
6	其中：一般股息红利等权益性投资收益免征企业所得税	
7.1	通过沪港通投资且连续持有H股满12个月取得的股息红利所得免征企业所得税	
7.2	通过深港通投资且连续持有H股满12个月取得的股息红利所得免征企业所得税	
8	居民企业持有创新企业CDR取得的股息红利所得免征企业所得税	
9	符合条件的居民企业之间属于股息、红利性质的永续债利息收入免征企业所得税	
10	投资者从证券投资基金分配中取得的收入免征企业所得税	
11	取得的地方政府债券利息收入免征企业所得税	
12	应税收入额（1－2－3）\ 成本费用总额	
13	税务机关核定的应税所得率（%）	
14	应纳税所得额（第12×13行）\[第12行÷(1－第13行)×第13行]	
15	税率（25%）	
16	应纳所得税额（14×15）	
17	减：符合条件的小型微利企业减免企业所得税	
18	减：实际已缴纳所得税额	
L19	减：符合条件的小型微利企业延缓缴纳所得税额（是否延缓缴纳所得税　□是　□否）	
19	本期应补（退）所得税额（16－17－18－L19）\ 税务机关核定本期应纳所得税额	
20	民族自治地方的自治机关对本民族自治地方的企业应缴纳的企业所得税中属于地方分享的部分减征或免征（□免征　□减征：减征幅度____%）	
21	本期实际应补（退）所得税额	

（3）非居民企业机构、场所所得税预缴申报表。

非居民企业机构、场所办理季度预缴企业所得税申报，无论实行据实申报还是核定征收，均应填报《中华人民共和国非居民企业所得税预缴申报表》。主表样式见表3－3，其中省略了表头、声明、表尾的相关内容。

表3－3

F100　　中华人民共和国非居民企业所得税预缴申报表（2019年版）

境外成立地代码		在境外成立地法定名称		境外成立地纳税人识别号	
预缴方式	□按照实际利润额预缴　□按照上一纳税年度应纳税所得额平均额预缴 □按照税务机关确定的其他方法预缴			
企业类型	□单独纳税机构、场所　□汇总纳税主要机构、场所　□汇总纳税其他机构、场所			
计税方式	□据实计算　□核定征收			

预缴税款计算			
行次	项目	据实计算本年累计金额	核定征收本年累计金额
1	利润总额		
2	加：特定业务计算的应纳税所得额		
3	减：不征税收入		
4	减：免税、减计收入、加计扣除及所得减免优惠金额		
5	其中：项目①________（减免性质代码）		
6	项目②________（减免性质代码）		
7	项目③________（减免性质代码）		
8	减：固定资产加速折旧（扣除）调减额		
9	其中：项目________（减免性质代码）		
10	减：弥补以前年度亏损		
11	实际利润额/按上一纳税年度应纳税所得额平均额确定的应纳税所得额		
12	税率（25%）		
13	应纳所得税额（11×12）		
14	减：减免所得税额		
15	其中：项目①________（减免性质代码）		
16	项目②________（减免性质代码）		
17	项目③________（减免性质代码）		
18	减：享受协定待遇减免税额		

续表

预缴税款计算				
行次	项目		据实计算 本年累计金额	核定征收 本年累计金额
19	减：本年实际已预缴所得税额			
20	减：特定业务预缴（征）所得税额			
21	本期应补（退）所得税额/税务机关确定的本期应纳所得税额			
汇总纳税税款分配				
22	主要机构、场所填报	主要机构、场所应补（退）所得税额（23＋24＋25）		
23		其中：主要机构、场所直接分摊所得税额		
24		主要机构、场所财政集中分配所得税额		
25		主要机构、场所从事主体生产经营业务分摊所得税额		
26	其他机构、场所填报	分配比例		
27		应补（退）所得税额		

（二）汇算清缴申报

1. 汇算清缴期限。

企业应当自年度终了之日起5个月内，向税务机关报送年度企业所得税纳税申报表，并汇算清缴，结清应缴应退税款。企业在年度中间终止经营活动的，应当自实际经营终止之日起60日内，向税务机关办理当期企业所得税汇算清缴。

2. 汇算清缴年度纳税申报表。

（1）实行查账征收的居民企业所得税汇算清缴年度纳税申报表。

实行查账征收企业所得税的居民企业汇算清缴年度纳税申报时填报《中华人民共和国企业所得税年度纳税申报表（A类）》。该表包括基础信息表、主表和若干附表，主表样式见表3－4。

表3－4

A100000　　中华人民共和国企业所得税年度纳税申报表（A类）

行次	类别	项目	金额
1	利润总额计算	一、营业收入（填写A101010\101020\103000）	
2		减：营业成本（填写A102010\102020\103000）	

续表

行次	类别	项目	金额
3	利润总额计算	减：税金及附加	
4		减：销售费用（填写 A104000）	
5		减：管理费用（填写 A104000）	
6		减：财务费用（填写 A104000）	
7		减：资产减值损失	
8		加：公允价值变动收益	
9		加：投资收益	
10		二、营业利润（1－2－3－4－5－6－7＋8＋9）	
11		加：营业外收入（填写 A101010＼101020＼103000）	
12		减：营业外支出（填写 A102010＼102020＼103000）	
13		三、利润总额（10＋11－12）	
14	应纳税所得额计算	减：境外所得（填写 A108010）	
15		加：纳税调整增加额（填写 A105000）	
16		减：纳税调整减少额（填写 A105000）	
17		减：免税、减计收入及加计扣除（填写 A107010）	
18		加：境外应税所得抵减境内亏损（填写 A108000）	
19		四、纳税调整后所得（13－14＋15－16－17＋18）	
20		减：所得减免（填写 A107020）	
21		减：弥补以前年度亏损（填写 A106000）	
22		减：抵扣应纳税所得额（填写 A107030）	
23		五、应纳税所得额（19－20－21－22）	
24	应纳税额计算	税率（25%）	
25		六、应纳所得税额（23×24）	
26		减：减免所得税额（填写 A107040）	
27		减：抵免所得税额（填写 A107050）	
28		七、应纳税额（25－26－27）	
29		加：境外所得应纳所得税额（填写 A108000）	
30		减：境外所得抵免所得税额（填写 A108000）	
31		八、实际应纳所得税额（28＋29－30）	
32		减：本年累计实际已缴纳的所得税额	
33		九、本年应补（退）所得税额（31－32）	
34		其中：总机构分摊本年应补（退）所得税额（填写 A109000）	
35		财政集中分配本年应补（退）所得税额（填写 A109000）	
36		总机构主体生产经营部门分摊本年应补（退）所得税额（填写 A109000）	

续表

行次	类别	项目	金额
37	实际应纳税额计算	减：民族自治地区企业所得税地方分享部分：（□免征 □减征：减征幅度____%）	
38		十、本年实际应补（退）所得税额（33-37）	

（2）实行核定征收的居民企业所得税汇算清缴年度纳税申报表。

实行核定征收企业所得税的居民企业汇算清缴年度纳税申报时填报的申报表与预缴申报表一样，即《中华人民共和国企业所得税月（季）度预缴和年度纳税申报表（B类）》。

（3）非居民企业机构、场所所得税预缴申报表。

非居民企业机构、场所办理年终汇算清缴所得税申报，无论实行据实申报还是核定征收，均应填报《中华人民共和国非居民企业所得税年度纳税申报表》。主表样式见表3-5，其中省略了表头、声明、表尾的相关内容。

表3-5

F200　　中华人民共和国非居民企业所得税年度纳税申报表

（2019年版）

境外成立地代码		在境外成立地法定名称		境外成立地纳税人识别号	
企业类型	□单独纳税机构、场所　□汇总纳税主要机构、场所　□汇总纳税其他机构、场所				
计税方式	□据实计算　□核定征收				
年度税款计算					

行次	项目	据实计算申报金额	核定征收申报金额
1	一、利润总额		
2	减：境外所得		
3	加：纳税调整增加额（填报F210）		
4	减：纳税调整减少额（填报F210）		
5	减：免税、减计收入及加计扣除		
6	其中：项目①________（减免性质代码）		
7	项目②________（减免性质代码）		
8	项目③________（减免性质代码）		
9	项目④________（减免性质代码）		

续表

年度税款计算			
行次	项目	据实计算申报金额	核定征收申报金额
10	项目⑤________（减免性质代码）		
11	加：境外应税所得抵减境内亏损		
12	二、纳税调整后所得（1－2＋3－4－5＋11）		
13	减：所得减免		
14	其中：项目①________（减免性质代码）		
15	项目②________（减免性质代码）		
16	减：弥补以前年度亏损（填报F220）		
17	减：抵扣应纳税所得额		
18	其中：项目________（减免性质代码）		
19	三、应纳税所得额（12－13－16－17）		
20	税率（25%）		
21	四、应纳所得税额（19×20）		
22	减：减免所得税额		
23	其中：项目①________（减免性质代码）		
24	项目②________（减免性质代码）		
25	减：抵免所得税额		
26	其中：项目①________（减免性质代码）		
27	项目②________（减免性质代码）		
28	五、应纳税额（21－22－25）		
29	加：境外所得应纳所得税额		
30	减：境外所得抵免所得税额		
31	减：享受协定待遇减免税额		
32	六、实际应纳所得税额（28＋29－30－31）		
33	减：本年累计实际已缴纳的所得税额		
34	七、本年应补（退）所得税额（32－33）		

汇总纳税税款分配			
35	主要机构、场所填报	本机构、场所本年应分摊所得税额（36＋37＋38）	
36		其中：主要机构、场所直接分摊所得税额	
37		主要机构、场所财政集中分配所得税额	
38		主要机构、场所从事主体生产经营业务分摊所得税额	
39		减：本机构、场所本年累计实际已缴纳的所得税额	
40		本机构、场所本年应补（退）所得税额（35－39）	
41	其他机构、场所填报	本机构、场所本年应分摊所得税额	
42		减：本机构、场所本年累计实际已缴纳的所得税额	
43		本机构、场所本年应补（退）所得税额（41－42）	

（三）企业清算申报

1. 清算申报期限。

企业应当自清算结束之日起15日内，向主管税务机关报送企业清算所得税纳税申报表，结清税款。

2. 清算申报表。

主表样式见表3－6，其中省略了表头、表尾的相关内容。

表3－6　中华人民共和国企业清算所得税申报表

类别	行次	项目	金额
应纳税所得额计算	1	资产处置损益（填附表一）	
	2	负债清偿损益（填附表二）	
	3	清算费用	
	4	清算税金及附加	
	5	其他所得或支出	
	6	清算所得（1＋2－3－4＋5）	
	7	免税收入	
	8	不征税收入	
	9	其他免税所得	
	10	弥补以前年度亏损	
	11	应纳税所得额（6－7－8－9－10）	
应纳所得税额计算	12	税率（25%）	
	13	应纳所得税额（11×12）	
应补（退）所得税额计算	14	减（免）企业所得税额	
	15	境外应补所得税额	
	16	境内外实际应纳所得税额（13－14＋15）	
	17	以前纳税年度应补（退）所得税额	
	18	实际应补（退）所得税额（16＋17）	

（四）源泉扣缴申报

1. 扣缴申报期限。

扣缴义务人每次代扣的税款，应当自代扣之日起7日内缴入国库，并向所在地的税务机关报送扣缴企业所得税报告表。

2. 扣缴报告表。

扣缴义务人在申报和解缴应扣税款时，应填报《中华人民共和国扣缴企业所得税报告表》。表的样式见表3－7，其中省略了表头、声明、表尾的相关内容。

表 3－7

F500　　　　**中华人民共和国扣缴企业所得税报告表**

（2019 年版）

扣缴义务人基本信息					
纳税人识别号（统一社会信用代码）：□□□□□□□□□□□□□□□□□□					
名称	中文：		外文：		
地址	中文：		外文：		
联系人		联系方式		邮政编码	

纳税人基本信息					
纳税人识别号（统一社会信用代码）：□□□□□□□□□□□□□□□□□□					
境外成立地代码			境外成立地纳税人识别号		
境内名称	中文：		外文：		
在境外成立地法定名称	中文：		外文：		
在境外成立地地址	中文：		外文：		
申报所得类型及代码					
联系人		联系方式		邮政编码	

法定源泉扣缴和自行申报情况							
合同名称				合同编号			
合同执行起始时间		合同执行终止时间		合同总金额		币种	
扣缴义务发生时间：○支付，支付日期：　年　月　日　○到期应支付							

行次	项目			依法申报数据
1	本次申报收入	人民币金额		
2		外币	名称	
3			金额	
4			汇率	
5			折算人民币金额　5＝3×4	
6		收入合计　6＝1＋5		
7	应纳税所得额的计算	扣除额		
8		应纳税所得额　8＝6－7		
9	应纳企业所得税额的计算	适用税率（10%）		
10		应缴纳的企业所得税额　10＝8×9		
11		减免企业所得税额　11＝12＋13		
12		其中：享受协定待遇	项目________（减免性质代码）	
13		享受国内税收优惠	项目________（减免性质代码）	
14		实际应缴纳的企业所得税额　14＝10－11		

主管税务机关指定扣缴情况		
指定扣缴文书编号		税款计算方法：○按核定利润率计算，核定利润率水平：____%○其他
扣缴义务发生时间：○支付　支付日期：　年　月　日　支付金额（人民币）：　元　○其他		
本次扣缴税款金额（人民币）		

八、企业所得税管理

（一）纳税地点

1. 居民企业所得税纳税地点。

除税收法律、行政法规另有规定外，居民企业以企业登记注册地为纳税地点；但登记注册地在境外的，以实际管理机构所在地为纳税地点。

企业登记注册地是指企业依照国家有关规定登记注册的住所地。

居民企业在中国境内设立不具有法人资格的营业机构的，应当汇总计算并缴纳企业所得税。

2. 非居民企业所得税纳税地点。

非居民企业在中国境内设立机构、场所取得来源于中国境内的所得，以及发生在中国境外但与其所设机构、场所有实际联系的所得，以机构、场所所在地为纳税地点。非居民企业在中国境内设立两个或者两个以上机构、场所，符合国务院税务主管部门规定条件的，可以选择由其主要机构、场所汇总缴纳企业所得税。

非居民企业在中国境内未设立机构、场所取得来源于中国境内的所得，或者虽设立机构、场所但取得与其所设机构、场所没有实际联系的来源于中国境内的所得，以扣缴义务人所在地为纳税地点。

（二）纳税年度

1. 公历年度。

公历年度即纳税年度，自公历 1 月 1 日至 12 月 31 日。正常持续经营的企业，纳税年度即为公历年度。

2. 实际经营期。

企业在一个纳税年度中间开业，或者终止经营活动，使该纳税年度的实际经营期不足 12 个月的，应当以其实际经营期为一个纳税年度。

3. 清算期间。

企业依法清算时，应当以清算期间作为一个纳税年度。

（三）外币折算

企业依照《企业所得法》缴纳的企业所得税，以人民币计算。所得以人民币以外的货币计算的，应当折合成人民币计算并缴纳税款。

企业所得以人民币以外的货币计算的，预缴企业所得税时，应当按照月度或者季度最后一日的人民币汇率中间价，折合成人民币计算应纳税所得额。年度终了汇算清缴时，对已经按照月度或者季度预缴税款的，不再重新折合计算，只就该纳税年度内未缴纳企业所得税的部分，按照纳税年度最后一日的人民币汇率中间价，折合成人民币计算应纳税所得额。经税务机关检查确认，企业少计或者多计上述规定的所得的，应当按照检查确认补税或者退税时的上一个月最后一日的人民币汇率中间价，将少计或者多计的所得折合成人民币计算应纳税所得额，再计算应补缴或者应退的税款。

（四）汇总纳税

居民企业在中国境内设立不具有法人资格的营业机构的，应当汇总计算并缴纳企业所得税。企业汇总计算并缴纳企业所得税时，应当统一核算应纳税所得额。

居民企业在中国境内跨地区（指跨省、自治区、直辖市和计划单列市，下同）设立不具有法人资格分支机构的，该居民企业为跨地区经营汇总纳税企业（以下简称汇总纳税企业）。除另有规定外，对汇总纳税企业实行“统一计算、分级管理、就地预缴、汇总清算、财政调库”的企业所得税征收管理办法。

1. 统一计算。

统一计算是指居民企业应统一计算包括各个不具有法人资格营业机构在内的企业全部应纳税所得额、应纳税额。总机构和分支机构适用税率不一致的，应分别按适用税率计算应纳所得税额。

（1）汇总清算方法。

汇总清算是指在年度终了后，总机构统一计算汇总纳税企业的年度应纳税所得额、应纳所得税额，抵减总机构、分支机构当年已就地分期预缴的企业所得税款后，多退少补。汇总清算的方法有：

①一般汇总清算方法。汇总纳税企业应当自年度终了之日起5个月内，由总机构汇总计算企业年度应纳所得税额，扣除总机构和各分支机构已预缴的税款，计算出应缴应退税款，按照规定的税款分摊方法计算总机构和分支机构的企业所得税应缴应退税款，分别由总机构和分支机构就地办理税款缴库或退库。

②总机构和分支机构处于不同税率地区的汇总清算方法。对于按照税收法律、法规和其他规定，总机构和分支机构处于不同税率地区的，先由总机构统一计算全部应纳税所得额，然后按照规定的比例和分摊比例，计算划分不同税

率地区机构的应纳税所得额，再分别按各自的适用税率计算应纳税额后加总计算出汇总纳税企业的应纳所得税总额，最后再按照规定的比例和分摊比例，向总机构和分支机构分摊就地缴纳的企业所得税款。

（2）报送资料。

汇总纳税企业汇算清缴时，总机构除报送企业所得税年度纳税申报表和年度财务报表外，还应报送汇总纳税企业分支机构所得税分配表、各分支机构的年度财务报表和各分支机构参与企业年度纳税调整情况的说明；分支机构除报送企业所得税年度纳税申报表（只填列部分项目）外，还应报送经总机构所在地主管税务机关受理的汇总纳税企业分支机构所得税分配表、分支机构的年度财务报表（或年度财务状况和营业收支情况）和分支机构参与企业年度纳税调整情况的说明。

2. 分摊税款。

（1）参与分摊税款的机构。

总机构和具有主体生产经营职能的二级分支机构，就地分摊缴纳企业所得税。

①二级分支机构是指汇总纳税企业依法设立并领取非法人营业执照（登记证书），且总机构对其财务、业务、人员等直接进行统一核算和管理的分支机构。以下二级分支机构不就地分摊缴纳企业所得税：

a. 不具有主体生产经营职能，且在当地不缴纳增值税、营业税的产品售后服务、内部研发、仓储等汇总纳税企业内部辅助性的二级分支机构。

b. 上年度认定为小型微利企业的，其二级分支机构不就地分摊缴纳。

c. 当年新设立的二级分支机构。

d. 当年撤销的二级分支机构，自办理注销税务登记之日所属企业所得税预缴期间起不就地分摊缴纳。

e. 汇总纳税企业在中国境外设立的不具有法人资格的二级分支机构。

②重组的二级分支机构。汇总纳税企业当年由于重组等原因从其他企业取得重组当年之前已存在的二级分支机构，并作为本企业二级分支机构管理的，该二级分支机构不视同当年新设立的二级分支机构，计算分摊并就地缴纳企业所得税。

汇总纳税企业内就地分摊缴纳企业所得税的总机构、二级分支机构之间，发生合并、分立、管理层级变更等形成的新设或存续的二级分支机构，不视同当年新设立的二级分支机构，计算分摊并就地缴纳企业所得税。

③视同二级分支机构。总机构设立具有主体生产经营职能的部门（非前述二级分支机构），且该部门的营业收入、职工薪酬和资产总额与管理职能部门分开核算的，可将该部门视同一个二级分支机构，计算分摊并就地缴纳企业所得税；该部门与管理职能部门的营业收入、职工薪酬和资产总额不能分开核算的，该部门不得视同一个二级分支机构。

（2）日常管理。

总机构应将其所有二级及以下分支机构（包括不就地分摊缴纳企业所得税的二级分支机构）信息报其所在地主管税务机关备案，内容包括分支机构名称、层级、地址、邮编、纳税人识别号及企业所得税主管税务机关名称、地址和邮编。

分支机构（包括不就地分摊缴纳企业所得税的二级分支机构）应将其总机构、上级分支机构和下属分支机构信息报其所在地主管税务机关备案，内容包括总机构、上级机构和下属分支机构名称、层级、地址、邮编、纳税人识别号及企业所得税主管税务机关名称、地址和邮编。

以总机构名义进行生产经营的非法人分支机构，无法提供汇总纳税企业分支机构所得税分配表，应在预缴申报期内向其所在地主管税务机关报送非法人营业执照（或登记证书）的复印件、由总机构出具的二级及以下分支机构的有效证明和支持有效证明的相关材料（包括总机构拨款证明、总分机构协议或合同、公司章程、管理制度等），证明其二级及以下分支机构身份。

以总机构名义进行生产经营的非法人分支机构，无法提供汇总纳税企业分支机构所得税分配表，也无法提供相关证据证明其二级及以下分支机构身份的，应视同独立纳税人计算并就地缴纳企业所得税。按规定视同独立纳税人的分支机构，其独立纳税人身份一个年度内不得变更。

总机构和相关二级分支机构应于组织结构改变后30日内，将组织结构变更情况报告主管税务机关。

【例3-29】 汇总纳税企业的下列二级分支机构中，就地分摊缴纳企业所得税的是（　　）。

A. 当年新设立的二级分支机构

B. 当年已撤销的二级分支机构

C. 境外设立的二级分支机构

D. 视同二级分支机构的具有主体生产经营职能的部门

【解析】 新设立的二级分支机构，设立当年不就地分摊缴纳企业所得税。当年撤销的二级分支机构，自办理注销税务登记之日所属企业所得税预缴期间起，不就地分摊缴纳企业所得税。汇总纳税企业在中国境外设立的不具有法人资格的二级分支机构，不就地分摊缴纳企业所得税。总机构设立具有主体生产经营职能的部门，且该部门的营业收入、职工薪酬和资产总额与管理职能部门分开核算的，可将该部门视同一个二级分支机构，按规定计算分摊并就地缴纳企业所得税。因此，正确答案为D。

（3）分摊税款和分摊比例的计算。

①分摊税款的计算。汇总纳税企业按照《企业所得税法》规定汇总计算的汇算清缴应缴应退税款，50%在各分支机构间分摊，各分支机构根据分摊税款就地办理缴库或退库；50%由总机构分摊缴纳，其中25%就地办理缴库或退库，25%就地全额缴入中央国库或退库。

总机构按以下公式计算分摊税款：

总机构分摊税款＝汇总纳税企业当期应纳所得税额×50%

分支机构按以下公式计算分摊税款：

所有分支机构分摊税款总额＝汇总纳税企业当期应纳所得税额×50%

某分支机构分摊税款＝所有分支机构分摊税款总额×该分支机构分摊比例

②分支机构分摊比例的计算。总机构应按照上年度分支机构的营业收入、职工薪酬和资产总额三个因素计算各分支机构分摊所得税款的比例；三级及以下分支机构，其营业收入、职工薪酬和资产总额统一计入二级分支机构；三因素的权重依次为0.35、0.35、0.30。计算公式为：

某分支机构分摊比例＝（该分支机构营业收入÷各分支机构营业收入之和）×0.35＋（该分支机构职工薪酬÷各分支机构职工薪酬之和）×0.35＋（该分支机构资产总额÷各分支机构资产总额之和）×0.30

分支机构分摊比例按上述方法一经确定后，除当年出现二级分支机构撤销和重组情形外，当年不作调整。

公式中，分支机构营业收入是指分支机构销售商品、提供劳务、让渡资产使用权等日常经营活动实现的全部收入。其中，生产经营企业分支机构营业收入是指生产经营企业分支机构销售商品、提供劳务、让渡资产使用权等取得的全部收入。金融企业分支机构营业收入是指金融企业分支机构取得的利息、手续费、佣金等全部收入。保险企业分支机构营业收入是指保险企业分支机构取得的保费等全部收入。分支机构职工薪酬是指分支机构为获得职工提供的服务而给予各种形式的报酬以及其他相关支出。分支机构资产总额是指分支机构在经营活动中实际使用的应归属于该分支机构的资产合计额。

上年度分支机构的营业收入、职工薪酬和资产总额是指分支机构上年度全年的营业收入、职工薪酬数据和上年度 12 月 31 日的资产总额数据，是依照国家统一会计制度的规定核算的数据。

一个纳税年度内，总机构首次计算分摊税款时采用的分支机构营业收入、职工薪酬和资产总额数据，与此后经过中国注册会计师审计确认的数据不一致的，不作调整。

（4）分摊比例和分摊税款的查验复核。

分支机构所在地主管税务机关应根据经总机构所在地主管税务机关受理的汇总纳税企业分支机构所得税分配表、分支机构的年度财务报表（或年度财务状况和营业收支情况）等，对其主管分支机构计算分摊税款比例的三个因素、计算的分摊税款比例和应分摊缴纳的所得税税款进行查验核对；对查验项目有异议的，应于收到汇总纳税企业分支机构所得税分配表后 30 日内向企业总机构所在地主管税务机关提出书面复核建议，并附送相关数据资料。

总机构所在地主管税务机关必须于收到复核建议后 30 日内，对分摊税款的比例进行复核，作出调整或维持原比例的决定，并将复核结果函复分支机构所在地主管税务机关。分支机构所在地主管税务机关应执行总机构所在地主管税务机关的复核决定。

总机构所在地主管税务机关未在规定时间内复核并函复复核结果的，上级税务机关应对总机构所在地主管税务机关按照有关规定进行处理。

复核期间，分支机构应先按总机构确定的分摊比例申报缴纳税款。

3. 就地补退。

（1）汇算清缴补退税款。

汇总纳税企业在纳税年度内预缴企业所得税税款少于全年应缴企业所得税税款的，应在汇算清缴期内由总、分机构分别结清应缴的企业所得税税款；预缴税款超过应缴税款的，主管税务机关应及时按有关规定分别办理退税，或者经总、分机构同意后分别抵缴其下一年度应缴企业所得税税款。

汇总纳税企业未按照规定准确计算分摊税款，造成总机构与分支机构之间同时存在一方（或几方）多缴另一方（或几方）少缴税款的，其总机构或分支机构分摊缴纳的企业所得税低于按规定计算分摊的数额的，应在下一税款缴纳期内，由总机构将按规定计算分摊的税款差额分摊到总机构或分支机构补缴；其总机构或分支机构就地缴纳的企业所得税高于按规定计算分摊的数额的，应在下一税款缴纳期内，由总机构将按规定计算分摊的税款差额从总机构或分支机构的分摊税款中扣减。

（2）查补税款的分摊和入库。

总机构所在地主管税务机关应加强对汇总纳税企业申报缴纳企业所得税的管理，可以对企业自行实施税务检查，也可以与二级分支机构所在地主管税务机关联合实施税务检查。

总机构所在地主管税务机关应对查实项目按照《企业所得税法》的规定统一计算查增的应纳税所得额和应纳税额。

总机构应将查补所得税款（包括滞纳金、罚款，下同）的50%按照按规定计算的分摊比例，分摊给各分支机构（不包括不就地分摊缴纳企业所得税的二级分支机构）缴纳，各分支机构根据分摊查补税款就地办理缴库；50%分摊给总机构缴纳，其中25%就地办理缴库，25%就地全额缴入中央国库。

汇总纳税企业缴纳查补所得税款时，总机构应向其所在地主管税务机关报送汇总纳税企业分支机构所得税分配表和总机构所在地主管税务机关出具的税务检查结论，各分支机构也应向其所在地主管税务机关报送经总机构所在地主管税务机关受理的汇总纳税企业分支机构所得税分配表和税务检查结论。

二级分支机构所在地主管税务机关应配合总机构所在地主管税务机关对其主管二级分支机构实施税务检查，也可以自行对该二级分支机构实施税务检查。

二级分支机构所在地主管税务机关自行对其主管二级分支机构实施税务检查，可对查实项目按照《企业所得税法》的规定自行计算查增的应纳税所得额和应纳税额。

计算查增的应纳税所得额时，应减除允许弥补的汇总纳税企业以前年度亏损；对于需由总机构统一计算的税前扣除项目，不得由分支机构自行计算调整。

二级分支机构应将查补所得税款的50%分摊给总机构缴纳，其中25%就地办理缴库，25%就地全额缴入中央国库；50%分摊给该二级分支机构就地办理缴库。

汇总纳税企业缴纳查补所得税款时，总机构应向其所在地主管税务机关报送经二级分支机构所在地主管税务机关受理的汇总纳税企业分支机构所得税分配表和二级分支机构所在地主管税务机关出具的税务检查结论，二级分支机构也应向其所在地主管税务机关报送汇总纳税企业分支机构所得税分配表和税务检查结论。

（五）源泉扣缴

1. 法定源泉扣缴。

对非居民企业在中国境内未设立机构、场所取得来源于中国境内的所得，或者虽设立机构、场所但取得与其所设机构、场所没有实际联系的来源于中国境内的所得，应缴纳的所得税，实行源泉扣缴，以支付人为扣缴义务人。税款由扣缴义务人在每次支付或者到期应支付时，从支付或者到期应支付的款项中扣缴。

（1）应纳税所得额的计算方法。

①股息、红利等权益性投资收益和利息、租金、特许权使用费所得，以收入全额为应纳税所得额。

收入全额是指非居民企业向支付人收取的全部价款和价外费用，不含增值税。

②转让财产所得，以收入全额减除财产净值后的余额为应纳税所得额。

转让财产所得包含转让股权等权益性投资资产（以下称股权）所得。股权转让收入减除股权净值后的余额为股权转让所得应纳税所得额。

股权转让收入是指股权转让人转让股权所收取的对价，包括货币形式和非货币形式的各种收入。

股权净值是指取得该股权的计税基础。股权的计税基础是股权转让人投资入股时向中国居民企业实际支付的出资成本，或购买该项股权时向该股权的原转让人实际支付的股权受让成本。股权在持有期间发生减值或者增值，按照国务院财政、税务主管部门规定可以确认损益的，股权净值应进行相应调整。企业在计算股权转让所得时，不得扣除被投资企业未分配利润等股东留存收益中按该项股权所可能分配的金额。

多次投资或收购的同项股权被部分转让的，从该项股权全部成本中按照转让比例计算确定被转让股权对应的成本。

③其他所得，参照前两项规定的方法计算应纳税所得额。

计算上述所得项目的应纳税所得额时，不得扣除上述规定以外的其他税费支出。

（2）相关概念。

①支付人是指依照有关法律规定或者合同约定对非居民企业直接负有支付相关款项义务的单位或者个人。

支付人自行委托代理人或指定其他第三方代为支付相关款项，或者因担保合同或法律规定等原因由第三方保证人或担保人支付相关款项的，仍由委托人、指定人或被保证人、被担保人承担扣缴义务。

②支付，包括现金支付、汇拨支付、转账支付和权益兑价支付等货币支付和非货币支付。

③到期应支付的款项是指支付人按照权责发生制原则应当计入相关成本、费用的应付款项。

（3）外币折算。

扣缴义务人支付或者到期应支付的款项以人民币以外的货币支付或计价的，分别按以下情形进行外币折算：

①扣缴义务人扣缴企业所得税的，应当按照扣缴义务发生之日人民币汇率中间价折合成人民币，计算非居民企业应纳税所得额。扣缴义务发生之日为相关款项实际支付或者到期应支付之日。

②取得收入的非居民企业在主管税务机关责令限期缴纳税款前自行申报缴纳应源泉扣缴税款的，应当按照填开税收缴款书之日前一日人民币汇率中间价折合成人民币，计算非居民企业应纳税所得额。

③主管税务机关责令取得收入的非居民企业限期缴纳应源泉扣缴税款的，应当按照主管税务机关作出限期缴税决定之日前一日人民币汇率中间价折合成人民币，计算非居民企业应纳税所得额。

财产转让收入或财产净值以人民币以外的货币计价的，分扣缴义务人扣缴税款、纳税人自行申报缴纳税款和主管税务机关责令限期缴纳税款三种情形，先将以非人民币计价项目金额比照上述规定折合成人民币金额；再按转让财产所得应纳税所得额的规定计算非居民企业财产转让所得应纳税所得额。

财产净值或财产转让收入的计价货币按照取得或转让财产时实际支付或收取的计价币种确定。原计价币种停止流通并启用新币种的，按照新旧货币市场转换比例转换为新币种后进行计算。

（4）不含税换算。

扣缴义务人与非居民企业签订与法定源泉扣缴税款的所得有关的业务合同时，凡合同中约定由扣缴义务人实际承担应纳税款的，应将非居民企业取得的不含税所得换算为含税所得计算并解缴应扣税款。

（5）扣缴义务发生时间。

①一般情况。扣缴义务发生之日为相关款项实际支付或者到期应支付之日。

②扣缴义务人发生到期应支付而未支付情形。中国境内企业（以下称为企业）和非居民企业签订与利息、租金、特许权使用费等所得有关的合同或协议，如果未按照合同或协议约定的日期支付上述所得款项，或者变更或修改合同或协议延期支付，但已计入企业当期成本、费用，并在企业所得税年度纳税申报中作税前扣除的，应在企业所得税年度纳税申报时按照《企业所得税法》有关规定代扣代缴企业所得税。

如果企业上述到期未支付的所得款项，不是一次性计入当期成本、费用，而是计入相应资产原价或企业筹办费，在该类资产投入使用或开始生产经营后分期摊入成本、费用，分年度在企业所得税前扣除的，应在企业计入相关资产的年度纳税申报时就上述所得全额代扣代缴企业所得税。

如果企业在合同或协议约定的支付日期之前支付上述所得款项的，应在实际支付时按照《企业所得税法》有关规定代扣代缴企业所得税。

③非居民企业取得应源泉扣缴的所得为股息、红利等权益性投资收益的，相关应纳税款扣缴义务发生之日为股息、红利等权益性投资收益实际支付之日。

④非居民企业采取分期收款方式取得应源泉扣缴所得税的同一项转让财产所得的，其分期收取的款项可先视为收回以前投资财产的成本，待成本全部收回后，再计算并扣缴应扣税款。

2. 指定扣缴。

对非居民企业在中国境内取得工程作业和劳务所得应缴纳的所得税，税务机关可以指定工程价款或者劳务费的支付人为扣缴义务人。

可以指定扣缴义务人的情形，包括：

（1）预计工程作业或者提供劳务期限不足一个纳税年度，且有证据表明不履行纳税义务的。

（2）没有办理税务登记或者临时税务登记，且未委托中国境内的代理人履行纳税义务的。

（3）未按照规定期限办理企业所得税纳税申报或者预缴申报的。

可以指定的扣缴义务人，由县级以上税务机关指定，并同时告知扣缴义务人所扣税款的计算依据、计算方法、扣缴期限和扣缴方式。

3. 自行申报。

依照税法规定应当扣缴的所得税，扣缴义务人未依法扣缴或者无法履行扣缴义务的，由纳税人在所得发生地缴纳。纳税人未依法缴纳的，税务机关可以从该纳税人在中国境内其他收入项目的支付人应付的款项中，追缴该纳税人的应纳税款。

所得发生地是指依照《企业所得税法实施条例》规定的原则确定的所得发生地。在中国境内存在多处所得发生地的，由纳税人选择其中之一申报缴纳企业所得税。该纳税人在中国境内其他收入是指该纳税人在中国境内取得的其他各种来源的收入。税务机关在追缴该纳税人应纳税款时，应当将追缴理由、追缴数额、缴纳期限和缴纳方式等告知该纳税人。

第二节　个人所得税

个人所得税是以个人（自然人）取得的各项应税所得为征税对象征收的一种所得税。

一、个人所得税纳税人和扣缴义务人

（一）个人所得税纳税人

我国个人所得税纳税人分居民个人和非居民个人。居民个人负无限纳税义务，就其来源于中国境内、境外的全部所得纳税，我国判定居民个人同时采用“境内有住所”的住所标准和“境内居住满 183 天”的时间标准。非居民个人负有限纳税义务，仅就其来源于中国境内的所得纳税。

1. 居民个人及其纳税义务。

居民个人是指在中国境内有住所，或者无住所而一个纳税年度内在中国境内居住累计满 183 天的个人。居民个人负有无限纳税义务，应就其从中国境内和境外取得的所得，依照我国《个人所得税法》的规定缴纳个人所得税。

在中国境内有住所是指因户籍、家庭、经济利益关系而在中国境内习惯性居住。习惯性居住是判定纳税义务人是居民或非居民的一个法律意义上的标准，不是指实际居住或在某一个特定时期内的居住地。一个纳税人如因学习、工作、探亲、旅游等而在中国境外居住的，在其原因消除之后，必须回到中国境内居住的个人，则中国即为该纳税人习惯性居住地。

在境内居住累计满 183 天是指在一个纳税年度（即公历 1 月 1 日至 12 月 31 日，下同）内，在中国境内居住累计满 183 天。境内无住所的个人在一个纳税年度内无论出境多少次，只要在我国境内累计住满 183 天，就可判定为我国的居民个人。

自 2019 年 1 月 1 日起，无住所个人一个纳税年度内在中国境内累计居住天数，按照个人在中国境内累计停留的天数计算。在中国境内停留的当天满 24 小时的，计入中国境内居住天数，在中国境内停留的当天不足 24 小时的，不计入中国境内居住天数。

在中国境内无住所的纳税人，在中国境内居住累计满 183 天的年度连续不满 6 年的，经向主管税务机关备案，其来源于中国境外且由境外单位或者个人支付的所得，免予缴纳个人所得税；在中国境内居住累计满 183 天的任一年度中有一次离境超过 30 天的，其在中国境内居住累计满 183 天的年度的连续年限重新起算。

无住所个人一个纳税年度在中国境内累计居住满 183 天的（第 7 年），如果此前 6 年在中国境内每年累计居住天数都满 183 天而且没有任何一年单次离境超过 30 天，该纳税年度来源于中国境内、境外所得应当缴纳个人所得税；如果此前 6 年的任一年度在中国境内累计居住天数不满 183 天或者单次离境超过 30 天，该纳税年度来源于中国境外且由境外单位或者个人支付的所得，免予缴纳个人所得税。此前 6 年是指该纳税年度的前 1 年至前 6 年的连续 6 个年度，此前 6 年的起始年度自 2019 年（含）以后年度开始计算。

【例 3 -30】张先生为中国香港居民，2013 年 1 月 1 日来深圳工作，2026 年 8 月 30 日回到香港工作，在此期间，除 2025 年 2 月 1 日至 3 月 15 日临时回香港处理公务外，其余时间一直停留在深圳。

张先生在境内居住累计满 183 天的年度，如果从 2013 年开始计算，实际上已经满 6 年，但是由于 2018 年之前的年限一律“清零”，自 2019 年开始计算，因此 2019 年至 2024 年间，张先生在境内居住累计满 183 天的年度连续不满 6

年，其取得的境外支付的境外所得，就可免缴个人所得税。

2025 年，张先生在境内居住满 183 天，且从 2019 年开始计算，他在境内居住累计满 183 天的年度已经连续满 6 年（2019 年至 2024 年），且没有单次离境超过 30 天的情形，张先生应就在境内和境外取得的所得缴纳个人所得税。

2026 年，由于张先生 2025 年有单次离境超过 30 天的情形（2025 年 2 月 1 日至 3 月 15 日），其在内地居住累计满 183 天的连续年限清零，重新起算，2026 年张先生取得的境外支付的境外所得，可以免缴个人所得税。

2. 非居民个人及其纳税义务。

非居民个人是指在中国境内无住所又不居住，或无住所且一个纳税年度内在境内居住累计不满 183 天的个人。也就是说，非居民个人是指习惯性居住地不在中国境内，而且不在中国居住；或者在一个纳税年度内，在中国境内居住累计不满 183 天的个人。在实际生活中，习惯性居住地不在中国境内的个人，只有外籍人员、华侨或中国香港、澳门和台湾地区的同胞。因此，非居民个人实际上只能是在一个纳税年度中，没有在中国境内居住，或者在中国境内居住天数累计不满 183 天的外籍人员、华侨或中国香港、澳门和台湾地区的同胞。非居民个人承担有限纳税义务，仅就其来源于中国境内的所得，依照我国《个人所得税法》的规定缴纳个人所得税。

【例 3－31】 李先生为中国香港居民，在深圳工作，每周一早上来深圳上班，周五晚上回香港。周一和周五当天停留都不足 24 小时，因此不计入境内居住天数，再加上周六、周日 2 天也不计入，这样，每周可计入的天数仅为 3 天。按全年 52 周计算，李先生全年在境内居住天数为 156 天，未超过 183 天，不构成居民个人，李先生取得的全部境外所得，可免缴个人所得税。

【例 3－32】 下列各项中，属于个人所得税居民个人的是（　　）。

A. 2021 年仅因工作原因在成都居住天数累计不满 60 天的德国人

B. 在成都经营火锅店的个体工商户中国居民王某

C. 2021 年在深圳工作的香港人张某每周一来深圳上班，周五回香港

D. 2021 年美国人威廉在成都投资房产一套，但长期定居在美国且未入中国境内

【解析】 个人所得税纳税人的判定依据是住所和居住时间标准。其中，住所标准是指由于户籍、家庭、经济利益关系等原因，而在中国境内“习惯性居住”。“有住所”并不等于“有房产”。居住时间标准是指无住所个人一个纳税

年度内在中国境内居住累计满183天。因此，正确答案为B。

3. 所得来源地的确定。

除国务院财政、税务主管部门另有规定外，下列所得，不论支付地点是否在中国境内，均为来源于中国境内的所得：

（1）因任职、受雇、履约等在中国境内提供劳务取得的所得。

（2）将财产出租给承租人在中国境内使用而取得的所得。

（3）许可各种特许权在中国境内使用而取得的所得。

（4）转让中国境内的不动产等财产或者在中国境内转让其他财产取得的所得。

（5）从中国境内企业、事业单位、其他组织及居民个人取得的利息、股息、红利所得。

【例3-33】法国人雷恩受法国公司总部的委派于2021年10月1日赴中国担任其驻华代表处首席代表，截至2021年12月31日未离开中国。雷恩2021年取得的下列所得中，属于来源于中国境外所得的是（　　）。

A. 10月出席境内某主旨论坛作主题演讲取得的收入

B. 因在中国任职而取得由境外总公司支付的工资收入

C. 11月将其拥有的境外房产出租给中国一公司驻法国常设机构取得的租金收入

D. 12月将其拥有的专利技术许可一境外公司在中国境内的分支机构使用而取得的收入

【解析】对照个人所得税所得来源地的确定规则，正确答案为C。

（二）个人所得税扣缴义务人

个人所得税以所得人为纳税人，以支付所得的单位或者个人为扣缴义务人。扣缴义务人向个人支付应税款项时，应当依照《个人所得税法》规定预扣或者代扣税款，按时缴库，并专项记载备查。支付，包括现金支付、汇拨支付、转账支付和以有价证券、实物及其他形式的支付。

二、个人所得税征税对象

个人所得税的征税对象是个人取得的应税所得。《个人所得税法》列举征税的个人所得共有9项，《中华人民共和国个人所得税法实施条例》（以下简称《个人所得税法实施条例》）及相关法规具体确定了个人各项应税所得的征税范围。

（一）工资、薪金所得

工资、薪金所得是指个人因任职或者受雇而取得的工资、薪金、奖金、年终加薪、劳动分红、津贴、补贴及与任职或者受雇有关的其他所得。

一般而言，工资、薪金所得属于非独立个人劳动所得。非独立个人劳动是指个人所从事的是由他人指定、安排并接受管理的劳动，工作或服务于公司、工厂、行政事业单位的人员（私营企业主除外）均为非独立劳动者。他们从所属单位取得的劳动报酬，是以工资、薪金的形式体现的。在这类报酬中，工资和薪金的收入主体略有差异。通常情况下，把直接从事生产、经营或服务的劳动者（工人）取得的收入称为工资，即所谓“蓝领阶层”所得；而将从事社会公职或管理活动的劳动者（公职人员）取得的收入称为薪金，即所谓“白领阶层”所得。但在实际立法过程中，各国都从简便易行的角度考虑，将工资、薪金合并为一个项目计征个人所得税。

除工资、薪金以外，奖金、年终加薪、劳动分红、津贴、补贴也被确定为工资、薪金范畴。其中，年终加薪、劳动分红不分种类和取得情况，一律按工资、薪金所得课税。奖金是指所有具有工资性质的奖金，免税奖金的范围在税法中另有规定。此外，还有一些所得的发放也被视为取得工资、薪金所得。如公司职工取得的用于购买企业国有股权的劳动分红；出租汽车经营单位对出租车驾驶员采取单车承包或承租方式运营，出租车驾驶员从事客货营运取得的收入。

（二）劳务报酬所得

劳务报酬所得是指个人从事劳务取得的所得，包括从事设计、装潢、安装、制图、化验、测试、医疗、法律、会计、咨询、讲学、翻译、审稿、书画、雕刻、影视、录音、录像、演出、表演、广告、展览、技术服务、介绍服务、经纪服务、代办服务及其他劳务取得的所得。

实务中还可能出现一项所得难以被判定为工资、薪金所得还是劳务报酬所得的情形。这两者的区别在于：工资、薪金所得是属于非独立个人劳务活动，即在机关、团体、学校、部队、企业、事业单位及其他组织中任职、受雇而得到的报酬；而劳务报酬所得，则是个人独立从事各种技艺、提供各项劳务取得的报酬。

（三）稿酬所得

稿酬所得，是指个人因其作品以图书、报刊等形式出版、发表而取得的所得。将稿酬所得独立划归一个征税项目，而不对以图书、报刊形式出版、发表的翻译、审稿、书画所得归为劳务报酬所得，主要是考虑了出版、发表作品的特殊性。第一，它是一种依靠较高智力创作的精神产品；第二，它具有普遍性；第三，它与社会主义精神文明和物质文明密切相关；第四，它的报酬相对偏低。因此，稿酬所得应当与一般劳务报酬相区别，并给予适当优惠照顾。

（四）特许权使用费所得

特许权使用费所得是指个人提供专利权、商标权、著作权、非专利技术及其他特许权的使用权取得的所得；提供著作权的使用权取得的所得，不包括稿酬所得。

专利权，是由国家专利主管部门依法授予专利申请人或其权利继承人在一定期间内实施其发明创造的专有权。商标权，即商标注册人享有的商标专用权。非专利技术，又称专有技术、技术秘密，是指不为外界所知的、在生产经营活动中已采用了的、不享有法律保护的各种技术和经验。著作权，即版权，是作者依法对文学、艺术和科学作品享有的专有权。

（五）经营所得

经营所得，是指：

（1）个体工商户从事生产、经营活动取得的所得，个人独资企业投资人、合伙企业的个人合伙人来源于境内注册的个人独资企业、合伙企业生产、经营的所得。

（2）个人依法从事办学、医疗、咨询及其他有偿服务活动取得的所得。

（3）个人对企业、事业单位承包经营、承租经营及转包、转租取得的所得。

（4）个人从事其他生产、经营活动取得的所得。

（六）利息、股息、红利所得

利息、股息、红利所得是指个人拥有债权、股权等而取得的利息、股息、红利所得。利息是指个人拥有债权而取得的利息，包括存款利息、贷款利息和各种债券的利息。按税法规定，个人取得的利息所得，除国债和国家发行的金融债券利息外，应当依法缴纳个人所得税。股息、红利是指个人拥有股权而取得的股息、红利。股息、红利所得，除另有规定外，都应当缴纳个人所得税。

（七）财产租赁所得

财产租赁所得是指个人出租不动产、机器设备、车船及其他财产取得的所得。

个人取得的财产转租收入，属于“财产租赁所得”的征税范围，由财产转租人缴纳个人所得税。

（八）财产转让所得

财产转让所得是指个人转让有价证券、股权、合伙企业中的财产份额、不动产、机器设备、车船及其他财产取得的所得。

（九）偶然所得

偶然所得是指个人得奖、中奖、中彩及其他偶然性质的所得。得奖是指参加各种有奖竞赛活动，取得名次得到的奖金；中奖、中彩是指参加各种有奖活动，如有奖销售、有奖储蓄或者购买股票，经过规定程序，抽中、摇中号码而取得的奖金。

个人取得的所得，难以界定应纳税所得项目的，由国务院税务主管部门确定。

居民个人取得上述所得中的前四项所得，为综合所得；取得后五项所得，为分类所得。非居民个人取得上述九项所得，均为分类所得。

三、个人所得税税率

（一）综合所得适用税率

综合所得适用七级超额累进税率，见表3－8，税率为3%～45%。

表3－8　综合所得个人所得税税率

级数	全年应纳税所得额	税率（%）	速算扣除数
1	不超过36000元	3	0
2	超过36000元至144000元的部分	10	2520
3	超过144000元至300000元的部分	20	16920
4	超过300000元至420000元的部分	25	31920
5	超过420000元至660000元的部分	30	52920
6	超过660000元至960000元的部分	35	85920
7	超过960000元的部分	45	181920

注：本表所称全年应纳税所得额是指依照税法的规定，居民个人取得综合所得以每一纳税年度的收入额减除费用6万元及专项扣除、专项附加扣除和依法确定的其他扣除后的余额。

非居民个人取得工资、薪金所得，劳务报酬所得，稿酬所得和特许权使用费所得（简称四项所得），依照本表按月换算后计算应纳税额。

非居民个人取得四项所得个人所得税税率见表 3－9。

表 3－9　　非居民个人取得四项所得个人所得税税率

级数	月应纳税所得额	税率（%）	速算扣除数
1	不超过 3000 元的	3	0
2	超过 3000 元至 12000 元的部分	10	210
3	超过 12000 元至 25000 元的部分	20	1410
4	超过 25000 元至 35000 元的部分	25	2660
5	超过 35000 元至 55000 元的部分	30	4410
6	超过 55000 元至 80000 元的部分	35	7160
7	超过 80000 元的部分	45	15160

（二）经营所得适用税率

经营所得适用五级超额累进税率，见表 3－10，税率为 5%～35%。

表 3－10　　经营所得个人所得税税率

级数	全年应纳税所得额	税率（%）	速算扣除数
1	不超过 30000 元的	5	0
2	超过 30000 元至 90000 元的部分	10	1500
3	超过 90000 元至 300000 元的部分	20	10500
4	超过 300000 元至 500000 元的部分	30	40500
5	超过 500000 元的部分	35	65500

注：本表所称全年应纳税所得额是指根据税法的规定，以每一纳税年度的收入总额减除成本、费用以及损失后的余额。

（三）其他所得适用税率

利息、股息、红利所得，财产租赁所得，财产转让所得和偶然所得适用比例税率，税率为 20%。

四、个人所得税计税依据

我国现行个人所得税采取综合与分类征收方式，不同的应税项目对应不同的应纳税所得额确定方法。其中，居民个人取得综合所得，按纳税年度合并汇算个人所得税；非居民个人取得工资、薪金所得，劳务报酬所得，稿酬所得和特许权使用费所得，按月或者按次分项计算个人所得税。纳税人取得的其他五项所得，按年或者按次分项计算个人所得税。

（一）一般规定

1. 所得的计量单位。

各项所得的计量，以人民币为单位。所得为人民币以外货币的，按照办理纳税申报或者扣缴申报的上一月最后一日人民币汇率中间价，折合成人民币计算应纳税所得额。年度终了后办理汇算清缴的，对已经按月、按季或者按次预缴税款的人民币以外货币所得，不再重新计算；对应当补缴税款的所得部分，按照上一纳税年度最后一日人民币汇率中间价，折合成人民币计算应纳税所得额。

2. 收入金额的确定。

个人取得收入的形式，包括现金、实物、有价证券和其他形式的经济利益。所得为实物的，应当按照所取得的凭证上注明的价格计算应纳税所得额，无凭证的实物或者凭证上所注明的价格明显偏低的，参照市场价格核定应纳税所得额；所得为有价证券的，根据票面价格和市场价格核定应纳税所得额；所得为其他形式的经济利益的，参照市场价格核定应纳税所得额。

3. 计税方法的确定。

根据《个人所得税法》第六条的规定，个人所得税分项目规定了三种征税方法：一是按年计税，如经营所得，居民个人取得的综合所得；二是按月计税，如非居民个人取得的工资、薪金所得；三是按次计征，如利息、股息、红利所得，财产租赁所得，偶然所得和非居民个人取得的劳务报酬所得、稿酬所得、特许权使用费所得等。其中，如何准确界定“次”，费用扣除多少对应纳税所得额的确定十分重要，具体规定为：①劳务报酬所得、稿酬所得、特许权使用费所得，属于一次性收入的，以取得该项收入为一次；属于同一项目连续性收入的，以1个月内取得的收入为一次。②财产租赁所得，以1个月内取得的收入为一次。③利息、股息、红利所得，以支付利息、股息、红利时取得的收入为一次。④偶然所得，以每次取得该项收入为一次。

4. 应纳税所得额的基本规定和费用扣除标准。

（1）居民个人的综合所得，以每一纳税年度的收入额减除费用6万元及专项扣除、专项附加扣除和依法确定的其他扣除后的余额，为年应纳税所得额。

其中，劳务报酬所得、稿酬所得、特许权使用费所得，以收入减除20%的费用后的余额为收入额。稿酬所得的收入额减按 70% 计算。

专项扣除，包括居民个人按照国家规定的范围和标准缴纳的基本养老保险、基本医疗保险、失业保险等社会保险费和住房公积金等。

专项附加扣除，包括子女教育、继续教育、大病医疗、住房贷款利息或者住房租金、赡养老人、3 岁以下婴幼儿照护等支出。其中，子女教育专项附加扣除适用于纳税人的子女接受学前教育（年满 3 岁至小学入学前）的支出和全日制学历教育（包括在中国境外接受教育）的支出。学历教育包括义务教育（小学、初中教育）、高中阶段教育（普通高中、中等职业、技工教育）、高等教育（大学专科、大学本科、硕士研究生、博士研究生教育）。纳税人按每个子女每月 1000 元的标准定额扣除，父母可以选择由其中一方按扣除标准的 100% 扣除，也可以选择由双方分别按扣除标准的 50% 扣除，具体扣除方式在一个纳税年度内不能变更。继续教育专项附加扣除适用于纳税人在中国境内接受学历（学位）继续教育的支出和技能人员职业资格继续教育、专业技术人员职业资格继续教育的支出。前者允许纳税人在学历（学位）教育期间按照每月 400 元定额扣除。同一学历（学位）继续教育的扣除期限不能超过 48 个月。个人接受本科及以下学历（学位）继续教育，符合规定扣除条件的，可以选择由其父母扣除，也可以选择由本人扣除。后者允许纳税人在取得相关证书的当年，按 3600 元定额扣除。大病医疗专项附加扣除适用于在一个纳税年度内，纳税人发生的与基本医保相关的医药费用支出，扣除医保报销后个人负担（指医保目录范围内的自付部分）累计超过 15000 元的部分，由纳税人在办理年度汇算清缴时，在 80000 元限额内据实扣除。纳税人发生的医药费用支出可以选择由本人或者其配偶扣除；未成年子女发生的医药费用支出可以选择由其父母一方扣除。住房贷款利息专项附加扣除适用于纳税人本人或者配偶单独或者共同使用商业银行或者住房公积金个人住房贷款为本人或者其配偶购买中国境内住房，发生的首套住房贷款利息支出。在实际发生贷款利息的年度，按照每月 1000 元的标准定额扣除，经夫妻双方约定，可以选择由其中一方扣除，具体扣除方式在一个纳税年度内不能变更。扣除期限最长不超过 240 个月。夫妻双方婚前分别购买住房发生的首套住房贷款，其贷款利息支出，婚后可以选择其中一套购买的住房，由购买方按扣除标准的 100% 扣除，也可以由夫妻双方对各自购买的住房分别按扣除标准的 50% 扣除，具体扣除方式在一个纳税年度内不能变更。住房租金专项附加扣除适用于纳税人在主要工作城市没有自有住房而发生的住房租金支出，定额扣除标准为：①直辖市、省会（首府）城市、计划单列市及国务院确定的其他城市，扣除标准为每月 1500 元；②除①所列城市以外，市辖区户籍人口超过 100 万的城市，扣除标准为每月 1100 元；市辖区户籍人口不超过 100 万的城市，扣除标准为每月 800 元。除①所列城市以外，市辖区户籍人口超过 100 万的城市，扣除标准为每月 1100 元；市辖区户籍人口不超过 100 万的城市，扣除标准为每月 800 元。赡养老人专项附加扣除适用于纳税人赡养一位及以上被赡养人（年满 60 岁的父母，以及子女均已去世的年满 60 岁的祖父母、外祖父母）的赡养支出，定额扣除标准为：①纳税人为独生子女的，按照每月 2000 元的标准定额扣除；②纳税人为非独生子女的，由其与兄弟姐妹分摊每月 2000 元的扣除额度，每人分摊的额度不能超过每月 1000 元。可以由赡养人均摊或者约定分摊，也可以由被赡养人指定分摊。3 岁以下婴幼儿照护专项附加扣除适用于纳税人照护 3 岁以下婴幼儿子女的相关支出，定额扣除标准为：每个婴幼儿每月 1000 元的标准定额扣除。父母可以选择由其中一方按扣除标准的 100% 扣除，也可以选择由双方分别按扣除标准的 50% 扣除，具体扣除方式在一个纳税年度内不能变更。

依法确定的其他扣除，包括纳税人缴付符合国家规定的企业年金、职业年金，纳税人购买符合国家规定的商业健康保险、税收递延型商业养老保险的支出（试点阶段，未全面实施），以及国务院规定可以扣除的其他项目。

专项扣除、专项附加扣除和依法确定的其他扣除，以居民个人一个纳税年度的应纳税所得额为限额；一个纳税年度扣除不完的，不得结转以后年度扣除。

【例 3－34】 在确定综合所得的年收入额时，下列表述错误的是（　　）。

A. 劳务报酬所得，每次收入不超过 4000 元的，允许减除 800 元的费用

B. 劳务报酬所得以收入减除 20% 的费用后的余额为收入额

C. 稿酬所得以收入减除 20% 的费用后的余额为收入额，稿酬所得的收入额减按 70% 计算

D. 特许权使用费所得以收入减除 20% 的费用后的余额为收入额

【解析】 在计算综合所得的年收入额时，劳务报酬所得、稿酬所得、特许权使用费所得无论每次收入是否超过 4000 元，均以收入减除 20% 的费用后的余额为收入额。稿酬所得的收入额减按 70% 计算。因此，正确答案为 A。

【例 3－35】 下列关于个人所得税专项附加扣除的表述正确的是（　　）。

A. 专项附加扣除一个纳税年度扣除不完的，可以结转以后年度扣除

B. 居民纳税人一个纳税年度内仅取得劳务报酬所得的，可在预扣预缴环节申报享受专项附加扣除

C. 七大扣除项目均采用标准定额扣除方式

D. 纳税人对报送的专项附加扣除信息的真实性、准确性、完整性负责

【解析】专项附加扣除一个纳税年度扣除不完的，不能结转以后年度扣除。居民纳税人一个纳税年度内仅取得劳务报酬所得时，应当在汇算清缴时向税务机关提供有关信息，减除专项附加扣除。专项附加扣除项目除了大病医疗采用限额内据实扣除外，其他项目均采用标准定额扣除。因此，正确答案为 D。

【例 3－36】下列关于居民纳税人朱某申报享受住房租金专项附加扣除的表述正确的是（　　）。

A. 朱某在主要工作城市上海没有自有住房，但其配偶在该城市有自有住房，不影响朱某申报扣除

B. 朱某夫妻双方均工作生活在同一主要工作城市上海，可分别扣除

C. 朱某在主要工作城市成都没有自有住房而发生的住房租金支出，可以按每月 1100 元的标准定额扣除

D. 朱某的任职受雇所在地成都与实际工作地绵阳不一致的，按绵阳的标准享受扣除

【解析】朱某在主要工作城市上海没有自有住房，但其配偶在该城市有自有住房，视同纳税人在主要工作城市有自有住房，不得申报享受住房租金扣除。夫妻双方主要工作城市相同的，只能由一方扣除住房租金支出。朱某在主要工作城市成都没有自有住房而发生的住房租金支出，可以按每月 1500 元的标准定额扣除。因此，正确答案为 D。

【例 3－37】下列关于居民纳税人张某申报享受赡养老人专项附加扣除的表述正确的是（　　）。

A. 张某与其亲哥约定，由张某每月分摊扣除 1200 元

B. 张某与其亲哥的约定分摊与被赡养人的指定分摊并存时，以指定分摊为准

C. 张某的父母均已年满 60 岁且张某为非独生子女，则其每月分摊扣除限额为 2000 元

D. 2019 年 1 月张某与其亲哥约定的分摊扣除方式可以在年度中间随时变更

【解析】 纳税人为非独生子女的，每人分摊的额度不能超过每月1000元。具体分摊方式和额度在一个纳税年度内不能变更。因此，正确答案为B。

【例3-38】 下列关于居民纳税人蓝某申报享受继续教育专项附加扣除的表述正确的是（　　）。

A. 蓝某在中国境外接受学历继续教育的支出，受教育期间允许按每月400元定额扣除

B. 蓝某接受的学历继续教育，只能由本人扣除

C. 蓝某2021年先后取得税务师和注册会计师证书，当年度申报扣除金额为3600元

D. 蓝某接受在职经济学博士学历继续教育期间，申报定额扣除直至其毕业为止

【解析】 居民纳税人在境外接受学历继续教育的支出，不允许申报享受继续教育扣除。居民纳税人若接受的是本科及以下学历（学位）继续教育，符合扣除条件的，可以选择由其父母扣除，也可以选择由本人扣除。居民纳税人接受在职经济学博士学历继续教育期间可申报享受继续教育扣除，但扣除期限不能超过48个月。因此，正确答案为C。

（2）非居民个人的工资、薪金所得，以每月收入额减除费用5000元后的余额为应纳税所得额；非居民个人的劳务报酬所得、稿酬所得、特许权使用费所得，以每次收入额为应纳税所得额。劳务报酬所得、稿酬所得、特许权使用费所得以收入减除20%的费用后的余额为收入额。稿酬所得的收入额减按70%计算。

（3）经营所得，以每一纳税年度的收入总额减除成本、费用及损失后的余额，为应纳税所得额。其中：成本、费用是指生产、经营活动中发生的各项直接支出和分配计入成本的间接费用及销售费用、管理费用、财务费用；损失是指生产、经营活动中发生的固定资产和存货的盘亏、毁损、报废损失，转让财产损失，坏账损失，自然灾害等不可抗力因素造成的损失及其他损失。注意，此处计算的应纳税所得额为个体户、个人独资企业和合伙企业层面的应税所得，这是一项税前所得。作为经营所得纳税人的个体户业主、个人独资企业投资人和合伙企业的个人合伙人，从其所投资的个体户、个人独资企业和合伙企业取得税前所得后，若同时取得了综合所得，则可在综合所得或经营所得中申报减除费用6万元、专项扣除、专项附加扣除及依法确定的其他扣除之后，由

纳税人按照经营所得项目的适用税率和速算扣除数，计算应纳税额。

从事生产、经营活动，未提供完整、准确的纳税资料，不能正确计算应纳税所得额的，由主管税务机关核定应纳税所得额或者应纳税额。

①个体工商户应纳税所得额的计算。个体工商户应纳税所得额的计算，以权责发生制为原则，属于当期的收入和费用，不论款项是否收付，均作为当期的收入和费用；不属于当期的收入和费用，即使款项已经在当期收付，均不作为当期收入和费用。《个体工商户个人所得税计税办法》（国家税务总局令第35号公布，国家税务总局令第44号修正）和财政部、国家税务总局另有规定的除外。

在计算应纳税所得额时，个体工商户会计处理办法与以下规定和财政部、国家税务总局相关规定不一致的，应当依照以下规定和财政部、国家税务总局的相关规定计算。

a. 基本规定。个体工商户的生产、经营所得，以每一纳税年度的收入总额，减除成本、费用、税金、损失、其他支出及允许弥补的以前年度亏损后的余额，为应纳税所得额。计算公式为：

应纳税所得额 = 收入总额 − 成本 − 费用 − 税金 − 损失 − 其他支出 − 允许弥补的以前年度亏损

（a）个体工商户从事生产经营及与生产经营有关的活动（以下简称生产经营）取得的货币形式和非货币形式的各项收入，为收入总额。包括：销售货物收入、提供劳务收入、转让财产收入、利息收入、租金收入、接受捐赠收入、其他收入。

其他收入包括个体工商户资产溢余收入、逾期1年以上的未退包装物押金收入、确实无法偿付的应付款项、已作坏账损失处理后又收回的应收款项、债务重组收入、补贴收入、违约金收入、汇兑收益等。

（b）成本是指个体工商户在生产经营活动中发生的销售成本、销货成本、业务支出及其他耗费。

（c）费用是指个体工商户在生产经营活动中发生的销售费用、管理费用和财务费用，已经计入成本的有关费用除外。

（d）税金是指个体工商户在生产经营活动中发生的除个人所得税和允许抵扣的增值税以外的各项税金及其附加。

（e）损失是指个体工商户在生产经营活动中发生的固定资产和存货的盘

亏、毁损、报废损失，转让财产损失，坏账损失，自然灾害等不可抗力因素造成的损失及其他损失。

个体工商户发生的损失，减除责任人赔偿和保险赔款后的余额，参照财政部、国家税务总局有关企业资产损失税前扣除的规定扣除。

个体工商户已经作为损失处理的资产，在以后纳税年度又全部收回或者部分收回时，应当计入收回当期的收入。

（f）其他支出是指除成本、费用、税金、损失外，个体工商户在生产经营活动中发生的与生产经营活动有关的、合理的支出。

（g）个体工商户发生的支出应当区分收益性支出和资本性支出。收益性支出在发生当期直接扣除；资本性支出应当分期扣除或者计入有关资产成本，不得在发生当期直接扣除。

支出是指与取得收入直接相关的支出。除税收法律法规另有规定外，个体工商户实际发生的成本、费用、税金、损失和其他支出，不得重复扣除。

（h）亏损是指个体工商户依照规定计算的应纳税所得额小于零的数额。

b. 个体工商户的下列支出不得扣除：个人所得税税款；税收滞纳金；罚金、罚款和被没收财物的损失；不符合扣除规定的捐赠支出；赞助支出；用于个人和家庭的支出；与取得生产经营收入无关的其他支出；国家税务总局规定不准扣除的支出。

c. 个体工商户生产经营活动中，应当分别核算生产经营费用和个人、家庭费用。对于生产经营与个人、家庭生活混用难以分清的费用，其40%视为与生产经营有关费用，准予扣除。

d. 个体工商户纳税年度发生的亏损，准予向以后年度结转，用以后年度的生产经营所得弥补，但结转年限最长不得超过5年。

e. 个体工商户使用或者销售存货，按照规定计算的存货成本，准予在计算应纳税所得额时扣除。

f. 个体工商户转让资产，该项资产的净值，准予在计算应纳税所得额时扣除。

g. 扣除项目及标准。

（a）个体工商户实际支付给从业人员的、合理的工资薪金支出，准予扣除。

（b）个体工商户业主的费用扣除标准，依照相关法律、法规和政策规定执行。个体工商户业主的工资薪金支出不得税前扣除。

（c）个体工商户按照国务院有关主管部门或者省级人民政府规定的范围和标准为其业主和从业人员缴纳的基本养老保险费、基本医疗保险费、失业保险费、生育保险费、工伤保险费和住房公积金，准予扣除。

个体工商户为从业人员缴纳的补充养老保险费、补充医疗保险费，分别在不超过从业人员工资总额5%标准内的部分据实扣除；超过部分，不得扣除。

个体工商户业主本人缴纳的补充养老保险费、补充医疗保险费，以当地（地级市）上年度社会平均工资的3倍为计算基数，分别在不超过该计算基数5%标准内的部分据实扣除；超过部分，不得扣除。

（d）除个体工商户依照国家有关规定为特殊工种从业人员支付的人身安全保险费和财政部、国家税务总局规定可以扣除的其他商业保险费外，个体工商户业主本人或者为从业人员支付的商业保险费，不得扣除。

（e）个体工商户在生产经营活动中发生的合理的不需要资本化的借款费用，准予扣除。

个体工商户为购置、建造固定资产、无形资产和经过12个月以上的建造才能达到预定可销售状态的存货发生借款的，在有关资产购置、建造期间发生的合理的借款费用，应当作为资本性支出计入有关资产的成本，并依照规定扣除。

（f）个体工商户在生产经营活动中发生的下列利息支出，准予扣除：向金融企业借款的利息支出；向非金融企业和个人借款的利息支出，不超过按照金融企业同期同类贷款利率计算的数额的部分。

（g）个体工商户在货币交易中，以及纳税年度终了时将人民币以外的货币性资产、负债按照期末即期人民币汇率中间价折算为人民币时产生的汇兑损失，除已经计入有关资产成本部分外，准予扣除。

（h）个体工商户向当地工会组织拨缴的工会经费、实际发生的职工福利费支出、职工教育经费支出分别在工资薪金总额的2%、14%、2.5%的标准内据实扣除。

工资薪金总额是指允许在当期税前扣除的工资薪金支出数额。

职工教育经费的实际发生数额超出规定比例当期不能扣除的数额，准予在以后纳税年度结转扣除。

个体工商户业主本人向当地工会组织缴纳的工会经费、实际发生的职工福利费支出、职工教育经费支出，以当地（地级市）上年度社会平均工资的3倍为计算基数，在上述规定比例内据实扣除。

（i）个体工商户发生的与生产经营活动有关的业务招待费，按照实际发生额的60%扣除，但最高不得超过当年销售（营业）收入的5‰。

业主自申请营业执照之日起至开始生产经营之日止所发生的业务招待费，按照实际发生额的60%计入个体工商户的开办费。

（j）个体工商户每一纳税年度发生的与其生产经营活动直接相关的广告费和业务宣传费不超过当年销售（营业）收入15%的部分，可以据实扣除；超过部分，准予在以后纳税年度结转扣除。

（k）个体工商户代其从业人员或者他人负担的税款，不得税前扣除。

（l）个体工商户按照规定缴纳的摊位费、行政性收费、协会会费等，按实际发生数额扣除。

（m）个体工商户根据生产经营活动的需要，以经营租赁方式租入固定资产支付的租赁费，按照租赁期限均匀扣除；以融资租赁方式租入固定资产发生的租赁费支出，按照规定构成融资租入固定资产价值的部分应当提取折旧费用，分期扣除。

（n）个体工商户参加财产保险，按照规定缴纳的保险费，准予扣除。

（o）个体工商户发生的合理的劳动保护支出，准予扣除。

（p）个体工商户自申请营业执照之日起至开始生产经营之日止所发生符合规定的费用，除为取得固定资产、无形资产的支出，以及应计入资产价值的汇兑损益、利息支出外，作为开办费，个体工商户可以选择在开始生产经营的当年一次性扣除，也可自生产经营月份起在不短于3年期限内摊销扣除，但一经选定，不得改变。

开始生产经营之日为个体工商户取得第一笔销售（营业）收入的日期。

（q）个体工商户通过公益性社会团体或者县级以上人民政府及其部门，用于《中华人民共和国公益事业捐赠法》规定的公益事业的捐赠，捐赠额不超过其应纳税所得额30%的部分可以据实扣除。

财政部、国家税务总局规定可以全额在税前扣除的捐赠支出项目，按有关规定执行。

个体工商户直接对受益人的捐赠不得扣除。公益性社会团体的认定，按照财政部、国家税务总局、民政部有关规定执行。

（r）个体工商户研究开发新产品、新技术、新工艺所发生的开发费用，以及研究开发新产品、新技术而购置单台价值在10万元以下的测试仪器和试验性装置的购置费准予直接扣除；单台价值在10万元以上（含10万元）的测试仪器和试验性装置，按固定资产管理，不得在当期直接扣除。

h. 个体工商户资产的税务处理，参照企业所得税相关法律、法规和政策规定执行。

【例3-39】 下列关于个体工商户税前扣除的表述正确的是（　　）。

A. 个体工商户业主的工资薪金支出允许税前扣除

B. 个体工商户为从业人员缴纳的补充养老保险费允许据实扣除

C. 个体工商户在生产经营活动中向金融企业借款的利息支出允许据实扣除

D. 个体工商户代其从业人员或者他人负担的税款允许税前扣除

【解析】 个体工商户业主的工资薪金支出不得税前扣除。个体工商户为从业人员缴纳的补充养老保险费在不超过从业人员工资总额5%标准内的部分据实扣除；超过部分，不得扣除。个体工商户代其从业人员或者他人负担的税款，不得税前扣除。因此，正确答案为C。

②个人独资企业和合伙企业应纳税所得额的计算。

a. 基本规定。个人独资企业和合伙企业（以下简称企业）每一纳税年度的收入总额减除成本、费用及损失后的余额，作为投资者个人的生产经营所得，按照“经营所得”应税项目，适用5%～35%的五级超额累进税率，计算征收个人所得税。其中，收入总额是指企业从事生产经营及与生产经营有关的活动所取得的各项收入，包括商品（产品）销售收入、营运收入、劳务服务收入、工程价款收入、财产出租或转让收入、利息收入、其他业务收入和营业外收入。

个人独资企业的投资者以全部生产经营所得为应纳税所得额；合伙企业的投资者按照合伙企业的全部生产经营所得和合伙协议约定的分配比例确定应纳税所得额，合伙协议没有约定分配比例的，以全部生产经营所得和合伙人数量平均计算每个投资者的应纳税所得额。

上述生产经营所得，包括企业分配给投资者个人的所得和企业当年留存的所得（利润）。

b. 扣除项目及标准。凡实行查账征税办法的，生产经营所得比照个体工商户相关规定确定。但下列项目的扣除遵循以下规定：

(a) 投资者的费用扣除标准。投资者的工资不得在税前直接扣除，但可按规定的标准扣除费用。自2019年1月1日起，投资者本人的费用扣除标准统一确定为6万元/年（即5000元/月）。

需要注意的是，投资者兴办两个或两个以上企业的，其费用扣除标准由投资者选择在其中一个企业的生产经营所得中扣除。

(b) 企业实际支付给从业人员的、合理的工资薪金支出，准予扣除。

(c) 投资者及其家庭发生的生活费用不允许在税前扣除。投资者及其家庭发生的生活费用与企业生产经营费用混合在一起，并且难以划分的，全部视为投资者个人及其家庭发生的生活费用，不允许在税前扣除。

(d) 企业生产经营和投资者及其家庭生活共用的固定资产，难以划分的，由主管税务机关根据企业的生产经营类型、规模等具体情况，核定准予在税前扣除的折旧费用的数额或比例。

(e) 企业实际发生的工会经费、职工福利费、职工教育经费分别在其计税工资总额的2%、14%、1.5%的标准内据实扣除。

(f) 企业每一纳税年度发生的与其生产经营活动直接相关的广告和业务宣传费用不超过当年销售（营业）收入15%的部分，可据实扣除；超过部分，准予在以后纳税年度结转扣除。

(g) 企业每一纳税年度发生的与其生产经营业务直接相关的业务招待费支出，按照实际发生额的60%扣除，但最高不得超过当年销售（营业）收入的5‰。

(h) 企业计提的各种准备金不得扣除。

c. 计算方法。

(a) 查账征收。实行查账征收的个人投资者，兴办一个企业的，比照个体工商户经营所得应纳税所得额的计算方法。

投资者兴办两个或两个以上企业的（包括参与兴办），年度终了时，应汇总从所有企业取得的应纳税所得额。

(b) 核定征收。有下列情形之一的，主管税务机关应采取核定征收方式征收个人所得税：企业依照国家有关规定应当设置但未设置账簿的；企业虽设置账簿，但账目混乱或者成本资料、收入凭证、费用凭证残缺不全，难以查账的；纳税人发生纳税义务，未按照规定的期限办理纳税申报，经税务机关责令限期申报，逾期仍不申报的。

核定征收的方式包括定额征收、核定应税所得率征收及其他合理的征收方式。实行核定应税所得率征收方式的，应纳税所得额的计算公式为：

应纳税所得额 = 收入总额 × 应税所得率

或　应纳税所得额 = 成本费用支出额 ÷ (1 - 应税所得率) × 应税所得率

各行业的应税所得率见表 3 - 11。

表 3 - 11　　各行业的应税所得率

行业	应税所得率（%）
工业、交通运输业、商业	5 ~ 20
建筑业、房地产开发业	7 ~ 20
饮食服务业	7 ~ 25
娱乐业	20 ~ 40
其他行业	10 ~ 30

企业经营多业的，无论其经营项目是否单独核算，均应根据其主营项目确定其适用的应税所得率。

(c) 亏损弥补。企业的年度亏损，允许用本企业下一年度的生产经营所得弥补，下一年度所得不足弥补的，允许逐年延续弥补，但最长不得超过 5 年。

投资者兴办两个或两个以上企业的，企业的年度经营亏损不能跨企业弥补。

实行查账征税方式的个人独资企业和合伙企业改为核定征税方式后，在查账征税方式下认定的年度经营亏损未弥补完的部分，不得再继续弥补。

(4) 财产租赁所得，以 1 个月内取得的收入为一次。每次收入不超过 4000 元的，减除费用 800 元；4000 元以上的，减除 20% 的费用，其余额为应纳税所得额。

在确定财产租赁的应纳税所得额时，纳税人在出租财产过程中缴纳的税费，可持完税（缴款）凭证，从其财产租赁收入中扣除。准予扣除的项目除了规定费用和有关税费外，还准予扣除能够提供有效、准确凭证，证明由纳税人负担的该出租财产实际开支的修缮费用。允许扣除的修缮费用，以每次 800 元为限。一次扣除不完的，准予在下一次继续扣除，直到扣完为止。

个人将承租房屋转租取得的租金收入，属于个人所得税应税所得，应按“财产租赁所得”项目计算缴纳个人所得税。取得转租收入的个人向房屋出租方支付的租金，凭房屋租赁合同和合法支付凭据允许在计算个人所得税时，从该项转租收入中扣除。

个人出租财产取得的财产租赁收入，在计算缴纳个人所得税时，应依次扣除以下费用：

①财产租赁过程中缴纳的税费。

②向出租方支付的租金。

③由纳税人负担的租赁财产实际开支的修缮费用。

④税法规定的费用扣除标准。

应纳税所得额的计算公式为：

每次（月）收入不超过4000元：

应纳税所得额＝每次（月）收入额－准予扣除项目－修缮费用（800元为限）－800元

每次（月）收入超过4000元：

应纳税所得额＝[每次（月）收入额－准予扣除项目－修缮费用（800元为限）]×(1－20%)

（5）财产转让所得，以一次转让财产的收入额减除财产原值和合理费用后的余额，为应纳税所得额。其中，财产原值按照下列方法确定：

①有价证券，为买入价以及买入时按照规定交纳的有关费用。

②建筑物，为建造费或者购进价格及其他有关费用。

③土地使用权，为取得土地使用权所支付的金额、开发土地的费用及其他有关费用。

④机器设备、车船，为购进价格、运输费、安装费及其他有关费用。

⑤其他财产，参照上述规定的方法确定财产原值。

纳税人未提供完整、准确的财产原值凭证，不能按照上述规定的方法确定财产原值的，由主管税务机关核定财产原值。

合理费用是指卖出财产时按照规定支付的有关税费。

（6）利息、股息、红利所得，以每次收入额为应纳税所得额，不得从收入额中扣除任何费用。其中，每次收入额是指支付单位或个人每次支付利息、股息、红利时，个人所取得的收入。

（7）偶然所得，以每次取得该项收入为一次，以每次收入额为应纳税所得额，不扣除任何费用。

（二）特殊规定

（1）两个以上的个人共同取得同一项目收入的，应当对每个人取得的收入分别按照《个人所得税法》的规定计算纳税。

（2）个人将其所得对教育、扶贫、济困等公益慈善事业进行捐赠，捐赠额未超过纳税人申报的应纳税所得额30%的部分，可以从其应纳税所得额中扣除；国务院规定对公益慈善事业捐赠实行全额税前扣除的，从其规定。其中：个人将其所得对教育、扶贫、济困等公益慈善事业进行捐赠是指个人将其所得通过中国境内的公益性社会组织、国家机关向教育、扶贫、济困等公益慈善事业的捐赠；应纳税所得额是指计算扣除捐赠额之前的应纳税所得额。

个人捐赠住房作为公共租赁住房，符合税收法律法规规定的，对其公益性捐赠支出未超过其申报的应纳税所得额30%的部分，准予从其应纳税所得额中扣除。

（3）个人通过非营利性的社会团体和政府部门对下列机构的捐赠，准予在个人所得税税前按以下规定扣除：

①对公益性青少年活动场所（其中包括新建）的捐赠。对个人通过非营利性的社会团体和国家机关对公益性青少年活动场所（其中包括新建）的捐赠，在计算个人所得税时准予全额扣除。公益性青少年活动场所是指专门为青少年学生提供科技、文化、德育、爱国主义教育、体育活动的青少年宫、青少年活动中心等校外活动的公益性场所。

②对红十字事业的捐赠。个人通过非营利性的社会团体和国家机关（包括中国红十字会）向红十字事业的捐赠，在计算个人所得税时准予全额扣除。

③对福利性、非营利性老年服务机构的捐赠。对个人通过非营利性的社会团体和政府部门向福利性、非营利性的老年服务机构的捐赠，在计算个人所得税时准予全额扣除。老年服务机构是指专门为老年人提供生活照料、文化、护理、健身等多方面服务的福利性、非营利性的机构，主要包括：老年社会福利院、敬老院（养老院）、老年服务中心、老年公寓（含老年护理院、康复中心、托老所）等。

④对农村义务教育的捐赠。对个人通过非营利的社会团体和国家机关向农村义务教育的捐赠，准予在计算个人所得税时全额扣除。农村义务教育是指政

府和社会力量举办的农村乡镇（不含县和县级市政府所在地的镇）、村的小学和初中以及属于这一阶段的特殊教育学校。纳税人对农村义务教育与高中在一起的学校的捐赠，也享受所得税前全额扣除政策。

⑤对中华健康快车基金会等5家单位的捐赠。个人向中华健康快车基金会和孙冶方经济科学基金会、中华慈善总会、中国法律援助基金会和中华见义勇为基金会的捐赠，准予在缴纳个人所得税前全额扣除。

⑥对教育事业的捐赠。纳税人通过中国境内非营利的社会团体、国家机关向教育事业的捐赠，准予在个人所得税前全额扣除。

⑦对宋庆龄基金会等6家单位的捐赠。对个人通过宋庆龄基金会、中国福利会、中国残疾人福利基金会、中国扶贫基金会、中国煤矿尘肺病治疗基金会、中华环境保护基金会用于公益救助性的捐赠，准予在缴纳个人所得税前全额扣除。

⑧对中国老龄事业发展基金会等8家单位的捐赠。对个人通过中国老龄事业发展基金会、中国华文教育基金会、中国绿化基金会、中国妇女发展基金会、中国关心下一代健康体育基金会、中国生物多样性保护基金会、中国儿童少年基金会和中国光彩事业基金会用于公益救济性的捐赠，准予在缴纳个人所得税前全额扣除。

⑨对中国医药卫生事业发展基金会的捐赠。个人通过中国医药卫生事业发展基金会用于公益救济性的捐赠，准予在缴纳个人所得税前全额扣除。

⑩对中国教育发展基金会的捐赠。个人通过中国教育发展基金会用于公益救济性的捐赠，准予在缴纳个人所得税前全额扣除。

⑪自2020年1月1日至2021年3月31日，个人的下列捐赠允许在计算应纳税所得额时全额扣除：个人通过公益性社会组织或者县级以上人民政府及其部门等国家机关，捐赠用于应对新型冠状病毒感染的肺炎疫情的现金和物品；个人直接向承担疫情防治任务的医院捐赠用于应对新型冠状病毒感染的肺炎疫情的物品。捐赠人凭承担疫情防治任务的医院开具的捐赠接收函办理税前扣除事宜。

五、个人所得税应纳税额计算

（一）居民个人综合所得个人所得税应纳税额的计算

居民个人综合所得是指居民个人取得的工资、薪金所得，劳务报酬所得，稿酬所得，特许权使用费所得。按现行税法规定，扣缴义务人在向居民个人支付工资、薪金所得，劳务报酬所得，稿酬所得，特许权使用费所得时，应按规定分月或分次预扣预缴个人所得税；居民个人需要办理综合所得汇算清缴的，应当在取得所得的次年3月1日至6月30日办理汇算清缴。

1. 居民个人综合所得预扣预缴税额的计算。

扣缴义务人向居民个人支付工资、薪金所得，劳务报酬所得，稿酬所得，特许权使用费所得时，按以下方法预扣预缴个人所得税，并向主管税务机关报送《个人所得税扣缴申报表》。

（1）居民个人工资、薪金所得预扣预缴税额的计算。

扣缴义务人向居民个人支付工资、薪金所得时，应当按照累计预扣法计算预扣税款，并按月办理全员全额扣缴申报。

累计预扣法是指扣缴义务人在一个纳税年度内预扣预缴税款时，以纳税人在本单位截至当前月份工资、薪金所得累计收入减除累计免税收入、累计减除费用、累计专项扣除、累计专项附加扣除和累计依法确定的其他扣除后的余额为累计预扣预缴应纳税所得额，适用个人所得税预扣率表，计算累计应预扣预缴税额，再减除累计减免税额和累计已预扣预缴税额，其余额为本期应预扣预缴税额。余额为负值时，暂不退税。纳税年度终了后余额仍为负值时，由纳税人通过办理综合所得年度汇算清缴，税款多退少补。计算公式为：

本期应预扣预缴税额 =（累计预扣预缴应纳税所得额 × 预扣率 − 速算扣除数）− 累计减免税额 − 累计已预扣预缴税额

累计预扣预缴应纳税所得额 = 累计收入 − 累计免税收入 − 累计减除费用 − 累计专项扣除 − 累计专项附加扣除 − 累计依法确定的其他扣除

其中：累计减除费用，按照5000元/月乘以纳税人当年截至本月在本单位的任职受雇月份数计算。累计专项附加扣除是指居民个人取得工资、薪金所得时，选择向扣缴义务人提供专项附加扣除有关信息，由扣缴义务人扣缴税款时减除专项附加扣除。纳税人同时从两处以上取得工资、薪金所得，并由扣缴义务人减除专项附加扣除的，对同一专项附加扣除项目，在一个纳税年度内只能选择从一处取得的所得中减除。

上述公式中，计算居民个人工资、薪金所得预扣预缴税额的预扣率、速算扣除数按表3－8执行。

累计预扣法主要是通过各月累计收入减去对应扣除，对照综合所得税率表计算累计应缴税额，再减去已缴税额，确定本期应缴税额的一种方法。这种方法一方面对于大部分只有一处工资、薪金所得的纳税人来说，纳税年度终了时预扣预缴的税款基本上等于年度应纳税款，因此无须再办理自行纳税申报、汇算清缴；此外，对需要补退税的纳税人来说，预扣预缴的税款与年度应纳税款差额相对较小，不会占用纳税人过多资金。

【例 3－40】 居民个人张某2020年入职甲公司，2021年1—12月取得应发工资收入分别为：10000元、10000元、15000元、10000元、10000元、18000元、10000元、10000元、15000元、10000元、10000元、30000元。每月个人按规定缴纳的“三险一金”为工资收入的20%，每月按规定享受专项附加扣除金额2000元。假定没有减免收入及减免税额等优惠，请计算2021年甲公司每月应预扣预缴张某工资、薪金所得的个人所得税。

【解析】

1月应预扣预缴的个人所得税 =（10000 − 5000 − 2000 − 2000）× 3% = 30（元）

2月应预扣预缴的个人所得税 =（20000 − 10000 − 4000 − 4000）× 3% − 30 = 30（元）

3月应预扣预缴的个人所得税 =（35000 − 15000 − 7000 − 6000）× 3% − 60 = 150（元）

4月应预扣预缴的个人所得税 =（45000 − 20000 − 9000 − 8000）× 3% − 210 = 30（元）

5月应预扣预缴的个人所得税 =（55000 − 25000 − 11000 − 10000）× 3% − 240 = 30（元）

6月应预扣预缴的个人所得税 =（73000 − 30000 − 14600 − 12000）× 3% − 270 = 222（元）

7月应预扣预缴的个人所得税 =（83000 − 35000 − 16600 − 14000）× 3% − 492 = 30（元）

8月应预扣预缴的个人所得税 =（93000 − 40000 − 18600 − 16000）× 3% − 522 = 30（元）

9月应预扣预缴的个人所得税 =（108000 − 45000 − 21600 − 18000）× 3% − 552 = 150（元）

10月应预扣预缴的个人所得税 =（118000 − 50000 − 23600 − 20000）× 3% −

702 = 30（元）

11 月应预扣预缴的个人所得税 =（128000 - 55000 - 25600 - 22000）× 3% - 732 = 30（元）

12 月应预扣预缴的个人所得税 =（158000 - 60000 - 31600 - 24000）× 10% - 2520 - 762 = 958（元）

（2）居民个人劳务报酬所得、稿酬所得、特许权使用费所得预扣预缴税额的计算。

扣缴义务人向居民个人支付劳务报酬所得、稿酬所得、特许权使用费所得，以每次或每月收入额为预扣预缴应纳税所得额，分别适用三级超额累进预扣率和 20% 的比例预扣率，按次或按月计算每项所得应预扣预缴的个人所得税。

计算公式为：

劳务报酬所得应预扣预缴税额 = 预扣预缴应纳税所得额（收入额）× 预扣率 - 速算扣除数

稿酬所得、特许权使用费所得应预扣预缴税额 = 预扣预缴应纳税所得额（收入额）× 预扣率

其中：

①收入额：劳务报酬所得、稿酬所得、特许权使用费所得以收入减除费用后的余额为收入额（稿酬所得的收入额减按 70% 计算）。

②减除费用：劳务报酬所得、稿酬所得、特许权使用费所得每次收入不超过 4000 元的，减除费用按 800 元计算；每次收入 4000 元以上的，减除费用按 20% 计算。

③预扣率：劳务报酬所得适用 20% ～ 40% 的三级超额累进预扣率，见表 3 - 12，稿酬所得、特许权使用费所得适用 20% 的比例预扣率。

表 3 - 12　　劳务报酬所得预扣预缴适用

级数	预扣预缴应纳税所得额	预扣率（%）	速算扣除数
1	不超过 20000 元的	20	0
2	超过 20000 元至 50000 元的部分	30	2000
3	超过 50000 元的部分	40	7000

④保险营销员、证券经纪人佣金收入：保险营销员、证券经纪人取得的佣

金收入，属于劳务报酬所得，扣缴义务人向保险营销员、证券经纪人支付佣金收入时，应按照规定的累计预扣法计算预扣税款。

【例3-41】 假设中国某居民个人一次性取得劳务报酬收入2000元（不含增值税），计算应预扣预缴该笔劳务报酬所得的个人所得税。

【解析】 应纳税所得额=2000-800=1200（元），应预扣预缴的个人所得税税额=1200×20%=240（元）。

【例3-42】 假设中国某居民个人一次性取得稿酬收入40000元（不含增值税），计算应预扣预缴该笔稿酬所得的个人所得税。

【解析】 应纳税所得额=40000×(1-20%)×70%=22400（元），应预扣预缴个人所得税税额=22400×20%=4480（元）。

【例3-43】 甲、乙、丙三人均系居民个人，合作承担一项培训劳务，共取得报酬40000元，其中：甲分得4000元，乙分得10000元，丙分得26000元。计算支付方合计应预扣预缴甲、乙、丙三人的个人所得税。

【解析】 甲应被预扣预缴个人所得税=(4000-800)×20%=640（元），乙应被预扣预缴个人所得税=10000×(1-20%)×20%=1600（元），丙应被预扣预缴个人所得税=26000×(1-20%)×30%-2000=4240（元），三人合计被预扣预缴个人所得税=640+1600+4240=6480（元）。

（3）预扣预缴税款计算方法的优化。

①为进一步支持稳就业、保就业，减轻当年新入职人员个人所得税预扣预缴阶段的税收负担，国家税务总局规定，自2020年7月1日起，进一步完善调整年度中间首次取得工资、薪金所得等人员有关个人所得税预扣预缴方法。具体规定为：

对一个纳税年度内首次取得工资、薪金所得的居民个人，扣缴义务人在预扣预缴个人所得税时，可按照5000元/月乘以纳税人当年截至本月月份数计算累计减除费用。

上述首次取得工资、薪金所得的居民个人是指自纳税年度首月起至新入职时，未取得工资、薪金所得或者未按照累计预扣法预扣预缴过连续性劳务报酬所得个人所得税的居民个人。

正在接受全日制学历教育的学生因实习取得劳务报酬所得的，扣缴义务人预扣预缴个人所得税时，可按照累计预扣法计算并预扣预缴税款。

②为进一步支持稳就业、保就业、促消费，助力构建新发展格局，国家税

务总局规定，自2021年1月1日起，进一步简便优化部分纳税人个人所得税预扣预缴方法。具体规定为：

对上一完整纳税年度内每月均在同一单位预扣预缴工资、薪金所得个人所得税且全年工资、薪金收入不超过6万元的居民个人，扣缴义务人在预扣预缴本年度工资、薪金所得个人所得税时，累计减除费用自1月起直接按照全年6万元计算扣除。即在纳税人累计收入不超过6万元的月份，暂不预扣预缴个人所得税；在其累计收入超过6万元的当月及年内后续月份，再预扣预缴个人所得税。

扣缴义务人应当按规定办理全员全额扣缴申报，并在《个人所得税扣缴申报表》相应纳税人的备注栏注明“上年各月均有申报且全年收入不超过6万元”字样。

对按照累计预扣法预扣预缴劳务报酬所得个人所得税的居民个人，扣缴义务人比照上述规定执行。

【例3-44】 小张为A单位员工，2020年1—12月在A单位合计取得工资薪金50000元，A单位为其办理了2020年1—12月的工资、薪金所得个人所得税全员全额明细申报。2021年，A单位1月给其发放10000元工资，2—12月每月发放4000元工资。在不考虑“三险一金”等各项扣除的情况下，请分析比较新旧预扣预缴方法和年度汇算清缴方法的差异。

【解析】 按照原预扣预缴方法，小张1月需预缴个人所得税 $=(10000-5000)\times3\%=150$（元），其他月无需预缴个人所得税；全年算账，因其年收入不足6万元，故通过汇算清缴可退税150元。

依照新的预扣预缴方法，小张自1月起即可直接扣除全年累计减除费用6万元而无需预缴税款，年度终了也就不用办理汇算清缴。

【例3-45】 小周为A单位员工，2020年1—12月在A单位取得工资薪金50000元，单位为其办理了2020年1—12月的工资、薪金所得个人所得税全员全额明细申报。2021年，A单位每月给其发放工资8000元、个人按国家标准缴付“三险一金”2000元。请按照新的预扣预缴方法，计算小周2021年每月的预扣预缴税额。

【解析】 1—7月，小周因其累计收入［$8000\times7=56000$（元）］不足6万元而无需缴税；从8月起，小张累计收入超过6万元，每月需要预扣预缴的税款计算如下：

8 月预扣预缴税款 =（8000 ×8 －2000 ×8 －60000）×3% －0 =0（元）

9 月预扣预缴税款 =（8000 ×9 －2000 ×9 －60000）×3% －0 =0（元）

10 月预扣预缴税款 =（8000 ×10 －2000 ×10 －60000）×3% －0 =0（元）

11 月预扣预缴税款 =（8000 ×11 －2000 ×11 －60000）×3% －0 =180（元）

12 月预扣预缴税款 =（8000 ×12 －2000 ×12 －60000）×3% －180 =180（元）

【例 3 －46】 纳税人取得的下列劳务报酬所得中，不可以按照累计预扣法预扣个人所得税的是（　　）。

A. 正在接受全日制学历教育的学生因实习取得的劳务报酬所得

B. 保险营销员取得的佣金收入

C. 医药代表取得的佣金收入

D. 证券经纪人取得的佣金收入

【解析】 医药代表取得的佣金收入仍适用劳务报酬所得按次扣缴税款的计算公式。因此，正确答案为 C。

2. 居民个人综合所得汇算清缴应纳税额的计算。

居民个人办理年度综合所得汇算清缴时，应当依法计算劳务报酬所得、稿酬所得、特许权使用费所得的收入额，并入年度综合所得计算应纳税款，税款多退少补。综合所得汇算清缴计算公式为：

汇算应退或应补税额 =［（综合所得收入额 －60000 元 －“三险一金”等专项扣除 －子女教育等专项附加扣除 －依法确定的其他扣除 －符合条件的公益慈善事业捐赠）×适用税率 －速算扣除数］－已预缴税额

此外，纳税人计算并结清本年综合所得的应退或应补税款，不涉及以前或以后年度，也不涉及财产租赁等分类所得，以及纳税人按规定选择不并入综合所得计算纳税的全年一次性奖金等所得。需要注意的是：

（1）保险营销员、证券经纪人取得的佣金收入，属于劳务报酬所得，以不含增值税的收入减除 20% 的费用后的余额为收入额，收入额减去展业成本及附加税费后，并入当年综合所得，计算缴纳个人所得税。保险营销员、证券经纪人展业成本按照收入额的 25% 计算。

（2）专项扣除、专项附加扣除和依法规定的其他扣除，以居民个人一个纳税年度的应纳税所得额为限额。一个纳税年度抵扣不完的，不得结转抵扣。

（3）居民个人取得劳务报酬所得、稿酬所得、特许权使用费所得，应当在汇算清缴时向税务机关提供有关信息，减除专项附加扣除。

（4）居民个人填报专项附加扣除信息存在明显错误，经税务机关通知，居民个人拒不更正或者不说明情况的，税务机关可暂停纳税人享受专项附加扣除。居民个人按规定更正相关信息或者说明情况后，经税务机关确认，居民个人可继续享受专项附加扣除，以前月份未享受扣除的，可按规定追补扣除。

（5）残疾、孤老人员和烈属取得综合所得办理汇算清缴时，汇算清缴地与预扣预缴地规定不一致的，用预扣预缴地规定计算的减免税额与用汇算清缴地规定计算的减免税额相比较，按照孰高值确定减免税额。

3. 应纳税额计算的特殊规定。

（1）居民个人取得全年一次性奖金，符合相关文件规定的，自 2019 年 1 月 1 日起，在 2023 年 12 月 31 日前，不并入当年综合所得，以全年一次性奖金收入除以 12 个月得到的数额，适用表 2－1 按月换算后的税率表确定适用税率和速算扣除数，单独计算纳税。计算公式为：

应纳税额＝全年一次性奖金收入×适用税率－速算扣除数

居民个人取得全年一次性奖金，也可以选择并入当年综合所得计算纳税。

中央企业负责人取得年度绩效薪金延期兑现收入和任期奖励，符合相关文件规定的，在 2023 年 12 月 31 日前，参照全年一次性奖金的规定执行。

（2）居民个人取得股票期权、股票增值权、限制性股票、股权奖励等股权激励（以下简称股权激励），符合相关条件的，自 2019 年 1 月 1 日至 2022 年 12 月 31 日，不并入当年综合所得，全额单独适用综合所得税率表，计算纳税。计算公式为：

应纳税额＝股权激励收入×适用税率－速算扣除数

居民个人一个纳税年度内取得两次以上（含两次）股权激励的，应合并计算纳税。

【例 3－47】 2020 年 2 月宋某被授予上市公司股票期权，当满足行权条件时，允许宋某以每股 1 元的价格购入本公司 30000 股股票。2021 年 2 月宋某完成业绩考核要求可以行权，2022 年 3 月宋某行权，股票当日收盘价 7 元/股。计算宋某该项所得应缴纳的个人所得税。

【解析】 该项所得应缴纳的个人所得税＝[（7－1）×30000]×20%－16920＝19080（元）

（3）个人达到国家规定的退休年龄，领取的企业年金、职业年金，符合相关文件规定的，不并入综合所得，全额单独计算应纳税款。其中按月领取的，适用月度税率表计算纳税；按季领取的，平均分摊计入各月，按每月领取额适用月度税率表计算纳税；按年领取的，适用综合所得税率表计算纳税。

个人因出境定居而一次性领取的年金个人账户资金，或个人死亡后，其指定的受益人或法定继承人一次性领取的年金个人账户余额，适用综合所得税率表计算纳税。对个人除上述特殊原因外一次性领取年金个人账户资金或余额的，适用月度税率表计算纳税。

（4）个人与用人单位解除劳动关系取得一次性补偿收入（包括用人单位发放的经济补偿金、生活补助费和其他补助费），在当地上年职工平均工资3倍数额以内的部分，免征个人所得税；超过3倍数额的部分，不并入当年综合所得，单独适用综合所得税率表，计算纳税。

（5）个人办理提前退休手续而取得的一次性补贴收入，应按照办理提前退休手续至法定离退休年龄之间实际年度数平均分摊，确定适用税率和速算扣除数，单独适用综合所得税率表，计算纳税。计算公式为：

应纳税额＝{[（一次性补贴收入÷办理提前退休手续至法定退休年龄的实际年度数）－费用扣除标准]×适用税率－速算扣除数}×办理提前退休手续至法定退休年龄的实际年度数

（6）个人办理内部退养手续从原任职单位取得一次性补贴收入，无需纳入综合所得进行年度汇算。计税时，按照办理内部退养手续后至法定离退休年龄之间的所属月份进行平均后的商数，先与当月工资合并查找税率、计算税额，再减除当月工资收入应缴的税额，即为该项补贴收入应纳税额。发放一次性补贴收入当月取得的工资收入，仍需要并入综合所得计算缴税。在年终汇算时，正常按照税法规定扣除基本减除费用。

（7）单位按低于购置或建造成本价格出售住房给职工，职工因此而少支出的差价部分，符合相关文件规定的，不并入当年综合所得，以差价收入除以12个月得到的数额，按照月度税率表确定适用税率和速算扣除数，单独计算纳税。计算公式为：

应纳税额＝职工实际支付的购房价款低于该房屋的购置或建造成本价格的差额×适用税率－速算扣除数

【例3－48】甲企业2021年建造住宅楼一幢，建造成本每平方米10000元，但计划以每平方米8000元的价格销售给本单位职工，职工王某2021年7月购买面积为120平方米的房屋一套。请计算王某7月应缴纳的个人所得税。

【解析】 王某7月应缴纳的个人所得税＝职工实际支付的购房价款低于该房屋的购置或建造成本价格的差额×适用税率－速算扣除数＝[(10000－8000)×120]×20%－1410＝46590（元）

【例3－49】 居民个人小王2021年取得综合所得情况如下：每月A单位应发小王工资20000元，2月取得上一年度全年一次性奖金50000元，按照国家规定的范围和标准缴纳的“三险一金”为4500元，每月子女教育、住房贷款两项专项附加扣除合计金额为2000元，均由本人扣除。个人缴付符合国家规定的企业年金支出为每月1000元。当年扣除医保报销后个人负担的医药费用支出为40000元，由本人扣除。3月为B单位连续提供同一系列专题培训服务三次，每次取得劳务报酬收入10000元。8月从C单位取得一笔稿酬收入5000元。10月从D单位取得特许权使用费收入6000元。假定小王取得全年一次性奖金选择单独计税，不并入当年综合所得，无其他收入、支出及优惠情况，不考虑增值税等相关税费。请根据上述资料，计算回答下列问题。

（1）A单位2021年支付小王工资、薪金所得时全年累计预扣预缴的个人所得税。

（2）A单位2月支付小王年终奖时应扣缴的个人所得税。

（3）B单位3月支付劳务报酬所得时应预扣预缴的个人所得税。

（4）小王取得稿酬所得和特许权使用费所得合计应被预扣预缴的个人所得税。

（5）2022年3月至6月，小王应向其主管税务机关申请补（退）税的金额。

【解析】

（1）1月累计预扣预缴应纳税所得额

＝20000－5000－4500－2000－1000＝7500（元）

本期应预扣预缴税额＝(7500×3%－0)＝225（元）

2月累计预扣预缴应纳税所得额

＝20000×2－5000×2－4500×2－2000×2－1000×2＝7500×2＝15000（元）

本期应预扣预缴税额＝15000×3%－225＝225（元）

3月累计预扣预缴应纳税所得额

＝20000×3－5000×3－4500×3－2000×3－1000×3＝7500×3＝22500（元）

本期应预扣预缴税额 $=22500\times3\%-225-225=225$（元）

4 月累计预扣预缴应纳税所得额 $=7500\times4=30000$（元）

本期应预扣预缴税额 $=30000\times3\%-225-225-225=225$（元）

5 月累计预扣预缴应纳税所得额 $=7500\times5=37500$（元）

本期应预扣预缴税额 $=37500\times10\%-2520-225\times4=330$（元）

6 月累计预扣预缴应纳税所得额 $=7500\times6=45000$（元）

本期应预扣预缴税额 $=45000\times10\%-2520-225\times4-330=750$（元）

7 月累计预扣预缴应纳税所得额 $=7500\times7=52500$（元）

本期应预扣预缴税额 $=52500\times10\%-2520-225\times4-330-750=750$（元）

8 月累计预扣预缴应纳税所得额 $=7500\times8=60000$（元）

本期应预扣预缴税额 $=60000\times10\%-2520-225\times4-330-750\times2=750$（元）

9 月累计预扣预缴应纳税所得额 $=7500\times9=67500$（元）

本期应预扣预缴税额 $=67500\times10\%-2520-225\times4-330-750\times3=750$（元）

10 月累计预扣预缴应纳税所得额 $=7500\times10=75000$（元）

本期应预扣预缴税额 $=75000\times10\%-2520-225\times4-330-750\times4=750$（元）

11 月累计预扣预缴应纳税所得额 $=7500\times11=82500$（元）

本期应预扣预缴税额 $=82500\times10\%-2520-225\times4-330-750\times5=750$（元）

12 月累计预扣预缴应纳税所得额 $=7500\times12=90000$（元）

本期应预扣预缴税额 $=90000\times10\%-2520-225\times4-330-750\times6=750$（元）

（2）应纳税额 = 全年一次性奖金收入 × 适用税率 − 速算扣除数 $=50000\times10\%-210=4790$（元）

（3）劳务报酬所得应预扣预缴税额 = 预扣预缴应纳税所得额 × 预扣率 − 速算扣除数 $=30000\times(1-20\%)\times30\%-2000=5200$（元）

（4）5 月稿酬所得预扣预缴应纳税所得额 $=5000\times(1-20\%)\times70\%=2800$（元），应预扣预缴税额 $=2800\times20\%=560$（元）。

10 月特许权使用费所得预扣预缴应纳税所得额 $=6000\times(1-20\%)=4800$

元，应预扣预缴税额 = 4800 × 20% = 960（元）。

两类所得合计应预扣预缴税款 = 560 + 960 = 1520（元）

（5）综合所得年应纳税所得额 = [20000 × 12 + 30000 ×（1 − 20%）+ 5000 × 56% + 6000 ×（1 − 20%）] − 60000 − 4500 × 12 − 2000 × 12 −（40000 − 15000）− 1000 × 12 = 96600（元）

年应纳税额 = 96600 × 10% − 2520 = 7140（元）

2021 年已预扣预缴税款 = 6480 + 5200 + 1520 = 13200（元）

小王应申请退税 = 13200 − 7140 = 6060（元）

4. 无住所居民个人综合所得应纳税额的计算。

无住所居民个人取得综合所得，年度终了后，应按年计算个人所得税；有扣缴义务人的，由扣缴义务人按月或者按次预扣预缴税款；需要办理汇算清缴的，按照规定办理汇算清缴。计算公式为：

年度综合所得应纳税额 =（年度工资、薪金收入额 + 年度劳务报酬收入额 + 年度稿酬收入额 + 年度特许权使用费收入额 − 减除费用 − 专项扣除 − 专项附加扣除 − 依法确定的其他扣除）× 适用税率 − 速算扣除数

公式中无住所居民个人年度综合所得应纳税额的适用税率和速算扣除数按表 3 − 8 执行。公式中的年度工资、薪金收入额，劳务报酬收入额，稿酬收入额及特许权使用费收入额分别按年度内每月工资、薪金及每次劳务报酬、稿酬、特许权使用费收入额合计数额计算。

（1）工资、薪金收入额的确定。

①无住所居民个人在境内居住累计满 183 天的年度连续不满 6 年的情形。在境内居住累计满 183 天的年度连续不满 6 年的无住所居民个人，符合《个人所得税法实施条例》第四条优惠条件的，其取得的全部工资、薪金所得，除归属于境外工作期间且由境外单位或者个人支付的工资、薪金所得部分外，均应计算缴纳个人所得税。工资、薪金所得收入额的计算公式为：

当月工资、薪金收入额 = 当月境内外工资、薪金总额 × [1 −（当月境外支付工资、薪金数额 ÷ 当月境内外工资、薪金总额）×（当月工资、薪金所属工作期间境外工作天数 ÷ 当月工资、薪金所属工作期间公历天数）]

②无住所居民个人在境内居住累计满 183 天的年度连续满 6 年的情形。

在境内居住累计满 183 天的年度连续满 6 年后，不符合《个人所得税法实施条例》第四条优惠条件的无住所居民个人，其从境内、境外取得的全部工

资、薪金所得均应并入收入额计算缴纳个人所得税。

①和②中指代的无住所居民个人既包括高管人员，也包括非高管人员。其中，高管人员是指在企业担任董事、监事及高层管理职务的个人，高层管理职务包括企业正、副（总）经理、各职能总师、总监及其他类似公司管理层的职务。

（2）专项附加扣除政策的享受。

无住所居民个人为外籍个人的，在2019年1月1日至2023年12月31日期间计算工资、薪金收入额时，可以选择享受专项附加扣除政策，也可以选择享受住房补贴、语言训练费、子女教育费等八项津补贴免税优惠政策，但不得同时享受。外籍个人一经选择，在一个纳税年度内不得变更。

（二）非居民个人四项所得个人所得税应纳税额的计算

非居民个人取得工资、薪金所得，劳务报酬所得，稿酬所得和特许权使用费所得，有扣缴义务人的，由扣缴义务人按月或者按次代扣代缴个人所得税，不办理汇算清缴。

1. 当月取得工资、薪金所得应纳税额的计算。

非居民个人当月取得工资、薪金所得，以按照规定计算的当月工资薪金收入额，减去税法规定的减除费用5000元后的余额，为应纳税所得额，适用表3－8按月换算后的税率表计算应纳税额。计算公式为：

应纳税额＝(当月工资薪金收入额－5000元)×适用税率－速算扣除数

其中，关于当月工资、薪金收入额的规定如下：

（1）非居民个人为非高管。

①境内居住时间累计不超过90天的情形。在一个纳税年度内，在境内累计居住不超过90天的非居民个人，仅就归属于境内工作期间并由境内雇主支付或者负担的工资、薪金所得计算缴纳个人所得税（境内所得境内支付纳税）。当月工资薪金收入额的计算公式为：

当月工资、薪金收入额＝当月境内外工资、薪金总额×(当月境内支付工资、薪金数额÷当月境内外工资、薪金总额)×(当月工资、薪金所属工作期间境内工作天数÷当月工资、薪金所属工作期间公历天数)

境内雇主包括雇佣员工的境内单位和个人及境外单位或者个人在境内的机构、场所。凡境内雇主采取核定征收所得税或者无营业收入未征收所得税的，无住所个人为其工作取得工资、薪金所得，不论是否在该境内雇主会计账簿中记载，均视为由该境内雇主支付或者负担。工资、薪金所属工作期间的公历天数是指无住所个人取得工资、薪金所属工作期间按公历计算的天数。

公式中当月境内外工资、薪金包含归属于不同期间的多笔工资、薪金的，应当先分别按照规定计算不同归属期间工资、薪金收入额，然后再加总计算当月工资、薪金收入额。

②境内居住时间累计超过90天不满183天的情形。在一个纳税年度内，在境内累计居住超过90天但不满183天的非居民个人，取得归属于境内工作期间的工资、薪金所得，均应当计算缴纳个人所得税（境内所得纳税）；其取得归属于境外工作期间的工资、薪金所得，不征收个人所得税。

当月工资薪金收入额的计算公式为：

当月工资、薪金收入额 = 当月境内外工资、薪金总额 ×（当月工资、薪金所属工作期间境内工作天数 ÷ 当月工资、薪金所属工作期间公历天数）

（2）非居民个人为高管。

①境内居住时间累计不超过90天的情形。在一个纳税年度内，在境内累计居住不超过90天的高管人员，其取得由境内雇主支付或者负担的工资、薪金所得应当计算缴纳个人所得税；不是由境内雇主支付或者负担的工资、薪金所得，不缴纳个人所得税。当月工资、薪金收入额为当月境内支付或者负担的工资、薪金收入额。

②境内居住时间累计超过90天不满183天的情形。在一个纳税年度内，在境内居住累计超过90天但不满183天的高管人员，其取得的工资、薪金所得，除归属于境外工作期间且不是由境内雇主支付或者负担的部分外，应当计算缴纳个人所得税。

当月工资薪金收入额计算公式为：

当月工资、薪金收入额 = 当月境内外工资、薪金总额 ×［1 -（当月境外支付工资、薪金数额 ÷ 当月境内外工资、薪金总额）×（当月工资、薪金所属工作期间境外工作天数 ÷ 当月工资、薪金所属工作期间公历天数）］

2. 取得劳务报酬所得、稿酬所得、特许权使用费所得应纳税额的计算。

非居民个人取得来源于境内的劳务报酬所得、稿酬所得、特许权使用费所得，以税法规定的每次收入额为应纳税所得额，适用表3-8按月换算后的税率表计算应纳税额。计算公式为：

应纳税额 = 每次收入额 × 税率 - 速算扣除数

劳务报酬所得、稿酬所得、特许权使用费所得以收入减除20%的费用后的余额为收入额；其中，稿酬所得的收入额减按70%计算。

【例3-50】 非居民个人约翰2022年2月在中国境内取得一笔特许权使用费收入120000元。请计算约翰该笔收入应缴纳的个人所得税。

【解析】 约翰该笔收入应缴纳的个人所得税=120000×(1-20%)×45%-15160=28040（元）

（三）经营所得个人所得税应纳税额的计算

1. 个体工商户经营所得个人所得税应纳税额的计算。

个体工商户取得的经营所得适用五级超额累进税率，采用按月或按季度预缴税款，按年汇算清缴的纳税方式。具体而言，由纳税人在月度或者季度终了后15日内向税务机关报送纳税申报表，并预缴税款；在取得所得的次年3月31日前，向税务机关办理汇算清缴。计算公式为：

全年应纳税额=全年应纳税所得额×适用税率-速算扣除数

汇算清缴应补（退）税额=全年应纳税额-全年符合税法规定可以减免的税额-全年累计已预缴税额

【例3-51】 个体工商户刘某2021年取得营业收入196万元，营业成本112万元，税金及附加8万元（包含已经预缴的个人所得税3万元）；营业费用12.5万元（其中业务宣传费5万元，其他营业费用7.5万元）；管理费用22万元（其中业主刘某的工资薪金4.8万元，其他员工的工资薪金12.8万元，职工福利费1.2万元，业务招待费3万元，其他管理费用0.2万元）；财务费用0.3万元；其他支出0.5万元，为行政性罚款支出。刘某除以上经营所得外，未取得综合所得。

2021年，刘某的费用减除标准为6万元；专项扣除1.248万元（养老0.96万元，医疗0.288万元）、专项附加扣除3.6万元（子女教育1.2万元，赡养老人1.2万元，住房贷款利息1.2万元）。

请计算刘某向税务机关办理经营所得汇算清缴时应补缴的税额。

【解析】 经营所得利润总额=196-112-8-12.5-22-0.3-0.5=40.7（万元）

职工福利费调整：扣除限额=12.8×14%=1.792（万元），实际发生额1.2万元，无需纳税调整。

业务宣传费调整：扣除限额=196×15%=29.4（万元），实际发生额5万元，无需纳税调整。

业务招待费调整：3×60%=1.8（万元），196×5‰=0.98（万元），调增=3-0.98=2.02（万元）。

不允许扣除的项目：①业主工资4.8万元；②行政性罚款支出0.5万元；③个人所得税3万元。

应纳税所得额=40.7+2.02+4.8+0.5+3-6-1.248-3.6=40.172（万元）

应纳税额=40.172×30%-4.05=8.0016（万元）

应补缴税额=8.0016-3=5.0016（万元）

自2021年1月1日至2022年12月31日，对个体工商户经营所得年应纳税所得额不超过100万元的部分，在现行优惠政策基础上，再减半征收个人所得税。个体工商户不区分征收方式，均可享受。

计算公式为：

减免税额=(个体工商户经营所得应纳税所得额不超过100万元部分的应纳税额-其他政策减免税额×个体工商户经营所得应纳税所得额不超过100万元部分÷经营所得应纳税所得额)×(1-50%)

【例3-52】 纳税人李某经营个体工商户C，年应纳税所得额为80000元（适用税率10%，速算扣除数1500），同时可以享受残疾人政策减免税额2000元。请计算李某该项政策的减免税额。

【解析】 李某该项政策的减免税额=[(80000×10%-1500)-2000]×(1-50%)=2250（元）

【例3-53】 纳税人吴某经营个体工商户D，年应纳税所得额为1200000元（适用税率35%，速算扣除数65500），同时可以享受残疾人政策减免税额6000元。请计算吴某该项政策的减免税额。

【解析】 吴某该项政策的减免税额=[(1000000×35%-65500)-6000×1000000÷1200000]×(1-50%)=139750（元）

个体工商户在预缴税款时即可享受，其年应纳税所得额暂按截至本期申报所属期末的情况进行判断，并在年度汇算清缴时按年计算、多退少补。若个体工商户从两处以上取得经营所得，需在办理年度汇总纳税申报时，合并个体工商户经营所得年应纳税所得额，重新计算减免税额，多退少补。

2. 个人独资企业和合伙企业经营所得个人所得税应纳税额的计算。

（1）查账征收。

实行查账征收的个人投资者，兴办一个企业的，比照个体工商户经营所得应纳税额的计算方法。

投资者兴办两个或两个以上企业的（包括参与兴办），年度终了时，应汇总从所有企业取得的应纳税所得额，据此确定适用税率并计算缴纳应纳税款。

（2）核定征收。

核定征收的方式包括定额征收、核定应税所得率征收及其他合理的征收方式。实行核定应税所得率征收方式的，应纳所得税额的计算公式为：

全年应纳税额 = 全年应纳税所得额 × 适用税率 − 速算扣除数

汇算清缴应补（退）税额 = 全年应纳税额 − 全年符合税法规定可以减免的税额 − 全年累计已预缴税额

【例 3 −54】 李先生与合伙人在 A 市共同兴办了一家合伙企业甲，出资比例为 5∶5。2022 年初，李先生向其主管税务机关报送了 2021 年度的所得税申报表和会计决算报表以及预缴个人所得税纳税凭证。该合伙企业年度会计报表反映：2021 年度主营业务收入 70 万元，其他业务收入 10 万元，营业成本 41 万元，税金及附加 4 万元，销售费用 15.5 万元，管理费用 8.5 万元，其中包括业务招待费 1.35 万元，营业外支出 5 万元，利润总额 6 万元。经税务部门审核，发现如下问题：

（1）合伙企业在 2021 年度给每位合伙人支付工资 9.6 万元，已列入成本。

（2）合伙企业每季度末向每名合伙人预付股利 0.5 万元，已列入成本。

（3）销售费用账户列支广告费 2.5 万元和业务宣传费 0.5 万元。

（4）其他业务收入是两位合伙人对外投资分回的红利，对外投资的出资比例与合伙企业的出资比例相同。

（5）营业外支出账户中包括合伙企业被工商管理部门处以的罚款 2 万元。

（6）李先生在 B 市另有合伙企业乙，按投资比例分得的 2019 年度应纳税所得 6.4 万元。经税务机关审核无调整事项。李先生选择从合伙企业甲中扣除投资者费用。

根据上述资料，回答下列问题：

（1）合伙企业甲可税前列支的广告费和业务宣传费及业务招待费。

（2）合伙企业甲的应纳税所得额。

（3）李先生全部生产经营所得应纳税所得额。

（4）李先生 2021 年度应缴纳的个人所得税。

【解析】

（1）合伙企业甲广告费和业务宣传费：扣除限额 $=700000\times15\%\div10000=10.5$（万元），实际支出额3万元低于扣除限额，不需要调增应纳税所得额。

合伙企业甲业务招待费：扣除限额 $=700000\times0.5\%\div10000=0.35$（万元）。$1.35\times60\%=0.81$（万元），取其小为0.35万元，实际支出额为1.35万元，应调增所得额1万元。

据此，可税前列支的广告费和业务宣传费为3万元，业务招待费0.35万元。

（2）合伙企业甲应纳税所得额 $=(60000+96000\times2+5000\times4\times2+10000+20000-100000)\div10000=22.2$（万元）

（3）李先生在合伙企业甲生产经营所得应纳税所得额 $=22.2\times50\%-0.5\times12$（生计费）$=5.1$（万元）

2020年度汇总计算的应纳税所得额 $=6.4+5.1=11.5$（万元）

（4）全年应缴税额 $=11.5\times20\%-1.05+10\times50\%\times20\%=2.25$（万元）

（3）对外投资分回利息、股息、红利的征税问题。

个人独资企业和合伙企业对外投资分回的利息或者股息、红利，不并入企业的收入，而应单独作为投资者个人取得的利息、股息、红利所得，按“利息、股息、红利所得”应税项目计算缴纳个人所得税。以合伙企业名义对外投资分回利息或者股息、红利的，应按比例确定各个投资者的利息、股息、红利所得，分别按“利息、股息、红利所得”应税项目计算缴纳个人所得税。

（4）税收优惠。

残疾人员投资兴办或参与投资兴办个人独资企业和合伙企业的，残疾人员取得的生产经营所得，符合各省、自治区、直辖市人民政府规定的减征个人所得税条件的，经本人申请、主管税务机关审核批准，可按各省、自治区、直辖市人民政府规定减征的范围和幅度，减征个人所得税。

实行核定征税的投资者，不能享受个人所得税的优惠政策。

（四）利息、股息、红利所得个人所得税应纳税额的计算

利息、股息、红利所得适用20%的比例税率。其应纳税额的计算公式为：

应纳税额＝应纳税所得额（每次收入额）×适用税率

【例3－55】 章某2021年初持有某非上市公司30%股权，年末取得该公司20000元分红。请计算章某股息、红利所得应缴纳的个人所得税。

【解析】 章某应缴纳的个人所得税 $=20000\times20\%=4000$（元）

（五）财产租赁所得个人所得税应纳税额的计算

财产租赁所得适用20%的比例税率。但对个人按市场价格出租的居民住房取得的所得，减按10%的税率征收个人所得税。其应纳税额的计算公式为：

应纳税额=应纳税所得额×适用税率

【例3-56】 王某2022年3月将其位于市区的住房租给甲公司使用，每月租金收入3000元。假定不考虑增值税等相关税费，请计算王某3月取得财产租赁所得应缴纳的个人所得税。

【解析】 王某应缴纳的个人所得税=(3000-800)×10%=220（元）

（六）财产转让所得个人所得税应纳税额的计算

财产转让所得适用20%的比例税率。其应纳税额的计算公式为：

应纳税额=应纳税所得额×适用税率

【例3-57】 田某2021年6月买进某公司债券10000份，每份买价8元，共支付手续费800元，11月将10000份全部卖出，每份卖价8.3元，共支付手续费415元。请计算田某11月取得财产转让所得应缴纳的个人所得税。

【解析】 卖出债券应扣除的财产原值=10000×8+800=80800（元）

转让债券的应纳税所得额=10000×8.3-80800-415=1785（元）

转让债券应缴纳的个人所得税=1785×20%=357（元）

（七）偶然所得个人所得税应纳税额的计算

偶然所得适用20%的比例税率，其应纳税额的计算公式为：

应纳税额=应纳税所得额×适用税率

【例3-58】 丁某2021年9月因购买体育彩票中奖取得奖金20000元。请计算丁某9月取得偶然所得应缴纳的个人所得税。

【解析】 丁某应缴纳的个人所得税=20000×20%=4000（元）

六、个人所得税主要优惠

（一）法定免税项目

根据《个人所得税法》及其实施条例相关规定，对个人下列所得项目，免征个人所得税：

（1）省级人民政府、国务院部委和中国人民解放军军以上单位，以及外国组织、国际组织颁发的科学、教育、技术、文化、卫生、体育、环境保护等方面的奖金。

（2）国债和国家发行的金融债券利息。其中，国债利息是指个人持有中华人民共和国财政部发行的债券而取得的利息；国家发行的金融债券利息是指个人持有经国务院批准发行的金融债券而取得的利息。

（3）按照国家统一规定发给的补贴、津贴。这是指按照国务院规定发给的政府特殊津贴、院士津贴，以及国务院规定免予缴纳个人所得税的其他补贴、津贴。

（4）福利费、抚恤金、救济金。其中，福利费是指根据国家有关规定，从企业、事业单位、国家机关、社会组织提留的福利费或者工会经费中支付给个人的生活补助费；救济金是指各级人民政府民政部门支付给个人的生活困难补助费。

（5）保险赔款。

（6）军人的转业费、复员费、退役金。

（7）按照国家统一规定发给干部、职工的安家费、退职费、基本养老金或者退休费、离休费、离休生活补助费。

（8）依照有关法律规定应予免税的各国驻华使馆、领事馆的外交代表、领事官员和其他人员的所得。依照有关法律规定应予免税的各国驻华使馆、领事馆的外交代表、领事官员和其他人员的所得是指依照《中华人民共和国外交特权与豁免条例》和《中华人民共和国领事特权与豁免条例》规定免税的所得。

（9）中国政府参加的国际公约、签订的协议中规定免税的所得。

（10）国务院规定的其他免税所得。该项免税规定，由国务院报全国人民代表大会常务委员会备案。

（二）减征项目

根据《个人所得税法》规定，有下列情形之一的，可以减征个人所得税，具体幅度和期限，由省、自治区、直辖市人民政府规定，并报同级人民代表大会常务委员会备案：

（1）残疾、孤老人员和烈属的所得。

（2）因自然灾害遭受重大损失的。

国务院可以规定其他减税情形，报全国人民代表大会常务委员会备案。

（三）其他减免税项目

根据财政部和国家税务总局的若干规定，对个人下列所得免征或暂免征收个人所得税：

（1）外籍个人以非现金形式或实报实销形式取得的住房补贴、伙食补贴、搬迁费、洗衣费。

（2）外籍个人按合理标准取得的境内、境外出差补贴。

（3）外籍个人取得的探亲费、语言训练费、子女教育费等，经当地税务机关审核批准为合理的部分。

（4）凡符合下列条件之一的外籍专家取得的工资、薪金所得，可免征个人所得税：

①根据世界银行专项贷款协议，由世界银行直接派往我国工作的外国专家。

②联合国组织直接派往我国工作的专家。

③为联合国援助项目来华工作的专家。

④援助国派往我国专为该国无偿援助项目工作的专家。

⑤根据两国政府签订的文化交流项目来华工作 2 年以内的文教专家，其工资、薪金所得由该国负担的。

⑥根据我国大专院校国际交流项目来华工作 2 年以内的文教专家，其工资、薪金所得由该国负担的。

⑦通过民间科研协定来华工作的专家，其工资、薪金所得由该国政府机构负担的。

（5）个人举报、协查各种违法、犯罪行为而获得的奖金。

（6）个人办理代扣代缴税款手续，按规定取得的扣缴手续费。

（7）个人转让自用达 5 年以上，并且是唯一的家庭生活用房取得的所得。

（8）外籍个人从外商投资企业取得的股息、红利所得。

（9）对个人购买社会福利有奖募捐奖券、体育彩票，一次中奖收入在 1 万元以下（含）的暂免征收个人所得税，超过 1 万元的，全额征收个人所得税。

（10）个人取得单张有奖发票奖金所得不超过 800 元（含 800 元）的，暂免征收个人所得税；个人取得单张有奖发票奖金所得超过 800 元的，全额征收个人所得税。

（11）达到离休、退休年龄，但确因工作需要，适当延长离休、退休年龄的高级专家（指享受国家发放的政府特殊津贴的专家、学者），其在延长离休、退休期间的工资、薪金所得，视同离休费、退休费免征个人所得税。

（12）对证券市场个人投资者取得的证券交易结算资金利息所得，暂免征收个人所得税。

（13）个人按照国家规定的范围和标准缴纳的基本养老保险、基本医疗保险、失业保险等社会保险费和住房公积金，允许在个人应纳税所得额中扣除。

（14）个人实际领（支）取原提存的基本养老保险金、基本医疗保险金、失业保险金和住房公积金时，免征个人所得税。

（15）生育妇女按照县级以上人民政府根据国家有关规定制定的生育保险办法，取得的生育津贴、生育医疗费或其他属于生育保险性质的津贴、补贴，免征个人所得税。

（16）对工伤职工及其近亲属按照《中华人民共和国工伤保险条例》规定取得的工伤保险待遇，免征个人所得税。

（17）对退役士兵按照《退役士兵安置条例》（国务院　中央军委令第608号）规定，取得的一次性退役金及地方政府发放的一次性经济补助，免征个人所得税。

（18）对个人取得的2009年及以后年度发行的地方政府债券利息收入，免征个人所得税。地方政府债券是指经国务院批准同意，以省、自治区、直辖市和计划单列市政府为发行和偿还主体的债券。

（19）企业依照国家有关法律规定宣告破产，企业职工从该破产企业取得的一次性安置费收入，免征个人所得税。

（20）自2018年11月1日起，对个人转让全国中小企业股份转让系统（以下简称新三板）挂牌公司非原始股取得的所得，暂免征收个人所得税。非原始股是指个人在新三板挂牌公司挂牌后取得的股票，以及由上述股票孳生的送、转股。

（21）自2020年1月1日至2023年12月31日，下列所得免征个人所得税：

①对参加疫情防治工作的医务人员和防疫工作者按照政府规定标准取得的临时性工作补助和奖金，免征个人所得税。政府规定标准包括各级政府规定的补助和奖金标准。

对省级及省级以上人民政府规定的对参与疫情防控人员的临时性工作补助和奖金，比照执行。

②单位发给个人用于预防新型冠状病毒感染的肺炎的药品、医疗用品和防

护用品等实物（不包括现金），不计入工资、薪金收入，免征个人所得税。

（22）依法批准设立的非营利性研究开发机构和高等学校根据《中华人民共和国促进科技成果转化法》规定，从职务科技成果转化收入中给予科技人员的现金奖励，可减按50%计入科技人员当月“工资、薪金所得”，依法缴纳个人所得税。

（23）个人与用人单位解除劳动关系取得一次性补偿收入（包括用人单位发放的经济补偿金、生活补助费和其他补助费），在当地上年职工平均工资3倍数额以内的部分，免征个人所得税。

（24）对被拆迁人按照国家有关城镇房屋拆迁管理办法规定的标准取得的拆迁补偿款，免征个人所得税。

【例3－59】下列项目中，可以享受个人所得税免税优惠的有（　　）。

A. 外籍个人从外商投资企业取得的股息、红利所得

B. 个人转让自用达5年以上并且是家庭唯一生活用房取得的所得

C. 退休人员再任职取得的收入

D. 被拆迁人按照国家有关城镇房屋拆迁管理办法规定的标准取得的拆迁补偿款

E. 任职受雇单位发放给个人的奖金

【解析】退休人员再任职取得的收入属于工资、薪金所得。任职受雇单位发放给个人的奖金应计入工资、薪金所得，计算缴纳个人所得税。因此，正确答案为ABD。

【例3－60】中国公民李某任职于境内甲企业，每月取得工资9000元，2021年1—12月还取得以下收入：

（1）保险理赔款3000元。

（2）甲企业支付的独生子女补贴10000元。

（3）购买福利彩票，一次中奖收入30000元。

（4）兼职收入3000元。

（5）因持有某上市公司股票而取得股息红利12000元，已知该股票为李某2020年10月从公开发行和转让市场取得的，李某于6月将该股票转让。

（6）8月将其拥有的两处住房中的一套（已使用7年）出售，不含增值税转让收入2000000元，该房产买价900000元，另支付其他允许税前扣除的相关税费18000元。

其他相关资料：李某每月自行负担“三险一金”1000元；李某的独生子就读于高中二年级，李某与其妻子约定子女教育支出各扣除50%；李某的父母均已年过60岁，且李某是独生子。

根据上述资料，计算回答下列问题。

（1）李某取得的兼职收入应预扣预缴的个人所得税。

（2）分别计算李某取得的保险赔款和福利彩票中奖收入应缴纳的个人所得税。

（3）李某取得的股息红利所得应缴纳的个人所得税。

（4）李某出售住房应缴纳的个人所得税。

（5）李某全年综合所得应缴纳的个人所得税。

【解析】

（1）李某兼职收入应预扣预缴个人所得税 =（3000 − 800）× 20% = 440（元）

（2）保险赔款免征个人所得税，应纳税额为0元。

李某取得的福利彩票中奖收入应缴纳的个人所得税 = 30000 × 20% = 6000（元）

（3）李某取得的股息、红利所得应缴纳的个人所得税 = 12000 × 50% × 20% = 1200（元）

（4）李某出售住房应缴纳的个人所得税 =（2000000 − 900000 − 18000）× 20% = 216400（元）

（5）独生子女补贴不征收个人所得税。

综合所得应纳税所得额 = 9000 × 12 + 3000 ×（1 − 20%）− 60000 − 1000 × 12 −（500 + 2000）× 12 = 8400（元）

全年综合所得应缴纳的个人所得税 = 8400 × 3% = 252（元）

七、个人所得税申报

（一）个人所得税的申报缴纳方式

1. 扣缴申报。

（1）应扣缴申报的所得项目。

扣缴义务人向个人支付应税款项时，应当依照《个人所得税法》规定预扣或者代扣税款。实行个人所得税全员全额扣缴申报的应税所得包括：①工资、薪金所得；②劳务报酬所得；③稿酬所得；④特许权使用费所得：⑤利息、股息、红利所得；⑥财产租赁所得；⑦财产转让所得；⑧偶然所得。

（2）扣缴义务人的法定义务。

扣缴义务人应当依法办理全员全额扣缴申报。在代扣税款的次月 15 日内，向主管税务机关报送其支付所得的所有个人的有关信息、支付所得数额、扣除事项和数额、扣缴税款的具体数额和总额及其他相关涉税信息资料。

扣缴义务人首次向纳税人支付所得时，应当按照纳税人提供的纳税人识别号等基础信息，填写《个人所得税基础信息表（A 表）》，并于次月扣缴申报时向税务机关报送。扣缴义务人对纳税人向其报告的相关基础信息变化情况，应当于次月扣缴申报时向税务机关报送。

支付工资、薪金所得的扣缴义务人应当于年度终了后 2 个月内，向纳税人提供其个人所得和已扣缴税款等信息。纳税人年度中间需要提供上述信息的，扣缴义务人应当提供。纳税人取得除工资、薪金所得以外的其他所得，扣缴义务人应当在扣缴税款后，及时向纳税人提供其个人所得和已扣缴税款等信息。

居民个人向扣缴义务人提供专项附加扣除信息的，扣缴义务人按月预扣预缴税款时应当按照规定予以扣除，不得拒绝。扣缴义务人对纳税人提供的《个人所得税专项附加扣除信息表》，应当按照规定妥善保存备查。依法对纳税人报送的专项附加扣除等相关涉税信息和资料保密。

扣缴义务人应当按照纳税人提供的信息计算税款、办理扣缴申报，不得擅自更改纳税人提供的信息。扣缴义务人发现纳税人提供的信息与实际情况不符的，可以要求纳税人修改。纳税人拒绝修改的，扣缴义务人应当报告税务机关，税务机关应当及时处理。

扣缴义务人依法履行代扣代缴义务，纳税人不得拒绝。纳税人拒绝的，扣缴义务人应当及时报告税务机关。

2. 自行申报。

根据《个人所得税法》规定，有下列情形之一的，纳税人应当依法办理纳税申报：

（1）取得综合所得需要办理汇算清缴。具体情形包括：

①从两处以上取得综合所得，且综合所得年收入额减除专项扣除的余额超过 6 万元。

②取得劳务报酬所得，稿酬所得，特许权使用费所得中一项或者多项所得，且综合所得年收入额减除专项扣除的余额超过 6 万元。

③纳税年度内预缴税额低于应纳税额。

④纳税人申请退税。纳税人申请退税，应当提供其在中国境内开设的银行账户，并在汇算清缴地就地办理税款退库。

2019 年 1 月 1 日至 2023 年 12 月 31 日，居民个人取得的综合所得，年度综合所得收入不超过 12 万元且需要汇算清缴补税的，或者年度汇算清缴补税金额不超过 400 元的，居民个人可免于办理个人所得税综合所得汇算清缴。居民个人取得综合所得时存在扣缴义务人未依法预扣预缴税款的情形除外。

（2）取得应税所得没有扣缴义务人。

（3）取得应税所得，扣缴义务人未扣缴税款。

（4）取得境外所得。

（5）因移居境外注销中国户籍。

（6）非居民个人在中国境内从两处以上取得工资、薪金所得。

（7）国务院规定的其他情形。

（二）个人所得税的纳税期限

1. 扣缴申报。

扣缴义务人每月或每次预扣、代扣的税款，应当在次月 15 日内缴入国库，并向税务机关报送《个人所得税扣缴申报表》。

2. 自行申报。

（1）取得综合所得。

居民个人取得综合所得，按年计算个人所得税，需要办理汇算清缴的，应当在取得所得的次年 3 月 1 日至 6 月 30 日内办理纳税申报，并报送《个人所得税年度自行纳税申报表（A 表）》。在中国境内无住所的纳税人在次年 3 月 1 日前离境的，可以在离境前办理年度汇算。

（2）取得经营所得。

纳税人取得经营所得，按年计算个人所得税，由纳税人在月度或者季度终了后 15 日内办理预缴纳税申报，并报送《个人所得税经营所得纳税申报表（A 表）》。在取得所得的次年 3 月 31 日前办理汇算清缴，并报送《个人所得税经营所得纳税申报表（B 表）》。纳税人在中国境内两处以上取得经营所得的，应当于取得所得的次年 3 月 31 日前办理年度汇总纳税申报，并报送《个人所得税经营所得纳税申报表（C 表）》。

（3）取得应税所得，扣缴义务人未扣缴税款。

居民个人取得综合所得，扣缴义务人未扣缴税款，需要办理汇算清缴的，应当在取得所得的次年 3 月 1 日至 6 月 30 日内办理纳税申报。

非居民个人取得工资、薪金所得，劳务报酬所得，稿酬所得，特许权使用费所得，扣缴义务人未扣缴税款的，应当在取得所得的次年 6 月 30 日前办理纳税申报，并报送《个人所得税自行纳税申报表（A 表）》。非居民个人在次年 6 月 30 日前离境（临时离境除外）的，应当在离境前办理纳税申报。

纳税人取得利息、股息、红利所得，财产租赁所得，财产转让所得和偶然所得，扣缴义务人未扣缴税款的，应当在取得所得的次年 6 月 30 日前办理纳税申报，并报送《个人所得税自行纳税申报表（A 表）》。

税务机关通知限期缴纳的，纳税人应当按照期限缴纳税款。

（4）从中国境外取得所得。

居民个人从中国境外取得所得的，应当在取得所得的次年 3 月 1 日至 6 月 30 日内办理纳税申报，并报送《个人所得税年度自行纳税申报表》（B 表）及境外所得个人所得税抵免明细表。

（5）因移居境外注销中国户籍。

纳税人因移居境外注销中国户籍的，应当在申请注销中国户籍前办理纳税申报，进行税款清算。

纳税人在注销户籍年度取得综合所得的，应当在注销户籍前，办理当年综合所得的汇算清缴，并报送《个人所得税年度自行纳税申报表（A 表）》。尚未办理上一年度综合所得汇算清缴的，应当在办理注销户籍纳税申报时一并办理。

纳税人在注销户籍年度取得经营所得的，应当在注销户籍前，办理当年经营所得的汇算清缴，并报送《个人所得税经营所得纳税申报表（B 表）》。从两处以上取得经营所得的，还应当一并报送《个人所得税经营所得纳税申报表（C 表）》。尚未办理上一年度经营所得汇算清缴的，应当在办理注销户籍纳税申报时一并办理。

纳税人在注销户籍当年取得利息、股息、红利所得，财产租赁所得，财产转让所得和偶然所得的，应当在注销户籍前，申报当年上述所得的完税情况，并报送《个人所得税自行纳税申报表（A 表）》。

纳税人有未缴或者少缴税款的，应当在注销户籍前，结清欠缴或未缴的税款。纳税人存在分期缴税且未缴纳完毕的，应当在注销户籍前，结清尚未缴纳的税款。

纳税人办理注销户籍纳税申报时，需要办理专项附加扣除、依法确定的其他扣除的，应当向税务机关报送《个人所得税专项附加扣除信息表》《商业健康保险税前扣除情况明细表》《个人税收递延型商业养老保险税前扣除情况明细表》等。

（6）非居民个人在中国境内从两处以上取得工资、薪金所得。

非居民个人在中国境内从两处以上取得工资、薪金所得的，应当在取得所得的次月 15 日内办理纳税申报，并报送《个人所得税自行纳税申报表（A表）》。

（三）个人所得税的纳税地点

1. 取得综合所得。

取得综合所得的纳税人，自行办理或受托人为其代为办理年度汇算的，向纳税人任职受雇单位的主管税务机关办理纳税申报；有两处以上任职受雇单位的，纳税人可自主选择向其中一处申报。纳税人没有任职、受雇单位的，向其户籍所在地、经常居住地或者主要收入来源地的主管税务机关申报。主要收入来源地是指一个纳税年度内向纳税人累计发放劳务报酬、稿酬及特许权使用费金额最大的扣缴义务人所在地。单位为纳税人代办年度汇算的，向单位的主管税务机关申报。

2. 取得经营所得。

取得经营所得的纳税人，向经营管理所在地主管税务机关办理预缴纳税申报，在取得所得的次年 3 月 31 日前，向经营管理所在地主管税务机关办理汇算清缴；从两处以上取得经营所得的，选择向其中一处经营管理所在地主管税务机关办理年度汇总申报。

3. 取得应税所得，扣缴义务人未扣缴税款。

取得应税所得，扣缴义务人未扣缴税款的，应当区别以下情形办理纳税申报：

（1）居民个人取得综合所得的，按照“1. 取得综合所得”的规定执行。

（2）非居民个人取得工资、薪金所得，劳务报酬所得，稿酬所得，特许权使用费所得的，向扣缴义务人所在地主管税务机关办理纳税申报。有两个以上扣缴义务人均未扣缴税款的，选择向其中一处扣缴义务人所在地主管税务机关办理纳税申报。

4. 取得境外所得。

取得境外所得的纳税人，向中国境内任职、受雇单位所在地主管税务机关办理纳税申报；在中国境内没有任职、受雇单位的，向户籍所在地或中国境内经常居住地主管税务机关办理纳税申报；户籍所在地与中国境内经常居住地不一致的，选择其中一地主管税务机关办理纳税申报；在中国境内没有户籍的，向中国境内经常居住地主管税务机关办理纳税申报。

5. 因移居境外注销中国户籍。

因移居境外注销中国户籍的纳税人，应向户籍所在地主管税务机关办理纳税申报，进行税款清算。

6. 非居民个人在中国境内从两处以上取得工资、薪金所得。

非居民个人在中国境内从两处以上取得工资、薪金所得的，向其中一处任职、受雇单位所在地主管税务机关办理纳税申报。

八、个人所得税管理

（一）自然人纳税人识别号规定

自然人纳税人识别号，是自然人纳税人办理各类涉税事项的唯一代码标识。有中国公民身份号码的，以其中国公民身份号码作为纳税人识别号；没有中国公民身份号码的，由税务机关赋予其纳税人识别号。

纳税人首次办理涉税事项时，应当向税务机关或者扣缴义务人出示有效身份证件，并报送相关基础信息。其中，“有效身份证件”是指：①纳税人为中国公民且持有有效《中华人民共和国居民身份证》的，为居民身份证。②纳税人为华侨且没有居民身份证的，为有效的《中华人民共和国护照》和华侨身份证明。③纳税人为港澳居民的，为有效的《港澳居民来往内地通行证》或《中华人民共和国港澳居民居住证》。④纳税人为台湾居民的，为有效的《台湾居民来往大陆通行证》或《中华人民共和国台湾居民居住证》。⑤纳税人为持有有效《中华人民共和国外国人永久居留身份证》的外籍个人的，为永久居留证和外国护照；未持有永久居留证但持有有效《中华人民共和国外国人工作许可证》的，为工作许可证和外国护照；其他外籍个人，为有效的外国护照。

税务机关应当在赋予自然人纳税人识别号后告知或者通过扣缴义务人告知纳税人其纳税人识别号，并为自然人纳税人查询本人纳税人识别号提供便利。

自然人纳税人办理纳税申报、税款缴纳、申请退税、开具完税凭证、纳税查询等涉税事项时，应当向税务机关或扣缴义务人提供纳税人识别号。

（二）个人所得税《税收完税证明》调整为《纳税记录》的规定

（1）自2019年1月1日起，纳税人申请开具税款所属期为2019年1月1日（含）以后的个人所得税缴（退）税情况证明的，税务机关不再开具《税收完税证明》（文书式），调整为开具《纳税记录》；纳税人申请开具税款所属期为2018年12月31日（含）以前个人所得税缴（退）税情况证明的，税务机关继续开具《税收完税证明》（文书式）。

（2）纳税人2019年1月1日以后取得应税所得并由扣缴义务人向税务机关办理了全员全额扣缴申报，或根据税法规定自行向税务机关办理纳税申报的，不论是否实际缴纳税款，均可以申请开具《纳税记录》。

（3）纳税人可以通过电子税务局、手机App申请开具本人的个人所得税《纳税记录》，也可到办税服务厅申请开具。

（4）纳税人可以委托他人持下列证件和资料到办税服务厅代为开具个人所得税《纳税记录》：①委托人及受托人有效身份证件原件；②委托人书面授权资料。

（5）纳税人对个人所得税《纳税记录》存在异议的，可以向该项记录中列明的税务机关申请核实。

（6）税务机关提供个人所得税《纳税记录》的验证服务，支持通过电子税务局、手机App等方式进行验证。具体验证方法见个人所得税《纳税记录》中的相关说明。

（三）专项附加扣除后续管理规定

税务机关定期对纳税人提供的专项附加扣除信息开展抽查。税务机关核查时，纳税人无法提供留存备查资料，或者留存备查资料不能支持相关情况的，税务机关可以要求纳税人提供其他佐证；不能提供其他佐证材料，或者佐证材料仍不足以支持的，不得享受相关专项附加扣除。税务机关核查专项附加扣除情况时，可以提请有关单位和个人协助核查，相关单位和个人应当协助。

纳税人有下列情形之一的，主管税务机关应当责令其改正；情形严重的，应当纳入有关信用信息系统，并按照国家有关规定实施联合惩戒；涉及违反《税收征管法》等法律法规的，税务机关依法进行处理：①报送虚假专项附加扣除信息；②重复享受专项附加扣除；③超范围或标准享受专项附加扣除；④拒不提供留存备查资料；⑤国家税务总局规定的其他情形。

纳税人在任职、受雇单位报送虚假扣除信息的，税务机关责令改正的同时，通知扣缴义务人。

（四）反避税规定

1. 税务机关有权进行纳税调整的情形。

有下列情形之一的，税务机关有权按照合理方法进行纳税调整：

（1）个人与其关联方之间的业务往来不符合独立交易原则而减少本人或者其关联方应纳税额，且无正当理由。

（2）居民个人控制的，或者居民个人和居民企业共同控制的设立在实际税负明显偏低的国家（地区）的企业，无合理经营需要，对应当归属于居民个人的利润不作分配或者减少分配。

（3）个人实施其他不具有合理商业目的的安排而获取不当税收利益。

2. 反避税措施。

税务机关依照规定作出纳税调整，需要补征税款的，应当补征税款，并依法加收利息。

依法加收的利息，应当按照税款所属纳税申报期最后一日中国人民银行公布的与补税期间同期的人民币贷款基准利率计算，自税款纳税申报期满次日起至补缴税款期限届满之日止按日加收。纳税人在补缴税款期限届满前补缴税款的，利息加收至补缴税款之日。

（五）建立个人所得税纳税信用管理机制

1. 全面实施个人所得税申报信用承诺制。

税务机关在个人所得税自行纳税申报表、个人所得税专项附加扣除信息表等表单中设立格式规范、标准统一的信用承诺书，纳税人需对填报信息的真实性、准确性、完整性作出守信承诺。信用承诺的履行情况纳入个人信用记录，提醒和引导纳税人重视自身纳税信用，并视情况予以失信惩戒。

2. 建立健全个人所得税纳税信用记录。

国家税务总局以自然人纳税人识别号为唯一标识，以个人所得税纳税申报记录、专项附加扣除信息报送记录、违反信用承诺和违法违规行为记录为重点，研究制定自然人纳税信用管理的制度办法，全面建立自然人纳税信用信息采集、记录、查询、应用、修复、安全管理和权益维护机制，依法依规采集和评价自然人纳税信用信息，形成全国自然人纳税信用信息库，并与全国信用信息共享平台建立数据共享机制。

3. 建立自然人失信行为认定机制。

对于违反《税收征管法》《个人所得税法》及其他法律法规和规范性文件，违背诚实信用原则，存在偷税、骗税、骗抵、冒用他人身份信息、恶意举报、虚假申诉等失信行为的当事人，税务部门将其列入重点关注对象，依法依规采取行政性约束和惩戒措施；对于情节严重、达到重大税收违法失信案件标准的，税务部门将其列为严重失信当事人，依法对外公示，并与全国信用信息共享平台共享。

4. 对个人所得税守信纳税人提供更多便利和机会。

探索将个人所得税守信情况纳入自然人诚信积分体系管理机制。对个人所得税纳税信用记录持续优良的纳税人，相关部门应提供更多服务便利，依法实施绿色通道、容缺受理等激励措施；鼓励行政管理部门在颁发荣誉证书、嘉奖和表彰时将其作为参考因素予以考虑。

5. 对个人所得税严重失信当事人实施联合惩戒。

税务机关与有关部门合作，建立个人所得税严重失信当事人联合惩戒机制，对经税务机关依法认定，在个人所得税自行申报、专项附加扣除和享受优惠等过程中存在严重违法失信行为的纳税人和扣缴义务人，向全国信用信息共享平台推送相关信息并建立信用信息数据动态更新机制，依法依规实施联合惩戒。

6. 强化信息安全和隐私保护。

税务机关依法保护自然人纳税信用信息，积极引导社会各方依法依规使用自然人纳税信用信息。各地区、各部门要按最小授权原则设定自然人纳税信用信息管理人员权限。加大对信用信息系统、信用服务机构数据库的监管力度，保护纳税人合法权益和个人隐私，确保国家信息安全。

7. 建立异议解决和失信修复机制。

对个人所得税纳税信用记录存在异议的，纳税人可向税务机关提出异议申请，税务机关应及时回复并反馈结果。自然人在规定期限内纠正失信行为、消除不良影响的，可以通过主动做出信用承诺、参与信用知识学习、税收公益活动或信用体系建设公益活动等方式开展信用修复，对完成信用修复的自然人，税务部门按照规定修复其纳税信用。对因政策理解偏差或办税系统操作失误导致轻微失信，且能够按照规定履行涉税义务的自然人，税务部门将简化修复程序，及时对其纳税信用进行修复。

第四章　财产和行为税制度

第一节　房　产　税

房产税是对城市、县城、建制镇和工矿区范围内的房产征收的一种财产税。

一、房产税纳税人

房产税由产权所有人缴纳。产权属于全民所有的，由经营管理的单位缴纳。产权出典的，由承典人缴纳。产权所有人、承典人不在房产所在地的，或者产权未确定及租典纠纷未解决的，由房产代管人或者使用人缴纳。

对居民住宅区内业主共有的经营性房产，由实际经营（包括自营和出租）的代管人或使用人缴纳房产税。

融资租赁的房产，由承租人缴纳房产税。

二、房产税征税范围

房产税在城市、县城、建制镇和工矿区征收。

（一）城市、县城、建制镇和工矿区的界定

（1）城市是指经国务院批准设立的市。城市的征税范围为市区、郊区和市辖县县城，不包括农村。

（2）县城是指未设立建制镇的县人民政府所在地。

（3）建制镇是指经省、自治区、直辖市人民政府批准设立的建制镇。建制镇的征税范围为镇人民政府所在地，不包括所辖的行政村。

（4）工矿区是指工商业比较发达，人口比较集中，符合国务院规定的建制镇标准，但尚未设立镇建制的大中型工矿企业所在地。开征房产税的工矿区须经省、自治区、直辖市人民政府批准。

【例4－1】判断：A公司位于甲县下属乙村的厂房不属于房产税征税范围。

【解析】房产税的征税范围不包括农村的房产。因此，此项表述正确。

（二）房产的界定

1. 一般规定。

房产是以房屋形态表现的财产。房屋是指有屋面和围护结构（有墙或两边有柱），能够遮风避雨，可供人们在其中生产、工作、学习、娱乐、居住或储藏物资的场所。

独立于房屋之外的建筑物，如围墙、烟囱、水塔、变电塔、油池油柜、酒窖菜窖、酒精池、糖蜜池、室外游泳池、玻璃暖房、砖瓦石灰窑及各种油气罐等，不属于房产。

2. 具备房屋功能的地下建筑。

凡在房产税征收范围内的具备房屋功能的地下建筑，包括与地上房屋相连的地下建筑及完全建在地面以下的建筑、地下人防设施等，均应当依照有关规定征收房产税。

上述具备房屋功能的地下建筑是指有屋面和维护结构，能够遮风避雨，可供人们在其中生产、经营、工作、学习、娱乐、居住或储藏物资的场所。

3. 特定情形。

对某些特定情形，房产税应税范围如下：

（1）纳税单位与免税单位共同使用的房屋，按各自使用的部分划分，分别征收或免征房产税。

（2）对房地产开发企业建造的商品房，在售出前，不征收房产税；但对售出前房地产开发企业已使用或出租、出借的商品房应按规定征收房产税。

（3）加油站罩棚不属于房产，不征收房产税。

（三）纳税义务发生时间和截止时间

1. 纳税义务发生时间。

（1）纳税人自建的房屋，自建成之次月起征收房产税。

（2）纳税人委托施工企业建设的房屋，从办理验收手续之次月起征收房产税。

（3）购置新建商品房，自房屋交付使用之次月起计征房产税。

（4）购置存量房，自办理房屋权属转移、变更登记手续之次月起计征房产税。

（5）出租、出借房产，自交付出租、出借房产之次月起计征房产税。

（6）房地产开发企业自用、出租、出借本企业建造的商品房，自房屋使用或交付之次月起计征房产税。

【例 4－2】 判断：A 企业购入一间房屋用于办公，房地产权属登记机关在 2021 年 7 月签发房屋权属证书，那么 A 企业应从 2021 年 8 月开始计征此间房屋的房产税。

【解析】购置存量房，自办理房屋权属转移、变更登记手续之次月起计征房产税。因此，此项表述正确。

对于融资租赁的房产，由承租人自融资租赁合同约定开始日的次月起依照房产余值缴纳房产税。合同未约定开始日的，由承租人自合同签订的次月起依照房产余值缴纳房产税。

2. 纳税义务截止时间。

纳税人因房产实物或权利状态发生变化而依法终止房产税纳税义务的，其应纳税款的计算应截止到房产实物或权利状态发生变化的当月末。

三、房产税税率

房产税分两种情形计算纳税，税率采用比例税率。

（一）自用房产

自用房产从价计征，税率为 1.2%。

（二）出租房产

出租房产从租计征，税率为 12%。

四、房产税应纳税额计算

（一）从价计征

1. 一般规定。

对自用房产，依照房产原值一次减除 10% ~30% 后的余值乘以适用税率计算缴纳房产税，具体减除幅度由省、自治区、直辖市人民政府规定。没有房产原值作为依据的，由房产所在地税务机关参考同类房产核定。

2. 房产原值。

（1）对按照房产原值计税的房产，无论会计上如何核算，房产原值均应包含地价，包括为取得土地使用权支付的价款、开发土地发生的成本费用等。宗地容积率低于 0.5 的，按房产建筑面积的 2 倍计算土地面积并据此确定计入房产原值的地价。

【例 4－3】某工厂有一宗土地，占地 20000 平方米，每平方米平均地价 1 万元，该宗土地上房屋建筑面积 8000 平方米，通过计算可知该宗土地容积率为

0.4，计算计入房产原值的地价。

【解析】 计入房产原值的地价 = 应税房产建筑面积 ×2 × 土地单价 = 8000 × 2 ×1 = 16000（万元）

（2）房产原值包括与房屋不可分割的各种附属设备或一般不单独计算价值的配套设施。主要有：暖气、卫生、通风、照明、煤气等设备；各种管线，如蒸气、压缩空气、石油、给水排水等管道及电力、电讯、电缆导线；电梯、升降机、过道、晒台等。属于房屋附属设备的水管、下水道、暖气管、煤气管等从最近的探视井或三通管算起。电灯网、照明线从进线盒联接管算起。

为了维持和增加房屋的使用功能或使房屋满足设计要求，凡以房屋为载体，不可随意移动的附属设备和配套设施，如给排水、采暖、消防、中央空调、电气及智能化楼宇设备等，无论在会计核算中是否单独记账与核算，都应计入房产原值，计征房产税。

对于更换房屋附属设备和配套设施的，在将其价值计入房产原值时，可扣减原来相应设备和设施的价值；对附属设备和配套设施中易损坏、需要经常更换的零配件，更新后不再计入房产原值。

【例 4 -4】 某市甲公司自建的办公楼在 2021 年 7 月 20 日完工交付使用，入账价值 3000 万元，办公楼使用的单独电梯、中央空调单独作为固定资产核算，金额分别为 50 万元、150 万元。当地规定，自用房产依照房产原值一次减除 20% 后的余值计算缴纳房产税。计算甲公司 2021 年自建办公楼应缴纳的房产税。

【解析】 甲公司 2021 年自建办公楼应缴纳的房产税 =（3000 + 50 + 150）×（1 - 20%）×1.2% ×5 ÷12 = 12.8（万元）

（3）对于自用的应税范围内地下建筑，按以下方式确定应税房产原值：

①工业用途房产，以房屋原价的 50% ~60% 作为应税房产原值。

②商业和其他用途房产，以房屋原价的 70% ~80% 作为应税房产原值。

房屋原价折算为应税房产原值的具体比例，由各省、自治区、直辖市和计划单列市财政和税务部门在上述幅度内自行确定。

【例 4 -5】 A 企业有一处独立的地下建筑，属于工业用途房产，原价 1000000 万元。A 企业所在省规定房产税依照房产原值减除 30% 后的余值计算缴纳，工业用途地下建筑房产以原价的 50% 作为应税房产原值。计算 2021 年 A 企业此处地下建筑应缴纳的房产税。

【解析】 A 企业此处地下建筑应缴纳的房产税 = 1000000 × 50% ×（1 -

30%）×1.2% =4200（元）

3. 与地下房屋相连的地下建筑。

对于与地上房屋相连的地下建筑，如房屋的地下室、地下停车场、商场的地下部分等，应将地下部分与地上房屋视为一个整体按照地上房屋建筑的有关规定计算征收房产税。

（二）从租计征

出租的房产，以房产租金收入乘以适用税率计算缴纳房产税。

出租的地下建筑，按照出租地上房屋建筑的有关规定计算征收房产税。

（三）特殊情形

1. 投资联营的房产。

对于投资联营的房产，应根据投资联营的具体情况，在计征房产税时予以区别对待。对于以房产投资联营，投资者参与投资利润分红，共担风险的情况，按房产原值作为计税依据计征房产税；对于以房产投资，收取固定收入，不承担联营风险的情况，实际上是以联营名义取得房产的租金，应由出租方按租金收入计缴房产税。

2. 业主共有的经营性房产。

对居民住宅区内业主共有的经营性房产，属于自营的，依照房产原值减除10% ~30%后的余值计征，没有房产原值或不能将业主共有房产与其他房产的原值准确划分开的，由房产所在地税务机关参照同类房产核定房产原值；出租的，依照租金收入计征。

3. 无租使用其他单位房产。

无租使用其他单位房产的应税单位和个人，依照房产余值代缴纳房产税。产权出典的房产，由承典人依照房产余值缴纳房产税。融资租赁的房产，由承租人依照房产余值缴纳房产税。

4. 出租房产。

对出租房产，租赁双方签订的租赁合同约定有免收租金期限的，免收租金期间由产权所有人按照房产原值缴纳房产税。

五、房产税主要优惠

（一）法定优惠

《中华人民共和国房产税暂行条例》（以下简称《房产税暂行条例》）第五

条规定，下列房产免纳房产税：

（1）国家机关、人民团体、军队自用的房产。国家机关、人民团体、军队自用的房产是指这些单位本身的办公用房和公务用房。

（2）由国家财政部门拨付事业经费的单位自用的房产。事业单位自用的房产是指这些单位本身的业务用房。

（3）宗教寺庙、公园、名胜古迹自用的房产。宗教寺庙自用的房产是指举行宗教仪式等的房屋和宗教人员使用的生活用房屋。公园、名胜古迹自用的房产是指供公共参观游览的房屋及其管理单位的办公用房屋。

（4）个人所有非营业用的房产。

（5）经财政部批准免税的其他房产。

上述免税单位出租的房产及非本身业务用的生产、营业用房产不属于免税范围，应征收房产税。如，公园、名胜古迹中附设的营业单位，影剧院、饮食部、茶社、照相馆等所使用的房产及出租的房产，应征收房产税。

另外，个人出租的房产，不分用途，均应征收房产税。

《房产税暂行条例》第六条规定，除上述《房产税暂行条例》第五条规定者外，纳税人纳税确有困难的，可由省、自治区、直辖市人民政府确定，定期减征或者免征房产税。

（二）其他优惠

（1）经有关部门鉴定，对毁损不堪居住和使用的房屋和危险房屋，在停止使用后，可免征房产税。

（2）房屋大修停用在半年以上的，在大修期间免征房产税。

（3）对国家拨付事业经费和企业办的各类学校、托儿所、幼儿园自用的房产，免征房产税。

（4）对政府部门和企事业单位、社会团体及个人等社会力量投资兴办的福利性、非营利性的老年服务机构，暂免征收老年服务机构自用房产的房产税。

（5）自2019年6月1日至2025年12月31日，为社区提供养老、托育、家政等服务的机构自有或其通过承租、无偿使用等方式取得并用于提供社区养老、托育、家政服务的房产，免征房产税。

（6）自2019年1月1日至2023年12月31日，对农产品批发市场、农贸市场（包括自有和承租，下同）专门用于经营农产品的房产，暂免征收房产税。对同时经营其他产品的农产品批发市场和农贸市场使用的房产，按其他产品与农产品交易场地面积的比例确定征免房产税。

（7）凡是在基建工地为基建工地服务的各种工棚、材料棚、休息棚和办公室、食堂、茶炉房、汽车房等临时性房屋，不论是施工企业自行建造还是由基建单位出资建造交施工企业使用的，在施工期间，一律免征房产税。但是，如果在基建工程结束以后，施工企业将这种临时性房屋交还或者估价转让给基建单位的，应当从基建单位接收的次月起，依照规定征收房产税。

（8）自 2019 年 1 月 1 日至 2023 年 12 月 31 日，对国家级、省级科技企业孵化器、大学科技园和国家备案众创空间自用及无偿或通过出租等方式提供给在孵对象使用的房产，免征房产税。

（9）自 2022 年 1 月 1 日至 2024 年 12 月 31 日，对增值税小规模纳税人、小型微利企业和个体工商户，可以在 50% 的税额幅度内减征房产税。增值税小规模纳税人、小型微利企业和个体工商户已依法享受房产税其他优惠政策的，可叠加享受该项优惠政策。

（10）自 2019 年 1 月 1 日至 2023 年 12 月 31 日，对高校学生公寓免征房产税。

（11）非营利性医疗机构、疾病控制机构和妇幼保健机构等卫生机构自用的房产免征房产税。

（12）对营利性医疗机构自用的房产，自其取得执业登记之日起，3 年内免征房产税。

（13）对个人出租住房，不区分用途，按 4% 的税率征收房产税。

（14）转制科研机构从转制注册之日起，5 年内免征科研开发用房的房产税。

（15）国家机关、军队、人民团体、财政补助事业单位、居民委员会、村民委员会拥有的体育场馆，用于体育活动的房产，符合条件的，免征房产税。

（16）经费自理事业单位、体育社会团体、体育基金会、体育类民办非企业单位拥有并运营管理的体育场馆，符合条件的，其用于体育活动的房产，免征房产税。

（17）企业拥有并运营管理的大型体育场馆，其用于体育活动的房产，符合条件的，减半征收房产税。

（18）由财政部门拨付事业经费的文化单位转制为企业，自转制注册之日起5年内对其自用房产免征房产税。2018年12月31日之前已完成转制的企业，自2019年1月1日起对其自用房产可继续免征5年房产税。

（19）对公租房免征房产税。

（20）对企事业单位、社会团体及其他组织向个人、专业化规模化住房租赁企业出租住房的，减按4%的税率征收房产税。

（21）企事业单位、社会团体及其他组织向个人、专业化规模化住房租赁企业出租符合条件的保障性租赁住房，减按4%征收房产税。

（22）至2023年供暖期结束，对向居民供热收取采暖费的供热企业，为居民供热所使用的厂房免征房产税。

（23）至2023年12月31日，对饮水工程运营管理单位自用的生产、办公用房产，免征房产税。

（24）学校、托儿所、幼儿园自用的房产免征房产税。

（25）对被撤销金融机构清算期间自有的或从债务方接收的房地产，免征房产税。

（26）从事大型客机研制项目的纳税人及其全资子公司自用房产免征房产税。

（27）铁道部所属铁路运输企业、地方铁路运输企业和股改铁路运输企业及合资铁路运输公司自用的房产，免征房产税。

（28）商品储备管理公司及其直属库自用房产免征房产税。

（29）血站自用的房产免征房产税。

（30）劳教单位的自用房产免征房产税。

（31）司法部门所属监狱等房产免征房产税。

（32）非营利性科研机构自用的房产，免征房产税。

六、房产税申报

自2021年6月1日起，房产税纳税申报表统一使用《财产和行为税纳税申报表》，见表4-1，其中省略了表头、声明、表尾的相关内容。纳税人新增税源或税源变化时，需先填报《财产和行为税税源明细表》中的《城镇土地使用税房产税税源明细表》。

表 4－1　　财产和行为税纳税申报表

序号	税种	税目	税款所属期起	税款所属期止	计税依据	税率	应纳税额	减免税额	已缴税额	应补（退）税额
1										
2										
3										
4										
5										
6										
7										
8										
9										
10										
11	合计	—	—	—	—	—				

七、房产税管理

（一）纳税地点

房产税由房产所在地的税务机关征收。房产不在一地的纳税人，应按房产的坐落地点，分别向房产所在地的税务机关缴纳房产税。

（二）纳税期限

房产税按年征收、分期缴纳。纳税期限由省、自治区、直辖市人民政府规定。如江苏省规定，企业房产税按季缴纳，个人房产税按半年缴纳。又如黑龙江省规定，依照房产余值缴纳房产税的，按年计算，分月缴纳，征期为月份终了后 15 日内。依照房产租金缴纳房产税的，按次或按月计算，于月份终了后 15 日内或开具发票时缴纳。

第二节　城镇土地使用税

城镇土地使用税是对城市、县城、建制镇和工矿区范围内使用的土地征收的一种财产税。

一、城镇土地使用税纳税人

在城市、县城、建制镇、工矿区范围内使用土地的单位和个人，为城镇土地使用税的纳税人，应当依照规定缴纳土地使用税。

单位，包括国有企业、集体企业、私营企业、股份制企业、外商投资企业、外国企业及其他企业和事业单位、社会团体、国家机关、军队及其他单位；个人，包括个体工商户及其他个人。

城镇土地使用税由拥有土地使用权的单位或个人缴纳。拥有土地使用权的纳税人不在土地所在地的，由代管人或实际使用人纳税；土地使用权未确定或权属纠纷未解决的，由实际使用人纳税；土地使用权共有的，由共有各方分别纳税。

对房管部门经租的公房用地，凡土地使用权属于房管部门的，由房管部门缴纳城镇土地使用税。

对于承租应税范围内的集体所有建设用地的，由直接从集体经济组织承租土地的单位和个人，缴纳城镇土地使用税。

【例4－6】 判断：A公司以融资租赁方式从B公司租入一块土地，B公司不在土地所在地。那么，这块土地对应的城镇土地使用税应由A公司缴纳。

【解析】 城镇土地使用税由拥有土地使用权的单位或个人缴纳；拥有土地使用权的纳税人不在土地所在地的，由代管人或实际使用人纳税。因此，此项表述正确。

二、城镇土地使用税征税范围

城镇土地使用税在城市、县城、建制镇和工矿区征收。

（一）城市、县城、建制镇和工矿区的界定

城市、县城、建制镇、工矿区范围内土地是指在这些区域范围内属于国家所有和集体所有的土地。

（1）城市是指经国务院批准设立的市。城市的征税范围为市区和郊区。

（2）县城是指县人民政府所在地。县城的征税范围为县人民政府所在的城镇。

（3）建制镇是指经省、自治区、直辖市人民政府批准设立的建制镇。建制镇的征税范围为镇人民政府所在地。

（4）工矿区是指工商业比较发达，人口比较集中，符合国务院规定的建制镇标准，但尚未设立镇建制的大中型工矿企业所在地。工矿区须经省、自治区、直辖市人民政府批准。

城市、县城、建制镇、工矿区的具体征税范围，由各省、自治区、直辖市人民政府划定。

（二）地下建筑用地

对在城镇土地使用税征税范围内单独建造的地下建筑用地，按规定征收城镇土地使用税。

（三）纳税义务发生时间和截止时间

1. 纳税义务发生时间。

（1）新征收的土地。

征收的耕地，自批准征收之日起满 1 年时开始缴纳土地使用税；征收的非耕地，自批准征收次月起缴纳土地使用税。

（2）以出让或转让方式有偿取得土地使用权。

以出让或转让方式有偿取得土地使用权，应由受让方从合同约定交付土地时间的次月起缴纳城镇土地使用税；合同未约定交付土地时间的，由受让方从合同签订的次月起缴纳城镇土地使用税。

（3）购置房屋取得土地使用权。

①购置新建商品房，自房屋交付使用之次月起计征城镇土地使用税。

②购置存量房，自办理房屋权属转移、变更登记手续，房地产权属登记机关签发房屋权属证书之次月起计征城镇土地使用税。

2. 纳税义务截止时间。

纳税人因土地实物或权利状态发生变化而依法终止城镇土地使用税纳税义务的，其应纳税款的计算应截止到土地实物或权利状态发生变化的当月末。

三、城镇土地使用税税率

城镇土地使用税税率形式为从量定额税率。《中华人民共和国城镇土地使用税暂行条例》（以下简称《城镇土地使用税暂行条例》）第四条规定，城镇土地使用税每平方米年税额如下：

（1）大城市 1.5 元至 30 元；

（2）中等城市 1.2 元至 24 元；

（3）小城市0.9元至18元；

（4）县城、建制镇、工矿区0.6元至12元。

省、自治区、直辖市人民政府，应当在《城镇土地使用税暂行条例》第四条规定的税额幅度内，根据市政建设状况、经济繁荣程度等条件，确定所辖地区的适用税额幅度。

市、县人民政府应当根据实际情况，将本地区土地划分为若干等级，在省、自治区、直辖市人民政府确定的税额幅度内，制定相应的适用税额标准，报省、自治区、直辖市人民政府批准执行。

经省、自治区、直辖市人民政府批准，经济落后地区土地使用税的适用税额标准可以适当降低，但降低额不得超过《城镇土地使用税暂行条例》第四条规定最低税额的30%。经济发达地区土地使用税的适用税额标准可以适当提高，但须报经财政部批准。

四、城镇土地使用税应纳税额计算

（一）一般规定

城镇土地使用税以纳税人实际占用的土地面积为计税依据，土地占用面积的组织测量工作，由省、自治区、直辖市人民政府根据实际情况确定。计算公式为：

$$应纳税额 = 实际占用的土地面积 \times 适用单位税额$$

【例4-7】某市A商场集团的总店位于市中心，土地使用证记载占用土地面积6000平方米，属于一等地段；分店坐落在市区三等地段，土地使用证记载占用土地面积4000平方米。该市规定，一等地段年税额4元/平方米，三等地段年税额2元/平方米。请计算A商场集团年应缴纳的城镇土地使用税。

【解析】A商场集团年应缴纳的城镇土地使用税 $=6000\times4+4000\times2=32000$（元）

（二）特定情形

（1）土地使用权共有的各方，应按其实际使用的土地面积占总面积的比例，分别计算缴纳城镇土地使用税。

（2）对免税单位无偿使用纳税单位的土地（如公安、海关等单位使用铁路、民航等单位的土地），免征城镇土地使用税；对纳税单位无偿使用免税单位的土地，纳税单位应照章缴纳城镇土地使用税。

（3）纳税单位与免税单位共同使用多层建筑用地，对纳税单位可按其占用的建筑面积占建筑总面积的比例计征城镇土地使用税。

（4）对单独建造的地下建筑用地，已取得地下土地使用权证的，按土地使用权证确认的土地面积计算应征税款；未取得地下土地使用权证或地下土地使用权证上未标明土地面积的，按地下建筑垂直投影面积计算应征税款。

对上述地下建筑用地暂按应征税款的50%征收城镇土地使用税。

【例4-8】 A公司有甲、乙两处单独地下建筑设施（两地段皆为一级地，年税额16元/平方米）。其中，甲设施现为地下商场，有地下土地使用证，登记面积为5000平方米；乙设施现用于储藏物品，地下土地使用证上未标明土地面积，经有关部门测量该地下建筑垂直投影面积为2000平方米。请计算A公司年应缴纳的城镇土地使用税。

【解析】 A公司年应缴纳的城镇土地使用税 =（5000 + 2000）× 16 × 50% = 56000（元）

五、城镇土地使用税主要优惠

（一）法定优惠

《城镇土地使用税暂行条例》第六条规定，下列土地免缴城镇土地使用税：

（1）国家机关、人民团体、军队自用的土地。国家机关、人民团体、军队自用的土地是指这些单位本身的办公用地和公务用地。

（2）由国家财政部门拨付事业经费的单位自用的土地。事业单位自用的土地是指这些单位本身的业务用地。

（3）宗教寺庙、公园、名胜古迹自用的土地。宗教寺庙自用的土地是指举行宗教仪式等的用地和寺庙内的宗教人员生活用地。公园、名胜古迹自用的土地是指供公共参观游览的用地及其管理单位的办公用地。

（4）市政街道、广场、绿化地带等公共用地。

以上单位的生产、营业用地和其他用地，不属于免税范围，应按规定缴纳城镇土地使用税。如公园、名胜古迹内的索道公司经营用地，应按规定缴纳城镇土地使用税。

（5）直接用于农、林、牧、渔业的生产用地。直接用于农、林、牧、渔业的生产用地是指直接从事于种植、养殖、饲养的专业用地，不包括农副产品加工场地和生活、办公用地。在城镇土地使用税征收范围内经营采摘、观光农业的单位和个人，其直接用于采摘、观光的种植、养殖、饲养的土地，属于直接用于农、林、牧、渔业的生产用地。

【例4-9】 判断：A公司将其位于某工矿区的土地直接用于葡萄种植，开展农业采摘业务。那么，对A公司的这块土地，免征城镇土地使用税。

【解析】 在城镇土地使用税征收范围内经营采摘、观光农业的单位和个人，其直接用于采摘、观光的种植、养殖、饲养的土地，属于直接用于农、林、牧、渔业的生产用地，免缴城镇土地使用税。因此，此项表述正确。

（6）经批准开山填海整治的土地和改造的废弃土地，从使用的月份起免缴土地使用税5年至10年。开山填海整治的土地和改造的废弃土地，以土地管理机关出具的证明文件为依据确定；具体免税期限由各省、自治区、直辖市税务局在《城镇土地使用税暂行条例》规定的期限内自行确定。

（7）由财政部另行规定免税的能源、交通、水利设施用地和其他用地。

对于包括荒山占地在内的矿山企业包括黑色冶金矿和有色金属矿及除煤矿外的其他非金属矿的用地，对矿山的采矿场、排土场、尾矿库、炸药库的安全区、采区运矿及运岩公路、尾矿输送管道及回水系统用地，免征城镇土地使用税；对矿山企业采掘地下矿造成的塌陷地以及荒山占地，在未利用之前，暂免征收土地使用税；对矿山企业的其他生产用地及办公、生活区用地，应照章征收城镇土地使用税。

除上述《城镇土地使用税暂行条例》第六条规定的税收优惠外，纳税人缴纳城镇土地使用税确有困难需要定期减免的，其审批下放至省级及以下税务机关。

（二）其他优惠

（1）对企业厂区（包括生产、办公及生活区）以内的绿化用地，应照章征收城镇土地使用税，厂区以外的公共绿化用地和向社会开放的公园用地，暂免征收城镇土地使用税。

（2）对改造安置住房建设用地免征城镇土地使用税。在商品住房等开发项目中配套建造安置住房的，依据政府部门出具的相关材料、房屋征收（拆迁）补偿协议或棚户区改造合同（协议），按改造安置住房建筑面积占总建筑面积的比例免征城镇土地使用税。

（3）对在一个纳税年度内月平均实际安置残疾人就业人数占单位在职职工总数的比例高于25%（含25%）且实际安置残疾人人数高于10人（含10人）的单位，可减征或免征该年度城镇土地使用税。具体减免税比例及管理办法由省、自治区、直辖市财税主管部门确定。

（4）福利性、非营利性的老年服务机构自用土地免征城镇土地使用税。

（5）为社区提供养老、托育、家政等服务的机构自有或其通过承租、无偿使用等方式取得并用于提供社区养老、托育、家政服务的土地免征城镇土地使用税。

【例4-10】 判断：A公司将自有的一块土地对外出租给B老年服务机构，用于社区家政服务。那么，该土地可免征城镇土地使用税。

【解析】 通过承租方式取得并用于提供社区家政服务的土地免征城镇土地使用税。因此，此项表述正确。

（6）自2019年1月1日至2023年12月31日，对农产品批发市场、农贸市场（包括自有和承租，下同）专门用于经营农产品的土地，暂免征收城镇土地使用税。对同时经营其他产品的农产品批发市场和农贸市场使用的房产、土地，按其他产品与农产品交易场地面积的比例确定征免城镇土地使用税。

（7）自2020年1月1日至2022年12月31日，对物流企业自有（包括自用和出租）或承租的大宗商品仓储设施用地，减按所属土地等级适用税额标准的50%计征城镇土地使用税。

（8）自2019年1月1日至2023年12月31日，对国家级、省级科技企业孵化器、大学科技园和国家备案众创空间自用及无偿或通过出租等方式提供给在孵对象使用土地免征城镇土地使用税。

（9）自2022年1月1日至2024年12月31日，对增值税小规模纳税人、小型微利企业和个体工商户，可以在50%的税额幅度内减征城镇土地使用税。增值税小规模纳税人、小型微利企业和个体工商户已依法享受城镇土地使用税其他优惠政策的，可叠加享受该项优惠政策。

（10）学校、托儿所、幼儿园自用的土地，免征城镇土地使用税。

（11）非营利性医疗、疾病控制、妇幼保健机构自用的土地，免征城镇土地使用税。

（12）营利性医疗机构自用的土地3年内免征城镇土地使用税。

（13）对于各类危险品仓库、厂房所需的防火、防爆、防毒等安全防范用地，可由各省、自治区、直辖市税务局确定，暂免征收城镇土地使用税；对仓库库区、厂房本身用地，应照章征收城镇土地使用税。

（14）对被撤销金融机构清算期间自有的或从债务方接收的房地产，免征城镇土地使用税。

（15）免税单位无偿使用的土地，免征城镇土地使用税。

（16）劳改劳教单位相关用地，免征城镇土地使用税。

（17）地下建筑用地暂按50%征收免城镇土地使用税。

（18）对饮水工程运营管理单位自用的生产、办公用土地，免征城镇土地使用税。

（19）铁道部所属铁路运输企业、地方铁路运输企业和股改铁路运输企业及合资铁路运输公司自用的土地，免征城镇土地使用税。

（20）对港口的码头（即泊位，包括岸边码头、伸入水中的浮码头、堤岸、堤坝、栈桥等）用地，免征城镇土地使用税。

（21）机场飞行区（包括跑道、滑行道、停机坪、安全带、夜航灯光区）用地，场内外通讯导航设施用地和飞行区四周排水防洪设施用地，场外道路用地，免征城镇土地使用税。

（22）纳税人因地震灾害造成严重损失，缴纳确有困难的，可依法申请定期减免城镇土地使用税。

（23）至2023年12月31日，对城市公交站场、道路客运站场、城市轨道交通系统运营用地，免征城镇土地使用税。

（24）易地扶贫搬迁安置住房用地，免征城镇土地使用税。

（25）公共租赁住房用地，免城镇土地使用税。

（26）非营利性科研机构自用的土地，免征城镇土地使用税。

（27）对于各类危险品仓库、厂房所需的防火、防爆、防毒等安全防范用地，可由各省、自治区、直辖市税务局确定，暂免征收城镇土地使用税。

（28）对矿山的采矿场、排土场、尾矿库、炸药库的安全区、采区运矿及运岩公路、尾矿输送管道及回水系统用地，免征城镇土地使用税。

（29）对矿山企业采掘地下矿造成的塌陷地以及荒山占地，在未利用之前，暂免征收城镇土地使用税。

（30）煤炭企业的矸石山、排土场用地，防排水沟用地，矿区办公、生活区以外的公路、铁路专用线及轻便道和输变电线路用地，火炸药库库房外安全区用地，向社会开放的公园及公共绿化带用地，暂免征收城镇土地使用税。

（31）对盐场的盐滩、盐矿的矿井用地，暂免征收城镇土地使用税。

（32）对林区的有林地、运材道、防火道、防火设施用地，免征城镇土地使用税。林业系统的森林公园、自然保护区、可比照公园免征城镇土地使用税。

（33）在城镇土地使用税征收范围内经营采摘、观光农业的单位和个人，其直接用于采摘、观光的种植、养殖、饲养的土地，根据《城镇土地使用税暂行条例》第六条中“直接用于农、林、牧、渔业的生产用地”的规定，免征城镇土地使用税。

（34）对水利设施及其管护用地（如水库库区、大坝、堤防、灌渠、泵站等用地），免征城镇土地使用税。

（35）对免税单位无偿使用纳税单位的土地（如公安、海关等单位使用铁路、民航等单位的土地），免征城镇土地使用税。

（36）国家机关、军队、人民团体、财政补助事业单位、居民委员会、村民委员会拥有的体育场馆，用于体育活动的房产，符合条件的，免征城镇土地使用税。

（37）经费自理事业单位、体育社会团体、体育基金会、体育类民办非企业单位拥有并运营管理的体育场馆，符合条件的，其用于体育活动的房产，免征城镇土地使用税。

（38）企业拥有并运营管理的大型体育场馆，其用于体育活动的房产，符合条件的，减半征收城镇土地使用税。

（39）大型民用客机发动机、中大功率民用涡轴涡桨发动机研制项目自用土地，免征城镇土地使用税。

（40）从事大型客机研制项目的纳税人及其全资子公司自用土地，免征城镇土地使用税。

（41）血站自用的土地免征城镇土地使用税。

（42）应税单位按照国家住房制度改革有关规定，将住房出售给职工并按规定进行核销账务处理后，住房用地在未办理土地使用权过户期间的城镇土地使用税征免，比照各省、自治区、直辖市对个人所有住房用地的现行政策执行。

（43）廉租房用地免征城镇土地使用税。

（44）下列石油天然气生产建设用地暂免征收城镇土地使用税：地质勘探、钻井、井下作业、油气田地面工程等施工临时用地；企业厂区以外的铁路专用线、公路及输油（气、水）管道用地；油气长输管线用地。

（45）在城市、县城、建制镇以外工矿区内的消防、防洪排涝、防风、防沙设施用地，暂免征收城镇土地使用税。

六、城镇土地使用税申报

自2021年6月1日起，城镇土地使用税纳税申报表统一使用《财产和行为税纳税申报表》（见表4－1）。纳税人新增税源或税源变化时，需先填报《财产和行为税税源明细表》中的《城镇土地使用税房产税税源明细表》。

七、城镇土地使用税管理

（一）纳税地点

城镇土地使用税由土地所在地的税务机关征收。土地管理机关应当向土地所在地的税务机关提供土地使用权属资料。

关于纳税人使用的土地不属于同一省（自治区、直辖市）管辖范围的，应由纳税人分别向土地所在地的税务机关缴纳城镇土地使用税。在同一省（自治区、直辖市）管辖范围内，纳税人跨地区使用的土地，如何确定纳税地点，由各省、自治区、直辖市税务局确定。如河北省规定，纳税人占用的土地跨越两个或者两个以上县（市、区）行政区的，应当按占用的土地面积分别向土地所在地的税务机关申报缴纳城镇土地使用税。

（二）纳税期限

城镇土地使用税按年计算、分期缴纳。缴纳期限由省、自治区、直辖市人民政府确定。如河南省规定，城镇土地使用税按年计算、分季缴纳，于季度终了后15日内申报纳税。土地出租的，可按次缴纳。

第三节　土地增值税

土地增值税是对在我国境内转让国有土地使用权、地上的建筑物及其附着物（以下简称转让房地产）并取得收入的单位和个人就其增值额征收的一种财产收益税。

一、土地增值税纳税人

土地增值税的纳税义务人为转让国有土地使用权、地上的建筑物及其附着物并取得收入的单位和个人。单位包括各类企业单位、事业单位、国家机关和社会团体及其他组织。个人包括个体经营者。

二、土地增值税征税范围

（一）基本征税范围

土地增值税是对转让国有土地使用权、地上的建筑物及其附着物的行为征税，不包括国有土地使用权出让所取得的收入。

国有土地使用权的出让是指国家以土地所有者的身份将土地使用权在一定年限内让与土地使用者，并由土地使用者向国家支付土地使用权出让金的行为，属于土地买卖的一级市场。土地使用权的出让不属于土地增值税的征税范围。

国有土地使用权的转让是指土地使用者通过出让等形式取得土地使用权后，将土地使用权再转让的行为，包括出售、交换和赠与，属于土地买卖的二级市场。土地使用权转让，其地上的建筑物、其他附着物的所有权随之转让。土地使用权的转让，属于土地增值税的征税范围。

土地增值税的征税范围不包括未转让土地使用权、房产产权的行为，是否发生转让行为主要以房地产权属（指土地使用权和房产产权）的变更为标准。凡土地使用权、房产产权未转让的（如房地产的出租），不征收土地增值税。

土地增值税的基本范围包括：

1. 转让国有土地使用权。

国有土地是指按国家法律规定属于国家所有的土地。出售国有土地使用权是指土地使用者通过出让方式，向政府缴纳了土地出让金，有偿受让土地使用权后，仅对土地进行通水、通电、通路和平整地面等土地开发，不进行房产开发，即所谓“将生地变熟地”，然后直接将空地出售出去。

2. 地上建筑物及其附着物连同国有土地使用权一并转让。

地上建筑物是指建于土地上的一切建筑物，包括地上地下的各种附属设施。附着物是指附着于土地上的不能移动或一经移动即遭损坏的物品。纳税人取得国有土地使用权后进行房屋开发建造然后出售的，根据国家有关房地产法律和法规的规定，卖房的同时，土地使用权也随之发生转让。由于这种情况既发生了产权的转让又取得了收入，所以应纳入土地增值税的征税范围。

3. 存量房地产的买卖。

存量房地产是指已经建成并投入使用的房地产，其房屋所有人将房屋产权和土地使用权一并转让给其他单位和个人。这种行为按照国家有关房地产法律和法规，应当到有关部门办理房地产产权和土地使用权的转移变更手续；原土地使用权属于无偿划拨的，还应到土地管理部门补交土地出让金。

（二）若干项目征税范围的确定

1. 房地产继承。

房地产继承是指房产的原产权所有人、依照法律规定取得土地使用权的土地使用权人死亡以后，由其继承人依法继承死者房产产权和土地使用权的民事法律行为。这种行为虽然发生了房地产的权属变更，但作为房产产权、土地使用权的原所有人（即被继承人）并没有因为权属变更而取得任何收入。因此，这种房地产的继承不属于土地增值税的征税范围。

2. 房地产赠与。

房地产赠与是指房产所有人、土地使用权所有人将自己所拥有的房地产无偿地交给其他单位或个人的民事法律行为。房地产的赠与虽发生了房地产权属的变更，但作为房产所有人、土地使用权的所有人并没有因为权属的转让而取得任何收入。下列情形的房地产赠与不属于土地增值税的征税范围：

（1）房产所有人、土地使用权所有人将房屋产权、土地使用权赠与直系亲属或承担直接赡养义务人的。

（2）房产所有人、土地使用权所有人通过中国境内非营利的社会团体、国家机关将房屋产权、土地使用权赠与教育、民政和其他社会福利、公益事业的。社会团体是指中国青少年发展基金会、希望工程基金会、宋庆龄基金会、减灾委员会、中国红十字会、中国残疾人联合会、全国老年基金会、老区促进会及经民政部门批准成立的其他非营利的公益性组织。

3. 房地产出租。

房地产出租是指房产的产权所有人、依照法律规定取得土地使用权的土地使用人，将房产、土地使用权租赁给承租人使用，由承租人向出租人支付租金的行为。房地产出租，出租人虽取得收入，但没有发生房产产权、土地使用权的转让，因此不属于土地增值税的征税范围。

4. 房地产抵押。

房地产抵押是指房地产的产权所有人、依法取得土地使用权的土地使用人作为债务人或者第三人向债权人提供不动产作为清偿债务的担保而不转移权属的法律行为。这种情况由于房产的产权、土地使用权在抵押期间产权并没有发生权属的变更，房产的产权所有人、土地使用权人仍能对房地产行使占有、使用、收益等权利，房产的产权所有人、土地使用权人虽然在抵押期间取得了一定的抵押贷款，但实际上这些贷款在抵押期满后是要连本带利偿还给债权人的。因此，抵押期间房地产权属并没有发生转移，不征收土地增值税；抵押期满后，需要根据房地产权属是否发生转移占有确定征收土地增值税。对于以房地产抵押而发生房地产权属转让的，应列入土地增值税的征税范围。

5. 房地产交换。

房地产交换是指一方以房地产与另一方的房地产进行交换的行为。由于这种行为交换双方既发生了房产产权、土地使用权的转移，又获得了实物形态的收入，属于土地增值税的征税范围。但对个人之间互换自有居住用房地产的，经当地税务机关核实，可以免征土地增值税。

6. 合作建房。

对于一方出地，一方出资金，双方合作建房，建成后按比例分房自用的，暂免征收土地增值税；建成后转让的，应征收土地增值税。

7. 以房地产进行投资、联营。

对于以房地产进行投资、联营的（所投资、联营的企业从事房地产开发，或者房地产开发企业以其建造的商品房进行投资和联营除外），投资、联营的一方以土地（房地产）作价入股进行投资或作为联营条件，将房地产转让到所投资、联营的企业中时，暂免征收土地增值税，对投资、联营企业将上述房地产再转让的，应当征收土地增值税。

8. 代建房行为。

代建房行为是指房地产开发公司代客户进行房地产的开发，开发完成后向客户收取代建收入的行为。对于房地产开发公司而言，虽然取得了收入，但没有发生房地产权属的转移，不属于土地增值税的征税范围。

9. 房地产的评估增值。

房地产的评估增值主要是指国有企业在清产核资时对房地产进行重新评估而使其升值的情况。这种情况下，房地产虽然有增值，但其既没有发生房地产权属的转移，房产产权人、土地使用权人也未取得收入，不属于土地增值税的征税范围。

10. 未办理土地使用权证转让土地。

土地使用者转让、抵押或置换土地，无论其是否取得了该土地的使用权属证书，无论其在转让、抵押或置换土地过程中是否与对方当事人办理了土地使用权属证书变更登记手续，只要土地使用者享有占有、使用、收益或处分该土地的权利，且有合同等证据表明其实质转让、抵押或置换了土地并取得了相应的经济利益，土地使用者及其对方当事人应当按规定缴纳土地增值税。

【例 4-11】 下列情形中，应当计算缴纳土地增值税的是（　　）。

A. 工业企业向房地产开发企业转让国有土地使用权

B. 房产所有人通过希望工程基金会将房屋产权赠与西部教育事业

C. 甲企业出资金、乙企业出土地，双方合作建房，建成后按比例分房自用

D. 房地产开发企业代客户进行房地产开发，开发完成后向客户收取代建收入

【解析】 房产所有人、土地使用权所有人通过中国境内非营利的社会团体、国家机关将房屋产权、土地使用权赠与教育、民政和其他社会福利、公益事业的，属于符合规定的房地产赠与，不属于土地增值税的征税范围。对于一方出地，一方出资金，双方合作建房，建成后按比例分房自用的，暂免征收土地增值税。房地产的代建房行为不属于土地增值税的征税范围。因此，正确答案为 A。

【例 4-12】 下列各项中，属于土地增值税征收范围的是（　　）。

A. 出租房地产　　B. 抵押期间的房地产

C. 重新评估房地产增值　　D. 个人互换自有住房

【解析】 出租房地产，没有发生房产产权、土地使用权的转移，不属于土地增值税的征税范围。对房地产的抵押，在抵押期间不征收土地增值税。重新评估房地产增值没有发生房地产权属的转移，不属于土地增值税的征税范围。个人互换自有住房的行为，可以免征土地增值税，但免征的前提是属于土地增值税征收范围。因此，正确答案为 D。

（三）符合规定的改制重组暂不征收土地增值税

自 2021 年 1 月 1 日至 2023 年 12 月 31 日，企业改制重组的土地增值税政策按以下规定执行：

1. 整体改制。

整体改制是指不改变原企业的投资主体，并承继原企业权利、义务的行为。按照《中华人民共和国公司法》有关规定，整体改制包括非公司制企业改制为有限责任公司或股份有限公司，有限责任公司变更为股份有限公司，股份

有限公司变更为有限责任公司，对改制前的企业将国有土地使用权、地上的建筑物及其附着物（以下称房地产）转移、变更到改制后的企业，暂不征收土地增值税。

2. 企业合并。

按照法律规定或者合同约定，两个或两个以上企业合并为一个企业，且原企业投资主体存续的，对原企业将房地产转移、变更到合并后的企业，暂不征收土地增值税。

3. 企业分立。

按照法律规定或者合同约定，企业分设为两个或两个以上与原企业投资主体相同的企业，对原企业将房地产转移、变更到分立后的企业，暂不征收土地增值税。

4. 作价入股。

单位、个人在改制重组时以房地产作价入股进行投资，对其将房地产转移、变更到被投资的企业，暂不征收土地增值税。

上述改制重组有关土地增值税政策不适用于房地产转移任意一方为房地产开发企业的情形。

改制重组后再转让房地产并申报缴纳土地增值税时，对"取得土地使用权所支付的金额"，按照改制重组前取得该宗国有土地使用权所支付的地价款和按国家统一规定缴纳的有关费用确定；经批准以国有土地使用权作价出资入股的，为作价入股时县级及以上自然资源部门批准的评估价格。按购房发票确定扣除项目金额的，按照改制重组前购房发票所载金额并从购买年度起至本次转让年度止每年加计5%计算扣除项目金额，购买年度是指购房发票所载日期的当年。

不改变原企业投资主体、投资主体相同是指企业改制重组前后出资人不发生变动，出资人的出资比例可以发生变动；投资主体存续是指原企业出资人必须存在于改制重组后的企业，出资人的出资比例可以发生变动。

三、土地增值税税率与预征率

（一）税率

土地增值税实行四级超率累进税率：

（1）增值额未超过扣除项目金额50%的部分，税率为30%。

（2）增值额超过扣除项目金额50%、未超过扣除项目金额100%的部分，税率为40%。

（3）增值额超过扣除项目金额100%、未超过扣除项目金额200%的部分，税率为50%。

（4）增值额超过扣除项目金额200%的部分，税率为60%。

上述所列四级超率累进税率，每级“增值额未超过扣除项目金额”的比例，均包括本比例数。

（二）预征率

土地增值税预征是土地增值税征收管理工作的基础，是实现土地增值税调节功能、保障税收收入均衡入库的重要手段。除保障性住房外，东部地区省份土地增值税预征率不得低于2%，中部和东北地区省份土地增值税预征率不得低于1.5%，西部地区省份土地增值税预征率不得低于1%，各地要根据不同类型房地产确定适当的土地增值税预征率（地区的划分按照国务院有关文件的规定执行）。

四、土地增值税应税收入与扣除项目的确认

（一）应税收入

纳税人转让房地产取得的应税收入（不含增值税），应包括转让房地产的全部价款及有关的经济收益。从收入的形式来看，包括货币收入、实物收入和其他收入。

1. 货币收入。

货币收入是指纳税人转让房地产而取得的现金、银行存款、银行支票、银行本票、汇票等各种信用票据和国库券、金融债券、企业债券、股票等有价证券。这些类型的收入其实质都是转让方因转让土地使用权、房屋产权而向取得方收取的价款。

2. 实物收入。

实物收入是指纳税人转让房地产而取得的各种实物形态的收入，如钢材、水泥等建材，房屋、土地等不动产等。实物收入的价值不容易确定，一般要对这些实物形态的财产进行估价。

3. 其他收入。

其他收入是指纳税人转让房地产而取得的无形资产收入或具有财产价值的权利，如专利权、商标权、著作权、专有技术使用权、土地使用权、商誉权等。这种类型的收入比较少见，其价值需要进行专门评估。

（二）扣除项目

计算土地增值税应纳税额，不仅需要准确计算应税收入，而且需要准确计算各项扣除项目金额。税法准予纳税人从转让收入额中减除的扣除项目包括以下6项：

1. 取得土地使用权所支付的金额。

取得土地使用权所支付的金额是指纳税人为取得土地使用权所支付的地价款和按国家统一规定缴纳的有关费用。

（1）取得土地使用权所支付的地价款。以协议、招标、拍卖等出让方式取得土地使用权的，地价款为纳税人所支付的土地出让金；以行政划拨方式取得土地使用权的，地价款为按照国家有关规定补缴的土地出让金；以转让方式取得土地使用权的，地价款为向原土地使用权人实际支付的地价款。

（2）按国家统一规定缴纳的有关费用。

按国家统一规定缴纳的有关费用是指纳税人在取得土地使用权过程中为办理有关手续，按国家统一规定缴纳的有关登记、过户手续费。房地产开发企业为取得土地使用权所支付的契税，应视同“按国家统一规定交纳的有关费用”，计入“取得土地使用权所支付的金额”中扣除。

2. 房地产开发成本。

房地产开发成本是指纳税人开发房地产项目实际发生的成本，包括土地征用及拆迁补偿费、前期工程费、建筑安装工程费、基础设施费、公共配套设施费、开发间接费用。

（1）土地征用及拆迁补偿费。包括土地征用费、耕地占用税、劳动力安置费及有关地上、地下附着物拆迁补偿的净支出、安置动迁用房支出等。

（2）前期工程费。包括规划、设计、项目可行性研究和水文、地质、勘察、测绘、“三通一平”等支出。

（3）建筑安装工程费。建筑安装工程费是指以出包方式支付给承包单位的建筑安装工程费，以自营方式发生的建筑安装工程费。房地产开发企业销售已装修的房屋，其装修费用可以计入房地产开发成本。

（4）基础设施费。包括开发小区内道路、供水、供电、供气、排污、排洪、通讯、照明、环卫、绿化等工程发生的支出。

（5）公共配套设施费。包括不能有偿转让的开发小区内公共配套设施发生的支出。

（6）开发间接费用。开发间接费用是指直接组织、管理开发项目发生的费用，包括工资、职工福利费、折旧费、修理费、办公费、水电费、劳动保护费、周转房摊销等。

房地产开发企业的预提费用，除另有规定外，不得扣除。

3. 房地产开发费用。

房地产开发费用是指与房地产开发项目有关的销售费用、管理费用、财务费用。根据现行财务会计制度的规定，这三项费用作为期间费用，直接计入当期损益，不按成本核算对象分摊。故作为土地增值税扣除项目的房地产开发费用，不按纳税人房地产开发项目实际发生的费用扣除，而按规定标准扣除。具体扣除办法如下：

（1）财务费用中的利息支出，凡能够按转让房地产项目计算分摊并提供金融机构证明的，允许据实扣除，但最高不能超过按商业银行同类同期贷款利率计算的金额。其他房地产开发费用，在按照“取得土地使用权所支付的金额”与“房地产开发成本”金额之和的5%以内计算扣除。

计算公式为：

允许扣除的房地产开发费用＝利息＋（取得土地使用权所支付的金额＋房地产开发成本）×5%以内

（2）凡不能按转让房地产项目计算分摊利息支出或不能提供金融机构证明的，房地产开发费用在按照“取得土地使用权所支付的金额”与“房地产开发成本”金额之和的10%以内计算扣除。

计算公式为：

允许扣除的房地产开发费用＝（取得土地使用权所支付的金额＋房地产开发成本）×10%以内

全部使用自有资金，没有利息支出的，按照以上方法扣除。

计算扣除的具体比例，由各省、自治区、直辖市人民政府规定。

（3）房地产开发企业既向金融机构借款，又有其他借款的，其房地产开发费用计算扣除时不能同时适用上述（1）（2）项所述两种办法。

（4）土地增值税清算时，已经计入房地产开发成本的利息支出，应调整至财务费用中计算扣除。

此外，财政部、国家税务总局还对扣除项目金额中利息支出的计算问题作了专门规定：一是利息的上浮幅度按国家的有关规定执行，超过上浮幅度的部分不允许扣除；二是对于超过贷款期限的利息部分和加罚的利息不允许扣除。

4. 与转让房地产有关的税金。

与转让房地产有关的税金是指在转让房地产时缴纳的城市维护建设税、印花税。因转让房地产缴纳的教育费附加，也可视同税金予以扣除。需要注意，房地产开发企业按照企业财务制度的有关规定，其缴纳的印花税列入管理费用，已相应予以扣除。其他纳税人缴纳的印花税（按产权转移书据所载金额的0.5‰贴花）允许在此扣除。

5. 其他扣除项目。

对从事房地产开发的纳税人可按“取得土地使用权所支付的金额”与“房地产开发成本”之和，加计20%的扣除。此项规定只适用于从事房地产开发的纳税人，除此之外的其他纳税人不适用。

6. 旧房及建筑物的评估价格。

纳税人转让旧房的，应按房屋及建筑物的评估价格、取得土地使用权所支付的地价款或出让金、按国家统一规定缴纳的有关费用和转让环节缴纳的税金作为扣除项目金额计征土地增值税。对取得土地使用权时未支付土地价款或不能提供已支付的地价款凭据的，在计征土地增值税时不允许扣除。

旧房是指已建成并办理房屋产权证或取得购房发票的房产及虽未办理房屋产权证但已建成并交付使用的房产。凡是已使用一定时间或达到一定磨损程度的房产均属旧房。使用时间和磨损程度标准可由各省、自治区、直辖市财政厅（局）和税务局具体规定。

旧房及建筑物的评估价格是指在转让已使用的房屋及建筑物时，由政府批准设立的房地产评估机构评定的重置成本价乘以成新度折扣率后的价格。评估价格须经当地税务机关确认。重置成本价是指对旧房及建筑物，按转让时的建材价格及人工费用计算，建造同样面积、同样层次、同样结构、同样建设标准的新房及建筑物所需花费的成本费用。成新度折扣率是指按旧房的新旧程度作一定比例的折扣。

纳税人转让旧房及建筑物时因计算纳税的需要而对房地产进行评估，其支付的评估费用允许在计算增值额时予以扣除。对纳税人隐瞒、虚报房地产成交价格，提供扣除项目金额不实的，转让房地产的成交价格低于房地产评估价格，又无正当理由的等情形而按房地产评估价格计算征收土地增值税所发生的评估费用，不允许在计算土地增值税时予以扣除。

纳税人转让旧房及建筑物，凡不能取得评估价格，但能提供购房发票的，经当地税务部门确认，取得土地使用权所支付的金额、旧房及建筑物的评估价格的金额，可按发票所载金额并从购买年度起至转让年度止每年加计5%计算。对纳税人购房时缴纳的契税，凡能提供契税完税凭证的，准予作为“与转让房地产有关的税金”予以扣除，但不作为加计5%的基数。计算扣除项目时“每年”按购房发票所载日期起至售房发票开具之日止，每满12个月计1年；超过1年，未满12个月但超过6个月的，可以视同为1年。

对于转让旧房及建筑物，既没有评估价格，又不能提供购房发票的，税务机关可以根据《税收征管法》第三十五条的规定，实行核定征收。

五、土地增值税预征与应纳税额计算

（一）预征土地增值税的计算

纳税人在项目全部竣工结算前转让房地产取得的收入，由于涉及成本确定或其他原因，而无法据以计算土地增值税的，可以预征土地增值税，待该项目全部竣工、办理结算后再进行清算，多退少补。具体办法由各省、自治区、直辖市税务局根据当地情况制定。

营改增后，纳税人转让房地产的土地增值税应税收入不含增值税。适用增值税一般计税方法的纳税人，其转让房地产的土地增值税应税收入不含增值税销项税额；适用简易计税方法的纳税人，其转让房地产的土地增值税应税收入不含增值税应纳税额。

为方便纳税人，简化土地增值税预征税款计算，房地产开发企业采取预收款方式销售自行开发的房地产项目的，可按照以下公式计算土地增值税预征计征依据：

土地增值税预征的计征依据 = 预收款 − 应预缴增值税税款

（二）增值额的确定

纳税人转让房地产所取得的收入减除规定扣除项目金额后的余额，为增值额。增值额是计算土地增值税的基础，在实际房地产交易活动中，有些纳税人由于不能准确提供房地产转让价格或扣除项目金额，导致增值额不准确，直接影响应纳税额的计算与缴纳。纳税人有下列情形之一的，按照房地产评估价格计算征收。

1. 隐瞒、虚报房地产成交价格。

隐瞒、虚报房地产成交价格是指纳税人不报或有意低报转让土地使用权、地上建筑物及其附着物价款的行为。隐瞒、虚报房地产成交价格，应由评估机构参照同类房地产的市场交易价格进行评估。税务机关根据评估价格确定转让房地产的收入。

2. 提供扣除项目金额不实。

提供扣除项目金额不实是指纳税人在纳税申报时不据实提供扣除项目金额的行为。提供扣除项目金额不实的，应由评估机构按照房屋重置成本价乘以成新度折扣率计算的房屋成本价和取得土地使用权时的基准地价进行评估。税务机关根据评估价格确定扣除项目金额。

3. 转让房地产的成交价格低于房地产评估价格，又无正当理由。

转让房地产的成交价格低于房地产评估价格，又无正当理由是指纳税人申报的转让房地产的实际成交价低于房地产评估机构评定的交易价，纳税人又不能提供凭据或无正当理由的行为。转让房地产的成交价格低于房地产评估价格，又无正当理由的，由税务机关参照房地产评估价格确定转让房地产的收入。

（三）应纳税额的计算方法

土地增值税按照纳税人转让房地产所取得的增值额和规定的税率计算征收。土地增值税应纳税额的计算公式为：

$$\text{应纳税额} = \sum(\text{每级距的土地增值税} \times \text{适用税率})$$

在实际工作中，一般可以采用速算扣除法计算。即按增值额乘以适用的税率减去扣除项目金额乘以速算扣除系数的简便方法计算，具体公式为：

1. 增值额未超过扣除项目金额50%的

$$\text{土地增值税税额} = \text{增值额} \times 30\%$$

2. 增值额超过扣除项目金额50%，未超过100%的

$$\text{土地增值税税额} = \text{增值额} \times 40\% - \text{扣除项目金额} \times 5\%$$

3. 增值额超过扣除项目金额100%，未超过200%的

$$\text{土地增值税税额} = \text{增值额} \times 50\% - \text{扣除项目金额} \times 15\%$$

4. 增值额超过扣除项目金额200%的

$$\text{土地增值税税额} = \text{增值额} \times 60\% - \text{扣除项目金额} \times 35\%$$

公式中的5%、15%、35%为速算扣除系数。

【例4-13】 2021年A房地产开发公司销售其新建商品房一幢，取得不含

增值税销售收入1.4亿元，已知A房地产开发公司支付与商品房相关的土地使用权费及开发成本合计为4800万元；A房地产开发公司没有按房地产项目计算分摊银行借款利息；该商品房所在地的省政府规定计征土地增值税时房地产开发费用扣除比例为10%；销售商品房缴纳增值税700万元、城市维护建设税及教育费附加70万元，不考虑地方教育附加。A房地产开发公司销售该商品房应缴纳土地增值税（　　）万元。

A. 2256.5　　B. 2445.5　　C. 3070.5　　D. 2898.5

【解析】 扣除项目金额 = 4800 + 4800 × 10% + 70 + 4800 × 20% = 6310（万元）

土地增值额 = 14000 − 6310 = 7690（万元）

增值率 = 7690 ÷ 6310 × 100% = 121.87%，确定适用税率为50%、速算扣除系数为15%。

应缴纳的土地增值税 = 7690 × 50% − 6310 × 15% = 2898.5（万元）

因此，正确答案是D。

【例4-14】 某市A房地产开发公司通过竞拍取得一宗土地使用权，支付价款、税费合计6000万元，本年度占用80%开发写字楼。开发期间发生开发成本4000万元；发生管理费用2800万元、销售费用1600万元、利息费用400万元（不能提供金融机构的证明）。9月该写字楼竣工验收，10—12月，A房地产开发公司将写字楼总面积的3/5直接销售，销售合同记载取得收入为12000万元（不含税）。12月，A该房地产开发公司的建筑材料供应商催要材料价款，经双方协商，A房地产开发公司用所开发写字楼的1/5抵偿材料价款，剩余的1/5公司转为固定资产自用。（注：开发费用扣除比例为10%，本题增值税采用简易计税方法，不考虑地方教育附加）

请计算A房地产开发公司应缴纳的土地增值税。

【解析】 抵债部分的写字楼也应视同销售缴纳增值税和土地增值税。

销售收入 = 12000 ÷ 3 × 4 = 16000（万元）

土地使用权金额 = 6000 × 80% ×（4 ÷ 5）= 3840（万元）

开发成本 = 4000 ×（4 ÷ 5）= 3200（万元）

开发费用 =（3840 + 3200）× 10% = 704（万元）

税金及附加 = 16000 × 5% ×（7% + 3%）= 80（万元）

加计扣除金额 =（3840 + 3200）× 20% = 1408（万元）

扣除项目金额总计 = 3840 + 3200 + 704 + 80 + 1408 = 9232（万元）

增值额 $=16000-9232=6768$（万元）

增值率 $=6768\div9232\times100\%=73.31\%$，确定适用税率为40%、速算扣除系数为5%。

应缴纳的土地增值税 $=6768\times40\%-9232\times5\%=2245.6$（万元）

六、房地产开发企业土地增值税清算

土地增值税清算是指纳税人在符合土地增值税清算条件后，依照税收法律、法规及土地增值税有关政策规定，计算房地产开发项目应缴纳的土地增值税税额，并填写土地增值税纳税申报表，向主管税务机关提供有关资料，办理土地增值税清算手续，结清该房地产项目应缴纳土地增值税税款的行为。

（一）清算责任

1. 税务机关。

纳税人委托中介机构审核鉴证的清算项目，主管税务机关应当采取适当方法对有关鉴证报告的合法性、真实性进行审核。

2. 纳税人。

纳税人应当如实申报应缴纳的土地增值税税额，保证清算申报的真实性、准确性和完整性。

3. 中介机构。

中介机构从事土地增值税清算鉴证业务的，应当以法律、法规为依据，按照独立、客观、公正原则，在获取充分、适当、真实证据基础上，根据审核鉴证的具体情况，出具真实、合法的鉴证报告并承担相应的法律责任。

（二）清算单位

土地增值税以国家有关部门审批的房地产开发项目为单位进行清算，对于分期开发的项目，以分期项目为单位清算。开发项目中同时包含普通住宅和非普通住宅的，应分别计算增值额。

（三）清算条件

1. 应清算或者自行清算。

纳税人符合下列条件之一的，应进行土地增值税的清算：

（1）房地产开发项目全部竣工、完成销售的。

（2）整体转让未竣工决算房地产开发项目的。

（3）直接转让土地使用权的。

2. 要求清算或者通知清算。

符合下列情形之一的，主管税务机关可要求纳税人进行土地增值税清算：

（1）已竣工验收的房地产开发项目，已转让的房地产建筑面积占整个项目可售建筑面积的比例在85%以上，或该比例虽未超过85%，但剩余的可售建筑面积已经出租或自用的。

（2）取得销售（预售）许可证满3年仍未销售完毕的。

（3）纳税人申请注销税务登记但未办理土地增值税清算手续的。

（4）省税务机关规定的其他情况。

（四）土地增值税的清算时间

凡符合应办理土地增值税清算条件的项目，纳税人应当在满足条件之日起90日内到主管税务机关办理清算手续。凡属税务机关要求纳税人进行土地增值税清算的项目，纳税人应当在接到主管税务机关下发的清算通知之日起90日内，到主管税务机关办理清算手续。

（五）土地增值税清算应税收入的确认

1. 一般情形下销售房地产应税收入的确认。

土地增值税清算时，已全额开具商品房销售发票的，按照发票所载金额确认收入；未开具发票或未全额开具发票的，以交易双方签订的销售合同所载的售房金额及其他收益确认收入。销售合同所载商品房面积与有关部门实际测量面积不一致，在清算前已发生补、退房款的，应在计算土地增值税时予以调整。

房地产开发项目的销售行为跨越营改增前后的，按以下公式确定土地增值税应税收入：

土地增值税清算应税收入＝营改增前转让房地产取得的收入＋营改增后转让房地产取得的不含增值税收入

2. 视同销售房地产应税收入的确认。

房地产开发企业将开发产品用于职工福利、奖励、对外投资、分配给股东或投资人、抵偿债务、换取其他单位和个人的非货币性资产等，发生所有权转移时应视同销售房地产，其收入按下列方法和顺序确认：

（1）按本企业在同一地区、同一年度销售的同类房地产的平均价格确定。

（2）由主管税务机关参照当地当年、同类房地产的市场价格或评估价值确定。

3. 部分房地产转为自用或商业用途。

房地产开发企业将开发的部分房地产转为企业自用或用于出租等商业用途

时，如果产权未发生转移，不征收土地增值税，在税款清算时不列收入，不扣除相应的成本和费用。

（六）土地增值税的扣除项目

（1）房地产开发企业办理土地增值税清算时计算与清算项目有关的扣除项目金额，应根据《中华人民共和国土地增值税暂行条例》及其实施细则的规定执行。除另有规定外，扣除取得土地使用权所支付的金额、房地产开发成本、费用及与转让房地产有关税金，须提供合法有效凭证；不能提供合法有效凭证的，不予扣除。

（2）房地产开发企业办理土地增值税清算所附送的前期工程费、建筑安装工程费、基础设施费、开发间接费用的凭证或资料不符合清算要求或不实的，主管税务机关可参照当地建设工程造价管理部门公布的建安造价定额资料，结合房屋结构、用途、区位等因素，核定上述四项开发成本的单位面积金额标准，并据以计算扣除。具体核定方法由省税务机关确定。

（3）房地产开发企业开发建造的与清算项目配套的居委会和派出所用房、会所、停车场（库）、物业管理场所、变电站、热力站、水厂、文体场馆、学校、幼儿园、托儿所、医院、邮电通讯等公共设施，按以下原则处理：

①建成后产权属于全体业主所有的，其成本、费用可以扣除；

②建成后无偿移交给政府、公用事业单位用于非营利性社会公共事业的，其成本、费用可以扣除；

③建成后有偿转让的，应计算收入，并准予扣除成本、费用。

（4）属于多个房地产项目共同的成本费用，应按清算项目可售建筑面积占多个项目可售总建筑面积的比例或其他合理的方法，计算确定清算项目的扣除金额。

（5）房地产开发企业在工程竣工验收后，根据合同约定，扣留建筑安装施工企业一定比例的工程款，作为开发项目的质量保证金，在计算土地增值税时，建筑安装施工企业就质量保证金对房地产开发企业开具发票的，按发票所载金额予以扣除；未开具发票的，扣留的质保金不得计算扣除。

（6）房地产开发企业逾期开发缴纳的土地闲置费不得扣除。

（7）拆迁安置费。

房地产企业用建造的本项目房地产安置回迁户的，安置用房视同销售处理，应按规定确认视同销售房地产应税收入，同时将此确认为房地产开发项目的拆迁补偿费。房地产开发企业支付给回迁户的补差价款，计入拆迁补偿费；

回迁户支付给房地产开发企业的补差价款，应抵减本项目拆迁补偿费。

开发企业采取异地安置，异地安置的房屋属于自行开发建造的，房屋价值应按规定计算视同销售房地产应税收入，同时计入本项目的拆迁补偿费；异地安置的房屋属于购入的，以实际支付的购房支出计入拆迁补偿费。

货币安置拆迁的，房地产开发企业凭合法有效凭据计入拆迁补偿费。

（七）土地增值税清算应报送的材料

纳税人办理土地增值税清算应报送以下资料：

（1）房地产开发企业清算土地增值税书面申请、土地增值税纳税申报表。

（2）项目竣工决算报表、取得土地使用权所支付的地价款凭证、国有土地使用权出让合同、银行贷款利息结算通知单、项目工程合同结算单、商品房购销合同统计表等与转让房地产的收入、成本和费用有关的证明资料。

（3）主管税务机关要求报送的其他与土地增值税清算有关的证明资料等。

纳税人委托税务中介机构审核鉴证的清算项目，还应报送中介机构出具的《土地增值税清算税款鉴证报告》。

（八）土地增值税清算项目的审核鉴证

主管税务机关受理纳税人清算资料后，应在一定期限内及时组织清算审核。具体期限由各省、自治区、直辖市、计划单列市税务机关确定。

税务中介机构受托对清算项目审核鉴证时，应按税务机关规定的格式对审核鉴证情况出具鉴证报告。对符合要求的鉴证报告，税务机关可以采信。

税务机关要对从事土地增值税清算鉴证工作的税务中介机构在准入条件、工作程序、鉴证内容、法律责任等方面提出明确要求，并做好必要的指导和管理工作。

（九）土地增值税的核定征收

房地产开发企业有下列情形之一的，税务机关可以参照与其开发规模和收入水平相近的当地企业的土地增值税税负情况，按不低于预征率的征收率核定征收土地增值税：

（1）依照法律、行政法规的规定应当设置但未设置账簿的。

（2）擅自销毁账簿或者拒不提供纳税资料的。

（3）虽设置账簿，但账目混乱或者成本资料、收入凭证、费用凭证残缺不全，难以确定转让收入或扣除项目金额的。

（4）符合土地增值税清算条件，未按照规定的期限办理清算手续，经税务机关责令限期清算，逾期仍不清算的。

（5）申报的计税依据明显偏低，又无正当理由的。

（十）清算后再转让房地产的处理

在土地增值税清算时未转让的房地产，清算后销售或有偿转让的，纳税人应按规定进行土地增值税的纳税申报，扣除项目金额按清算时的单位建筑面积成本费用乘以销售或转让面积计算。计算公式为：

单位建筑面积成本费用＝清算时的扣除项目总金额÷清算的总建筑面积

（十一）清算后补缴的土地增值税是否加收滞纳金

纳税人按规定预缴土地增值税后，清算补缴的土地增值税，在主管税务机关规定的期限内补缴的，不加收滞纳金。

【例4－15】下列情形中，应按评估价格计征土地增值税的有（　　）。

A. 提供扣除项目金额不实的

B. 隐瞒、虚报房地产成交价格的

C. 房地产开发项目全部竣工完成销售需要进行清算的

D. 转让房地产的成交价格低于房地产评估价格，又无正当理由的

【解析】纳税人有下列情形之一的，按照房地产评估价格计算征收土地增值税：①隐瞒、虚报房地产成交价格的；②提供扣除项目金额不实的；③转让房地产的成交价格低于房地产评估价格，又无正当理由的。因此，正确答案为ABD。

【例4－16】下列情形中，属于主管税务机关可要求企业进行土地增值税清算情形的有（　　）。

A. 取得预售许可证满3年仍未销售完毕的

B. 直接转让土地使用权的

C. 整体转让未竣工决算房地产项目的

D. 纳税人申请注销税务登记但未办理土地增值税清算手续的

【解析】选项BC属于应当进行土地增值税清算的情形，选项AD属于主管税务机关可以要求企业进行土地增值税清算的情况。因此，正确答案为AD。

七、土地增值税主要优惠

（一）改善民生

1. 建造普通标准住宅出售增值率未超过20%的。

纳税人建造普通标准住宅出售，增值额未超过扣除项目金额20%的，免征

土地增值税。普通标准住宅是指按所在地一般民用住宅标准建造的居住用住宅。高级公寓、别墅、度假村等不属于普通标准住宅。普通标准住宅与其他住宅的具体划分界限由各省、自治区、直辖市人民政府规定。享受优惠政策的住房原则上应同时满足以下条件：住宅小区建筑容积率在 1.0 以上、单套建筑面积在 120 平方米以下、实际成交价格低于同级别土地上住房平均交易价格 1.2 倍以下。各省、自治区、直辖市要根据实际情况，制定本地区享受优惠政策普通住房的具体标准。允许单套建筑面积和价格标准适当浮动，但向上浮动的比例不得超过上述标准的 20%。

纳税人建造普通标准住宅出售，增值额未超过扣除项目金额之和 20% 的，免征土地增值税；增值额超过扣除项目金额之和 20% 的，应就其全部增值额按规定计税。

纳税人既建造普通住宅，又建造其他商品房的，应分别核算土地增值额。不能核算增值额或不能准确核算增值额的，其建造的普通标准住宅不能适用这一免税规定。

2. 个人销售住房。

自 2008 年 11 月 1 日起，对个人销售住房暂免征收土地增值税。

3. 转让旧房作为廉租住房、经济适用住房房源且增值额未超过扣除项目金额 20% 的。

企事业单位、社会团体及其他组织转让旧房作为廉租住房、经济适用住房房源且增值额未超过扣除项目金额 20% 的，免征土地增值税。廉租住房、经济适用住房须符合《国务院关于解决城市低收入家庭住房困难的若干意见》（国发〔2007〕24 号）及《廉租住房保障办法》（建设部等 9 部委令第 162 号）、《经济适用住房管理办法》（建住房〔2007〕258 号）的规定。

4. 转让旧房作为改造安置住房房源且增值额未超过扣除项目金额 20% 的。

企事业单位、社会团体及其他组织转让旧房作为改造安置住房房源且增值额未超过扣除项目金额 20% 的，免征土地增值税。

5. 转让旧房作为公租房房源，且增值额未超过扣除项目金额 20% 的。

对企事业单位、社会团体及其他组织转让旧房作为公租房房源，且增值额未超过扣除项目金额 20% 的，免征土地增值税。公租房是指纳入省、自治区、直辖市、计划单列市人民政府及新疆生产建设兵团批准的公租房发展规划和年度计划，或者市、县人民政府批准建设（筹集），并按照《住房和城乡建设部国家发展和改革委员会　财政部　国土资源部　中国人民银行　国家税务总局　中国银行监督管理委员会关于加快发展公共租赁住房的指导意见》（建保〔2010〕87 号）和市、县人民政府制定的具体管理办法进行管理的公租房。

（二）转制升级

1. 中国邮政储蓄银行改制上市。

对中国邮政集团公司与原中国邮政储蓄银行有限责任公司之间划转、变更土地、房屋等资产权属交易涉及的土地增值税予以免征。

2. 中国邮政集团公司邮政速递物流业务重组改制。

对因中国邮政集团公司邮政速递物流业务重组改制，中国邮政集团公司向中国邮政速递物流股份有限公司、各省邮政公司向各省邮政速递物流有限公司转移房地产产权应缴纳的土地增值税，予以免征。

3. 中国中信集团公司重组改制。

在中信集团整体改制为中国中信集团有限公司（以下简称中信有限）过程中，对中信集团无偿转移到中信有限的房地产，以及中信集团无偿转移到中国中信股份有限公司（以下简称中信股份）的房地产，不征土地增值税。在中信集团通过股权投资方式将符合境外上市条件的资产等注入中信股份过程中，对中信集团涉及的土地增值税（房地产开发企业销售房地产除外），予以免征。

4. 中国联合网络通信集团有限公司及其所属公司电信重组改革。

对中国联合网络通信集团有限公司（原中国联合通信有限公司）、联通新时空通信有限公司（原联通新时空移动通信有限公司）、中国联合网络通信有限公司（原中国联通有限公司）向中国电信转让 CDMA 网络资产和业务过程中，转让房地产涉及的土地增值税，予以免征。对中国联合网络通信集团有限公司吸收合并中国网络通信集团公司、中国联合网络通信有限公司吸收合并中国网通（集团）有限公司过程中涉及的土地增值税，予以免征。对联通新国信通信有限公司在资产整合过程中，向中国联合网络通信集团有限公司（原中国联合通信有限公司）转让房地产涉及的土地增值税，予以免征。

（三）支持金融资本市场

1. 金融资产管理公司收购、承接和处置不良资产。

资产公司收购、承接、处置不良资产，对资产公司转让房地产取得的收入，免征土地增值税。

享受税收优惠政策的主体为经国务院批准成立的中国信达资产管理公司、

中国华融资产管理公司、中国长城资产管理公司和中国东方资产管理公司及其经批准分设于各地的分支机构。除另有规定者外，资产公司所属、附属企业，不享受资产公司的税收优惠政策。

2. 中国东方资产管理公司处置港澳国际（集团）有限公司有关资产。

对东方资产管理公司接收港澳国际（集团）有限公司的资产包括货物、不动产、有价证券等资产及利用货物、不动产从事融资租赁业务免征应缴纳的土地增值税。

对港澳国际（集团）内地公司的资产，包括货物、不动产、有价证券、股权、债权等，在清理和被处置时，免征港澳国际（集团）内地公司销售转让该货物、不动产、有价证券、股权、债权等资产应缴纳的土地增值税。

对港澳国际（集团）香港公司在中国境内的资产，包括货物、不动产、有价证券、股权、债权等，在清理和被处置时，免征港澳国际（集团）香港公司销售转让该货物、不动产、有价证券、股权、债权等资产应缴纳的土地增值税。

3. 处置剩余政策性剥离不良资产。

中国信达资产管理股份有限公司、中国华融资产管理股份有限公司及其分支机构处置剩余政策性剥离不良资产比照执行《财政部　国家税务总局关于中国信达等 4 家金融资产管理公司税收政策问题的通知》（财税〔2001〕10 号）规定的税收优惠政策。

中国长城资产管理公司和中国东方资产管理公司如经国务院批准改制后，继承其权利、义务的主体及其分支机构处置剩余政策性剥离不良资产比照执行前款所列规范性文件规定的税收优惠政策。

（四）支持文化教育体育

1. 北京 2022 年冬奥组委赛后出让资产。

对北京冬奥组委再销售所获捐赠物品和赛后出让资产取得收入，免征应缴纳的土地增值税。

2. 第七届世界军人运动会执委会赛后出让资产。

对执委会赛后出让资产取得的收入，免征应缴纳的土地增值税。

3. 杭州 2022 年亚运会和亚残运会组委会赛后出让资产。

对组委会赛后出让资产取得的收入，免征土地增值税。

4. 第 18 届世界中学生运动会等三项国际综合运动会执行委员会、组委会赛后出让资产。

为支持筹办2020年晋江第18届世界中学生运动会、2020年三亚第6届亚洲沙滩运动会、2021年成都第31届世界大学生运动会等三项国际综合运动会，对组委会赛后出让资产取得的收入，免征土地增值税。

（五）支持其他各项事业

1. 因国家建设需要依法征收、收回的房地产。

因国家建设需要依法征收、收回的房地产，免征土地增值税。

因国家建设需要依法征收、收回的房地产是指因城市实施规划、国家建设的需要而被政府批准征收的房产或收回的土地使用权。

2. 因城市实施规划、国家建设的需要而搬迁自行转让原房地产。

因城市实施规划、国家建设的需要而搬迁，由纳税人自行转让原房地产的，免征土地增值税。

因城市实施规划而搬迁是指因旧城改造或因企业污染、扰民（指产生过量废气、废水、废渣和噪音，使城市居民生活受到一定危害），而由政府或政府有关主管部门根据已审批通过的城市规划确定进行搬迁的情况；因国家建设的需要而搬迁是指因实施国务院、省级人民政府、国务院有关部委批准的建设项目而进行搬迁的情况。

3. 个人之间互换自有居住用房地产。

对个人之间互换自有居住用房地产的，经当地税务机关核实，可以免征土地增值税。

4. 合作建房。

对于一方出地，一方出资金，双方合作建房，建成后按比例分房自用的，暂免征收土地增值税；建成后转让的，应征收土地增值税。

【例4－17】 下列项目中，免征土地增值税的是（　　）。

A. 个人继承的房产

B. 国有土地使用权的出让

C. 因国家建设被征用的房地产

D. 合作建房建成后转让的房地产

【解析】 房产出让、继承不属于土地增值税的征税范围，合作建房建成后转让房地产的行为属于土地增值税的征税范围。因此，正确答案为C。

【例4－18】 下列情形中，可以免征土地增值税的是（　　）。

A. 企业间互换办公用房

B. 企业转让一栋房产给政府机关用于办公

C. 房地产开发企业将建造的商品房作价入股某酒店

D. 居民因省政府批准的文化园项目建设需要而自行转让房地产

【解析】选项 ABC 均要照章征收土地增值税，不享受免征土地增值税优惠政策。选项 D 属于因“城市实施规划”而自行转让原房地产，属于免征土地增值税的情形。因此，正确答案为 D。

【例 4－19】下列各项中，属于土地增值税免税范围的有（　　）。

A. 房产所有人将房产赠与直系亲属

B. 个人之间互换自有居住用房地产（经税务机关核实）

C. 合作建房后转让房地产

D. 因国家建设需要而搬迁，由纳税人自行转让房地产

【解析】房产所有人将房产赠与直系亲属不属于土地增值税的征税范围。合作建房后转让房地产需要征收土地增值税。因此，正确答案为 BD。

八、土地增值税申报

自 2021 年 6 月 1 日起，土地增值税纳税申报表统一使用《财产和行为税纳税申报表》（见表 4－1）。纳税人新增税源或税源变化时，需先填报《财产和行为税税源明细表》中的《土地增值税税源明细表》。

纳税人应在转让房地产合同签订后的 7 日内，到房地产所在地主管税务机关办理纳税申报，并向税务机关提交房屋及建筑物产权、土地使用权证书，土地转让、房产买卖合同，房地产评估报告及其他与转让房地产有关的资料。

纳税人因经常发生房地产转让而难以在每次转让后申报的，经税务机关审核同意后，可以定期进行纳税申报，具体期限由税务机关根据情况确定。

九、土地增值税管理

（一）纳税期限

纳税人应当自转让房地产合同签订之日起 7 日内向房地产所在地主管税务机关办理纳税申报，并在税务机关核定的期限内缴纳土地增值税。

税务机关核定的纳税期限，应在纳税人签订房地产转让合同之后、办理房地产权属转让（即过户及登记）手续之前。

（二）纳税地点

房地产所在地是指房地产的坐落地。纳税人转让房地产坐落在两个或两个以上地区的，应按房地产所在地分别申报纳税。

【例 4 - 20】 下列关于土地增值税纳税地点的表述，正确的有（　　）。

A. 土地增值税的纳税人应该向其房地产所在地的主管税务机关办理纳税申报

B. 自然人纳税人转让的房地产坐落地与其居住所在地不一致的，应在房地产所在地的税务机关申报纳税

C. 法人纳税人转让的房地产坐落地与其机构所在地一致的，应在办理税务登记的原管辖税务机关申报纳税

D. 法人纳税人转让的房地产坐落地与其机构所在地不一致的，应在房地产的坐落地所管辖的税务机关申报纳税

【解析】 纳税人是自然人的，当转让的房地产坐落地与其居住地一致时，则向其居住地税务机关申报纳税；当转让的房地产坐落地与其居住地不一致时，向办理过户手续所在地税务机关申报纳税。因此，正确答案为 AD。

第四节　契　　税

契税是对在我国境内转移土地、房屋权属的单位和个人征收的一种财产转移税。

一、契税纳税人

在中华人民共和国境内转移土地、房屋权属，承受的单位和个人为契税的纳税人。因共有不动产份额变化、共有人增加或者减少或人民法院、仲裁委员会的生效法律文书或者监察机关出具的监察文书等因素，发生土地、房屋权属转移的，由承受方依法缴纳契税。

【例 4 - 21】 单位和个人发生下列行为，应缴纳契税的是（　　）。

A. 转让土地使用权　　　　B. 转让不动产所有权

C. 承受不动产所有权　　　D. 赠与不动产所有权

【解析】 契税的纳税人是房屋、土地权属的承受方。因此，正确答案为 C。

二、契税征税范围

征收契税的土地、房屋权属，具体为土地使用权、房屋所有权。转移土地、房屋权属是指：

（1）土地使用权出让。

（2）土地使用权转让，包括出售、赠与、互换，但不包括土地承包经营权和土地经营权的转移。

（3）房屋买卖、赠与、互换。以作价投资（入股）、偿还债务、划转、奖励等方式转移土地、房屋权属的，应当依照规定征收契税。

三、契税税率

契税税率为3%～5%。契税的具体适用税率，由省、自治区、直辖市人民政府在税率幅度内提出，报同级人民代表大会常务委员会决定，并报全国人民代表大会常务委员会和国务院备案。

省、自治区、直辖市可以依照规定程序对不同主体、不同地区、不同类型的住房的权属转移确定差别税率。

四、契税应纳税额计算

（一）计税依据

契税计税依据不包括增值税。

1. 土地使用权出让、出售，房屋买卖。

以土地、房屋权属转移合同确定的成交价格为计税依据，包括应交付的货币及实物、其他经济利益对应的价款。

土地使用权出让的，计税依据包括土地出让金、土地补偿费、安置补助费、地上附着物和青苗补偿费、征收补偿费、城市基础设施配套费、实物配建房屋等应交付的货币及实物、其他经济利益对应的价款。以划拨方式取得的土地使用权，经批准改为出让方式重新取得该土地使用权的，应由该土地使用权人以补缴的土地出让价款为计税依据；先以划拨方式取得土地使用权，后经批准转让房地产，划拨土地性质改为出让的，承受方应分别以补缴的土地出让价款和房地产权属转移合同确定的成交价格为计税依据；先以划拨方式取得土地使用权，后经批准转让房地产，划拨土地性质未发生改变的，承受方应以房地产权属转移合同确定的成交价格为计税依据；土地使用权及所附建筑物、构筑物等（包括在建的房屋、其他建筑物、构筑物和其他附着物）转让的，计税依据为承受方应交付的总价款。

2. 土地使用权互换、房屋互换。

互换价格相等的，互换双方计税依据为零；互换价格不相等的，以其差额为计税依据，由支付差额的一方缴纳契税。

3. 土地使用权赠与、房屋赠与及其他没有价格的转移土地、房屋权属行为。

土地使用权赠与、房屋赠与及其他没有价格的转移土地、房屋权属行为，计税依据为税务机关参照土地使用权出售、房屋买卖的市场价格依法核定的价格。

（二）应纳税额计算

契税应纳税额的计算公式为：

契税的应纳税额 = 计税依据 × 具体适用税率

房屋附属设施（包括停车位、机动车库、非机动车库、顶层阁楼、储藏室及其他房屋附属设施）与房屋为同一不动产单元的，计税依据为承受方应交付的总价款，并适用与房屋相同的税率；房屋附属设施与房屋为不同不动产单元的，计税依据为转移合同确定的成交价格，并按当地确定的适用税率计税。承受已装修房屋的，应将包括装修费用在内的费用计入承受方应交付的总价款。

【例 4－22】2021 年 10 月，甲公司购入一幢写字楼，不含增值税价格为 2000 万元（含装修费用 200 万元）。当地适用契税税率 3%，甲公司购入该写字楼应缴纳契税是（　　）万元。

A. 27　　B. 30　　C. 54　　D. 60

【解析】契税的应纳税额按照计税依据乘以具体适用税率计算。契税的计税依据不包括增值税。承受已装修房屋的，应将包括装修费用在内的费用计入承受方应交付的总价款。甲公司购入写字楼应缴纳的契税 = 2000 × 3% = 60（万元）。因此，正确答案为 D。

五、契税主要优惠

（一）免征契税

（1）国家机关、事业单位、社会团体、军事单位承受土地、房屋权属用于办公、教学、医疗、科研、军事设施，免征契税。

（2）非营利性的学校、医疗机构、社会福利机构承受土地、房屋权属用于办公、教学、医疗、科研、养老、救助，免征契税。

为社区提供养老、托育、家政等服务的机构承受房屋、土地用于提供社区养老、托育、家政服务的，免征契税。

享受契税免税优惠的非营利性的学校、医疗机构、社会福利机构，限于依法登记为事业单位、社会团体、基金会、社会服务机构等的非营利法人和非营利组织。其中，学校的具体范围为经县级以上人民政府或者其教育行政部门批准成立的大学、中学、小学、幼儿园，实施学历教育的职业教育学校、特殊教育学校、专门学校，以及经省级人民政府或者其人力资源社会保障行政部门批准成立的技工院校。医疗机构的具体范围为经县级以上人民政府卫生健康行政部门批准或者备案设立的医疗机构。社会福利机构的具体范围为依法登记的养老服务机构、残疾人服务机构、儿童福利机构、救助管理机构、未成年人救助保护机构。

上述享受契税免税优惠的土地、房屋，用于办公的，限于办公室（楼）及其他直接用于办公的土地、房屋；用于教学的，限于教室（教学楼）及其他直接用于教学的土地、房屋；用于医疗的，限于门诊部及其他直接用于医疗的土地、房屋；用于科研的，限于科学试验的场所及其他直接用于科研的土地、房屋；用于军事设施的，限于直接用于《中华人民共和国军事设施保护法》规定的军事设施的土地、房屋；用于养老的，限于直接用于为老年人提供养护、康复、托管等服务的土地、房屋；用于救助的，限于直接为残疾人、未成年人、生活无着的流浪乞讨人员提供养护、康复、托管等服务的土地、房屋。

（3）承受荒山、荒地、荒滩土地使用权用于农、林、牧、渔业生产，免征契税。

（4）婚姻关系存续期间夫妻之间变更土地、房屋权属，免征契税。夫妻因离婚分割共同财产发生土地、房屋权属变更的，免征契税。

（5）法定继承人通过继承承受土地、房屋权属，免征契税。

（6）依照法律规定应当予以免税的外国驻华使馆、领事馆和国际组织驻华代表机构承受土地、房屋权属，免征契税。

（7）城镇职工按规定第一次购买公有住房的，免征契税。

公有制单位为解决职工住房而采取集资建房方式建成的普通住房或由单位

购买的普通商品住房，经县级以上地方人民政府房改部门批准、按照国家房改政策出售给本单位职工的，如属职工首次购买住房，比照公有住房免征契税。

已购公有住房经补缴土地出让价款成为完全产权住房的，免征契税。

（8）对金融租赁公司开展售后回租业务，承受承租人房屋、土地权属的，照章征税。对售后回租合同期满，承租人回购原房屋、土地权属的，免征契税。

（9）个体工商户的经营者将其个人名下的房屋、土地权属转移至个体工商户名下，或个体工商户将其名下的房屋、土地权属转回原经营者个人名下，免征契税。

合伙企业的合伙人将其名下的房屋、土地权属转移至合伙企业名下，或合伙企业将其名下的房屋、土地权属转回原合伙人名下，免征契税。

（10）对饮水工程运营管理单位为建设饮水工程而承受土地使用权，免征契税。

（11）根据国民经济和社会发展的需要，国务院对居民住房需求保障、企业改制重组、灾后重建等情形可以规定免征或者减征契税，报全国人民代表大会常务委员会备案。

（二）企业、事业单位、农村集体经济组织改制重组相关的契税减免政策

（1）企业按照《中华人民共和国公司法》有关规定整体改制，包括非公司制企业改制为有限责任公司或股份有限公司，有限责任公司变更为股份有限公司，股份有限公司变更为有限责任公司，原企业投资主体存续并在改制（变更）后的公司中所持股权（股份）比例超过75%，且改制（变更）后公司承继原企业权利、义务的，对改制（变更）后公司承受原企业土地、房屋权属，免征契税。

（2）事业单位按照国家有关规定改制为企业，原投资主体存续并在改制后企业中出资（股权、股份）比例超过50%的，对改制后企业承受原事业单位土地、房屋权属，免征契税。

（3）两个或两个以上的公司，依照法律规定、合同约定，合并为一个公司，且原投资主体存续的，对合并后公司承受原合并各方土地、房屋权属，免征契税。

（4）公司依照法律规定、合同约定分立为两个或两个以上与原公司投资主体相同的公司，对分立后公司承受原公司土地、房屋权属，免征契税。

（5）企业依照有关法律法规规定实施破产，债权人（包括破产企业职工）承受破产企业抵偿债务的土地、房屋权属，免征契税；对非债权人承受破产企业土地、房屋权属，凡按照《中华人民共和国劳动法》等国家有关法律法规政策妥善安置原企业全部职工规定，与原企业全部职工签订服务年限不少于3年的劳动用工合同的，对其承受所购企业土地、房屋权属，免征契税；与原企业超过30%的职工签订服务年限不少于3年的劳动用工合同的，减半征收契税。

（6）对承受县级以上人民政府或国有资产管理部门按规定进行行政性调整、划转国有土地、房屋权属的单位，免征契税。

同一投资主体内部所属企业之间土地、房屋权属的划转，包括母公司与其全资子公司之间，同一公司所属全资子公司之间，同一自然人与其设立的个人独资企业、一人有限公司之间土地、房屋权属的划转，免征契税。

母公司以土地、房屋权属向其全资子公司增资，视同划转，免征契税。

（7）经国务院批准实施债权转股权的企业，对债权转股权后新设立的公司承受原企业的土地、房屋权属，免征契税。

（8）外国银行分行按照《中华人民共和国外资银行管理条例》等相关规定改制为外商独资银行（或其分行），改制后的外商独资银行（或其分行）承受原外国银行分行的房屋权属的，免征契税。

（9）对经营性文化事业单位转制中资产评估增值、资产转让或划转涉及的契税等，符合现行规定的享受相应税收优惠政策。

（10）农村集体产权制度改革中，对进行股份合作制改革后的农村集体经济组织承受原集体经济组织的土地、房屋权属，免征契税。

（11）对农村集体经济组织及代行集体经济组织职能的村民委员会、村民小组进行清产核资收回集体资产而承受土地、房屋权属，免征契税。

（三）廉租住房、经济适用房、改造安置住房、易地扶贫搬迁等项目相关的契税减免政策

（1）对廉租住房经营管理单位购买住房作为廉租住房、经济适用住房经营管理单位回购经济适用住房继续作为经济适用住房房源的，免征契税。

（2）对个人购买经济适用住房，在法定税率基础上减半征收契税。

（3）对公租房经营管理单位购买住房作为公租房，免征契税、印花税。

（4）对经营管理单位回购已分配的改造安置住房继续作为改造安置房源的，免征契税。

（5）个人首次购买90平方米以下改造安置住房，按1%的税率计征契税；购买超过90平方米，但符合普通住房标准的改造安置住房，按法定税率减半计征契税。

（6）个人因房屋被征收而取得货币补偿并用于购买改造安置住房，或因房屋被征收而进行房屋产权调换并取得改造安置住房，按有关规定减免契税。

（7）对项目实施主体购买商品住房或者回购保障性住房作为安置住房房源的，免征契税。

（8）对易地扶贫搬迁贫困人口按规定取得的安置住房，免征契税。

（9）对易地扶贫搬迁项目实施主体取得用于建设安置住房的土地，免征契税。

（四）个人购买家庭住房

自2016年2月22日起，对个人购买家庭唯一住房（家庭成员范围包括购房人、配偶以及未成年子女，下同），面积为90平方米及以下的，减按1%的税率征收契税；面积为90平方米以上的，减按1.5%的税率征收契税。

对个人购买家庭第二套改善性住房（北京市、上海市、广州市、深圳市暂不实施），面积为90平方米及以下的，减按1%的税率征收契税；面积为90平方米以上的，减按2%的税率征收契税。家庭第二套改善性住房是指已拥有一套住房的家庭，购买的家庭第二套住房。

【例4－23】个人购买家庭唯一住房，假设面积为120平方米，契税的适用税率是（　　）。

A. 4%　　B. 2%　　C. 1.5%　　D. 1%

【解析】个人购买家庭唯一住房，面积为90平方米以上的，按1.5%的税率征收。因此，正确答案为C。

（五）省、自治区、直辖市可以决定的免征或者减征契税的情形

（1）因土地、房屋被县级以上人民政府征收、征用，重新承受土地、房屋权属。

（2）因不可抗力灭失住房，重新承受住房权属。

免征或者减征契税的具体办法，由省、自治区、直辖市人民政府提出，报同级人民代表大会常务委员会决定，并报全国人民代表大会常务委员会和国务院备案。

纳税人改变有关土地、房屋的用途，或者有其他不再属于免征、减征契税

情形的，应当缴纳已经免征、减征的税款。

六、契税申报

自2021年6月1日起，契税纳税申报表统一使用《财产和行为税纳税申报表》（见表4－1）。纳税人新增税源或税源变化时，需先填报《财产和行为税税源明细表》中的《契税税源明细表》。

七、契税管理

（一）申报对象

契税申报以不动产单元为基本单位。

（二）纳税义务发生时间

契税的纳税义务发生时间，为纳税人签订土地、房屋权属转移合同的当日，或者纳税人取得其他具有土地、房屋权属转移合同性质凭证的当日。

纳税人应当在依法办理土地、房屋权属登记手续前申报缴纳契税。

（三）征收机关

契税由土地、房屋所在地的税务机关依法征收管理。

纳税人办理纳税事宜后，税务机关应当开具契税完税凭证。

税务机关及其工作人员对税收征收管理过程中知悉的纳税人的个人信息，应当依法予以保密，不得泄露或者非法向他人提供。

（四）涉税信息共享和工作配合机制

税务机关应当与相关部门建立契税涉税信息共享和工作配合机制。自然资源、住房城乡建设、民政、公安等相关部门应当及时向税务机关提供与转移土地、房屋权属有关的信息，协助税务机关加强契税征收管理。

纳税人办理土地、房屋权属登记，不动产登记机构应当查验契税完税、减免税凭证或者有关信息。未按照规定缴纳契税的，不动产登记机构不予办理土地、房屋权属登记。

（五）退税

在依法办理土地、房屋权属登记前，权属转移合同、权属转移合同性质凭证不生效、无效、被撤销或者被解除的，纳税人可以向税务机关申请退还已缴纳的税款，税务机关应当依法办理。

第五节　印花税

印花税是对在我国境内书立应税凭证或进行证券交易的行为征收的一种行为税。《中华人民共和国印花税法》（以下简称《印花税法》）自 2022 年 7 月 1 日起施行。

一、印花税纳税人

（一）纳税义务人

印花税纳税义务人是指在中华人民共和国境内书立应税凭证、进行证券交易的单位和个人，以及在中华人民共和国境外书立在境内使用的应税凭证的单位和个人。

书立应税凭证的纳税人是指对应税凭证具有直接权利义务关系的单位和个人。同一应税凭证由两方以上当事人书立的，此时需要判断各方是否对该应税凭证负有直接权利义务，如在采用委托借款方式书立的借款合同中，纳税人是受托人、借款人，不包括委托人。再如按买卖合同或者产权转移书据税目缴纳印花税的拍卖成交确认书中，纳税人为拍卖标的的产权人和买受人，不包括拍卖人。

证券交易印花税对证券交易的出让方征收，不对受让方征收。

（二）扣缴义务人

证券登记结算机构为证券交易印花税的扣缴义务人。

纳税人为境外单位或者个人，在境内有代理人的，其境内代理人为扣缴义务人。

二、印花税征税范围

《印花税法》中对于印花税的征税范围采用正列举方式，属于《印花税法》正列举范围之内的应税凭证及证券交易应当征收印花税，不属于范围之内的不征收印花税。共分为四类，即合同（指书面合同）、产权转移书据、营业账簿、证券交易。

应税凭证是指根据《印花税税目税率表》中所列明的合同、产权转移书据和营业账簿。值得注意的是，关于在中华人民共和国境外书立在境内使用的应税凭证具体包括以下四种情形：一是应税凭证的标的为不动产的，该不动产在境内；二是应税凭证的标的为股权的，该股权为中国居民企业的股权；三是应税凭证的标的为动产或者商标专用权、著作权、专利权、专有技术使用权的，其销售方或者购买方在境内，但不包括境外单位或者个人向境内单位或者个人销售完全在境外使用的动产或者商标专用权、著作权、专利权、专有技术使用权；四是应税凭证的标的为服务的，其提供方或者接受方在境内，但不包括境外单位或者个人向境内单位或者个人提供完全在境外发生的服务。

此外，应税凭证形式复杂多样，即使未签订正式买卖合同，但企业之间书立的确定买卖关系、明确买卖双方权利义务的各类凭证应当按规定缴纳印花税，如订货单、要货单等形式单据。

（一）合同

随着《中华人民共和国民法典》（以下简称《民法典》）的颁布，原《中华人民共和国经济合同法》中对经济合同相关分类和定义已经过时，《印花税法》中的合同名称与《民法典》中的规定保持一致，两者实现了较好的衔接。《印花税法》中正列举了11种有名合同，即借款合同、融资租赁合同、买卖合同、承揽合同、建设工程合同、运输合同、技术合同、租赁合同、保管合同、仓储合同、财产保险合同。

其中，借款合同是指银行业金融机构、经国务院银行监督管理机构批准设立的其他金融机构与借款人（不包括同业拆借）的借款合同。

融资租赁合同是指出租人根据承租人对出卖人、租赁物的选择，向出卖人购买租赁物，提供给承租人使用，承租人支付租金的合同。但在融资性售后回租业务中，对承租人、出租人因出售租赁资产及购回租赁资产所签订的合同，不征收印花税。

买卖合同是指动产买卖合同（不包括个人书立的动产买卖合同）。需要注意的是，发电厂与电网之间、电网与电网之间书立的购售电合同，按买卖合同税目缴纳印花税。电网与用户之间签订的供用电合同不属于印花税列举征税的凭证，不征收印花税。

运输合同是指货运合同和多式联运合同（不包括管道运输合同）。

技术合同包括技术开发合同、技术许可合同、技术咨询合同、技术服务合同，不包括专利权、专有技术使用权转让书据。

财产保险合同分为企业财产保险、机动车辆保险、货物运输保险、家庭财产保险和农牧业保险五类，不包括再保险合同。对农林作物、牧业畜类保险合同暂不征收印花税。

（二）产权转移书据

《印花税法》中规定的产权转移书据共有四类，即土地使用权出让书据，土地使用权、房屋等建筑物和构筑物所有权转让书据（不包括土地承包经营权和土地经营权转移），股权转让书据（不包括应缴纳证券交易印花税的股权转让书据），商标专用权、著作权、专利权、专有技术使用权转让书据。

其中，转让形式包括买卖（出售）、继承、赠与、互换、分割五种形式。

（三）证券交易

证券交易是指转让在依法设立的证券交易所、国务院批准的其他全国性证券交易场所交易的股票和以股票为基础的存托凭证。

（四）其他不属于印花税征税范围的凭证

下列情形的凭证，不属于印花税征收范围：

（1）人民法院的生效法律文书、仲裁机构的仲裁文书、监察机关的监察文书。

（2）县级以上人民政府及其所属部门按照行政管理权限征收、收回或者补偿安置房地产书立的合同、协议或者行政类文书。

（3）总公司与分公司、分公司与分公司之间书立的作为执行计划使用的凭证。

三、印花税税率

印花税的课税对象是各类应税凭证，而应税凭证种类繁多，形式多样，用途不同，性质不同。如一些应税凭证载有金额，一些未记载金额；有些凭证长期使用，有些仅是临时性使用。因此，根据不同凭证的性质和特点，按照合理负担、便于征纳的原则，分别采用不同的税率。

《印花税法》对各类应税凭证均采用比例税率形式（见表4－2）。

表4－2　　印花税税目税率

税目	税率
租赁合同，保管合同，仓储合同，财产保险合同，证券交易	1‰
土地使用权出让书据，土地使用权、房屋等建筑物和构筑物所有权转让书据，股权转让书	0.5‰

续表

税目	税率
买卖合同，承揽合同，建设工程合同，运输合同，技术合同，商标专用权、著作权、专利权、专有技术使用权转让书据	0.3‰
营业账簿	0.25‰
借款合同，融资租赁合同	0.05‰

同一应税凭证载有两个以上税目事项并分别列明金额的，按照各自适用的税目税率分别适用；未分别列明金额的，从高适用税率。

四、印花税计税依据

（一）一般规定

（1）应税合同的计税依据，为合同所列的金额，不包括列明的增值税税款。如果应税合同中未列明增值税税款，则以合同金额为印花税计税依据。

（2）应税产权转移书据的计税依据，为产权转移书据所列的金额，不包括列明的增值税税款。如果应税产权转移书据中未列明增值税税款，则以产权转移书据金额为印花税计税依据。

（3）应税营业账簿的计税依据，为账簿记载的实收资本（股本）、资本公积合计金额。

（4）证券交易的计税依据，为成交金额。

（二）特殊规定

（1）同一应税凭证由两方以上当事人书立的，按照各自涉及的金额分别计算应纳税额。

（2）同一应税合同、应税产权转移书据中涉及两方以上纳税人，且未列明纳税人各自涉及金额的，以纳税人平均分摊的应税凭证所列金额（不包括列明的增值税税款）确定计税依据。

（3）应税合同、产权转移书据未列明金额的，印花税的计税依据按照实际结算的金额确定。如无法按照实际结算的金额确定，按照书立合同、产权转移书据时的市场价格确定；依法应当执行政府定价或政府指导价的，按照国家有关规定确定。

（4）应税合同、应税产权转移书据所列的金额与实际结算金额不一致，不变更应税凭证所列金额的，以所列金额为计税依据；变更应税凭证所列金额的，以变更后的所列金额为计税依据。已缴纳印花税的应税凭证，变更后所列金额增加的，纳税人应当就增加部分的金额补缴印花税；变更后所列金额减少的，纳税人可以就减少部分的金额向税务机关申请退还或者抵缴印花税。

（5）纳税人因应税凭证列明的增值税税款计算错误导致应税凭证的计税依据减少或者增加的，纳税人应当按规定调整应税凭证列明的增值税税款，重新确定应税凭证计税依据。已缴纳印花税的应税凭证，调整后计税依据增加的，纳税人应当就增加部分的金额补缴印花税；调整后计税依据减少的，纳税人可以就减少部分的金额向税务机关申请退还或者抵缴印花税。

（6）已缴纳印花税的营业账簿，以后年度记载的实收资本（股本）、资本公积合计金额比已缴纳印花税的实收资本（股本）、资本公积合计金额增加的，就增加部分金额计算缴纳印花税。

（7）纳税人转让股权的印花税计税依据，按照产权转移书据所列的金额（不包括列明的认缴后尚未实际出资权益部分）确定。

（8）应税凭证金额为人民币以外的货币的，应当按照凭证书立当日的人民币汇率中间价折合人民币确定计税依据。

（9）境内的货物多式联运，采用在起运地统一结算全程运费的，以全程运费作为运输合同的计税依据，由起运地运费结算双方缴纳印花税；采用分程结算运费的，以分程的运费作为计税依据，分别由办理运费结算的各方缴纳印花税。

（10）证券交易无转让价格的，按照办理过户登记手续时该证券前一个交易日收盘价计算确定计税依据；无收盘价的，按照证券面值计算确定计税依据。

（11）家庭财产保险由单位集体办理的，可按个人投保金额为计税依据计征印花税。

五、印花税优惠

（一）免税规定

下列凭证免征印花税：

（1）应税凭证的副本或者抄本。

（2）依照法律规定应当予以免税的外国驻华使馆、领事馆和国际组织驻华代表机构为获得馆舍书立的应税凭证。

（3）中国人民解放军、中国人民武装警察部队书立的应税凭证。其中包括军事物资运输，凡附有军事运输命令或使用专用的军事物资运费结算凭证的，免征印花税。

（4）农民、家庭农场、农民专业合作社、农村集体经济组织、村民委员会购买农业生产资料或者销售农产品书立的买卖合同和农业保险合同。其中家庭农场的具体范围为以家庭为基本经营单元，以农场生产经营为主业，以农场经营收入为家庭主要收入来源，从事农业规模化、标准化、集约化生产经营，纳入全国家庭农场名录系统的家庭农场。

（5）无息或者贴息借款合同、国际金融组织向中国提供优惠贷款书立的借款合同。

（6）财产所有权人将财产赠与政府、学校、社会福利机构、慈善组织书立的产权转移书据。其中学校的具体范围为经县级以上人民政府或者其教育行政部门批准成立的大学、中学、小学、幼儿园，实施学历教育的职业教育学校、特殊教育学校、专门学校，以及经省级人民政府或者其人力资源社会保障行政部门批准成立的技工院校；社会福利机构的具体范围为依法登记的养老服务机构、残疾人服务机构、儿童福利机构、救助管理机构、未成年人救助保护机构；慈善组织的具体范围为依法设立、符合《中华人民共和国慈善法》规定，以面向社会开展慈善活动为宗旨的非营利性组织。

（7）非营利性医疗卫生机构采购药品或者卫生材料书立的买卖合同。其中非营利性医疗卫生机构的具体范围为经县级以上人民政府卫生健康行政部门批准或者备案设立的非营利性医疗卫生机构。

（8）个人与电子商务经营者订立的电子订单。其中电子商务经营者的具体范围按《中华人民共和国电子商务法》有关规定执行。

（9）各类发行单位之间，发行单位与订阅单位或个人之间书立的征订凭证。

（10）抢险救灾物资运输合同，凡附有县级以上（含县级）人民政府抢险救灾物资运输证明文件的运费结算凭证，免征印花税。

（11）对被撤销金融机构接收债权、清偿债务过程中签订的产权转移书据，免征印花税。被撤销金融机构是指经中国人民银行依法决定撤销的金融机构及其分设于各地的分支机构，包括被依法撤销的商业银行、信托投资公司、财务公司、金融租赁公司、城市信用社和农村信用社。

（12）企业因改制签订的产权转移书据，免征印花税。

（13）股权分置改革过程中因非流通股股东向流通股股东支付对价而发生的股权转让，免征印花税。

（14）在银行业信贷资产证券化业务中，发起机构、受托机构在信贷资产证券化过程中，与资金保管机构（指接受受托机构委托，负责保管信托项目财产账户资金的机构）、证券登记托管机构（指中央国债登记结算有限责任公司）及其他为证券化交易提供服务的机构签订的其他应税合同，免征发起机构、受托机构应缴纳的印花税。受托机构发售信贷资产支持证券及投资者买卖信贷资产支持证券免征印花税。发起机构、受托机构因开展信贷资产证券化业务而专门设立的资金账簿免征印花税。

（15）对经济适用住房经营管理单位与经济适用住房相关的印花税及经济适用住房购买人涉及的印花税，免予征收。开发商在商品住房项目中配套建造经济适用住房，如能提供政府部门出具的相关材料，可按经济适用住房建筑面积占总建筑面积的比例免征开发商应缴纳的印花税。

（16）对个人出租、承租住房签订的租赁合同，免征印花税。

（17）对个人销售或购买住房，免征印花税。

（18）对改造安置住房经营管理单位、开发商与改造安置住房相关的印花税及购买安置住房的个人涉及的印花税予以免征。在商品住房等开发项目中配套建造安置住房的，依据政府部门出具的相关材料、房屋征收（拆迁）补偿协议或棚户区改造合同（协议），按改造安置住房建筑面积占总建筑面积的比例免征印花税。

（19）对香港市场投资者通过沪股通和深股通参与股票担保卖空涉及的股票借入、归还，免征证券交易印花税。

（20）对因农村集体经济组织及代行集体经济组织职能的村民委员会、村民小组进行清产核资收回集体资产而签订的产权转移书据，免征印花税。

（21）对北京冬奥组委使用的营业账簿和签订的各类合同等应税凭证，免征印花税。对国际残奥委会取得的与北京2022年冬残奥会有关的收入免征印花税。对中国残奥委会根据《联合市场开发计划协议》取得的由北京冬奥组委分期支付的收入免征印花税。对财产所有人将财产（物品）捐赠给北京冬奥组委所书立的产权转移书据免征印花税。对国际奥委会相关实体与北京冬奥组委签订的各类合同，免征国际奥委会相关实体应缴纳的印花税。

（22）对社保基金会、社保基金投资管理人管理的社保基金转让非上市公司股权，免征社保基金会、社保基金投资管理人应缴纳的印花税。

（23）对社保基金会及养老基金投资管理机构管理的养老基金转让非上市公司股权，免征社保基金会及养老基金投资管理机构应缴纳的印花税。

（24）对易地扶贫搬迁项目实施主体取得用于建设安置住房的土地，免征印花税。对安置住房建设和分配过程中应由易地扶贫搬迁项目实施主体、项目单位缴纳的印花税，予以免征。在商品住房等开发项目中配套建设安置住房的，按安置住房建筑面积占总建筑面积的比例，计算应予免征的易地扶贫搬迁项目实施主体、项目单位相关的印花税。对易地扶贫搬迁项目实施主体购买商品住房或者回购保障性住房作为安置住房房源的，免征印花税。

（25）对与高校学生签订的高校学生公寓租赁合同，免征印花税。

（26）对杭州亚运会组委会使用的营业账簿和签订的各类合同等应税凭证，免征杭州亚运会组委会应缴纳的印花税。对财产所有人将财产（物品）捐赠给杭州亚运会组委会所书立的产权转移书据，免征印花税。

（27）对商品储备管理公司及其直属库资金账簿免征印花税，对其承担商品储备业务过程中书立的购销合同免征印花税。

（二）阶段性免税规定

（1）自2018年1月1日至2023年12月31日，对金融机构与小型企业、微型企业签订的借款合同免征印花税。

（2）自2018年1月1日至2023年12月31日，对中国保险保障基金有限责任公司有关应税凭证（具体包括新设立的资金账簿、在对保险公司进行风险处置和破产救助过程中签订的产权转移书据、在对保险公司进行风险处置过程中与中国人民银行签订的再贷款合同、以保险保障基金自有财产和接收的受偿资产与保险公司签订的财产保险合同），免征印花税。

（3）自2019年1月1日至2023年12月31日，对公租房经营管理单位免征建设、管理公租房涉及的印花税。在其他住房项目中配套建设公租房，按公租房建筑面积占总建筑面积的比例免征建设、管理公租房涉及的印花税。对公租房经营管理单位购买住房作为公租房，免征印花税；对公租房租赁双方免征签订租赁协议涉及的印花税。

（4）自2019年1月1日至2023年12月31日，对饮水工程运营管理单位为建设饮水工程取得土地使用权而签订的产权转移书据，以及与施工单位签订的建设工程承包合同，免征印花税。

（三）减征规定

自2022年1月1日至2024年12月31日，对增值税小规模纳税人、小型微利企业和个体工商户可以在50%的税额幅度内减征印花税（不含证券交易印花税）。

纳税人享受印花税优惠政策，实行“自行判别、申报享受、有关资料留存备查”的办理方式。纳税人对留存备查资料的真实性、完整性和合法性承担法律责任。

六、印花税申报

自2021年6月1日起，印花税纳税申报表统一使用《财产和行为税纳税申报表》（见表4－1）。纳税人新增税源或税源变化时，需先填报《财产和行为税税源明细表》中的《印花税税源明细表》（见表4－3）。

应税合同、产权转移书据未列明金额，在后续实际结算时确定金额的，纳税人应当于书立应税合同、产权转移书据的首个纳税申报期申报应税合同、产权转移书据书立情况，在实际结算后下一个纳税申报期，以实际结算金额计算申报缴纳印花税。举例说明，纳税人按季申报缴纳印花税，2022年8月20日书立钢材买卖合同1份，合同列明了买卖钢材数量，并约定在实际交付钢材时，以交付当日市场报价确定成交价据以结算，2022年10月12日按合同结算买卖钢材价款100万元，2023年3月7日按合同结算买卖钢材价款300万元。该纳税人应在书立应税合同及实际结算时，填写《印花税税源明细表》，分别在2022年10月、2023年1月、2023年4月纳税申报期进行财产行为税综合申报，不考虑税收优惠。纳税人2022年10月纳税申报期应缴纳印花税0元（0×0.3‰），纳税人2023年1月纳税申报期应缴纳印花税300元（1000000×0.3‰），纳税人2023年4月纳税申报期应缴纳印花税900元（3000000×0.3‰）。

表 4-3

印花税税源明细表

纳税人识别号（统一社会信用代码）：□□□□□□□□□□□□□□□□□□

纳税人（缴费人）名称：

金额单位：人民币元（列至角分）

序号	应税凭证税务编号	应税凭证编号	*应税凭证名称	*申报期限类型	应税凭证数量	*税目	子目	*税款所属期起	*税款所属期止	*应税凭证书立日期	*计税金额	实际结算日期	实际结算金额	*税率	减免性质代码和项目名称	对方书立人信息		
																对方书立人名称	对方书立人纳税人识别号（统一社会信用代码）	对方书立人涉及金额
1																		
2																		
3																		

七、印花税管理

（一）纳税义务发生时间

纳税人书立应税凭证或者完成证券交易的当日。证券交易印花税扣缴义务发生时间为证券交易完成的当日。

（二）纳税地点

纳税人为单位的，应当向其机构所在地的主管税务机关申报缴纳印花税；纳税人为个人的，应当向应税凭证书立地或者纳税人居住地的主管税务机关申报缴纳印花税；不动产产权发生转移的，纳税人应当向不动产所在地的主管税务机关申报缴纳印花税。

证券登记结算机构为证券交易印花税的扣缴义务人，应当向其机构所在地的主管税务机关申报解缴税款及银行结算的利息。

境外单位或者个人的境内代理人按规定扣缴印花税的，向境内代理人机构所在地（居住地）主管税务机关申报解缴税款；境外单位或者个人在境内没有代理人的，纳税人应当自行申报缴纳印花税，可以向资产交付地、境内服务提供方或者接受方所在地（居住地）、书立应税凭证境内书立人所在地（居住地）主管税务机关申报缴纳；涉及不动产产权转移的，应当向不动产所在地主管税务机关申报缴纳。

（三）税款解缴

1. 纳税期限。

印花税按季、按年或者按次计征。

应税合同、产权转移书据印花税可以按季或者按次申报缴纳，应税营业账簿印花税可以按年或者按次申报缴纳，具体纳税期限由各省、自治区、直辖市、计划单列市税务局结合征管实际确定。

境外单位或者个人的应税凭证印花税可以按季、按年或者按次申报缴纳，具体纳税期限由各省、自治区、直辖市、计划单列市税务局结合征管实际确定。

2. 解缴期限。

实行按季、按年计征的，纳税人应当自季度、年度终了之日起15日内申报缴纳税款；实行按次计征的，纳税人应当自纳税义务发生之日起15日内申报缴纳税款。

证券交易印花税按周解缴，证券交易印花税扣缴义务人应当自每周终了之日起 5 日内申报解缴税款及银行结算的利息。

应税合同、产权转移书据未列明金额，在后续实际结算时确定金额的，纳税人应当于书立应税合同、产权转移书据的首个纳税申报期申报应税合同、产权转移书据书立情况，在实际结算后下一个纳税申报期，以实际结算金额计算申报缴纳印花税。

3. 缴纳方式。

可以采取印花税票或者由税务机关依法开具其他完税凭证的方式缴纳。

印花税票粘贴在应税凭证上的，由纳税人在每枚税票的骑缝处盖戳注销或者画销。

第五章　资源和环境税制度

第一节　资　源　税

资源税是对在我国领域和管辖的其他海域开发应税资源征收的一种资源税收。

一、资源税纳税人

在中华人民共和国领域和中华人民共和国管辖的其他海域开发应税资源的单位和个人，为资源税的纳税人。应税资源的具体范围，由《中华人民共和国资源税法》（以下简称《资源税法》）所附《资源税税目税率表》（以下称《税目税率表》）确定。

单位是指企业、行政单位、事业单位、军事单位、社会团体及其他单位。

个人是指个体工商户和其他个人。

中外合作开采陆上、海上石油资源的企业依法缴纳资源税。2011 年 11 月 1 日前已依法订立中外合作开采陆上、海上石油资源合同的，在该合同有效期内，继续依照国家有关规定缴纳矿区使用费，不缴纳资源税；合同期满后，依法缴纳资源税。

二、资源税征税范围

我国现行资源税的征税范围包括矿产品、盐两大类。矿产品又分能源矿产、金属矿产、非金属矿产和水气矿产。

纳税人自用应税产品应当缴纳资源税，自用情形包括纳税人以应税产品用于非货币性资产交换、捐赠、偿债、赞助、集资、投资、广告、样品、职工福利、利润分配或者连续生产非应税产品等。

自用于连续生产应税产品的，不缴纳资源税。

【例 5 -1】 下列各项中，不属于资源税征税范围的是（　　）。

A. 页岩气　　　　B. 矿泉水

C. 进口的天然气　　　　D. 衰竭期煤矿开采的煤炭

【解析】《资源税法》规定，在中华人民共和国领域和中华人民共和国管辖的其他海域开发应税资源的单位和个人，为资源税的纳税人，应当依照该法规定缴纳资源税。因此，正确答案为C。

三、资源税税目和税率

（一）税目

《资源税法》所附《环境保护税税目税率表》（见表5－1）中列举的税目有164个。

表5－1　　资源税税目税率表

征税范围	税目		征税对象	税率
能源矿产	原油		原矿	6%
	天然气、页岩气、天然气水合物		原矿	6%
	煤		原矿或者选矿	2%～10%
	煤成（层）气		原矿	1%～2%
	铀、钍		原矿	4%
	油页岩、油砂、天然沥青、石煤		原矿或者选矿	1%～4%
	地热		原矿	1%～20%或者每立方米1～30元
金属矿产	黑色金属	铁、锰、铬、钒、钛	原矿或者选矿	1%～9%
	有色金属	铜、铅、锌、锡、镍、锑、镁、钴、铋、汞	原矿或者选矿	2%～10%
		铝土矿	原矿或者选矿	2%～9%
		钨	选矿	6.5%
		钼	选矿	8%
		金、银	原矿或者选矿	2%～6%
		铂、钯、钌、锇、铱、铑	原矿或者选矿	5%～10%
		轻稀土	原矿或者选矿	7%～12%
		中重稀土	原矿或者选矿	20%
		铍、锂、锆、锶、铷、铯、铌、钽、锗、镓、铟、铊、铪、铼、镉、硒、碲	原矿或者选矿	2%～10%

续表

征税范围	税目		征税对象	税率
非金属矿产	矿物类	高岭土	原矿或者选矿	1% ~6%
		石灰岩	原矿或者选矿	1% ~6% 或者每吨（或者每立方米）1 ~10 元
		磷	原矿或者选矿	3% ~8%
		石墨	原矿或者选矿	3% ~12%
		萤石、硫铁矿、自然硫	原矿或者选矿	1% ~8%
		天然石英砂、脉石英、粉石英、水晶、工业用金刚石、冰洲石、蓝晶石、硅线石（矽线石）、长石、滑石、刚玉、菱镁矿、颜料矿物、天然碱、芒硝、钠硝石、明矾石、砷、硼、碘、溴、膨润土、硅藻土、陶瓷土、耐火粘土、铁矾土、凹凸棒石粘土、海泡石粘土、伊利石粘土、累托石粘土	原矿或者选矿	1% ~12%
		叶腊石、硅灰石、透辉石、珍珠岩、云母、沸石、重晶石、毒重石、方解石、蛭石、透闪石、工业用电气石、白垩、石棉、蓝石棉、红柱石、石榴子石、石膏	原矿或者选矿	2% ~12%
		其他粘土（铸型用粘土、砖瓦用粘土、陶粒用粘土、水泥配料用粘土、水泥配料用红土、水泥配料用黄土、水泥配料用泥岩、保温材料用粘土）	原矿或者选矿	1% ~5% 或者每吨（或者每立方米）0. 1 ~5 元
	岩石类	大理岩、花岗岩、白云岩、石英岩、砂岩、辉绿岩、安山岩、闪长岩、板岩、玄武岩、片麻岩、角闪岩、页岩、浮石、凝灰岩、黑曜岩、霞石正长岩、蛇纹岩、麦饭石、泥灰岩、含钾岩石、含钾砂页岩、天然油石、橄榄岩、松脂岩、粗面岩、辉长岩、辉石岩、正长岩、火山灰、火山渣、泥炭	原矿或者选矿	1% ~5%
		砂石	原矿或者选矿	1% ~5% 或者每吨（或者每立方米）0. 1 ~5 元
	宝玉石类	宝石、玉石、宝石级金刚石、玛瑙、黄玉、碧玺	原矿或者选矿	4% ~20%
水气矿产	二氧化碳气、硫化氢气、氦气、氡气		原矿	2% ~5%
	矿泉水		原矿	
盐	钠盐、钾盐、镁盐、锂盐		选矿	3% ~15%
	天然卤水		原矿	3% ~15% 或者每吨（或者每立方米）1 ~10 元
	海盐			2% ~5%

（二）税率

资源税的税目、税率，依照《税目税率表》执行。《税目税率表》中规定实行幅度税率的，其具体适用税率由省、自治区、直辖市人民政府统筹考虑该应税资源的品位、开采条件及对生态环境的影响等情况，在《税目税率表》规定的税率幅度内提出，报同级人民代表大会常务委员会决定，并报全国人民代表大会常务委员会和国务院备案。

纳税人开采或者生产不同税目应税产品的，应当分别核算不同税目应税产品的销售额或者销售数量；未分别核算或者不能准确提供不同税目应税产品的销售额或者销售数量的，从高适用税率。

四、资源税应纳税额计算

资源税实行从价计征或者从量计征。按规定可以选择实行从价计征或者从量计征的，具体计征方式由省、自治区、直辖市人民政府提出，报同级人民代表大会常务委员会决定，并报全国人民代表大会常务委员会和国务院备案。

实行从价计征的，应纳税额按照应税资源产品（以下称应税产品）的销售额乘以具体适用税率计算。实行从量计征的，应纳税额按照应税产品的销售数量乘以具体适用税率计算。

（一）销售额与销售数量的一般规定

资源税应税产品的销售额，按照纳税人销售应税产品向购买方收取的全部价款确定，不包括增值税税款。

计入销售额中的相关运杂费用，凡取得增值税发票或者其他合法有效凭据的，准予从销售额中扣除。相关运杂费用是指应税产品从坑口或者洗选（加工）地到车站、码头或者购买方指定地点的运输费用、建设基金及随运销产生的装卸、仓储、港杂费用。

（二）销售额的特殊规定

纳税人申报的应税产品销售额明显偏低且无正当理由的，或者有自用应税产品行为而无销售额的，主管税务机关可以按下列方法和顺序确定其应税产品销售额：

（1）按纳税人最近时期同类产品的平均销售价格确定。

（2）按其他纳税人最近时期同类产品的平均销售价格确定。

（3）按后续加工非应税产品销售价格，减去后续加工环节的成本利润后确定。

（4）按应税产品组成计税价格确定。计算公式为：

组成计税价格 = 成本 ×（1 + 成本利润率）÷（1 − 资源税税率）

上述公式中的成本利润率由省、自治区、直辖市税务机关确定。

（5）按其他合理方法确定。

（三）销售数量

应税产品的销售数量，包括纳税人开采或者生产应税产品的实际销售数量和自用于应当缴纳资源税情形的应税产品数量。

（四）销售额或者销售数量的扣减

纳税人外购应税产品与自采应税产品混合销售或者混合加工为应税产品销售的，在计算应税产品销售额或者销售数量时，准予扣减外购应税产品的购进金额或者购进数量；当期不足扣减的，可结转下期扣减。纳税人应当准确核算外购应税产品的购进金额或者购进数量，未准确核算的，一并计算缴纳资源税。

（1）纳税人以外购原矿与自采原矿混合为原矿销售，或者以外购选矿产品与自产选矿产品混合为选矿产品销售的，在计算应税产品销售额或者销售数量时，直接扣减外购原矿或者外购选矿产品的购进金额或者购进数量。

（2）纳税人以外购原矿与自采原矿混合洗选加工为选矿产品销售的，在计算应税产品销售额或者销售数量时，按照下列公式进行扣减：

准予扣减的外购应税产品购进金额（数量）= 外购原矿购进金额（数量）×（本地区原矿适用税率 ÷ 本地区选矿产品适用税率）

不能按照上述方法计算扣减的，按照主管税务机关确定的其他合理方法进行扣减。

纳税人核算并扣减当期外购应税产品购进金额、购进数量，应当依据外购应税产品的增值税发票、海关进口增值税专用缴款书或者其他合法有效凭据。

【例 5 − 2】 2021 年 8 月，甲公司购入 100 万元磷原矿，与自采的价值 150 万元的磷原矿混合洗选加工为磷选矿后销售，销售额为 400 万元。已知当地磷原矿的税率为 8%，磷选矿的税率为 6.5%，甲企业应缴纳的资源税是（　　）万元。

A. 16.25　　　　B. 18

C. 19.5　　　　D. 26

【解析】 纳税人以外购选矿产品与自产选矿产品混合为选矿产品销售的，

在计算应税产品销售额时，直接扣减外购原矿的购进金额。纳税人以外购原矿与自采原矿混合洗选加工为选矿产品销售的，在计算应税产品销售额时，按照准予扣减的外购应税产品购进金额 = 外购原矿购进金额 ×（本地区原矿适用税率 ÷ 本地区选矿产品适用税率）进行扣减。甲企业应缴纳的资源税 = [400 - 100 ×（8% ÷6.5%）] ×6.5% =18（万元）。因此，正确答案为 B。

五、资源税主要优惠

（一）原油、天然气资源税优惠政策

（1）开采原油及在油田范围内运输原油过程中用于加热的原油、天然气，免征资源税。

（2）从低丰度油气田开采的原油、天然气，减征 20% 资源税。

（3）高含硫天然气、三次采油和从深水油气田开采的原油、天然气，减征 30% 资源税。

（4）稠油、高凝油减征 40% 资源税。

（5）自 2018 年 4 月 1 日至 2021 年 3 月 31 日，对页岩气资源税减征 30%。

（二）煤炭资源税优惠政策

（1）煤炭开采企业因安全生产需要抽采的煤成（层）气，免税。

（2）自 2014 年 12 月 1 日至 2023 年 8 月 31 日，对充填开采置换出来的煤炭，资源税减征 50%。

（三）矿产资源税优惠政策

（1）对实际开采年限在 15 年以上的衰竭期矿山开采的矿产资源，资源税减征 30%。

（2）对青藏铁路公司及其所属单位自采自用的砂、石等材料免征资源税。

（3）对鼓励利用的低品位矿、废石、尾矿、废渣、废水、废气等提取的矿产品，由省级人民政府根据实际情况确定是否给予减税或免税。

（4）纳税人开采共伴生矿、低品位矿、尾矿，由省、自治区、直辖市可以决定免征或者减征资源税。

（四）其他资源税优惠政策

（1）纳税人开采或者生产应税产品过程中，因意外事故或者自然灾害等原因遭受重大损失，由受灾地区省、自治区、直辖市人民政府决定减征或免征资源税。

（2）自2022年1月1日至2024年12月31日，对增值税小规模纳税人、小型微利企业和个体工商户，可以在50%的税额幅度内减征资源税。增值税小规模纳税人、小型微利企业和个体工商户已依法享受资源税其他优惠政策的，可叠加享受该项优惠政策。

纳税人的免税、减税项目，应当单独核算销售额或者销售数量；未单独核算或者不能准确提供销售额或者销售数量的，不予免税或者减税。

纳税人开采或者生产同一应税产品同时符合两项或者两项以上减征资源税优惠政策的，除另有规定外，只能选择其中一项执行。

除另有规定外，纳税人享受资源税优惠政策，实行“自行判别、申报享受、有关资料留存备查”的办理方式。纳税人对资源税优惠事项留存材料的真实性和合法性承担法律责任。

【例5－3】关于资源税的减征优惠，下列说法正确的有（　　）。

A. 从低丰度油气田开采的原油，减征20%资源税

B. 从深水油气田开采的天然气，减征30%资源税

C. 高凝油减征40%资源税

D. 高含硫天然气减征40%资源税

E. 实际开采年限在15年以上的衰竭期矿山开采的矿产资源，资源税减征50%

【解析】《资源税法》规定，从低丰度油气田开采的原油、天然气，减征20%资源税；高含硫天然气、三次采油和从深水油气田开采的原油、天然气，减征30%资源税；稠油、高凝油减征40%资源税；从衰竭期矿山开采的矿产品，减征30%资源税。因此，正确答案为ABC。

六、资源税申报

自2021年6月1日起，资源税纳税申报表统一使用《财产和行为税纳税申报表》（见表4－1）。纳税人新增税源或税源变化时，需先填报《财产和行为税税源明细表》中的《资源税税源明细表》。

七、资源税管理

（一）纳税义务发生时间

纳税人销售应税产品，纳税义务发生时间为收讫销售款或者取得索取销售

款凭据的当日；自用应税产品的，纳税义务发生时间为移送应税产品的当日。

（二）纳税期限

资源税按月或者按季申报缴纳；不能按固定期限计算缴纳的，可以按次申报缴纳。

纳税人按月或者按季申报缴纳的，应当自月度或者季度终了之日起15日内，向税务机关办理纳税申报并缴纳税款；按次申报缴纳的，应当自纳税义务发生之日起15日内，向税务机关办理纳税申报并缴纳税款。

（三）纳税地点

纳税人应当在矿产品的开采地或者海盐的生产地缴纳资源税。

八、水资源税改革试点

（一）纳税人

自2016年7月1日起，河北省利用取水工程或设施直接从河流、湖泊（含水库）和地下取用水资源的单位和个人，为水资源税纳税人。

自2017年12月1日起，在北京、天津、山西、内蒙古、河南、山东、四川、陕西、宁夏9省（直辖市、自治区）扩大水资源税改革试点。

（二）征税范围

水资源税的征收对象为地表水和地下水。地表水是陆地表面上动态水和静态水的总称，包括河流、湖泊（含水库）等水资源。地下水是埋藏在地表以下的各种形式的水资源。

下列取用水不征收水资源税：

（1）农村集体经济组织及其成员从本集体经济组织的水塘、水库中取用水的。

（2）家庭生活和零星散养、圈养畜禽饮用等少量取用水的。

（3）为保障矿井等地下工程施工安全和生产安全必须进行临时应急取（排）用水的。

（4）为消除对公共安全或者公共利益的危害临时应急取用水的。

（5）为农业抗旱和维护生态与环境须临时应急取用水的。

（6）水源热泵系统利用封闭型回灌技术回灌的水，油田生产中开采的原油混合液经分离净化后回注的水。

（三）税率

除中央直属和跨省（区、市）水力发电取用水外，由试点省份省级人民政府统筹考虑本地区水资源状况、经济社会发展水平和水资源节约保护要求，在《试点省份水资源税最低平均税额表》规定的最低平均税额基础上，分类确定具体适用税额。

试点省份的中央直属和跨省（区、市）水力发电取用水税额为每千瓦时0.005元。跨省（区、市）界河水电站水力发电取用水水资源税税额，与涉及的非试点省份水资源费征收标准不一致的，按较高一方标准执行（见表5－2）。

表5－2　　试点省份水资源税最低平均税额

省（区、市）	地表水最低平均税额（元/立方米）	地下水最低平均税额（元/立方米）
北京	1.6	4
天津	0.8	4
山西	0.5	2
内蒙古	0.5	2
山东	0.4	1.5
河南	0.4	1.5
四川	0.1	0.2
陕西	0.3	0.7
宁夏	0.3	0.7

为发挥水资源税调控作用，按不同取用水性质实行差别税额。具体原则如下：对特种行业取用水，从高确定税额；对超计划（定额）取用水，从高确定税额。对超过规定限额的农业生产取用水，以及主要供农村人口生活用水的集中式饮水工程取用水，从低确定税额；对回收利用的疏干排水和地源热泵取用水，从低确定税额；同一类型取用水，地下水税额要高于地表水；水资源紧缺地区地下水税额要大幅高于地表水；超采地区的地下水税额要高于非超采地区，严重超采地区的地下水税额要大幅高于非超采地区；在城镇公共供水管网覆盖地区取用地下水的，其税额要高于城镇公共供水管网未覆盖地区，原则上要高于当地同类用途的城镇公共供水价格。

（四）应纳税额的计算

水资源税实行从量计征，对于一般取用水按照实际取用水量征税，对于采矿和工程建设疏干排水按照排水量征税，对于水力发电和火力发电贯流式（不含循环式）冷却取用水按照实际发电量征税。应纳税额的计算公式为：

应纳税额 = 实际取用水量 ÷ 实际发电量 × 适用税额

火力发电贯流式冷却取用水是指火力发电企业从江河、湖泊（含水库）等水源取水，并对机组冷却后将水直接排入水源的取用水方式。火力发电循环式冷却取用水是指火力发电企业从江河、湖泊（含水库）、地下等水源取水并引入自建冷却水塔，对机组冷却后返回冷却水塔循环利用的取用水方式。

（五）税收优惠

（1）规定限额内的农业生产取用水，免征水资源税。

（2）取用污水处理再生水，免征水资源税。

（3）除接入城镇公共供水管网以外，军队、武警部队通过其他方式取用水的，免征水资源税。

（4）抽水蓄能发电取用水，免征水资源税。

（5）采油排水经分离净化后在封闭管道回注的，免征水资源税。

（6）财政部、国家税务总局规定的其他免征或者减征水资源税情形。

（7）在北京 2022 年冬奥会场馆（场地）建设、试运营、测试赛、冬奥会及冬残奥会期间，对用于北京 2022 年冬奥会场馆（场地）建设、运维的水资源，免征应缴纳的水资源税。

（六）征收管理

1. 纳税义务发生时间。

水资源税的纳税义务发生时间为纳税人取用水资源的当日。

2. 纳税期限。

除农业生产取用水外，水资源税按季或者按月征收，由主管税务机关根据实际情况确定。对超过规定限额的农业生产取用水水资源税可按年征收。不能按固定期限计算纳税的，可以按次申报纳税。

纳税人应当自纳税期满或者纳税义务发生之日起 15 日内申报纳税。

3. 纳税地点。

水资源税由生产经营所在地的主管税务机关征收管理。跨省（区、市）调度的水资源，由调入区域所在地的税务机关征收水资源税。在试点省份内取用水，其纳税地点需要调整的，由省级财政、税务部门决定。

第二节　环境保护税

环境保护税是对在我国领域和管辖的其他海域，直接向环境排放应税污染物的企业事业单位和其他生产经营者征收的一种环境保护税收。

一、环境保护税纳税人

在我国领域和管辖的其他海域，直接向环境排放应税污染物的企业事业单位和其他生产经营者为环境保护税的纳税人。

（一）纳税主体

纳税主体是企事业单位和其他生产经营者，家庭和个人即使有排放污染物的行为，也不属于环境保护税的纳税人。

（二）有直接排放行为

只有发生了直接排放这个既定行为，才需要缴纳环境保护税。因此，环境保护税也是一种行为税。与直接排放相对应的是"间接排放"。

二、环境保护税征税范围

环境保护税的征税范围包括空间范围和征税对象范围。

（一）空间范围

空间范围是我国领域和管辖的其他海域，具体指我国行使国家主权的空间，包括领陆、领水、领空，以及我国法律规定的领海毗连区和领海以外200海里的专属海洋经济区。

（二）征税对象范围

征税对象范围即应税污染物，包括大气污染物、水污染物、固体废物和噪声。部分应税污染物的征税范围见表5－3。

表5－3　　环境保护税征税对象范围

税目	
大气污染物	如二氧化硫、一般性粉尘、烟尘等
水污染物	如悬浮物、动植物油、氟化物、甲醛等

续表

税目	
固体废物	如煤矸石，尾矿，危险废物，冶炼渣、粉煤灰、炉渣、其他固体废物等
噪声	工业噪声

（三）不属于征税范围的特殊情况

（1）企业事业单位和其他生产经营者向依法设立的污水集中处理、生活垃圾集中处理场所排放应税污染物的，属于“间接排放”，不缴纳环境保护税。

（2）企业事业单位和其他生产经营者在符合国家和地方环境保护标准的设施、场所贮存或者处置固体废物，不缴纳环境保护税。

（3）达到省级人民政府确定的规模标准并且有污染物排放口的畜禽养殖场，应当依法缴纳环境保护税；依法对畜禽养殖废弃物进行综合利用和无害化处理的，不属于直接向环境排放污染物，不缴纳环境保护税。

三、环境保护税税率

环境保护税采用定额税率形式（见表5－4）。

表5－4　　环境保护税税目税额

税目		计税单位	税额
大气污染物		每污染当量	1.2元至12元
水污染物		每污染当量	1.4元至14元
固体废物	煤矸石	每吨	5元
	尾矿	每吨	15元
	危险废物	每吨	1000元
	冶炼渣、粉煤灰、炉渣、其他固体废物（含半固态、液态废物）	每吨	25元
噪声	工业噪声	超标1～3分贝	每月350元
		超标4～6分贝	每月700元
		超标7～9分贝	每月1400元
		超标10～12分贝	每月2800元
		超标13～15分贝	每月5600元
		超标16分贝以上	每月11200元

【例 5－4】环境保护税的税目中，由省、自治区、直辖市人民政府统筹考虑后在规定的幅度内按规定程序确定具体适用税额的项目有（　　）。

A. 大气污染物　B. 水污染物　C. 固体废物　D. 噪声

【解析】根据《中华人民共和国环境保护税法》（以下简称《环境保护税法》）第六条规定，应税大气污染物和水污染物的具体适用税额的确定和调整，由省、自治区、直辖市人民政府统筹考虑后在规定的幅度内按规定程序确定。应税大气污染物和水污染物的具体适用税额的确定和调整，由省、自治区、直辖市人民政府统筹考虑本地区环境承载能力、污染物排放现状和经济社会生态发展目标要求，在《环境保护税税目税额表》规定的税额幅度内提出，报同级人民代表大会常务委员会决定，并报全国人民代表大会常务委员会和国务院备案。因此，正确答案为 AB。

四、环境保护税应纳税额计算

环境保护税应纳税额的一般公式为：

应纳税额＝计税依据×税率

（一）大气污染物和水污染物

1. 计税依据。

应税大气污染物、水污染物按照污染物排放量折合的污染当量数确定计税依据。污染当量数以该污染物的排放量除以该污染物的污染当量值计算（见表 5－5）。计算公式为：

应税大气污染物、水污染物的污染当量＝该污染物的排放量÷该污染物的污染当量值

表 5－5　　污染当量计算

排放量	按下列方法和顺序确定：①自动监测法；②机构检测法；③排污系数法或物料衡算法；④抽样测算法
污染当量值	定额
污染当量（数）	污染当量（数）是指根据污染物或者污染排放活动对环境的有害程度及处理的技术经济性，衡量不同污染物对环境污染的综合性指标或者计量单位。同一介质相同污染当量的不同污染物，其污染程度基本相当

注：排污系数是指在正常技术经济和管理条件下，生产单位产品所应排放的污染物量的统计平均值。物料衡算是指根据物质质量守恒原理对生产过程中使用的原料、生产的产品和产生的废物等进行测算的一种方法。

出现下列情况，以当期应税大气污染物、水污染物的产生量作为污染物的排放量：未依法安装使用污染物自动监测设备或者未将污染物自动监测设备与环境保护主管部门的监控设备联网；损毁或者擅自移动、改变污染物自动监测设备；篡改、伪造污染物监测数据；通过暗管、渗井、渗坑、灌注或者稀释排放及不正常运行防治污染设施等方式违法排放应税污染物；进行虚假纳税申报。

2. 应税大气污染物应纳税额的计算。

应税大气污染物应纳税额计算公式为：

污染当量（数）= 排放量 ÷ 污染当量值

应纳税额 = 污染当量（数）× 适用税额

值得注意的是，由于每一排放口或者没有排放口的大气、水的污染物不止一种，征收环境保护税的项目也有具体的规定（见表5-6）。省、自治区、直辖市人民政府根据本地区污染物减排的特殊需要，可以增加同一排放口征收环境保护税的应税污染物项目数，不仅局限于前三项或前五项，但需报同级人民代表大会常务委员会决定，并报全国人民代表大会常务委员会和国务院备案。

表5-6　　大气、水污染物征收项目具体规定

具体情形	征税项目	
每一排放口或者没有排放口的应税大气污染物	按照污染当量数从大到小排序	对前三项污染物征收环境保护税
每一排放口的应税水污染物	按照《环境保护税法》所附《应税污染物和当量值表》，区分第一类水污染物和其他类水污染物，按照污染当量数从大到小排序	对第一类水污染物按照前五项征收环境保护税
		对其他类水污染物按照前三项征收环境保护税

【例5-5】A企业2021年3月向大气直接排放二氧化硫、氟化物各100千克，一氧化碳200千克，氯化氢80千克，假设当地大气污染物每污染当量税额1.2元，A企业只有一个排放口。请计算A企业当月应缴纳的环境保护税。（二氧化硫污染当量值为0.95，氟化物污染当量值为0.87，一氧化碳污染当量值为16.7，氯化氢污染当量值为10.75）

【解析】

第一步：计算各污染物的污染当量数。

污染当量数 = 该污染物的排放量 ÷ 该污染物的污染当量值

二氧化硫污染当量数 = 100 ÷ 0.95 = 105.26

氟化物污染当量数 = 100 ÷ 0.87 = 114.94

一氧化碳污染当量数 = 200 ÷ 16.7 = 11.98

氯化氢污染当量数 = 80 ÷ 10.75 = 7.44

第二步：按污染当量数排序。

氟化物污染当量数（114.94）> 二氧化硫污染当量数（105.26）> 一氧化碳污染当量数（11.98）> 氯化氢污染当量数（7.44）

该企业只有一个排放口，排序选取计税前三项污染物为：氟化物、二氧化硫、一氧化碳。

第三步：计算应纳税额。

当月应缴纳的环境保护税 =（114.94 + 105.26 + 11.98）× 1.2 = 278.62（元）

3. 应税水污染物应纳税额的计算。

（1）适用监测数据法的水污染物（包括第一类水污染物和第二类水污染物），计算公式为：

污染当量（数）= 排放量 ÷ 污染当量值

【例 5 - 6】 甲化工厂是环境保护税纳税人，该厂仅有 1 个污水排放口且直接向河流排放污水，已安装使用符合国家规定和监测规范的污染物自动监测设备。监测数据显示，该排放口 2021 年 2 月共排放污水 6 万吨（折合 6 万立方米），应税污染物为六价铬，浓度为六价铬 0.5mg/L。（该厂所在省的水污染物税率为 2.8 元/污染当量，六价铬的污染当量值为 0.02 千克）。请计算甲化工厂 2021 年 2 月应缴纳的环境保护税。

【解析】 排放量 = 污水排放量 × 实测浓度值 ÷ 1000（换算成千克）= 60000000 × 0.5 ÷ 1000000 = 30（千克）

六价铬污染当量数 = 污染物排放量 ÷ 当量值 = 30 ÷ 0.02 = 1500

甲化工厂 2 月环境保护税应纳税额 = 污染当量数 × 适用税额 = 1500 × 2.8 = 4200（元）

（2）适用抽样测算法的水污染物，纳税人按照《环境保护税法》所附《禽畜养殖业、小型企业和第三产业水污染物当量值》表规定的当量值计算污染当量数。

规模化禽畜养殖业排放的水污染物计算公式为：

污染当量数 = 月均存栏量 ÷ 污染当量值

小型企业和第三产业排放的水污染物计算公式为：

污染当量数 = 污水排放量（吨）÷ 污染当量值（吨）

医院排放的水污染物计算公式为：

污染当量数 = 医院床位数 ÷ 污水排放量 ÷ 污染当量值

（二）固体废物

1. 计税依据。

固体废物的排放量为当期应税固体废物的产生量减去当期应税固体废物的贮存量、处置量、综合利用量的余额。计算公式为：

固体废物的排放量 = 当期固体废物的产生量 - 当期固体废物的综合利用量 - 当期固体废物的贮存量 - 当期固体废物的处置量

固体废物的贮存量、处置量是指在符合国家和地方环境保护标准的设施、场所贮存或者处置的固体废物数量；固体废物的综合利用量是指按照国务院发展改革、工业和信息化主管部门关于资源综合利用要求及国家和地方环境保护标准进行综合利用的固体废物数量。

纳税人有下列两种情形之一的，以其当期应税固体废物的产生量作为固体废物的排放量：非法倾倒应税固体废物；进行虚假纳税申报。

2. 应纳税额的计算。

应纳税额计算公式为：

固体废物应纳税额 = 固体废物排放量 × 具体适用税额

【例 5-7】 假设某企业 2021 年 9 月产生尾矿 1000 吨，其中综合利用的尾矿 300 吨（符合国家相关规定），在符合国家和地方环境保护标准的设施贮存 300 吨。尾矿环境保护税适用税额为每吨 15 元，该企业当月尾矿应缴纳环境保护税（　　）元。

A. 15000　　B. 10500　　C. 6000　　D. 4500

【解析】 根据《中华人民共和国环境保护税法实施条例》第五条规定，固体废物的计税依据为固体废物排放量，排放量 = 当期固体废物的产生量 - 当期固体废物的综合利用量 - 当期固体废物的贮存量 - 当期固体废物的处置量。《环境保护税法》第十一条规定，固体废物的应纳税额为固体废物排放量乘以具体适用税额。

尾矿排放量 = 1000 - 300 - 300 = 400（吨）

尾矿环境保护税应纳税额 =400×15 =6000（元）

因此，正确答案为 C。

（三）噪声

1. 计税依据。

应税噪声按照超过国家规定标准的分贝数确定计税依据。工业噪声按超过国家规定标准的分贝数确定每月税额，超过国家规定标准的分贝数是指实际产生的工业噪声与国家规定的工业噪声排放标准限值之间的差值。

（1）一个单位边界上有多处噪声超标，根据最高一处超标声级计算应纳税额；当沿边界长度超过 100 米有两处以上噪声超标，按照两个单位计算应纳税额。

（2）一个单位有不同地点作业场所的，应当分别计算应纳税额，合并计征。

（3）昼、夜均超标的环境噪声，昼、夜分别计算应纳税额，累计计征。

（4）声源 1 个月内超标不足 15 天的，减半计算应纳税额。

（5）夜间频繁突发和夜间偶然突发厂界超标噪声，按等效声级和峰值噪声两种指标中超标分贝值高的一项计算应纳税额。

2. 应纳税额的计算。

计算公式为：

工业噪声应纳税额 = 超标分贝数对应的具体适用税额

【例 5 -8】 A 钢铁厂已安装使用噪声自动监测设备。2022 年 3 月，该厂单位边界上有 3 处噪声超标，且超标天数超过 15 天，噪声监测数值如表 5 -7 所示，A 钢铁厂 3 月应缴纳的环境保护税税额是多少？

表 5 -7　　A 钢铁厂噪声监测数值

声源	月均噪声监测值	临界噪声标准	超标分贝值
1	77	70	7
2	80	70	10
3	75	70	5

【解析】

第一步：确定计税依据，计算每处声源的超标分贝数，选取最高噪声即声源2，扣除临界噪声标准70分贝，得该厂噪声计税单位为10分贝。

第二步：查《环境保护税税目税额表》找具体适用税额，得到该厂应缴噪声环境保护税2800元。

五、环境保护税主要优惠

（一）免税情形

下列情形，暂予免征环境保护税：

（1）农业生产（不包括规模化养殖）排放应税污染物的。

（2）机动车、铁路机车、非道路移动机械、船舶和航空器等流动污染源排放应税污染物的。

（3）依法设立的城乡污水集中处理、生活垃圾集中处理场所排放相应应税污染物，不超过国家和地方规定的排放标准的。

（4）纳税人综合利用的固体废物，符合国家和地方环境保护标准的。

（5）国务院批准免税的其他情形，由国务院报全国人民代表大会常务委员会备案。

（二）减税情形

纳税人排放应税大气污染物或者水污染物的浓度值低于国家和地方规定的污染物排放标准30%的，减按75%征收环境保护税。纳税人排放应税大气污染物或者水污染物的浓度值低于国家和地方规定的污染物排放标准50%的，减按50%征收环境保护税。

应税大气污染物或者水污染物的浓度值的计算方法见表5－8。

表5－8　应税大气污染物或者水污染物的浓度值的计算方法

	数据来源	计算方法
浓度值	自动监测数据	大气污染物浓度值小时均值÷所得数值
		应税水污染物浓度值日均值÷所得数值
	监测机构监测数据	当月监测机构监测的应税大气污染物、水污染物浓度值

【例5－9】下列情形，暂予免征环境保护税的有（　　）。

A. 农业种植排放应税污染物的

B. 规模化养殖排放应税污染物的

C. 机动车行驶排放应税污染物的

D. 依法设立的城乡污水集中处理场所排放相应应税污染物不超过国家和地方规定的排放标准的

【解析】 根据《环境保护税法》第十二条规定，下列情形，暂予免征环境保护税：农业生产（不包括规模化养殖）排放应税污染物的；机动车、铁路机车、非道路移动机械、船舶和航空器等流动污染源排放应税污染物的；依法设立的城乡污水集中处理、生活垃圾集中处理场所排放相应应税污染物，不超过国家和地方规定的排放标准的；纳税人综合利用的固体废物，符合国家和地方环境保护标准的；国务院批准免税的其他情形。因此，正确答案为ACD。

六、环境保护税申报

自2021年6月1日起，环境保护税纳税申报表统一使用《财产和行为税纳税申报表》（见表4－1）。纳税人新增税源或税源变化时，需先填报《财产和行为税税源明细表》中的《环境保护税税源明细表》。

七、环境保护税管理

（一）纳税义务发生时间

环境保护税的纳税义务发生时间为纳税人排放应税污染物的当日。

（二）纳税地点

纳税人应当向应税污染物排放地的税务机关申报缴纳环境保护税。

（三）纳税期限

环境保护税按月计算，按季申报缴纳。不能按固定期限计算缴纳的，可以按次申报缴纳。

纳税人申报缴纳环境保护税时，应当向税务机关报送所排放应税污染物的种类、数量，大气污染物、水污染物的浓度值，以及税务机关根据实际需要要求纳税人报送的其他纳税资料。

（四）申报缴纳期限

纳税人按季申报缴纳的，应当自季度终了之日起15日内，向税务机关办理纳税申报并缴纳税款。纳税人按次申报缴纳的，应当自纳税义务发生之日起15日内，向税务机关办理纳税申报并缴纳税款。

（五）协作机制

县级以上地方人民政府应当建立税务机关、环境保护主管部门和其他相关单位分工协作工作机制，加强环境保护税征收管理，保障税款及时足额入库。

税务机关发现纳税人的纳税申报数据资料异常或者纳税人未按照规定期限办理纳税申报的，可以提请生态环境主管部门进行复核，生态环境主管部门应当自收到税务机关的数据资料之日起 15 日内向税务机关出具复核意见。税务机关应当按照生态环境主管部门复核的数据资料调整纳税人的应纳税额。

【例 5－10】 以下符合环境保护税政策规定的有（　　）。

A. 环境保护税的纳税义务发生时间为纳税人排放应税污染物的次日

B. 纳税人应当向机构所在地的税务机关申报缴纳环境保护税

C. 环境保护税按月计算，按季申报缴纳

D. 纳税人按次申报缴纳的，应当自季度终了之日起 15 日内，向税务机关办理纳税申报并缴纳税款

【解析】 根据《环境保护税法》第十六条规定，环境保护税的纳税义务发生时间为纳税人排放应税污染物的当日。根据《环境保护税法》第十七条规定，纳税人应当向应税污染物排放地的税务机关申报缴纳环境保护税。根据《环境保护税法》第十九条规定，纳税人按次申报缴纳的，应当自纳税义务发生之日起 15 日内，向税务机关办理纳税申报并缴纳税款。因此，正确答案为 C。

第三节　耕地占用税

耕地占用税是对在我国境内占用耕地建设建筑物、构筑物或者从事非农业建设征收的一种资源税收。

一、耕地占用税纳税人

耕地占用税的纳税人是在我国境内占用耕地建设建筑物、构筑物或者从事非农业建设的单位和个人。占用园地、林地、草地、农田水利用地、养殖水面、渔业水域滩涂及其他农用地建设建筑物、构筑物或者从事非农业建设的，也应缴纳耕地占用税。

耕地占用税的纳税人依据以下情形具体确定：

（1）经批准占用耕地的，纳税人为农用地转用审批文件中标明的建设用地人。

（2）农用地转用审批文件中未标明建设用地人的，纳税人为用地申请人，其中用地申请人为各级人民政府的，由同级土地储备中心、自然资源主管部门或政府委托的其他部门、单位履行耕地占用税申报纳税义务。

（3）未经批准占用耕地的，纳税人为实际用地人。

二、耕地占用税征税范围

纳税人在我国境内占用耕地、园地、林地、草地、农田水利用地、养殖水面、渔业水域滩涂及其他农用地建设建筑物、构筑物或者从事非农业建设，应缴纳耕地占用税。因挖损、采矿塌陷、压占、污染等损毁耕地属于非农业建设，应依法缴纳耕地占用税。园地、林地、草地、农田水利用地、养殖水面、渔业水域滩涂具体范围如下：

园地，包括果园、茶园、橡胶园、其他园地。其他园地包括种植桑树、可可、咖啡、油棕、胡椒、药材等其他多年生作物的园地。

林地，包括乔木林地、竹林地、红树林地、森林沼泽、灌木林地、灌丛沼泽、其他林地，不包括城镇村庄范围内的绿化林木用地，铁路、公路征地范围内的林木用地，以及河流、沟渠的护堤林用地。其他林地包括疏林地、未成林地、迹地、苗圃等林地。

草地，包括天然牧草地、沼泽草地、人工牧草地，以及用于农业生产并已由相关行政主管部门发放使用权证的草地。

农田水利用地，包括农田排灌沟渠及相应附属设施用地。

养殖水面，包括人工开挖或者天然形成的用于水产养殖的河流水面、湖泊水面、水库水面、坑塘水面及相应附属设施用地。

渔业水域滩涂，包括专门用于种植或者养殖水生动植物的海水潮浸地带和滩地，以及用于种植芦苇并定期进行人工养护管理的苇田。

发生纳税义务需要同时具备两个条件：①存在占用耕地、园地、林地、草地、农田水利用地、养殖水面、渔业水域滩涂及其他农用地的行为；②占用耕地的目的是建设建筑物、构筑物或从事非农业建设。二者缺一，即不属于征税范围。

占用耕地建设农田水利设施和占用园地、林地、草地、农田水利用地、养殖水面、渔业水域滩涂及其他农用地建设直接为农业生产服务的生产设施，不属于征税范围，不缴纳耕地占用税。直接为农业生产服务的生产设施是指直接为农业生产服务而建设的建筑物和构筑物。具体包括：储存农用机具和种子、苗木、木材等农业产品的仓储设施；培育、生产种子、种苗的设施；畜禽养殖设施；木材集材道、运材道；农业科研、试验、示范基地；野生动植物保护、护林、森林病虫害防治、森林防火、木材检疫的设施；专为农业生产服务的灌溉排水、供水、供电、供热、供气、通讯基础设施；农业生产者从事农业生产必需的食宿和管理设施；其他直接为农业生产服务的生产设施。

三、耕地占用税税率

耕地占用税采用地区差别定额税率，具体规定如下：人均耕地不超过 1 亩的地区（以县、自治县、不设区的市、市辖区为单位，下同），每平方米为 10 元至 50 元；人均耕地超过 1 亩但不超过 2 亩的地区，每平方米为 8 元至 40 元；人均耕地超过 2 亩但不超过 3 亩的地区，每平方米为 6 元至 30 元；人均耕地超过 3 亩的地区，每平方米为 5 元至 25 元。

各地区耕地占用税的适用税额，由省、自治区、直辖市人民政府根据人均耕地面积和经济发展等情况，在适用的税额幅度内提出，报同级人民代表大会常务委员会决定，并报全国人民代表大会常务委员会和国务院备案。各省、自治区、直辖市耕地占用税适用税额的平均水平，不得低于《各省、自治区、直辖市耕地占用税平均税额》（见表 5－9）规定的平均税额。

表 5－9　　各省、自治区、直辖市耕地占用税平均税额

省、自治区、直辖市	平均税额（元/平方米）
上海	45
北京	40
天津	35
江苏、浙江、福建、广东	30
辽宁、湖北、湖南	25
河北、安徽、江西、山东、河南、重庆、四川	22.5
广西、海南、贵州、云南、陕西	20

续表

省、自治区、直辖市	平均税额（元/平方米）
山西、吉林、黑龙江	17.5
内蒙古、西藏、甘肃、青海、宁夏、新疆	12.5

除上述一般规定之外，耕地占用税还有以下特殊规定：

（1）占用园地、林地、草地、农田水利用地、养殖水面、渔业水域滩涂及其他农用地建设建筑物、构筑物或者从事非农业建设的，适用税额可以适当低于本地区确定的适用税额，但降低的部分不得超过50%。

（2）在人均耕地低于0.5亩的地区，省、自治区、直辖市可以根据当地经济发展情况，适当提高耕地占用税的适用税额，但提高的部分不得超过上述（1）中确定的适用税额的50%。

（3）占用基本农田的，应当按照当地适用税额，加按150%征收。

四、耕地占用税应纳税额计算

（一）计税依据

耕地占用税采用从量定额的征收方式，以纳税人实际占用的耕地面积为计税依据，按照规定的适用税额一次性征收。

实际占用的耕地面积，包括经批准占用的耕地面积和未经批准占用的耕地面积。

【例5－11】以下关于耕地占用税表述不正确的是（　　）。

A. 耕地占用税以纳税人实际占用耕地面积为计税依据

B. 占用果园、药材种植园等应当按照规定缴纳耕地占用税

C. 耕地占用税实行地方差别幅度比例税率

D. 占用基本农田的，应当按照当地适用税额，加按150%征收

【解析】耕地占用税按照适用税额一次性征收，适用税额存在地方差别幅度。因此，正确答案为C。

（二）应纳税额的计算

应纳税额为纳税人实际占用的耕地面积（平方米）乘以适用税额，计算公式为：

应纳税额＝实际占用耕地面积（平方米）×适用定额税率

【例5-12】某县A房地产开发公司经批准占用耕地10000平方米用于住宅小区建设，其中3000平方米占用基本农田。已知该县耕地占用税适用税额为22元/平方米。请计算A房地产开发公司应缴纳的耕地占用税。

【解析】A房地产开发公司占用普通耕地应缴纳的耕地占用税=(10000-3000)×22=154000（元）；占用基本农田应缴纳的耕地占用税=3000×22×150%=99000（元）。应缴纳的耕地占用税合计=154000+99000=253000（元）。

五、耕地占用税主要优惠

（1）军事设施、学校、幼儿园、社会福利机构、医疗机构占用耕地，免征耕地占用税。

免税的军事设施，具体范围为《中华人民共和国军事设施保护法》规定的军事设施。

免税的学校，具体范围包括县级以上人民政府教育行政部门批准成立的大学、中学、小学，学历性职业教育学校和特殊教育学校，以及经省级人民政府或其人力资源社会保障行政部门批准成立的技工院校。

免税的幼儿园，具体范围限于县级以上人民政府教育行政部门批准成立的幼儿园内专门用于幼儿保育、教育的场所。

免税的社会福利机构是指依法登记的养老服务机构、残疾人服务机构、儿童福利机构及救助管理机构、未成年人救助保护机构内专门为老年人、残疾人、未成年人及生活无着的流浪乞讨人员提供养护、康复、托管等服务的场所。

免税的医疗机构，具体范围限于县级以上人民政府卫生健康行政部门批准设立的医疗机构内专门从事疾病诊断、治疗活动的场所及其配套设施。

（2）铁路线路、公路线路、飞机场跑道、停机坪、港口、航道、水利工程占用耕地，减按每平方米2元的税额征收耕地占用税。

减税的铁路线路，具体范围限于铁路路基、桥梁、涵洞、隧道及其按照规定两侧留地、防火隔离带。

减税的公路线路，具体范围限于经批准建设的国道、省道、县道、乡道和属于农村公路的村道的主体工程及两侧边沟或者截水沟。

减税的飞机场跑道、停机坪，具体范围限于经批准建设的民用机场专门用于民用航空器起降、滑行、停放的场所。

减税的港口，具体范围限于经批准建设的港口内供船舶进出、停靠及旅客上下、货物装卸的场所。

减税的航道，具体范围限于在江、河、湖泊、港湾等水域内供船舶安全航行的通道。

减税的水利工程，具体范围限于经县级以上人民政府水行政主管部门批准建设的防洪、排涝、灌溉、引（供）水、滩涂治理、水土保持、水资源保护等各类工程及其配套和附属工程的建筑物、构筑物占压地和经批准的管理范围用地。

（3）农村居民在规定用地标准以内占用耕地新建自用住宅，按照当地适用税额减半征收耕地占用税；其中农村居民经批准搬迁，新建自用住宅占用耕地不超过原宅基地面积的部分，免征耕地占用税。

农村烈士遗属、因公牺牲军人遗属、残疾军人及符合农村最低生活保障条件的农村居民，在规定用地标准以内新建自用住宅，免征耕地占用税。

（4）自 2022 年 1 月 1 日至 2024 年 12 月 31 日，对增值税小规模纳税人、小型微利企业和个体工商户，可以在 50% 的税额幅度内减征耕地占用税。增值税小规模纳税人、小型微利企业和个体工商户已依法享受耕地占用税其他优惠政策的，可叠加享受该项优惠政策。

（5）对北京 2022 年冬奥会场馆及其配套设施建设占用耕地，免征耕地占用税。

（6）对国家石油储备基地第一期项目建设过程中涉及的耕地占用税予以免征。免税范围仅限于应由国家石油储备基地缴纳的税收。

（7）根据国民经济和社会发展的需要，国务院可以规定免征或减征耕地占用税的其他情形，报全国人民代表大会常务委员会备案。

免征或者减征耕地占用税后，纳税人改变原占地用途，不再属于免征或者减征耕地占用税情形的，应当按照当地适用税额补缴耕地占用税。

六、耕地占用税申报

自 2021 年 6 月 1 日起，耕地占用税纳税申报表统一使用《财产和行为税纳税申报表》（见表 4－1）。纳税人新增税源或税源变化时，需先填报《财产和行为税税源明细表》中的《耕地占用税税源明细表》。

七、耕地占用税管理

（一）纳税地点和征收机关

纳税人占用耕地，应当在耕地所在地申报纳税，由税务机关负责征收。

（二）纳税义务发生时间

耕地占用税的纳税义务发生时间为纳税人收到自然资源主管部门办理占用耕地手续的书面通知的当日。纳税人应当自纳税义务发生之日起30日内申报缴纳耕地占用税。

纳税人改变原占地用途，需要补缴耕地占用税的，其纳税义务发生时间为改变用途当日，具体为：经批准改变用途的，纳税义务发生时间为纳税人收到批准文件的当日；未经批准改变用途的，纳税义务发生时间为自然资源主管部门认定纳税人改变原占地用途的当日；未经批准占用应税土地的纳税人，其纳税义务发生时间为自然资源主管部门认定其实际占地的当日。

纳税人改变原占地用途，不再属于免征或减征情形的，应自改变用途之日起30日内申报补缴税款，补缴税款按改变用途的实际占用耕地面积和改变用途时当地适用税额计算。

【例5－13】下列关于耕地占用税申报纳税的说法错误的是（　　）。

A. 纳税人应当自纳税义务发生之日起30日内申报缴纳耕地占用税

B. 个人占用耕地自建住房需要缴纳耕地占用税

C. 耕地占用税可以异地申报缴纳

D. 因挖损、采矿塌陷、压占、污染等损毁耕地，应缴纳耕地占用税

【解析】纳税人占用耕地，应当在耕地所在地申报纳税。因此，正确答案为C。

（三）退税

纳税人因建设项目施工或者地质勘查临时占用耕地，应依法缴纳耕地占用税。纳税人在批准临时占用耕地期满之日起1年内依法复垦，恢复种植条件的，全额退还已经缴纳的耕地占用税。依法复垦，应由自然资源主管部门会同有关行业管理部门认定并出具验收合格确认书。临时占用耕地是指经自然资源主管部门批准，在一般不超过2年内临时使用耕地并且没有修建永久性建筑物的行为。

自自然资源、农业农村等相关部门认定损毁耕地之日起3年内依法复垦或

修复，恢复种植条件的，比照临时占用耕地退税政策办理退税。

（四）涉税信息共享机制和工作配合机制

税务机关应当与相关部门建立耕地占用税涉税信息共享机制和工作配合机制。县级以上地方人民政府自然资源、农业农村、水利等相关部门应当定期向税务机关提供农用地转用、临时占地等信息，协助税务机关加强耕地占用税征收管理。

纳税人占地类型、占地面积和占地时间等纳税申报数据材料以自然资源等相关部门提供的相关材料为准；未提供相关材料或者材料信息不完整的，经主管税务机关提出申请，由自然资源等相关部门自收到申请之日起30日内出具认定意见。

税务机关发现纳税人的纳税申报数据资料异常或者纳税人未按照规定期限申报纳税的，可以提请相关部门进行复核，相关部门应当自收到税务机关复核申请之日起30日内向税务机关出具复核意见。

（五）享受优惠政策办理方式

对耕地占用税享受优惠，实行“自行判别、申报享受、有关资料留存备查”的办理方式，申报时无须再向税务机关提供有关资料。纳税人根据具体政策规定自行判断是否符合优惠条件，符合条件的，纳税人申报享受税收优惠，并将有关资料留存备查。纳税人对优惠事项留存备查资料的真实性、合法性承担法律责任，对不应当享受减免税的，依法追缴已享受的减免税款，并予以处理。

第四节　车　船　税

车船税是对在我国境内规定的车辆和船舶征收一种财产税。

一、车船税纳税人与扣缴义务人

（一）纳税人

车船税的纳税人是指在我国境内属于《中华人民共和国车船税法》（以下简称《车船税法》）所附《车船税税目税额表》规定的车辆、船舶的所有人或者管理人。

（二）扣缴义务人

从事机动车第三者责任强制保险业务的保险机构为机动车车船税的扣缴义务人，应当在收取保险费时依法代收车船税，并出具代收税款凭证。机动车车船税扣缴义务人在代收车船税时，应当在机动车交通事故责任强制保险的保险单及保费发票上注明已收税款的信息，作为代收税款凭证。

扣缴义务人应当及时解缴代收代缴的税款和滞纳金，并向主管税务机关申报。扣缴义务人向税务机关解缴税款和滞纳金时，应当同时报送明细的税款和滞纳金扣缴报告。

二、车船税征税范围

车船税的征税范围是指在我国境内属于《车船税法》所附《车船税税目税额表》规定的车辆、船舶。车辆、船舶是指：

（1）依法应当在车船登记管理部门登记的机动车辆和船舶。

（2）依法不需要在车船登记管理部门登记的在单位内部场所行驶或者作业的机动车辆和船舶。

车船管理部门是指公安、交通运输、农业、渔业、军队、武装警察部队等依法具有车船登记管理职能的部门。单位是指依照中国法律、行政法规规定，在中国境内成立的行政机关、企业、事业单位、社会团体及其他组织。

机动车辆包括乘用车、商用车（包括客车、货车）、挂车、其他车辆（专业作业车、轮式专用机械车）和摩托车。

船舶是指各类机动、非机动船舶及其他水上移动装置，但是船舶上装备的救生艇筏和长度小于5米的艇筏除外。包括机动船舶和游艇。机动船舶是指用机器推进的船舶；游艇是指具备内置机械推进动力装置，长度在90米以下，主要用于游览观光、休闲娱乐、水上体育运动等活动，并应当具有船舶检验证书和适航证书的船舶。

临时入境的外国车船和香港特别行政区、澳门特别行政区、台湾地区的车船，不征收车船税。

三、车船税税率

车船税实行定额税率，车船的适用税额，依照《车船税法》所附的《车船税税目税额表》（见表5－10）执行。

表 5-10　　**车船税税目税额表**

税目		计税单位	年基准税额	备注
乘用车［按发动机汽缸容量（排气量）分档］	1.0 升（含）以下的	每辆	60 元至 360 元	核定载客人数 9 人（含）以下
	1.0 升以上至 1.6 升（含）的		300 元至 540 元	
	1.6 升以上至 2.0 升（含）的		360 元至 660 元	
	2.0 升以上至 2.5 升（含）的		660 元至 1200 元	
	2.5 升以上至 3.0 升（含）的		1200 元至 2400 元	
	3.0 升以上至 4.0 升（含）的		2400 元至 3600 元	
	4.0 升以上的		3600 元至 5400 元	
商用车	客车	每辆	480 元至 1440 元	核定载客人数 9 人以上，包括电车
	货车	整备质量每吨	16 元至 120 元	包括半挂牵引车、三轮汽车和低速载货汽车等
挂车		整备质量每吨	按照货车税额的 50% 计算	
其他车辆	专用作业车	整备质量每吨	16 元至 120 元	不包括拖拉机
	轮式专用机械车		16 元至 120 元	
摩托车		每辆	36 元至 180 元	
船舶	机动船舶	净吨位每吨	3 元至 6 元	拖船、非机动驳船分别按照机动船舶税额的 50% 计算
	游艇	艇身长度每米	600 元至 2000 元	

拖船是指专门用于拖（推）动运输船舶的专业作业船舶；非机动驳船是指在船舶登记管理部门登记为驳船的非机动船舶。

车辆的具体适用税额由省、自治区、直辖市人民政府依照《车船税法》所附《车船税税目税额表》规定的税额幅度和国务院的规定确定。

船舶的具体适用税额由国务院在《车船税法》所附《车船税税目税额表》规定的税额幅度内确定。

1. 机动船舶适用税额。

（1）净吨位不超过 200 吨的，每吨 3 元。

（2）净吨位超过 200 吨但不超过 2000 吨的，每吨 4 元。

（3）净吨位超过 2000 吨但不超过 10000 吨的，每吨 5 元。

（4）净吨位超过 10000 吨的，每吨 6 元。

拖船按照发动机功率每 1 千瓦折合净吨位 0.67 吨计算征收车船税。

2. 游艇适用税额。

（1）艇身长度不超过 10 米的，每米 600 元。

（2）艇身长度超过 10 米但不超过 18 米的，每米 900 元。

（3）艇身长度超过 18 米但不超过 30 米的，每米 1300 元。

（4）艇身长度超过 30 米的，每米 2000 元。

（5）辅助动力帆艇，每米 600 元。

四、车船税应纳税额计算

（一）计税依据

车船税的计税依据，按车船的种类和性能，分别确定为辆、整备质量、净吨位和艇身长度四种。

乘用车、客车、摩托车，以“辆”为计税依据。货车和其他车辆，以“整备质量”为计税依据。机动船舶，以“净吨位”为计税依据。游艇，以“艇身长度”为计税依据。其中所涉及的排气量、整备质量、核定载客人数、净吨位、千瓦、艇身长度，以车船登记管理部门核发的车船登记证书或者行驶证所载数据为准。

依法不需要办理登记的车船和依法应当登记而未办理登记或者不能提供车船登记证书、行驶证的车船，以车船出厂合格证明或者进口凭证标注的技术参数、数据为准；不能提供车船出厂合格证明或者进口凭证的，由主管税务机关参照国家相关标准核定，没有国家相关标准的参照同类车船核定。

（二）应纳税额的计算

购置的新车船，购置当年的应纳税额自纳税义务发生的当月起按月计算。应纳税额为年应纳税额除以 12 再乘以应纳税月份数。车船税应纳税额的计算公式为：

$$应纳税额=(年应纳税额\div 12)\times 应纳税月份数$$

$$车辆年应纳税额=应纳税车辆数量或整备质量\times 年基准税额$$

$$船舶年应纳税额=应纳税船舶净吨位或艇身长度\times 年基准税额$$

$$应纳税月份数=12-纳税义务发生时间（取月份）+1$$

在一个纳税年度内，已完税的车船被盗抢、报废、灭失的，纳税人可以凭有关管理机关出具的证明和完税凭证，向纳税所在地的主管税务机关申请退还自被盗抢、报废、灭失月份起至该纳税年度终了期间的税款。

已办理退税的被盗抢车船失而复得的，纳税人应当从公安机关出具相关证明的当月起计算缴纳车船税。

已缴纳车船税的车船在同一纳税年度内办理转让过户的，不另纳税，也不退税。

五、车船税主要优惠

（一）法定减免

（1）捕捞、养殖渔船免征车船税。捕捞、养殖渔船是指在渔业船舶登记管理部门登记为捕捞船或者养殖船的船舶。

（2）军队、武装警察部队专用的车船免征车船税。军队、武装警察部队专用的车船是指按照规定在军队、武装警察部队车船登记管理部门登记，并领取军队、武警牌照的车船。

（3）警用车船免征车船税。警用车船是指公安机关、国家安全机关、监狱、劳动教养管理机关和人民法院、人民检察院领取警用牌照的车辆和执行警务的专用船舶。

（4）悬挂应急救援专用号牌的国家综合性消防救援车辆和国家综合性消防救援专用船舶免征车船税。

（5）依照法律规定应当予以免税的外国驻华使领馆、国际组织驻华代表机构及其有关人员的车船免征车船税。

（6）对节能汽车，减半征收车船税。

减半征收车船税的节能乘用车应同时符合以下标准：①获得许可在中国境内销售的排量为1.6升以下（含1.6升）的燃用汽油、柴油的乘用车（含非插电式混合动力、双燃料和两用燃料乘用车）；②综合工况燃料消耗量应符合相关标准。

减半征收车船税的节能商用车应同时符合以下标准：①获得许可在中国境内销售的燃用天然气、汽油、柴油的轻型和重型商用车（含非插电式混合动力、双燃料和两用燃料轻型和重型商用车）；②燃用汽油、柴油的轻型和重型商用车综合工况燃料消耗量应符合相关标准。

（7）对新能源车船，免征车船税。

免征车船税的新能源汽车是指纯电动商用车、插电式（含增程式）混合动力汽车、燃料电池商用车。纯电动乘用车和燃料电池乘用车不属于车船税征税范围，对其不征车船税。

免征车船税的新能源汽车应同时符合以下标准：①获得许可在中国境内销售的纯电动商用车、插电式（含增程式）混合动力汽车、燃料电池商用车；②符合新能源汽车产品技术相关标准；③通过新能源汽车专项检测，符合新能源汽车相关标准；④新能源汽车生产企业或进口新能源汽车经销商在产品质量保证、产品一致性、售后服务、安全监测、动力电池回收利用等方面符合相关要求。

免征车船税的新能源船舶应符合以下标准：船舶的主推进动力装置为纯天然气发动机。发动机采用微量柴油引燃方式且引燃油热值占全部燃料总热值的比例不超过5%的，视同纯天然气发动机。

（8）省、自治区、直辖市人民政府根据当地实际情况，可以对公共交通车船，农村居民拥有并主要在农村地区使用的摩托车、三轮汽车和低速载货汽车定期减征或者免征车船税。

（9）对受地震、洪涝等严重自然灾害影响纳税困难及其他特殊原因确需减免税的车船，可以在一定期限内减征或者免征车船税。具体减免期限和数额由省、自治区、直辖市人民政府确定，报国务院备案。

（二）特定减免

（1）对公安现役部队和武警黄金、森林、水电部队换发地方机动车牌证的车辆（公安消防、武警森林部队执行灭火救援任务的车辆除外），免征换发当年车船税。

（2）对北京冬奥组委、北京冬奥会测试赛赛事组委会免征应缴纳的车船税。

【例5－14】下列车船中，需要缴纳车船税的是（　　）。

A. 拖拉机　　B. 捕捞渔船

C. 非机动驳船　　D. 外国驻华使馆自用的汽车

【解析】《车船税法》规定，下列车船免征车船税：①捕捞、养殖渔船；②军队、武装警察部队专用的车船；③警用车船；④悬挂应急救援专用号牌的国家综合性消防救援车辆和国家综合性消防救援专用船舶；⑤依照法律规定应当予以免税的外国驻华使领馆、国际组织驻华代表机构及其有关人员的车船。《车船税法》所附《车船税税目税额表》中其他车辆不包括拖拉机。拖船、非机动驳船分别按照机动船舶税额的50%计算。因此，正确答案为C。

六、车船税申报

自2021年6月1日起，车船税纳税申报表统一使用《财产和行为税纳税申报表》（见表4－1）。纳税人新增税源或税源变化时，需先填报《财产和行为税税源明细表》中的《车船税税源明细表》。

七、车船税管理

（一）纳税义务发生时间

车船税纳税义务发生时间为取得车船所有权或者管理权的当月，应当以购买车船的发票或者其他证明文件所载日期的当月为准。

已办理退税的被盗抢车船失而复得的，纳税人应当从公安机关出具相关证明的当月起计算缴纳车船税。

（二）纳税期限

车船税按年申报，分月计算，一次性缴纳。纳税年度为公历1月1日至12月31日。具体申报纳税期限由省、自治区、直辖市人民政府规定。

（三）纳税地点

车船税的纳税地点为车船的登记地或者车船税扣缴义务人所在地。依法不需要办理登记的车船，车船税的纳税地点为车船的所有人或者管理人所在地。

（四）纳税申报

车船税由税务机关负责征收。

税务机关可以在车船管理部门、车船检验机构的办公场所集中办理车船税征收事宜。

公安、交通运输、农业、渔业等车船登记管理部门，船舶检验机构和车船税扣缴义务人的行业主管部门应当在提供车船有关信息等方面，协助税务机关加强车船税的征收管理。

车辆所有人或者管理人在申请办理车辆相关登记、定期检验手续时，应当向公安机关交通管理部门提交依法纳税或者免税证明。公安机关交通管理部门在核查后办理相关手续。公安机关交通管理部门在办理车辆相关登记和定期检验手续时，经核查，对没有提供依法纳税或者免税证明的，不予办理相关手续。

纳税人缴纳车船税时，应当提供反映排气量、整备质量、核定载客人数、净吨位、千瓦、艇身长度等与纳税相关信息的相应凭证及税务机关根据实际需要要求提供的其他资料。

第五节 烟 叶 税

烟叶税是在我国境内对收购烟叶行为征收的一种税。

一、烟叶税纳税人

在中华人民共和国境内，依照《中华人民共和国烟草专卖法》的规定收购烟叶的单位为烟叶税的纳税人。

二、烟叶税征税范围

烟叶税的征税范围具体包括烤烟叶、晾晒烟叶。

三、烟叶税税率

烟叶税实行比例税率，税率为 20%。

四、烟叶税应纳税额计算

烟叶税的应纳税额按照纳税人收购烟叶实际支付的价款总额乘以税率计算。应纳税额的计算公式为：

$$应纳税额=实际支付的价款总额\times 税率$$

纳税人收购烟叶实际支付的价款总额包括纳税人支付给烟叶生产销售单位和个人的烟叶收购价款和价外补贴。其中，价外补贴统一按烟叶收购价款的10%计算。计算公式为：

$$烟叶实际支付的价款总额=烟叶收购价款\times(1+10\%)$$

【例 5－15】 2021 年 3 月 A 烟草公司从烟叶种植户手中收购烟叶，支付烟叶收购价款 60 万元，同时还向烟叶种植户支付了 8 万元的价外补贴。A 烟草公司 3 月收购烟叶应缴纳烟叶税（　　）万元。

A. 12　　B. 13.2

C. 13.6　　D. 14.8

【解析】纳税人收购烟叶实际支付的价款总额包括纳税人支付给烟叶生产销售单位和个人的烟叶收购价款和价外补贴。其中，价外补贴统一按烟叶收购价款的10%计算。A烟草公司3月收购烟叶应缴纳的烟叶税 $=60\times(1+10\%)\times20\%=13.2$（万元）。因此，正确答案为B。

五、烟叶税申报

自2021年6月1日起，烟叶税纳税申报表统一使用《财产和行为税纳税申报表》（见表4－1）。纳税人新增税源或税源变化时，需先填报《财产和行为税税源明细表》中的《烟叶税税源明细表》。

六、烟叶税管理

（一）纳税义务发生时间

烟叶税的纳税义务发生时间为纳税人收购烟叶的当天。收购烟叶的当天是指纳税人向烟叶销售者付讫收购烟叶款项或者开具收购烟叶凭据的当天。

（二）纳税期限

烟叶税按月计征，纳税人应当于纳税义务发生月终了之日起15日内申报并缴纳税款。

（三）纳税地点

烟叶税的纳税地点为烟叶收购地的主管税务机关，纳税人应当向烟叶收购地的主管税务机关申报缴纳烟叶税。